JN326514

# 近代福岡博多の企業者活動

迎　由理男・永江眞夫　編著

九州大学出版会

# 凡例

・用字は常用漢字を使用し、人名、企業名といった固有名詞に関しても、常用漢字・人名用漢字がある場合は、それを使用することとして、旧字体は使用しなかった。
・仮名遣いは現代仮名遣いに従った。
・史料引用文中の旧字体や句読点等の使用については、各執筆者の判断に従った。
・数字の表記には単位語として「億」、「万」を使用したが、概数の表記に関しては「千」、「百」、「十」も使用した。
・表記の統一に関しては、全体の統一に努めたが、細部に関しては執筆者に判断を任せた点もある。
・年号は和暦を使用し、適宜に西暦年を補った。
・本文中においては、企業名中の株式会社、合資会社、合名会社等は、支障がない限り省略した。

# 目次

凡例

第一章　企業勃興と福博商工業者……迎　由理男　一
はじめに……一
一　旧大城下町都市の商工業者……四
二　福岡県下の設立企業とその特徴……七
三　福博商工業者の構成と所得水準……一〇
四　福博商工業者の企業者活動……一六
第二章　博多絹綿紡績株式会社の成立と展開過程……岡本幸雄　四三
はじめに……四三
一　博多紡績会社の創設と博多商人の役割……四四
二　博多紡績会社の経営事情……五二
三　博多紡績会社の経営刷新（改革）と合併問題……六〇
おわりに……七一
第三章　博多電灯株式会社の創立者と設立経過……東定宣昌　七五
はじめに……七五

一　明治二十二年の福岡電灯会社設立計画……七六
二　博多電灯株式会社の設立……八五
おわりに……九一

第四章　大正期の筑前参宮鉄道株式会社と河内卯兵衛……永江眞夫　九七
はじめに……九七
一　筑前参宮鉄道の創立経過……一〇〇
二　発起人……一〇三
三　株主構成……一〇七
四　役員構成……一一八
五　決　算……一二二
六　収支損益……一二九
七　石炭輸送……一三三
八　河内卯兵衛の退陣経過──結びに代えて──……一三九

第五章　福博の企業家と水産業……原　康記　一五七
はじめに……一五七
一　福博における水産企業の創設……一五九

二　福博における水産企業の消滅……一六五
三　博多トロール株式会社の成立……一六七
四　博多トロール株式会社の経営状態……一七五
おわりに……一八六

第六章　明治期渡辺家の企業者活動……岡本幸雄　一八九
はじめに……一八九
一　渡辺家三代の系譜……一八九
二　渡辺家の企業者活動の展開……一九二
三　渡辺家の「イエ」制度と同族集団……二一一
おわりに……二三三

第七章　太田清蔵の企業者活動……迎　由理男　二三七
はじめに……二三七
一　太田清蔵の事業活動……二三八
二　福岡銀行と太田系企業……二四〇
三　徴兵保険会社の発展と太田系企業……二五〇
おわりに……二五八

第八章　田中丸家の企業者活動……………………合力理可夫　二六三
はじめに………………………………………………二六三
一　田中丸家の家系……………………………………二六四
二　明治期の活動………………………………………二六六
三　大正期の活動………………………………………二七七
四　百貨店設立…………………………………………二八六
おわりに………………………………………………二八九
あとがき………………………………………………二九九
人名索引
企業・団体索引

# 第一章　企業勃興と福博商工業者

## はじめに

本書は近代の福岡・博多（しばしば福博と呼ばれる）の商工業者の企業者活動を検討し、福博の商工業者が地域の企業の設立・発展に果たした多様な役割と限界を明らかにすることを課題としている。企業勃興の担い手については従来から多くの研究が蓄積され、投資主体としての華族、地主、政商、大都市の商人などの役割や企業家の社会的背景などに関する議論が積み重ねられてきた。近年では地方産業の企業活動に一定の役割を担った地方商工業者の活動に関する研究が相次いで発表されている。(1) 企業勃興は確かに東京・大阪・兵庫を中心に展開されるが、すでに指摘されているように、大阪・兵庫の企業勃興は在郷町的要素をもつ地域でなされたものが多かった。(2) また、確立期日本資本主義の経済構造を地理的に見れば、その集中性よりはむしろ分散性を特徴としていたから、(3) 日本の産業革命あるいは工業化の特徴を考えるうえでも、こうした地方産業の近代化やその担い手に焦点をあてた研究が積み重ねられてきたのもうなずけるところである。

地方の産業化を分析する視点はさまざまであるが、福岡地域における企業者活動を明らかにしようとする本書の課題からすると、伊牟田敏充が指摘し、上川芳美、小早川洋一、鈴木恒夫、和田一夫らが発展させた「重役兼任」や「出資グループ」に関する研究[4]や地方企業設立における地方名望家的資産家の役割を強調する谷本雅之の研究[5]に多くの示唆を得た。もっとも本書の研究は出資グループの存在を検出したり、地方名望家的資産家の役割を明らかにしたりしているわけではない。本書では何よりも福博商工業者の具体的な企業者活動を明らかにすることにとどまっている。

近代の福岡・博多の商工業者の企業者活動に関する研究について言えば、宮本又次の先駆的業績以降、岡本幸雄や東定宣昌、入江寿紀、中島昭が博多絹綿紡績会社や電灯会社、博多湾鉄道会社の分析などを通じて福博商工業者の企業者活動の一端を明らかにしてきた。[6]最近では末永國紀、永江眞夫、加藤要一らが設立企業の役員分析を通じて福博の商工業者の企業者活動の特質を明らかにしようとしている。[7]末永は設立企業の役員分析から福岡の「老舗商人の新しい起業機会への関心の薄さ」[8]を指摘し、企業勃興における博多商人の役割を否定的に把握している。一方、永江の論考では福岡市の商工業者の企業活動を役員就任状況の分析などを通じて明らかにし、「福岡市の商工業者が業種の枠（＝家業の枠）を超えて、多くの企業の設立と経営に協同して参加していこうとする傾向は読み取ることはできない」[9]こと、また明治三十一（一八九八）年には「福岡市の商工業者の中に活発な投資集団があったと言うことはできない」[10]ことなどが指摘されている。また、加藤は同様の問題関心から福岡県全体の包括的なデータベースを基に、明治二十六年、三十五年、四十五年の三時点における全県の会社設立の状況と兼任重役や「企業家集団」の検出を行っている。

本書では、「消極的」と評価される福岡・博多の商工業者の企業者活動を可能な限り個別企業の株主にまで立ち入って検討し、彼らがどのように企業勃興に対応し、どのような企業者活動を行っていったのかをできるだけ具体的に明らかにし、その特質を把握したいと考えている。

本書の構成と対象時期について述べておこう。第一章では、近代福岡の設立企業の特徴を分析して福岡・博多の商工業者に福岡県における企業勃興の担い手としての位置づけを与えると同時に、福博商工業者の構成と蓄積規模及びその企業活動の全体的特長を明らかにしている。

第二章から第五章までは福岡・博多で設立された主要な近代的産業（紡績、電灯、鉄道、水産業）をとりあげ、これら事業に果たした福博商工業者の役割を明らかにしている。第二章では、近代的産業である博多絹綿紡績会社の創設に果たした福博商工業者の役割と、同社の成立から鐘淵紡績株式会社への合併にいたる経営の展開過程を分析し、考察している。第三章は明治二十二年の設立計画から紆余曲折を経て明治三十年に開業する博多電灯会社をとりあげ、同社をめぐる成立までの旧福岡藩士と福博商工業者の葛藤と協力などを通して、近代的事業の起業者の具体像を明らかにしている。第四章では、筑前参宮鉄道の経営的発展とその経営を担った博多商人・河内卯兵衛を分析対象とし、中小博多商人の近代的企業への関わり方を考察する。第五章は博多遠洋漁業を分析対象とし、福岡・博多の商工業者の近代水産業への関わりを検討している。

第六章から第八章は代表的な福博商工業者の企業活動をとりあげている。すなわち第六章では、有力商人渡辺家を対象とし、同家の多角的な企業者活動ならびに同家の「イエ」制度と同族集団の形成について考察している。第七章では、福博商工業者のリーダーとして近代福博の種々の企業者活動の中心となった太田清蔵を分析し、そのイノベーターとしての役割を明らかにしている。第八章では、呉服商の田中丸家をとりあげ、同家が博多に百貨店を設立するまでの過程を明らかにしている。

対象時期については、近代企業が集中的に設立された明治期を中心にとりあげているが、設立された企業の発展や企業家の変化をも捉えるために、章によっては大正期、昭和期にまで分析時期を広げている。

なお、福岡・博多の商工業者（福博の商工業者）あるいはしばしば同義で用いる博多商人（福博商人）の意味であるが、ここでは福岡と博多からなる福岡市を主たる営業基盤とする商工業者の意味で用いている[11]。博多は太宰府の外港として起こり、江戸幕府の鎖国まで、対大陸貿易の拠点として発展してきた商業都市である。一方、福岡は筑前に入部した黒田長政によって、博多の西、福崎に築かれた城下町であり、黒田家の発祥の地たる備前福岡にちなんで名付けられた。福岡には黒田家譜代の商人や職人、旧領主小早川隆景の城下町名島の商人が定住し、博多とは那珂川にかかる橋によって結ばれていた[12]。福岡・博多は黒田時代には「両市中」、近代は「福博」などと一体化して呼ばれ、近代になると両部の商人はともに博多商業会議所に結集し、福岡・博多で強い政治的、経済的、影響力をもっていた。福博の商工業者は時には対立することもあったが、ほぼ一体となって政治的、経済的活動を行ってきたのである。

本章では福岡・博多の商工業者の企業者活動全体を概観し、その特徴を把握しておきたい。

## 一　旧大城下町都市の商工業者

まず、表1－1によって都市人口における福岡の位置を見ておこう。明治十九（一八八六）年の大都市は三都のほか、横浜、神戸、函館等の港湾都市、名古屋、金沢、広島、仙台等の幕藩制時代の大藩の城下町（旧大城下町都市）からなっていた。三都とその他の大都市との間には大きな差があったが、その他都市間では名古屋を別とすれば、人口の差はそれほど大きくはなかった。この時点で、福岡は有数の大都市であったものの、名古屋、金沢、広

**表1－1**　人口上位都市の推移

単位：人

| | 明治19年 | | 明治26年 | | 明治36年 | | 大正2年 | |
|---|---|---|---|---|---|---|---|---|
| 1 | 東京市 | 1,121,883 | 東京市 | 1,214,113 | 東京市 | 1,818,655 | 東京市 | 2,050,126 |
| 2 | 横浜市＊ | 895,545 | 大阪市 | 482,961 | 大阪市 | 995,945 | 大阪市 | 1,395,823 |
| 3 | 大阪市 | 361,694 | 京都市 | 317,270 | 京都市 | 380,568 | 京都市 | 509,380 |
| 4 | 京都市 | 245,675 | 名古屋市 | 194,796 | 横浜市 | 326,035 | 名古屋市 | 452,043 |
| 5 | 名古屋市 | 131,492 | 神戸市 | 153,382 | 名古屋市 | 288,639 | 神戸市 | 442,167 |
| 6 | 金沢市 | 97,653 | 横浜市 | 152,451 | 神戸市 | 285,002 | 横浜市 | 397,574 |
| 7 | 広島市 | 81,914 | 金沢市 | 91,531 | 長崎市 | 153,293 | 広島市 | 167,130 |
| 8 | 神戸市 | 80,446 | 広島市 | 91,479 | 広島市 | 121,196 | 長崎市 | 161,174 |
| 9 | 仙台市 | 61,709 | 仙台市 | 73,771 | 仙台市 | 100,231 | 金沢市 | 129,804 |
| 10 | 徳島市 | 57,456 | 長崎市 | 65,374 | 金沢市 | 99,657 | 仙台市 | 104,141 |
| 11 | 和歌山市 | 54,868 | 函館 | 63,619 | 函館 | 85,313 | 函館 | 99,795 |
| 12 | 富山市 | 53,556 | 熊本市 | 62,432 | 岡山市 | 81,025 | **福岡市** | **97,303** |
| 13 | 函館 | 45,477 | 徳島市 | 61,337 | 小樽 | 79,361 | 札幌 | 96,924 |
| 14 | 鹿児島市 | 45,097 | 富山市 | 58,187 | **福岡市** | **71,047** | 小樽 | 92,864 |
| 15 | 熊本市 | 44,384 | **福岡市** | **58,181** | 和歌山市 | 68,527 | 岡山市 | 86,961 |
| 16 | 堺市 | 44,015 | 鹿児島市 | 56,139 | 徳島市 | 63,710 | 横須賀市 | 85,473 |
| 17 | **福岡市** | **42,617** | 和歌山市 | 55,726 | 熊本市 | 59,717 | 和歌山市 | 77,683 |
| 18 | 新潟市 | 40,776 | 岡山市 | 51,665 | 新潟市 | 59,576 | 鹿児島市 | 75,907 |
| 19 | 長崎市 | 38,229 | 新潟市 | 49,700 | 鹿児島市 | 59,001 | 下関市 | 72,117 |
| 20 | 高松市 | 37,698 | 堺市 | 46,138 | 富山市 | 56,275 | 門司市 | 71,977 |

出典：東洋経済新報社『明治大正国勢総覧』復刻版（昭和50年）642～644頁。
備考：＊印の明治19年の横浜の数値は印刷ミスであると考えられるが，訂正はしていない。

島、仙台はもちろん、徳島、和歌山、富山、鹿児島、熊本などよりも人口が少なかった。

明治二十年代半ば以降になると、三都と貿易港の発展が顕著に見られた。とりわけ貿易港の神戸、横浜が急成長し、名古屋を含む六大都市が隔絶した人口を擁するようになっている。

旧大城下町都市は全体として六大都市に次ぐ地位を占めていたが、明治三十年代に二極化している。すなわち、富山、熊本、徳島、和歌山、鹿児島は停滞しているのに対し、広島、金沢、仙台、福岡では大きく人口が増加した。とりわけ福岡は人口増加率が著しかった。人口増の要因は様々であろうが、成長した旧大城下町都市は福岡を除きいずれもいわゆる軍事都市であった。

**表1－2　営業税納税者の分布**

| 税額区分 | 東京 | 大阪 | 兵庫 | 福岡 | 金沢 | 仙台 | 広島 | 熊本 | 徳島 | 和歌山 | 富山 | 鹿児島 |
|---|---|---|---|---|---|---|---|---|---|---|---|---|
| 500円以上 | 24 | 5 | 10 | | | | | | | | | |
| 250円以上500円未満 | 50 | 12 | 14 | | | 3 | | | | | 1 | 2 |
| 150円以上250円未満 | 93 | 13 | 36 | 2 | 7 | 2 | 2 | 1 | 3 | 4 | | |
| 100円以上150円未満 | | | | 4 | 10 | 9 | 5 | 1 | 5 | 3 | 1 | 1 |
| 25円以上150円未満 | 3,316 | 671 | 506 | | | | | | | | | |
| 25円未満 | 5,260 | 1,162 | 1,463 | | | | | | | | | |
| 営業税記載なし | 408 | 2 | 380 | | | | | | | | | |

出典：鈴木喜八・関伊太郎『日本全国商工人名録』（明治31年），『日本経営史2　経営革新と工業化』（岩波書店，平成7年）234頁。

**表1－3　旧大城下町都市の設立企業**　　単位：社，千円

| 都市別 | 設立会社数 | 払込資本金（A） | うち銀行（B） | A－B | 県内設立数 |
|---|---|---|---|---|---|
| 仙台 | 10 | 1,348 | 1,205 | 143 | 23 |
| 和歌山 | 18 | 2,707 | 1,420 | 1,287 | 41 |
| 徳島 | 12 | 897 | 275 | 622 | 16 |
| 金沢 | 14 | 545 | 280 | 265 | 45 |
| 熊本 | 16 | 2,948 | 1,500 | 1,448 | 44 |
| 鹿児島 | 4 | 966 | 890 | 76 | 9 |
| 富山 | 17 | 2,276 | 2,090 | 186 | 70 |
| 広島 | 23 | 1,407 | 470 | 937 | 78 |
| 福岡 | 24 | 2,528 | 942 | 1,586 | 227 |

出典：商業興信所『日本全国諸会社役員録』（明治31年）。
備考：市内の隣接地に設立された企業を含む。

軍事都市でもなかった福岡の成長には福岡の活発な経済活動が寄与していたと考えることができる。

他の旧大城下町都市と比較して、福岡の商工業者や企業活動はどのような特徴を持っていたのであろうか。この点を表1－2によってみてみよう。まず、営業税によって主要都市の商工業者の経営規模を見ると、巨大商業者（営業税五〇〇円以上）は東京・大阪・兵庫に集中していることがわかる。福岡を含む旧大城下町都市には数は少ないがそれに次ぐ地位を占める商人が存在していた。それらの中で、金沢、仙台など藩の規模が大きい地域の商人がやや規模が大きい傾向はあるが、それほどの格差

はなくほぼ同じ水準にあるといっていい。

これら商工業者の中で営業規模の大きいのは呉服太物商であり、清酒製造、土木請負がこれに次ぐが、各地の特産物生産の問屋にとくに巨大なものが見られる。富山の薬種商、徳島の藍商、鹿児島の琉球織商などがそれであり、同表には入っていないが久留米の絣商などもこれに加えることができる。

旧大城下町都市の企業活動を見ると、その様相は都市によりかなり異なっている。設立会社数、払込資本金額から見て企業活動が活発であったのは、福岡、和歌山、熊本、富山であった。広島は、設立企業数が多かったものの、払込資本金規模は少なかった。設立された企業の業種は銀行、海運、倉庫、紡績、電灯などであるが、表1－3に明らかなように、これら都市で設立された企業は、払込資本金で見れば銀行が圧倒的に大きかった。銀行を除くと、福岡の払込資本金額が他都市を凌駕しており、福岡は商工業者の活発な企業者活動がみられることが窺えよう。

以下では福岡の企業者活動の様相を見てみたい。

## 二　福岡県下の設立企業とその特徴

まず、明治二、三十年代に福岡で設立された企業の特徴をみよう。明治二十年代の企業勃興期、福岡は全国的に見ると、設立企業の資本金額で東京、大阪、兵庫に次ぐ地位（明治二十九（一八九六）年で対全国比四・三％）を占めていた[13]。福岡県における企業活動は京都府や愛知県、神奈川県をしのぎ、極めて活発であったのである。

では、福岡ではいかなる地域にどのような産業が勃興したのであろうか。明治期を中心に福岡県下の設立企業の業種別、地域別特徴をみておこう。明治二十六年の企業の業種別構成によれば、日清戦争前に会社形態をとる企業数は銀行業も含めて四六あり、そのうち銀行業が三四行で最も多い。会社形態をとっていない製造所を含めると、石炭二二（すべて製造所）、製糸一七（うち製造所一四）が多くなる。投下資本金額でみれば、鉄道業の資本金額が圧倒的に多く（会社企業の資本金総額の七三％）、次いで会社形態をとっていない石炭、銀行、紡績、製紙が多くなっている。(14) とりわけ石炭業の比率が高いことが福岡県の特徴をなしているが、これを別とすれば、全国的に見られたこの頃の企業勃興と特徴をほぼ同じくするといっていい。

設立企業の地域別構成を見ると、会社数では福岡地域が多くなっているが、資本金額では北九州の地位が圧倒的に高くなっており、全体の八八％を占めている。炭鉱地帯の筑豊地域には会社企業は設立されていないが、これは炭鉱業の多くが個人企業で会社形態をとっていないためであり、筑豊地域に設立された個人企業の鉱山の出資額は四六一万円に達していた。筑豊では石炭業への投資が極めて活発であったといわねばならない。福岡地域は企業数が多いものの、資本金額ではわずか一％しか占めておらず、三池や久留米よりもその地位は低い。三池や久留米に近代的紡績業が設立されたのに対して、この時点では博多には大規模な近代的工場は設立されていなかったのである。(15)

日清戦争後、設立企業数は急増する。明治三十六年に会社形態をとる企業は銀行を含め二九八社に上る。明治二十六年に比べると、五・二倍増加したことになる。投下資本金額の多い業種は鉄道、石炭、埋築・浚渫、銀行であり、炭鉱業においても会社企業が設立されたが、この時点でも大部分の炭鉱は会社組織をとっていなかった。(16) なお、明治二十六年に上位を占めた紡績業は姿を消した。紡績業はこの時点でも福岡県の主要な近代的企業であったが、この統計から姿を消したのは、福岡に設立された紡績会社三社がすべて本社を東京におく鐘淵紡績に合併されたからであった。

銀行を除く設立企業の地域別状況を表1－4でみると、設立会社数では福岡地域が最多を占めているが、資本金

表1－4　設立企業の地域別構成（明治36年）

単位：円，％

| 郡　市 | 会社数 | 支店 | 払込資本金 | 同比率 | 一社当たり資本金 | 九州鉄道を除く資本金 | 同比率 |
|---|---|---|---|---|---|---|---|
| 福岡地域 | 49 | 11 | 2,256,353 | 2 | 46,048 | 2,256,353 | 23 |
| 福岡 | 32 | 8 | 946,166 | 1 | 29,568 | 946,166 | 9 |
| 糟屋 | 6 | 1 | 921,470 | 1 | 153,578 | 921,470 | 9 |
| 筑紫 | 9 | 2 | 285,717 | 0 | 31,746 | 285,717 | 3 |
| 早良 | 2 | 0 | 103,000 | 0 | 51,500 | 103,000 | 1 |
| 北九州地域 | 34 | 13 | 48,203,228 | 47 | 1,417,742 | 4,436,521 | 44 |
| 小倉 | 6 | 2 | 91,500 | 0 | 15,250 | 91,500 | 1 |
| 門司 | 10 | 5 | 44,246,617 | 43 | 4,424,662 | 479,910 | 5 |
| 企救 | 4 | 0 | 2,271,422 | 2 | 567,856 | 2,271,422 | 23 |
| 遠賀 | 14 | 6 | 1,593,689 | 2 | 113,835 | 1,593,689 | 16 |
| 筑豊地域 | 49 | 11 | 2,256,353 | 2 | 46,048 | 2,256,353 | 12 |
| 鞍手 | 32 | 8 | 946,166 | 1 | 29,568 | 946,166 | 11 |
| 嘉穂 | 6 | 1 | 921,470 | 1 | 153,578 | 921,470 | 1 |
| 田川 | 9 | 2 | 285,717 | 0 | 31,746 | 285,717 | 0 |
| 三池 | 6 | 0 | 110,583 | 0 | 18,431 | 110,583 | 1 |
| 久留米 | 21 | 1 | 235,018 | 0 | 11,191 | 235,018 | 2 |
| 糸島 | 1 | 1 | 2,720 | 0 | 2,720 | 2,720 | 0 |
| 宗像 | 3 | 1 | 24,225 | 0 | 8,075 | 24,225 | 0 |
| 朝倉 | 4 | 1 | 111,700 | 0 | 27,925 | 111,700 | 1 |
| 浮羽 | 14 | 0 | 453,308 | 0 | 32,379 | 453,308 | 5 |
| 三井 | 8 | 0 | 147,723 | 0 | 18,465 | 147,723 | 1 |
| 三潴 | 9 | 0 | 394,504 | 0 | 43,834 | 394,504 | 4 |
| 八女 | 11 | 1 | 190,050 | 0 | 17,277 | 190,050 | 2 |
| 山門 | 20 | 0 | 239,010 | 0 | 11,951 | 239,010 | 2 |
| 京都 | 1 | 1 | 3,200 | 0 | 3,200 | 3,200 | 0 |
| 築上 | 10 | 0 | 186,180 | 0 | 18,618 | 186,180 | 2 |
| 合　計 | 210 | 36 | 103,179,240 | 100 | 491,330 | 10,000,200 | 100 |

出典：『福岡県統計書』（明治36年版）。
備考：合計欄には地域別資本金の合計値を記載したが，これは同書の合計値と合致していない。

額では北九州の比率が圧倒的に多い。これは門司に設立された九州鉄道が総資本金額の八割ほどを占めているためであるが、九州鉄道分を除いても北九州地域の投下資本額は福岡をはるかに超えていた。一社あたりの資本金額でも、北九州は福岡の三倍超の大きさになっている。福岡地域の企業活動は活発であったものの、設立企業の規模が零細であったことがここから読み取れよう。福博商工業者の福岡県における企業活動の役割が相対的に小さかったことが想定される。[17]

## 三　福博商工業者の構成と所得水準

### (1) 所得水準

次に企業者活動の条件となる彼らの資産規模であるが、これは明らかにし得ないので、ここでは明治三十三（一九〇〇）年の所得水準を確認しておきたい。表1－5は県下の所得五、〇〇〇円以上七六名を地域別、職業別に見たものである。これによれば、地域別の特色として、第一に、地域の偏りがそれほどなく、農村部における蓄積がかなり高かったことがまず指摘できる。第二に、この時点でも門司を抱える北九州地域の高額所得者数が福岡を上回り、筑豊に鉱業資産家が集中しているように、近代的産業と流通の発展が資産家の形成を支えていることを見て取れよう。職業別でいえば県下の高額所得者は地主が圧倒的に多く、次いで商工業者、鉱業となっている。数でいえば、地主、鉱業家とともに旧城下町（福岡、久留米、小倉）の商人層の蓄積がかなり高かったであろうことを確認できよう。しかし、福岡市の高額所得者と県下各地の高額所得者の所得額を比較すると、明治中期県下高額所得者の上位者は地主と鉱業家であって、久留米の絣商国武喜次郎と門司の運送業者や労力請負業者を除けば、博多商人を含め県下の商人の所得、資産ははるかに少なかった(18)。

多額納税者の推移を示した表1－6によれば、明治末期から大正期には、地主に代わって鉱業家が所得上位をしめる一方、多額納税者中の商業者の数が増大した。大正末、昭和初期には、商業者が上位一五名中過半を占め、太田、磯野、中牟田、渡辺、荒津、野村といった福博商工業者が名を連ねている。彼らの地位の上昇は、金融業に加え、当該期における福岡市の都市的集積を背景とした不動産業やサービス業の発展を反映していた。

**表1－5**　県下高額所得者の地域別職業別構成

| 郡　市 | 総数 | 地　主（酒造業） | 鉱業 | 商工業 | 不明 |
|---|---|---|---|---|---|
| 福岡地域 | 11 | 5（2） | 1 | 5 | |
| 福岡 | 6 | — | 1 | 5 | |
| 糟屋 | 2 | 2（2） | — | — | — |
| 筑紫 | 1 | 1 | — | — | — |
| 早良 | 2 | 2 | — | — | — |
| 北九州地域 | 16 | 2 | 3 | 6 | 5 |
| 小倉 | 4 | — | — | 3 | 1 |
| 門司 | 5 | — | — | 2 | 3 |
| 企救 | 1 | — | — | — | 1 |
| 遠賀 | 6 | 2 | 3 | 1 | — |
| 筑豊地域 | 8 | 2 | 5 | — | 1 |
| 鞍手 | 2 | — | 2 | — | |
| 嘉穂 | 3 | 2 | 1 | — | |
| 田川 | 3 | — | 2 | — | 1 |
| 朝倉 | 1 | 1 | — | — | — |
| 三池 | 4 | 4（1） | — | — | — |
| 久留米 | 9 | 2 | — | 4 | 3 |
| 三井 | 6 | 6（1） | — | — | — |
| 浮羽 | 7 | 6 | — | — | 1 |
| 三潴 | 3 | 3（1） | — | — | — |
| 八女 | 2 | 1 | — | — | 1 |
| 山門 | 5 | 1 | — | — | 4 |
| 京都 | 4 | 4 | — | — | — |
| 合　計 | 76 | 37（5） | 9 | 15 | 15 |

出典：福岡県名誉発起所『福岡県一円富豪家一覧表』(明治33年調)，鈴木喜八・関伊太郎編『明治年間全国商工人名通鑑　四国九州沖縄篇』(明治31年)，『福岡日日新聞』，橋詰武生『福岡県酒造組合沿革史』(昭和32年）などにより作成。

備考：(1)　所得額5,000円以上を集計。
(2)　地主欄の（ ）内の数字は酒造業を営む地主数。
(3)　ここでいう地主とは地価1万円以上の地主を指す。

**表1－6**　福岡県の多額納税者の推移

単位：円

| 明治44年 | | | 大正7年 | | | | |
|---|---|---|---|---|---|---|---|
| 氏　名 | 職業等 | 納税額 | 氏　名 | 職業等 | 納税額 | 地租 | 所得税 |
| 野村久次 | 商業 | 12,572 | 麻生太吉 | 鉱業 | 65,521 | 2,778 | 62,537 |
| 麻生太吉 | 鉱業 | 11,263 | 三好徳松 | 鉱業 | 23,042 | 622 | 22,419 |
| 安川敬一郎 | 鉱業 | 6,696 | 中野徳次郎 | 鉱業 | 15,333 | 1,161 | 14,172 |
| 蔵内保房 | 鉱業 | 6,381 | 野村久次 | 商業 | 11,868 | 1,743 | 8,397 |
| 堀　三太郎 | 鉱業 | 5,349 | 佐藤弥吉 | 商業 | 11,307 | 92 | 10,654 |
| 伊藤伝右衛門 | 鉱業 | 5,222 | 安川清三郎 | 鉱業 | 10,273 | 1,031 | 7,130 |
| 立花寛治 | 旧藩主 | 5,102 | 中野金次郎 | 鉱業 | 7,803 | 117 | 7,686 |
| 富安里行 | 醸造業 | 4,456 | 太田清蔵 | 商業 | 6,430 | 3,722 | 2,618 |
| 湯村元之 | 商業 | 4,029 | 立花寛治 | 農業 | 5,908 | 3,088 | 2,820 |
| 谷　彦一 | 醸造業 | 3,947 | 荒津長七 | 商業 | 5,704 | 89 | 5,624 |
| 松本健次郎 | 鉱業 | 3,933 | 富安猪三郎 | 工業 | 4,613 | 1,305 | 2,733 |
| 土斐崎三右衛門 | 農業 | 3,926 | 陣山律蔵 | 農業 | 4,542 | 2,376 | 1,900 |
| 陣山律蔵 | 農業 | 3,754 | 山本豊吉 | 工業 | 4,280 | 516 | 3,764 |
| 中野徳次郎 | 鉱業 | 3,659 | 土斐崎三右衛門 | 農業 | 4,123 | 3,267 | 856 |
| 高山徳三郎 | 醸造業 | 3,243 | 湯村元之 | 商業 | 3,879 | 858 | 2,508 |

| 大正14年 | | | 昭和7年 | | |
|---|---|---|---|---|---|
| 氏　名 | 職業等 | 納税額 | 氏　名 | 職業等 | 納税額 |
| 安川清三郎 | 鉱業 | 41,861 | 石田光太郎 | 運送業 | 16,112 |
| 麻生太吉 | 鉱業 | 25,165 | 立花鑑徳 | 旧藩主家 | 9,238 |
| 太田清蔵 | 会社員 | 18,419 | 野村久次 | 質商 | 8,143 |
| 出光佐三 | 商業 | 15,934 | 太田清蔵 | 会社員 | 7,551 |
| 野村久次 | 金銭貸付 | 15,350 | 渡辺与三郎 | 家主 | 6,989 |
| 高崎親三郎 | 商業 | 14,450 | 中牟田喜兵衛 | 呉服商 | 6,261 |
| 許斐友次郎 | 商業 | 9,331 | 高崎親三郎 | 会社員 | 5,259 |
| 金丸勘吉 | 鉱業 | 9,200 | 出光佐三 | 鉱油商 | 5,088 |
| 小林作五郎 | 工業 | 9,044 | 富田勝次郎 | 株式取引員 | 4,929 |
| 中野　昇 | 鉱業 | 8,605 | 小林徳一郎 | 請負業 | 4,665 |
| 磯野七平 | 商業 | 8,162 | 塚本安次 | 醬油醸造 | 3,910 |
| 立花寛治 | 農業 | 7,875 | 湯村弥源太 | 農業 | 3,899 |
| 陣山新太郎 | 農業 | 7,585 | 城崎義太郎 | 会社員 | 3,754 |
| 中牟田久兵衛 | 商業 | 6,762 | 平井順輔 | 食料品商 | 3,681 |
| 岸　孝雄 | 商業 | 6,415 | 芳賀茂元 | 家主 | 3,592 |

出典：渋谷隆一編『明治期日本全国資産家地主資料集成Ⅳ』（柏書房，昭和59年），同『大正昭和日本全国資産家地主資料集成Ⅳ』（柏書房，昭和60年）などにより作成。

## (2) 福博商工業者の構成

さて、次に、福博商工業者がどのような人々によって構成され、その構成にどのような変化が見いだされるのかを、時期別に職種と規模(納税額)の分析によって検討する。

まず幕末・明治初期の状況を「慶応二年明治四年博多店運上帳」によってみたい。この店運上帳は現在のところ、幕末・明治初年の博多商人の運上銀や冥加銀負担、商業構成を全面的に把握できる唯一の資料である。ただし、同資料には福岡部の商人は含まれていない。

**表1－7　明治初期博多商人の職種別構成**

単位：匁, %

| 職　種 | 店数 | 運上額 | 構成比 | 一店当たり運上額 |
|---|---|---|---|---|
| 酒造業 | 26 | 5,025 | 7 | 193 |
| 相物問屋 | 20 | 15,949 | 23 | 797 |
| 代呂物商 | 20 | 4,247 | 6 | 212 |
| 唐物小売 | 18 | 2,486 | 4 | 138 |
| 舟問屋 | 17 | 9,750 | 14 | 574 |
| 質商 | 12 | 3,253 | 5 | 271 |
| 蠟製造業 | 12 | 2,686 | 4 | 224 |
| 醬油醸造 | 10 | 1,858 | 3 | 186 |
| 博多織 | 9 | 1,686 | 2 | 187 |
| からし油商 | 7 | 2,477 | 4 | 354 |
| 呉服商 | 7 | 2,294 | 3 | 328 |
| 鋳物鉄物商 | 6 | 5,360 | 8 | 893 |
| 塩問屋 | 6 | 2,210 | 3 | 368 |
| 材木商 | 5 | 1,232 | 2 | 246 |
| 油商 | 4 | 670 | 1 | 168 |
| 乾物商 | 4 | 487 | 1 | 122 |
| 上方問屋 | 3 | 945 | 1 | 315 |
| 砂糖問屋 | 3 | 889 | 1 | 296 |
| 薬種商 | 3 | 568 | 1 | 189 |
| 箸物商 | 2 | 485 | 1 | 243 |
| 小計 | 194 | 64,557 | 94 | 333 |
| その他とも合計 | 207 | 68,985 | 100 | 333 |

出典：「慶応二年明治四年博多店運上帳」(『九州経済史論集』第3巻, 福岡商工会議所, 昭和33年)。
備考：運上額は運上銀と冥加銀の合計。

当時の運上銀がどのような基準で決められたのかは明らかではない。一般的に言えば、運上銀は小物成の一種で、商工業などの営業に従事する者に、一定の税率を定めて納付させるものであり、冥加銀は定率がなく免許を得て営業するがゆえに金銭を上納するものだが、両者は事実上同一の意味に混用される場合も少なくないとされる。[19]藤本隆士の研究[20]によれば、元文期に成立した福岡藩の運上銀体系は商経営の実際・内実的規模に応じて上・中・下段に店舗を区分し、両行事と御用聞町人の立ち会いの元で段取り（区分）が決定され、商家に賦課された。商売衰運により運上規定の段取りが適合しなくなった場合には変更され、また小規模商人は免除された。運上銀は「一種の営業税とも云うべきもの[21]」で、収入などの多寡によって賦課されたものと見て大過ないであろう。

表1－7は同店運上帳によって、運上銀と冥加銀合計一〇〇匁以上[22]の博多商人名二〇七名の職種別構成をみたものである。店数で言えば、酒造業、相物問屋、代呂物商（雑貨商）、唐物小売、舟問屋、蠟製造業者などが多いことがわかる。前述のように、運上銀が一応経営規模を反映しているものと考えると、相物問屋、舟問屋、蠟製造業、鋳物鉄物商が規模が大きかったことが判明する。相物とは一般的には魚類の総称であるとされているが、単なる魚問屋ではなく、舟問屋とともに、広く回漕業や諸物産を取り扱っていたのではないかと考えられる。[23]

幕末の博多商人を商人格式という点から見ておこう。旧藩時代、町人格式には両大賀、大賀並（御用達方、年行司）、大賀次、年行司次上々席、年行司次上、年行司次、年行司格、年行司格次の格式があり、幕末には格式をもつ商人は二七〇余名に上った。この町人格式は「藩用の献金をなし公衆のため非常備の米金を出し或は橋梁を架設し貧民救助等の善行を称し与へられたるもの[24]」で、これらの格式を得た商人は種々の特権を得るとともに、徴税など藩政支配の末端を担うことになった。幕藩体制初期の特権商人である大賀を基準に町人を格付け（序列化）したものであり、経営規模や資産が格付けの基準になったわけではない。しかし、黒田藩は藩御用のため、御用聞町人とその頭取たる御用達方を選んでおり、幕末には「資産有之者数一〇名を撰み御銀御用を申付[25]」け、御用達方を大賀並に、御用聞を大賀次に格付けているから、格式を持つ商人は資産の点からも有力商人であることは間違いない

**表1－8　幕末明治初期の運上額上位（左）及び明治31年税額上位（右）の博多商人**

単位：匁

| 氏名 | 職　種 | 運上額 | 格　式 |
|---|---|---|---|
| 五嶋屋利左衛門（吉井仙吉） | 相物問屋 | 2,285 | 年行司次上々席　御用聞町人 |
| 古川嘉平 | 相物問屋 | 2,220 | 年行司次上々席　御用聞町人 |
| 深見甚兵衛（平次郎） | 鋳物師 | 1,900 | 年行司次上々席　御用聞町人 |
| 石蔵屋幸助 | 相物大問屋 | 1,820 | |
| 河原卯右衛門 | 舟問屋 | 1,591 | 年行司次上々席　御用聞町人 |
| 野七礒平（礒野七平か） | 鋳物師 | 1,520 | 年行司次上々席　御用聞町人 |
| 綱屋大塚平三 | 舟問屋，相物問屋 | 1,515 | 年行司次上々席　御用聞町人 |
| 釘屋岩平（伊藤岩平） | 舟問屋 | 1,480 | 年行司次上々席　御用聞町人 |
| 角屋幸吉 | 舟問屋 | 1,305 | 年行司次上々席　御用聞町人 |
| 壱岐屋細工源右衛門 | 相物問屋 | 1,300 | |
| 西浜屋三右衛門 | 相物生魚問屋 | 1,270 | |
| 由岐屋甚右衛門（南川甚平） | 相物大問屋，銑鉄問屋 | 1,120 | 年行司次上々席　御用聞町人 |
| 久松屋新助 | 乾物・和砂糖問屋 | 910 | |
| 西浜屋二吉 | 相物生魚問屋 | 900 | |
| 石州屋正兵衛 | 舟問屋，銑鉄問屋 | 900 | |
| 油屋喜平 | 相物生魚問屋 | 880 | |
| 深江屋惣平（堺惣平？） | からし油問屋，和砂糖問屋 | 742 | 年行司次上々席　御用聞町人 |
| 紫藤善左衛門 | 鋳物師 | 705 | |
| 紙屋与助（渡辺与助） | 呉服商 | 696 | 大賀次　御用聞町人 |
| 煙草屋利助（奥村利八） | 代呂物 | 670 | |
| 釜屋喜助（釜惣） | 板場横木，醬油他，鍋釜 | 623 | 大賀次　御用聞町人 |
| 対馬屋五兵衛（渡辺慎一郎） | 相物大問屋 | 600 | |
| 鐘崎屋長次郎 | 相物生魚問屋 | 570 | |
| 黒崎屋儀右衛門 | 相物問屋 | 550 | |
| 野村久次郎 | 古手店，質物 | 550 | 大賀次　御用聞町人 |
| 角屋藤兵衛 | からし油問屋，生蠟晒蠟問屋 | 545 | |
| 谷屋友左衛門 | 質物，古手店 | 520 | |
| 釘屋六右衛門（伊藤六右衛門） | 釘店，醬油 | 517 | 大賀並　御用聞町人 |
| 谷屋久作 | 舟問屋，古手問屋 | 515 | |
| 嶋井久左衛門・神屋善四郎 | 旅出雑穀 | 500 | |

単位：円

| 氏　名 | 職　種 | 所得税 | 営業税 | 税額計 |
|---|---|---|---|---|
| 平岡浩太郎 | 鉱業 | 1,723 | — | 1,723 |
| 吉田又吉 | 呉服太物商 | 64 | 161 | 228 |
| 奥村利助 | 呉服太物商 | 62 | 146 | 210 |
| 渡辺与三郎 | 呉服太物商 | 50 | 125 | 177 |
| 中牟田喜兵衛 | 呉服太物商 | 33 | 141 | 176 |
| 渡辺治兵衛 | 生糸商 | 75 | 86 | 161 |
| 野村久次 | 古着商 | 146 | 14 | 160 |
| 太田清蔵 | 油商 | 96 | 33 | 129 |
| 礒野七平 | 鉄工鋳造業 | 40 | 79 | 119 |
| 石蔵利平 | 清酒醸造 | 61 | 55 | 117 |
| 小川小三次 | 呉服太物商 | 41 | 72 | 114 |
| 新島藤七 | 材木商 | 35 | 76 | 111 |
| 深見平次郎 | 鉄工鋳造業 | 27 | 75 | 102 |
| 松居元右衛門 | 博多織業 | — | 102 | 102 |
| 小川小七 | 小間物洋物商 | 41 | 61 | 102 |
| 石蔵利八 | 清酒醸造 | 39 | 52 | 91 |
| 波多江嘉兵衛 | 薬種商 | 25 | 66 | 90 |
| 渡辺渡三郎 | 博多織業 | 31 | 50 | 81 |
| 河原田平助 | 文具商兼紙卸商 | 56 | 23 | 78 |
| 奥村千吉 | 醬油醸造販売 | 42 | 36 | 77 |
| 吉田忠次郎 | 呉服太物商 | 7 | 67 | 76 |
| 熊谷才吉 | 家具商 | 19 | 56 | 75 |
| 原田善右 | 醬油醸造販売 | 40 | 33 | 73 |
| 原田善助 | 靴履物商 | 40 | 30 | 70 |
| 渡辺藤吉 | 鉄物商 | 32 | 37 | 70 |
| 野村久右衛門 | 古着商 | 37 | 30 | 67 |
| 三苫朝次郎 | 呉服太物商 | 6 | 59 | 67 |
| 石橋源二郎 | 清酒醸造 | 30 | 36 | 66 |
| 下沢善四郎 | 小間物洋物商 | 31 | 35 | 66 |
| 岩崎庄三郎 | 建築請負業 | 26 | 39 | 65 |

出典：前掲「慶応二年明治四年博多店運上帳」，前掲『明治年間全国商工人名通鑑　四国九州沖縄篇』，山崎藤四郎『石城遺聞』（名著出版，昭和48年）。

備考：運上帳に記載されているのは，福博両市中のうち博多の商人だけなので，明治31年も参考として記載した平岡浩太郎（旧藩士）を除き，福岡部商人を省いている。

と考えられる。実際、これを運上額上位の商人についてみると、そのほとんどが格式商人であり、御用聞商人であった。

さて、明治維新後こうした商人構成は大きく変化する。表1−8は明治初期の運上額上位の商人と明治三十一（一八九八）年の税額上位の博多商人をリストアップしたものだが、これを見ると相物問屋、舟問屋、蠟製造業者などの上位商人の多くが姿を消し、かわって、旧藩時代ではその次の階層をなす有力呉服商などが台頭していることがわかる。旧藩時代から引き続き上位に残っているのは石蔵屋、磯野七平、紙屋与助＝渡辺、奥村、さらに同表（左）にないがこれらに続く太田などである。彼らが生き残り得たのは、流通機構の激変などに対応して家業の改革を行うなど、おそらく新たな時代に即応した対応をとりえたからであろうが、その一つが種々の企業者活動であると考えられる。彼らのそうした投資活動を次に検討しよう。

## 四　福博商工業者の企業者活動

### （1）　企業者活動の展開

ここでは、県下企業の設立に福博商工業者がどの程度関わっていたのかを、銀行、鉄道、炭鉱についてみておこう。紡績業については本書第二章で、博多電灯については第三章、また小売業については第八章で分析するのでここでは割愛することにする。[26]

①　銀行

福岡県は日本でも銀行数の最も多い県の一つである。明治三十四（一九〇一）年には九四行（府県別の設立数では第六位）を数え、払込資本金総額八二二万八、一九四円（同第九位）に達した。地域別で見ると、銀行数では福岡地域一三（福岡七、早良三、筑紫三）、北九州五、筑豊七、その他六九となっており、銀行は農村地域の三井、八女、浮羽、朝倉、築上などの諸郡に集中していた。地域別の出資者の統計が掲載されている最後の年である明治二十七年の県内銀行への出資者の地域別状況を見ると、出資額一九九万円のうち二〇・九%が久留米市在住者、次いで浮羽郡一四・六%、八女郡一四・一%、福岡市九・一%となっている。福岡は地域内に第十七国立銀行と筑紫銀行が設立され、両行の資本金合計が三五万円に達していたにもかかわらず、市在住者の出資額はわずか一八万円ほどで、筑後浮羽、八女の両郡にも及ばなかったのである。

当時の銀行の出資は農工銀行を除き、主として設立地域内の人々によって担われていた。明治二十七年までに福岡県で設立された三七行の銀行のうち、個人銀行三行を除く三四行の株主三、〇四六名を見ると、二、四〇九名（七九・一%）の株主が設立された地域内（郡内）の株主であった[27]。ちなみに、すべて同郡内の株主からなっている銀行は九行、九〇%以上が同郡内の株主である銀行は一〇行である。これら株主がどのような人々であったのかを統計的には確認できないが、旧国立銀行系の銀行を除けば、農村地域に多くの銀行が設立されていること、重役の多くが地主であること、個別銀行の大株主の多くが地主層であることなどから考えると、銀行の株主は、職業別で分類するとすれば、圧倒的に地主あるいは地主をも兼ねる高利貸、醸造業者などであったと考えていい。

福岡地域に設立された銀行の出資者を検討してみよう。明治三十年代までに福岡市に設立されていた銀行は第十七国立銀行（明治十年十一月設立―以下同様）、筑紫銀行（同十四年三月）、覇台銀行（同二十七年七月）、福岡貯蓄銀行（同二十九年八月）、博多土居銀行（同三十年三月）、農工銀行（同三十一年五月）、筑豊興業銀行（同三十一年十一月）、福陵銀行（同三十三年一月）、許斐銀行（同三十三年七月）の九行である。以下では事蹟が不明の福陵銀行を除く八行についてみておこう。

まず、第十七国立銀行。福岡最初の国立銀行である同行の出資者は、当初一五名であった。その内、旧藩士が六名（出資額四万九、二〇〇円）、商人が九名（同五万五、八〇〇円）で、商人の出資額が藩士のそれを上回っていた。出資した商人は佐野弥平（朝倉郡甘木、出資額二万円―以下同様）、末松政右衛門（糸島郡加布里、二万円）、佐野三右衛門（朝倉郡甘木、三、〇〇〇円）、佐野佐平（同、二、三〇〇円）、樋口吉次（福岡薬院、二、〇〇〇円）、高山徳三郎（早良郡西新町、一、五〇〇円）、上原徳四郎（同唐人町、一、〇〇〇円）、伊藤六右衛門（博多中対馬小路、三、〇〇〇円）、瀬戸惣右衛門（博多上土居町、三、〇〇〇円）らで、いずれも黒田藩の御用商人たちであったが[28]、福博商工業者は博多部の伊藤六右衛門（釘屋六右衛門）、瀬戸惣太郎（瀬戸惣右衛門）と福岡部の樋口の三名に過ぎなかった。頭取には御用商人の佐野弥平、副頭取に旧藩士の中村五平（城代組、七石三人扶持）、支配人には伊藤六右衛門（取締役兼任）と岡部覚（旧藩士、馬廻組、一二〇石）が就いた。支配人を含む役員六名のうち、旧藩士は二名で、商人が四名（前記以外では末松と瀬戸）を占めていた。

こうした点からすると、第十七国立銀行の設立と経営は御用商人が中心であったように見えるが、御用商人の出資は黒田藩の意向に従ったものに過ぎなかった。同藩では藩主をはじめとする藩士の出資で国立銀行を設立する意向をもっていたが、商業や金融に携わった経験がないため、まず商人と少数の藩士によって設立したのち、増資の形で旧藩士の資金を動員する計画であった[29]。実際、翌年の第一次増資によって、資本金二〇万円中一三万一、七五〇円が旧黒田藩主と旧藩士一六二名によって引き受けられたのである。商人は二二名が増資に応じたに過ぎなかった。しかもこれらの商人には博多部の商人はほとんど加わっていなかった。当初、博多部の商人は同行の設立と経営にあまり関わりを持たなかったのである。

もっとも、博多部の商人を含め福博商工業者たちは明治十年代半ばから次第に同行の株式所有を増大させ、明治十七年には株式の半ば近くを占めるようになるとともに、経営に関与するようになった[30]。当初の大株主であり、役員であった佐野弥平や末松政右衛門、佐野三右衛門、伊藤六右衛門などに代わって、中尾卯兵衛（福岡橋口町、呉服太物商）、高山卯右衛門、服部文助（早良西新町）などが大株主に名を連ねるようになった。とくに中尾卯兵衛は旧藩主の黒田長成に次ぐ大株主となり、明治十六年頃には副頭取に就いている[31]。さらに明治十年代末以降、中尾のほか、樋口吉次（呉服太物商）、瀬戸惣太郎、山本与志介（福岡橋口町、洋物商）、渡辺与一・次平（博多上西町、呉服太物商）、幸田次平（博多中島町、呉服太物商）、許斐儀平・久三郎（福岡船町、醸造業）、関運七（醬油醸造）などの福博の主要商工業者が株主となり、そのうち樋口、瀬戸、許斐（儀平）、渡辺（与一）などが取締役に加わっている。第十七国立銀行の子銀行として設立されたのが福岡貯蓄銀行である。発起人は設立当時の第十七国立銀行の取締役ら八名であった[32]。

次に筑紫銀行の設立者をみてみよう。同行は明治十四年、資本金一二万円で、一一名の出資者によって設立された。第十七国立銀行が士族資金を動員して設立されたのに対し、同行は博多商人によって設立されたといわれている[33]。株主は明らかではないが、筑紫銀行の「株主はみんな重役[34]」であるという河内卯兵衛（綿糸商）の言葉が正しいとすれば、重役であった下沢善右衛門（小間物問屋洋物商）、磯野七平、野村久次、太田清蔵、奥村利平、野村久一郎、下沢善四郎、遠藤甚蔵、吉田又吉、奥村利助、藤井五平（呉服商）らが大株主であったことになる。彼らはいずれも有力商人で、その多くが博多商業会議所の中心的メンバー[35]であり、後に見るように様々な出資活動を行っている。第十七国立銀行とここに結集した商工業者層が博多の企業勃興の中心的担い手であったといえよう。

覇台銀行（資本金四万円）。福岡博多に設立されたが、設立に中心的な役割を担ったのは久留米や甘木の人々で、「同銀行の株主は久留米の人が重《（ママ）》もなれども当地にも多少之ある由にて二〇株以上の株主は福陵新報の中島勝義氏外数名なり」と報道されているように、福博の主要商工業者はあまり関わりをもたなかったようである。[36] もともと同行は設立の翌年の明治二十八年には破綻しており、[37] ブームに乗って設立された泡沫銀行の一つであったにすぎなかった。

次に、農工銀行。同行は県主導の下に、県知事指名の設立委員から選出された常務委員（入佐清静（委員長、県書記官）、小林作五郎（大地主、醸造業）、守永勝助（小倉、第八十七国立銀行頭取）、三谷有信（第六十一国立・三潴銀行取締役））らを中心に設立された。[38] 福博からは岡部覚が設立委員に指名されたものの、取締役には誰も加わらなかった。同行の株主総数は二、〇六二名に達し、出資者は全県にわたっている。[39] しかし、地域別の申込株数及び人員を見ると、福岡は申込者一九名で六九〇株、総申込株のわずか二・一％を占めるにすぎない。[40] 福岡県の九、一八九株をはじめ、地方公共団体が一万一、一一五株（総株数の三七％）を出資し、最大の株主となっている。公共団体を除けば、その株主は小林作五郎、谷彦一、古林与六、多田勇、富安重行など大地主や酒造業者が多くを占めた。都市部の一部商人も出資していたが、[41] 福博商工業者は許斐儀七が八株出資している程度である。福博商工業者は、農工銀行には出資も行わず、経営にもまったく関わりをもっていなかったのである。

筑豊興業銀行は「鉱業家へ専門貸出を営業とし」[42]、資本金二〇万円で博多上呉服町に設立された。設立地域からすると、福博商工業者が中心であったように思えるが、発起人あるいは役員は、吉武吉之進（頭取、三潴郡、二四〇株）、永松仙之助（常務取締役、三井郡、二五〇株）、重富一（常務取締役、三井郡、二五〇株）、酒見恒蔵（監査役、大地主、三潴郡、二〇〇株）、吉武辰二（久留米、一〇〇株）、神崎岩蔵（取締役、小倉商人、一〇〇株）、平田大蔵（取締役、三井郡、一〇〇株）など主に筑後出身者からなっており、福博商工業者はほとんど関係をもつことはなかった(43)。

博多土居銀行（資本金五万円）は博多土居町に居住の磯野七平ら五名によって設立された(44)。出資者は磯野の他は明らかではないが、取締役が五名であることから、この取締役が出資者であったと考えていい。磯野、井原正六（宗像郡下西郷村、醸造業）、石蔵利助（諸品仲買問屋）、許斐儀七（醸造業）、半田寅太郎（筑紫郡住吉町）がその取締役であり、磯野の他、石蔵、許斐の有力福博商工業者が加わって、設立されたことがわかる(45)。

許斐銀行（資本金一二万円）は合資会社で許斐儀七、友次郎、儀助の三人が社員となっており、資本金一二万円は許斐一族で出資された。しかし、同行は明治三十六年十二月末には廃業している。

以上から明らかなように、福博商工業者は福岡博多の主要金融機関である第十七国立銀行と筑紫銀行への出資とその経営に大きな役割を担っていた。すなわち、県下最大の第十七国立銀行は主として旧士族資金（金禄公債）と藩特権商人資金の動員によって設立されたが、明治十年代半ば以降福博商工業者は同行資本金の半ばを出資し、同行の経営にも参加していったのであり、筑紫銀行は彼らの手によって設立され、経営されたのである。また、許斐家や磯野家のように、有力商人の一部は自ら小銀行の経営に乗り出してもいた。

県全体からみれば、福博商工業者は銀行の設立や経営に大きな役割を果たしたとはいいがたいが、福博商工業者の企業活動にとって銀行との接点は決定的であった。彼らの所得水準が地主や鉱業家に比べてはるかに低いにもかかわらず、積極的な投資活動を行い得たのはおそらく金融機関との関わりなしには考えられなかったといっていい。逆に言えば、ここに述べた銀行に関わりを持った商人が福岡地域における企業設立の中核的担い手になり得たので

表1－9　福博商工業者の鉄道株所有

単位：円，％

| 九州鉄道発起株 | | | 筑豊興業鉄道 | | | 船越鉄道 | | |
|---|---|---|---|---|---|---|---|---|
| 地　域 | 発起株数 | 比率 | 地　域 | 発起株数 | 比率 | 地　域 | 発起株数 | 比率 |
| 筑前 | 14,534 | 37 | 福岡 | 11,398 | 57 | 福岡 | 28,198 | 46 |
| 　福博商工業者 | 4,280 | 11 | 　福博商工業者 | 1,254 | 6 | 　福博商工業者 | 5,741 | 9 |
| 筑後 | 12,948 | 33 | 東京 | 6,706 | 34 | 東京 | 14,811 | 24 |
| 豊前 | 11,595 | 29 | 大阪 | 1,047 | 5 | 大阪 | 9,600 | 16 |
| 福岡県合計 | 39,077 | 100 | 総計 | 20,000 | 100 | 総計 | 61,000 | 100 |

| 豊州鉄道 | | | 博多湾鉄道 | | |
|---|---|---|---|---|---|
| 地　域 | 発起株数 | 比率 | 地　域 | 発起株数 | 比率 |
| 福岡 | 9,402 | 24 | 福岡 | 9,099 | 22 |
| 　福博商工業者 | 1,907 | 5 | 東京 | 25,817 | 62 |
| 東京 | 5,892 | 15 | 大阪 | 5,245 | 13 |
| 大阪 | 20,651 | 52 | その他 | 1,339 | 3 |
| 総計 | 40,000 | 100 | 総計 | 41,500 | 100 |

出典：「九州鉄道会社株主人名簿」（明治20年2月）（『公文類聚第十編』），『福岡県史　近代資料編　筑豊興業鉄道（1）』（福岡県，平成2年），『豊州鉄道株主姓名表』（明治27年9月），「博多湾鉄道株主姓名調」（明治40年），『船越鉄道株式会社株主名簿』（刊行年不明）。

ある。

### ②　鉄道

次に地域の鉄道建設と福博商工業者の関係を見よう。第一次企業勃興期以降明治三十年代まで、県内では膨大な敷設出願がなされた。明治二十九年だけで見ても、出願は八〇に及び、資本金六、一八一万円は諸会社銀行の起業出願合計六、八一六万円の九一％を占めていた[46]。しかし、実際に福岡県に設立された鉄道会社は多くはない。九州鉄道（資本金四、七五五万円、明治二十一年六月設立―以下同様）、筑豊興業鉄道（一〇〇万円、同二十二年七月）、豊州鉄道（二〇〇万円、同二十三年十一月）、金辺鉄道（一五〇万円、同三十年五月）、船越鉄道（三〇五万円、同二十九年十月）、筑後鉄道（七〇万円、同三十年六月）、博多湾鉄道（二〇七万五、〇〇〇円、同三十三年六月）、などがその主なものである。資料のない金辺鉄道、筑後鉄道と本書第四章で分析する博多湾鉄道を除くこれら鉄道会社の設立や資金に、福博商工業者がどのようにかかわりどのような役割を果たしてきたのかについて見てみよう。表1－9は地域主要鉄道の福博商工業者の持ち株比率を見たものである。かなり多額の資金を出資しているものの、持ち株比率からすると鉄道建設に福博商工業者はさしたる重みを持たないように見える。

まず九州鉄道。同鉄道は九州の企業としては投下資本金額が格段に巨額であった。同鉄道の設立過程については中村尚史、東条正などによって明らかにされている。(47) これら先行研究及び「九州鉄道会社株主人名簿」などに依拠しながら、同社株主に占める福博商工業者の位置を見てみよう。九州鉄道は資本金額の巨額さから、東京、大阪の商人や華族（沿線に関係する華族）資金も動員され、彼らが大株主を構成したが、他の民営幹線鉄道と比べると大株主が少なく、零細株主が多いこと、沿線株主の比重が高いことを特徴としていた。福岡、佐賀、熊本の三県の株主が全体の七七・三％を占めていたのである。全体の三二％と最大の比重を占める福岡県の中で、福博商工業者の所有株数は県全体の発起株数の一一％程を占めている。当初発起株主六一人中一九人が福博商工業者であり、県下大株主の半数を彼らが占めていたことをも考えると、(48) 安場福岡県知事を中心とする地方官が主導した同鉄道設立に、福博商工業者は極めて積極的に関わっていったといっていい。これを地主の出資と比べてみると、福博商工業者の積極性が理解できよう。『福岡日日新聞』に掲載された明治二十九年の地価一万円以上地主はおよそ五二〇名ほどであるが、彼らの九州鉄道への出資株数は全県で四千五百株ほどであり、五〇株以上所有者はわずか三〇名にすぎない。

筑豊興業鉄道は林芳太郎（県会議員）ら田川郡を中心とする名望家を中心に設立された。(49) 株主は地域構成で見ると、明治二十三年三月末で福岡五七％、東京三四％、大阪五％となっており、華族資本を中心に四〇％を超える資金が中央の大都市から導入されている。県外資金の比率は明治二十五年になるとさらに高くなり、東京が全体の七〇％、大阪が七％となり、福岡はわずか一九％を占めるにすぎない。

福博商工業者について言えば、当初株式の一割弱が福博商工業者で、下沢善右衛門、善四郎、善平の下沢家がかなり積極的に出資（合計で四八一株、第三位の大株主に相当）し、常議員（取締役）にもなったほか、与三郎、与一、治平、龍次郎、渡三郎の渡辺一族（合計で二〇〇株）、河内卯兵衛、太田清蔵、長野嘉平、磯野七平などが出資している。しかし、下沢をはじめ福博商工業者の多くは一、二年で所有株を売却し、持ち株比率は微々たるものでしかなくなっている。明治二十五年九月末の株主名簿でこの点を見ると、下沢善四郎、善平が合わせて八三株、磯野七平が四三株、藤井五平が五株を所有しているぐらいである。彼らに代わって持ち株比率を急増させたのは三菱の岩崎久弥と近藤廉平で、合わせて一万四、〇七二株（総株数の四一・五％）を所有するに至っている。

福博商工業者が遠隔地の同鉄道に出資した理由は定かではない。彼らが投資した田川採炭との関わりから出資したとも考えられる[50]。しかし、ほとんどが一、二年で株式を売却しているという行動様式を見ると、極めて投機的であったように思える。

次に豊州鉄道（行橋—大分県宇佐四日市（現日豊線）、行橋—田川郡香春、添田（現平成筑豊鉄道））を見てみよう。同鉄道はもともと斎藤美知彦など地元有志によって出願、認可された鉄道会社であったが、資金調達難から頓挫していた同社を設立し、鉄道建設を推し進めたのは石炭輸送に苦しむ田川採炭の経営陣であった。株主総会で田川採炭の豊州鉄道への吸収が決定され、豊州鉄道は田川採炭の大口出資者であった藤田伝三郎、田中市兵衛、川上佐七郎らの大阪資本と地元資本及び田川採炭によって設立された[51]。資本金一五〇万円の出資比率は大阪が七五万円（五〇％）、田川採炭四〇万円（二七％）、地元二五万（一七％）などとされ、大阪資本が中心的な役割を担っていた。福岡県の出資者は資本金総額の二五％ほどを占めるに過ぎないが、福博商工業者は福岡株主の二割（総株数の五％）を占めている。[52]福博商工業者の持ち株比率が比較的高いのは、同鉄道がもともと彼らの出資した田川採炭と深い関係にあったからである。しかし、彼らは同鉄道株も二、三年後には売却し、明治二十九年には持ち株をほとんど半減させており、筑豊興業鉄道に対するのと同様の行動をとっている。

船越鉄道（資本金三〇五万円、本社福岡）は石炭輸送を主たる目的として、船越と飯塚（糸島郡船越―糸島郡前原―博多―糟屋郡篠栗―嘉穂郡飯塚）、さらに糸島郡前原から分岐して伊万里、唐津に至る路線を敷設するために設立されたが、[53]明治三十一年の恐慌で行き詰まり、路線建設前に九州鉄道に合併された。敷設されなかった鉄道とはいえ、福博商工業者の鉄道業への関与を見るには不適切な事例ではない。

同鉄道の発起人は一九五名で全県にわたっており、そのうち福博商工業者が四二名を占め、設立に主導的な役割を果たしている。出資者の地域別構成を見ると、五〇％が福岡県の出資者からなっているが、東京、大阪合わせて四〇％、京都、兵庫、奈良などを含めると四五％が東京や関西から出資されていた。東京の出資者には、渋沢栄一、大倉喜八郎、益田孝をはじめとする多くの財閥関係者が出資していたが、原六郎の五〇〇株を除き、いずれも一〇〇株程度にすぎず、一人当たり出資額（八一株）は少なかった。大阪の出資者も同様で田辺貞吉、松本重太郎、田中市兵衛、土居道夫、岡橋治助などの投資家が広く出資したものの、一人当たりの出資は少額である。ただ少額ではあっても、彼ら有力資本家の出資は幅広く出資を募る上で大きな意味をもっていたであろうことは間違いない。[54]

県内の出資者は、福博商工業者、炭鉱関係者（炭鉱業者、石炭商人など）、沿線の資産家、さらには筑後の資産家・地主などから構成されている。大口の出資者は安川・松本、石野寛平、麻生などの炭鉱業関係者[55]と太田、中尾、奥村、磯野などの福博商工業者であったが、[56]九州鉄道設立時にはそれほど参加していなかった地主層が広範に出資していることも特徴としてあげることができよう。何が保守的な地主の投資を促したのかは今後検討されるべきであるけれども、さしあたり、九州鉄道の成功と投資ブームを地主の出資要因としてあげることができよう。

以上、鉄道投資について検討してきた。福博商工業者は、鉄道業にかなり積極的に投資しており、発起段階では大きな役割を果たしていることが確認できよう。特に、九州鉄道では出資に消極的であった地主層に比べると、その積極性が際立っていた。鉄道業は所要資本金規模が大きいため、資本の基幹部分を東京や大阪の大資産家に依存し、結局経営そのものの主導権を握ることはできなかったわけであるが、株式所有の裾野を広げ広範な社会的資金を集中する上で、彼らの役割は評価すべきであろう。

福博商工業者が積極的に関わろうとした理由は今のところ定かではない。ブームに敏感に対応する商人らしさとでも言おうか。彼らはその多くを比較的早く手放し、また盛んに売買しており、安定した投資家ではなかったことは確かである。

### ③ 石炭

次に石炭と福博商工業者との関係を検討しよう。筑豊における近代的石炭業の担い手については、古くは遠藤正男によって四つの類型（商人、地主、鉱夫からの転化、財閥）が指摘されている[57]。ここで指摘されている商人は幕藩体制時から御用商人として石炭販売に関わり、明治維新後、資金前貸しを通じて次第に炭鉱経営に関わっていった人々である[58]。福博商工業者が炭鉱経営に関わった事例はこれまであまり明らかにされていない。

今、石炭鉱区の借区者に福博商工業者がどれほどいるか表1－10によって確認していこう。これによれば、渡辺与三郎・伊之助、吉田忠次郎（呉服太物商）、中尾卯兵衛、大山与四郎（清酒醸造）、古川嘉平（魚問屋）、磯野七平、中尾伊作（清酒醸造）、下沢善右衛門（小間物洋物商）、石村虎吉（煙草商）らが鉱区を借区しており、かなり

表1－10　福博商工業者の鉱区所有

| 氏　　名 | 地　名 | 鉱山名 | 産鉱高 | 坪　数 | 許可年月 | 出典 |
|---|---|---|---|---|---|---|
| 渡辺与三郎 | 鞍手・勝野 | － | 38,400斤 | 2,920 | 明治7年7月22日 | ① |
| 吉田忠次郎 | 鞍手・金剛 | － | － | 827 | 明治15年7月7日 | ② |
| 中尾卯兵衛・大山与四郎 | 鞍手・勝野 | － | － | 4,148 | 明治26年10月3日 | ③ |
| 古川嘉平 | 鞍手・西川 | 旭 | － | 31,395 | 22年11月28日 | |
| 同上 | 鞍手・笠松 | － | － | 56,694 | 23年9月26日 | |
| 磯野七平・中尾卯兵衛 | 鞍手・縁山畑 | (銅山) | － | 11,533 | 26年7月12日 | |
| 中尾卯兵衛・高島幸太夫 | 嘉麻・碓井 | － | － | 259,520 | 26年9月8日 | |
| 下沢善右衛門・福井嘉納 | 嘉麻・千手 | (銅山) | － | 554,860 | 26年10月16日 | |
| 藤田勝助・渡辺伊之助 | 嘉麻・庄内 | 上の山 | － | 45,501 | 25年7月1日 | |
| 中尾伊作・高島幸太夫 | 穂波・桂川 | － | － | 264,527 | 26年6月12日 | |
| 高島幸太夫・中尾卯兵衛 | 同上 | － | － | 68,849 | 同上 | |
| 野村久一郎・泉研介 | 上妻・北川内 | (銅山) | － | 105,045 | 明治26年5月24日 | |
| 同上 | 同上 | (銅山) | － | 93,275 | 26年5月18日 | |
| 磯野七平 | 糟屋・志免 | － | － | 56,785 | | ④ |
| 同上 | 糟屋・多々良 | － | － | 178,370 | | |
| 下沢善右衛門 | 筑紫・堅粕 | － | － | 288,277 | | |
| 石村虎吉 | 遠賀・長津 | － | － | 439,215 | | |
| 下沢善右衛門 | 田川・方城 | － | － | 153,344 | | |
| 同上 | 同上 | － | － | 92,350 | | |

出典：①工部省鉱山課『鉱山借区一覧表』(明治16年12月)，②農商務省鉱山局『鉱山借区一覧表』(明治19年12月)，③福岡鉱山監督署『福岡鉱山監督署管内試掘採掘採取一覧表』(明治27年2月)，④同『福岡鉱山監督署管内鉱区一覧』により作成。
備考：渡辺与三郎は明治19年にも確認できる。

の福博商工業者が借区していたことが窺える。中尾や下沢は鉱区所有に積極的であったと言われるけれども、これらが単なる投機目的の所有なのか、炭鉱経営をめざしたものなのかはわからない。これらのうち、実際に経営されていたのが確実なのは渡辺与三郎の炭鉱だけである。

渡辺与三郎はこの鉱山の他に、古賀幾太郎名義の舟石炭鉱（糟屋郡炭焼村）を次平（治平）、勘次郎の一族及び古賀と共同経営している。その共同経営は次のようなものであった。前記四名で組合をつくり、それぞれ一、〇〇〇円計四、〇〇〇円を出資する。組長、取締の役員を置き、組長に古賀幾太郎、取締に勘次郎が就任する。石炭事業に専業することが取り決められた組長が炭鉱経営に当たり、取締は博多に設けられた支店の金銭出納を担当するとされ、与三郎、次平の組合員は監査権限を有し、鉱業上の重要案件については組長、取締は組合員に相談する義務を負う、とされた[59]。こうした投資の性格については今後の検討を要するが、ここから見る限り、渡辺家が事業そのものに関心を抱いていたとは見えず、渡辺家の舟石炭鉱への関わりは、炭鉱経営というよりはむしろ出資者あるいは石炭販売商としての性格に近いと言えよう。

投機的であり、出資者としての性格が強かったにせよ、福博商工業者が炭鉱業への進出に意欲的であったことは以上の事例からだけでも窺えるが、炭鉱業への福博商工業者の積極性を見る上で、こうした個々の福博商工業者による投資以上に興味深いのは、福博商工業者が共同で企業を設立し、大規模な石炭開発を目指したことである。筑前鉱業会社による田川炭鉱と金田炭鉱の経営がそれである。個人企業的指向性の強い炭鉱業のなかでこうした会社形態あるいは共同出資がとられた要因として、獲得を目指す田川炭鉱が極めて有望であったこと、鉱区が広く所用資本規模が大きくなることが見込まれたこと、などがあげられよう。

同社発起人は中尾卯兵衛・伊作、下沢善四郎、渡辺与三郎、許斐儀平、奥村利助・利平、礒野七平、大山与四郎、波多江嘉平、深沢伊三郎、門司軌（荒物商）、平岡則孝で、旧藩士の平岡以外はいずれも福博の有力商人である。資本金は三五万円とされ、一株一、〇〇〇円とされた[60]。

田川鉱区の借区をめぐってはその有望性から、同社のほか東京・大阪や地元田川の資産家などによって筑豊鉱業会社や田川石炭鉱業会社が設立され、借区権の獲得を目指して争ったが、結局、「其筋ノ勧誘ニ従ヒ」（『田川採炭会社第一回報告書』明治二十三年八月十五日）、明治二十二年三月に合併し、同五月共同で田川採炭会社が資本金六五万円（翌年一〇〇万円に増資）で設立された。社長には福島良助、重役（委員）に金子辰三郎（兼支配人）、園田熊太郎（田川郡）、下沢善四郎、藤金作（兼会計検査役）、また相談役に渋沢栄一、種田誠一（東京、第三十三国立銀行）、中尾卯兵衛が就任した。七月には藤金作が辞職したため、中尾が藤の後任となり、下沢が委員と相談役を兼ねた。

その出資者を見よう。『田川採炭会社第一回報告書』によれば、株主は発起人三二名で、東京から渋沢栄一、種田誠一、金子辰三郎、小笠原忠忱ら、大阪から福島良助、藤田伝三郎ら、福岡から五名の福博商工業者のほか、高瀬九三治（田川郡香春）、占部三折、藤金作、園田熊太郎、石井房次（鞍手郡、大地主）らが名を連ねていた。彼らによって予備株を除く五八万一、〇〇〇円の当初資本金が引き受けられた。「株主ハ概ネ発起諸氏ニシテ各自名義ノ下ニ多数ノ分裂株主アルコトハ裏面上ニ於テ相認メラレ候」[61]とあるように、彼らは合併前の競願各社の利害を代表して株主となっていた。一〇〇万円に増資した明治二十四年の株主名簿によれば、大株主には東京、大阪などの投資家が多くを占めたが、地域別に見れば福岡の株主が過半を占め、福博商工業者の出資は全体の一四%を占めていた。[62]福博商工業者の大口出資者には中尾、下沢、礒野、大山、波多江、奥村、太田、渡辺、野村などが名を連ね、福博の有力商人が出資していることがわかる。[63]

しかし、多くの福博商工業者が出資した同社は明治二十三年一月に借区を許可され、事業に着手したが、運炭問題などで所期の収益をあげることができず、結局、曲折を経て田川採炭組、さらには三井に譲渡されている。

以上、福博商工業者と炭鉱との関わりを検討してきた。福博商工業者による炭鉱経営の実態については今後の研究を待たなければならないが、下沢、中尾、渡辺、大山らの福博商工業者が炭鉱業に深く関わっていたことは確認できる。しかし、彼らの炭鉱経営は基本的には成功しなかった。当時の技術的限界から炭鉱経営は多分に偶然的要素が強いということを別にすれば、成功しえなかったのは、資金的限界だけではなく、おそらく、出資者としての側面が強くて、技術や労務管理を含めた炭鉱経営のノウハウが蓄積されず、結局、炭鉱資本家へ脱皮できなかったためであったのではないかと考えられる。もともと、筑前鉱業や田川炭鉱への彼らの出資には、ブームに乗った多分に投機的な側面もあったに違いない。いずれにせよ、福博商工業者は、豊州炭鉱の監査役となっていた下沢善四郎などを除き、明治三十年代になるとほとんど炭鉱に関わらなくなったようである。

## (2) 福博商工業者の企業者活動とその特質

### ① 企業者活動の特徴

以上福岡に設立された企業を中心にその担い手について見てきた。それによれば、福博商工業者はかなり多岐にわたって投資、出資を行っていたことが理解できよう。

業種別に言えば、金融業では県全体としては国立銀行においては華族や旧士族の出資比率が高く、私立銀行においては地主層による設立が多かったが、福博商工業者は明治二十(一八八七)年頃までには県内最大の第十七国立銀行の過半の株式を所有した。鉄道業では彼らは積極的な投資活動を行ったものの出資比率は低く、経営の主導権は中央資本や炭鉱経営者に握られることが多かった。しかし、当初の発起の局面では、発起株の引き受け、創立委員などへの参加、東京・大阪の出資者の勧誘などで、福博商工業者は持ち株以上の重要な役割を果たしていたといっていい。石炭業では幾人かの商人が投資を試みたり、共同出資によって鉱業会社を設立したりしたが成功することはなく、鉱業資本家へ転身し得たものは皆無であった。第二章で見るように紡績業は中心的商人の家業(呉服商)と関わっていたこともあって、福博商工業者の資金が広く集中され、ほとんど彼らの資金で博多絹綿紡績が設立されたのである。福博地域の築港、電灯その他の小企業なども同様であった。

ところで、以上のような福博商工業者の投資活動を商人別にまとめてみると、表1－11のようになる。出資の時期は様々なので、合計欄は一時点の所有株数を示すものではないが、その多寡や出資企業数によって企業活動に対して積極的であったか否かを窺うことはできよう。同表とこれまでの分析によって福博商工業者の投資活動の特徴を見ておこう。

まず新規事業への出資に積極的であった商工業者がどのような人々であったかを確認しておくと、太田清蔵、奥村利助・利平、中尾卯兵衛・伊作（卯作）、渡辺一族（与三郎・綱三郎・渡三郎・治平・勘次郎・龍次郎・藤吉等）、下沢善右衛門（善四郎）、磯野七平、吉田又吉、許斐儀七・儀平、河内卯兵衛、藤井五平、長野嘉平、野村久次・久一郎などをあげることができる。彼らはほぼ税額上位の有力商人であり、その多くは幕末明治初期の有力商人でもあったが、幕末以来の有力商人の多くが変革期を乗り越えて投資活動を行ったわけではない。むしろ、幕末期の有力商人とくに問屋業、廻船業者、蠟製造販売業などの多くは、一部の家業関係事業への投資を除き、その投資活動は低調であった。

福博商工業者の出資の仕方について見ておくと、前述したごとく、福博商工業者は、家業とかかわりなく、様々な業種に共同で分散出資していることがわかる(64)。それぞれの企業への出資者は資本金規模の割にはその数が多く、出資額は多くても二〇〇株前後で、多数の商人達はせいぜい五〇株程度出資したにすぎなかったのである。多くの商人による共同出資という形態は基本的には彼らの蓄積の低位性と危険分散のためであったと考えられようが、共同出資といっても均等出資であったわけではない。家業と関わる新規事業については、その出資額は他の新規事業よりは多くなっていたが、多くの場合、数人の中核的な有力商人の均分出資を核とし、その周囲に協調的有力商人さらには多数の商人が応分に（おそらく資産に応じて）出資するという形であった。その核となった人々が表1－11の上位にあげた人々である。

| 博多絹綿紡績 | 久留米紡績 | 岡山紡績 | 博多築港 | 福岡築港 | 博多土工 | 九州製油 | 九州生命 | 鎮西倉庫 | 博多汽船 | 博多電灯 | 博多競商 | 博多米穀取引所 | 博多魚市 | その他 |
|---|---|---|---|---|---|---|---|---|---|---|---|---|---|---|
| 150 △ | — | — — | — — | — | — — | — — | 52 ○ | — | — — | ○× | — | — | — | 三池紡績35 |
| 300 ◎ | 89 | 104 ○ | 50 — | — | 53 ○ | 100 ○ | 15 — | — | — — | ○× | — | — | — | 九州倉庫× |
| 300 — | — | — — | 5 — | — | 60 — | 70 — | — — | — | — — | — | — | — | — | |
| 330 — | 228 | 176 — | 50 — | — | — — | 180 — | — — | — | 100 — | — | — | — | — | |
| 150 — | — | 249 — | 80 — | — | 48 — | — — | — — | — | 150 ○ | △× | ◎ | △ | — | |
| — — | — | — — | 170 ○ | — | 11 — | — — | 25 — | — | — — | — | — | — | — | |
| 300 △ | 180 | — — | — — | — | — — | — — | — — | — | — — | — | — | — | — | |
| 150 — | — | — — | 60 — | — | 24 — | — — | 40 — | — | 15 — | × | — | ○ | — | |
| — — | — | — — | 15 — | — | — — | — — | — — | — | — — | — | — | — | — | |
| 100 △ | — | — — | 30 — | — | — — | — — | 50 ○ | — | — — | ◎× | — | — | — | 中央セメント |
| — — | — | — — | — — | — | 29 △ | — — | 10 — | — | 20 — | — | — | — | — | 豊州炭鉱△ |
| — — | — | — — | — — | — | — — | — — | — — | — | — — | — | — | — | — | |
| — — | — | 113 — | — — | — | — — | — — | — — | — | — — | — | — | — | — | |
| 200 — | — | — — | 30 — | — | — — | 100 — | 25 — | — | 30 — | — | — | — | — | |
| 200 — | — | — — | — — | — | 24 — | — — | — — | — | 50 — | — | — | — | — | |
| 200 — | — | — — | — — | — | — — | — — | 10 — | — | 20 — | — | — | — | — | |
| — — | — | — — | — — | — | 36 — | — — | — — | — | — — | — | — | — | — | |
| — — | — | — — | 500 ○ | — | — — | — — | — — | — | — — | — | — | — | — | |
| 100 — | — | — — | — — | — | — — | — — | — — | — | — — | — | — | — | — | |
| — — | 76 | — — | 101 — | — | — — | — — | — — | — | — — | — | — | — | — | |
| 100 — | 10 | 40 — | 20 — | — | 19 — | 50 — | — — | — | — — | — | — | — | — | |
| 100 — | — | — — | 30 — | — | — — | — — | — — | — | — — | — | — | — | — | |
| — — | — | — — | — — | — | — — | — — | — — | — | — — | — | — | — | — | |
| — — | — | — — | — — | ○ | 24 ○ | — — | 10 — | — | — — | — | — | — | — | |
| 100 — | — | — — | — — | — | — — | — — | — — | — | — — | ○× | — | — | — | |
| 100 — | — | — — | 150 — | — | 11 — | — — | 20 — | — | 50 — | — | — | — | — | |
| — — | — | — — | — — | — | — — | — — | — — | — | — — | — | — | — | — | |
| 100 — | — | — — | 70 — | — | 24 — | — — | — — | — | 50 △× | △× | — | ○ | — | |
| 200 ○ | — | 10 — | 20 — | — | — — | 20 — | — — | — | 25 — | — | — | — | — | |
| — — | — | — — | — ○ | — | 36 — | — — | — — | — | — — | — | — | — | — | |
| 150 — | — | — — | — — | — | — — | — — | — — | — | — — | — | — | — | — | |
| 100 — | — | — — | 10 — | — | — — | — — | — — | — | 30 — | — | — | — | — | |
| 100 — | — | — — | 10 — | — | — — | — — | — — | — | 50 — | — | ○ | — | — | |
| 100 — | — | — — | — — | — | — — | — — | — — | — | 10 — | — | △ | — | — | |
| — — | — | — — | — — | △ | — — | — — | — — | — | — — | — | — | — | — | |
| — — | — | — — | — — | — | — — | — — | 20 — | — | — — | — | — | — | — | |
| — — | — | — — | — — | — | — — | — — | — — | — | — — | — | — | — | — | |
| — — | — | — — | — — | — | — — | 500 — | 30 ○ | — | — — | ○× | — | — | — | |
| — — | — | — — | 70 ◎ | — | — — | 150 ◎ | — — | — | — — | — | — | — | — | |

(4) 税額順位は①が明治30年，②が明治31年の福岡市における営業税，所得税合計の順位。
(5) 岡山紡績の山本与志介の所有株は山本アサ名義。
(6) 小河久四郎は，若松紡績（100株），三池紡績（35株），九州倉庫（発起人，取締役）などに関わっている。
(7) 新島藤七から瀬戸惣太郎までは，主要商工業者で株式所有，役員就任の少ない商工業者である。小河久四郎（旧藩士），富安保太郎（筑後在住）は参考としてあげた。

**表1－11　福博商工業者の地域主要企業の株式所有と役員就任**

| 氏名 | 職業 | 商業会議所 | 税額順位① | 税額順位② | 第十七国立銀行 | | 筑紫銀行 | 土居銀行 | 許斐銀行 | 福岡貯蓄銀行 | | 九州鉄道 | 豊州鉄道 | 船越鉄道 | | 筑豊興業鉄道 | | 博多湾鉄道 | 田川採炭 | |
|---|---|---|---|---|---|---|---|---|---|---|---|---|---|---|---|---|---|---|---|---|
| 中尾卯兵衛 | 呉服太物商 | ● | 18 | 2 | 441 | ○ | － | － | － | 75 | － | 300 | 175 | 500 | ○ | － | － | － | 252 | ○ |
| 太田清蔵 | 油商 | ● | 14 | 10 | － | － | ◎ | － | － | － | － | 150 | 73 | 500 | ○ | 64 | － | 309 | 104 | － |
| 奥村利助 | 呉服太物商 | △ | 10 | 4 | － | － | ○ | ○ | － | － | － | 250 | 108 | 500 | － | 51 | － | － | 105 | － |
| 渡辺与三郎 | 呉服太物商 | △ | － | 6 | － | － | － | － | － | － | － | 200 | － | － | － | 52 | － | 150 | － | － |
| 吉田又吉 | 呉服太物商 | △ | 9 | 3 | － | － | ○ | － | － | － | － | 30 | 109 | 200 | － | 10 | － | 220 | 65 | － |
| 下沢善右衛門 | 小間物洋物商 | － | 193 | － | － | － | － | － | － | － | － | 500 | 24 | － | － | 261 | － | 75 | － | － |
| 渡辺与一 | 呉服太物商 | △ | 3 | － | － | ○ | － | － | － | － | － | － | 0 | 150 | － | 50 | － | － | 87 | － |
| 長野嘉平 | 古着商 | △ | 26 | 66 | － | － | － | － | － | － | － | 70 | 124 | 200 | － | 63 | － | － | 26 | － |
| 渡辺与八郎 | 呉服太物商 | － | － | － | － | － | － | － | － | － | － | － | － | － | － | － | － | 741 | － | － |
| 磯野七平 | 鉄工鋳造業 | ● | － | 11 | － | － | ○ | ◎ | － | － | － | 50 | 44 | 320 | × | 43 | － | － | 102 | － |
| 下沢善四郎 | 小間物洋物商 | △ | 52 | 40 | － | － | － | － | － | － | － | 100 | 80 | 150 | － | 120 | ○ | － | 240 | ○ |
| 高山卯右衛門 | | △ | － | － | 268 | － | － | － | － | 75 | ○ | 170 | 6 | 200 | － | － | － | － | － | － |
| 山本与志介 | 洋物商 | ○ | － | － | 137 | － | － | － | － | － | － | 350 | － | － | － | 54 | － | － | － | － |
| 渡辺藤吉 | 鉄物商 | － | 37 | 36 | － | － | － | － | － | － | － | 50 | 56 | 50 | － | 0 | － | － | 42 | － |
| 河内卯兵衛 | 綿糸商 | － | － | 56 | － | － | － | － | － | － | － | － | 40 | 150 | － | 80 | － | － | 58 | － |
| 藤井五平 | 呉服太物商 | － | 64 | 56 | － | － | ○ | － | － | － | － | 90 | 29 | 100 | － | 138 | － | 35 | 43 | － |
| 中尾伊作 | 清酒醸造 | △ | 95 | 16 | － | － | － | － | － | － | － | － | 81 | 300 | － | － | － | － | 116 | － |
| 平岡浩太郎 | 鉱業 | － | 1 | 1 | － | － | － | － | － | － | － | － | － | － | － | － | － | － | － | － |
| 許斐儀平 | 清酒醸造 | － | － | 14 | 70 | ○ | － | － | － | － | － | 200 | － | － | － | － | － | － | 87 | － |
| 渡辺次平 | 生糸商 | － | － | － | 120 | － | － | － | － | － | － | 60 | 41 | 50 | － | － | － | － | － | － |
| 渡辺勘次郎 | 醤油醸造 | － | 51 | 43 | － | － | － | － | － | － | － | － | 22 | 50 | － | － | － | 70 | 61 | － |
| 野村久次 | 古着商 | － | 13 | 9 | － | － | △ | － | － | － | － | 100 | 63 | － | － | － | － | 130 | － | － |
| 樋口吉次 | 呉服太物商 | － | － | － | 234 | － | － | － | － | － | － | 50 | 28 | 100 | － | － | － | － | － | － |
| 許斐儀七 | 清酒醸造 | － | 2 | 14 | 70 | ○ | － | － | ◎ | 75 | △ | － | 28 | 100 | － | － | － | 100 | － | － |
| 是松右三郎 | 薬種商 | ● | 89 | 129 | － | － | － | － | － | | | － | － | 300 | × | － | － | － | － | － |
| 波多江嘉兵衛 | 薬種商 | △ | 38 | 22 | － | － | － | － | － | － | － | － | － | － | － | － | － | 117 | － | － |
| 奥村利平 | 醤油醸造販売 | △ | － | － | － | － | ○ | ○ | － | － | － | 250 | 60 | － | － | － | － | － | 87 | － |
| 立石善平 | 乾物商 | ○ | 82 | 56 | － | － | － | － | － | － | － | － | － | 100 | － | － | － | 80 | － | － |
| 渡辺渡三郎 | 博多織業 | ○ | 43 | 26 | － | － | － | － | － | － | － | － | 20 | 50 | － | 16 | － | － | － | － |
| 波多江嘉平 | 薬種商 | △ | － | － | － | － | － | － | － | － | － | － | 73 | 100 | － | － | － | － | 107 | － |
| 新島藤七 | 材木商 | － | 19 | 15 | － | － | － | － | － | － | － | － | 31 | － | － | － | － | － | － | － |
| 松居元右衛門 | 博多織業 | － | － | 18 | － | － | － | － | － | － | － | － | － | － | － | － | － | － | － | － |
| 小川小三次 | 呉服太物商 | － | 110 | 13 | － | － | － | － | － | － | － | － | － | － | － | － | － | － | － | － |
| 中牟田喜兵衛 | 呉服太物商 | － | 16 | 7 | － | － | － | － | － | － | － | － | － | － | － | － | － | 100 | － | － |
| 山本豊吉 | 清酒醸造 | － | 17 | 5 | － | － | － | － | － | － | － | － | － | － | － | － | － | － | － | － |
| 萩尾太吉 | 清酒醸造 | － | 31 | － | － | － | － | － | － | － | － | － | － | － | － | － | － | － | － | － |
| 瀬戸惣太郎 | | △ | － | － | 145 | － | － | － | － | － | － | 50 | － | － | － | － | － | － | － | － |
| 小河久四郎 | 十七銀行頭取 | ◎ | － | － | 147 | ◎ | － | － | － | 75 | ◎ | 1,100 | 29 | 500 | | － | － | － | 60 | － |
| 富安保太郎 | | △ | － | － | － | － | － | － | － | － | － | 20 | － | 100 | － | － | － | 300 | － | － |

出典：各社「株主名簿」，前掲『日本全国諸会社役員録』，『門司新報』，『福岡日日新聞』などにより作成。

備考：(1) ×は創立委員または発起人，◎は社長または頭取，●専務または常務，○取締役，△監査役。ただし，博多商業会議所は◎会頭，●副会頭，○常議員，△会員。

(2) 博多商業会議所の会員，役職は明治24年から35年までの間に就任した者をすべて含む。

(3) 第十七国立銀行の株数は明治19年，豊州鉄道は明治27年，博多湾鉄道は明治40年，久留米紡績は明治29年，岡山紡績は明治30年，九州製油は明治31年，その他は創立時ないしは翌年度の株数。

彼らは単なる出資者ではなく企業家というべき人々であった。彼らは多くの場合発起人あるいは創立委員となり、企業設立の組織者として機能し、設立後は取締役に就任して、経営者として機能したのである。同表から明らかなように、彼らの最大の特徴は、ほとんどが第十七国立銀行（十七銀行）や筑紫銀行あるいは博多土居銀行の経営者であるかその一族であったことである。少額を分散投資し、しかも分割払い込み方式が取られていたとはいえ、彼らの出資額は、その所得（そしておそらく資産）に比べてかなりの額に達していて、金融機関への依存なしには出資できなかったであろう。当時の金融機関が株式担保金融を盛んに行ったことはすでに指摘されているが、福岡県内でも証券を担保とする貸し付けは明治三十二年には三六三万九、〇〇〇円（総貸付高の三一・三％）に達していて、その多くが福岡の第十七国立銀行や小倉の第八十七国立銀行によるものであったと考えられる[65]。また、設立された企業の資金調達に対して銀行は大きな影響力をもったであろう。結局、銀行経営者を中心に出資グループが形成され、彼らを核として企業活動が展開されたのである。こうした意味では、福博の企業活動でもっとも大きな役割を担ったのは有力商人ではなく、同表にも明らかなように旧士族出身の第十七国立銀行頭取小河久四郎であった。小河は福博商工業者が加わって設立された多くの企業で、福博商工業者を代表して、創立委員等を務め取締役に就任した。

### ② 福博商工業者の三タイプ

ところで、出資のあり方と経営に対する関わり方から表1－11を見ると、福博商工業者をいくつかのタイプに分けることができよう。

第一のタイプは家業専業型で、新規事業の経営はもちろん出資もきわめて消極的なタイプである。小川小三次

**表1－12　渡辺家の株式所有**

| 氏名 | 税額順位① | 税額順位② | 第十七国立銀行 | 九州鉄道 | 豊州鉄道 | 船越鉄道 | 筑豊興業鉄道 | 博多湾鉄道 | 田川採炭 | 博多絹綿紡績 | 久留米紡績 | 岡山紡績 | 博多築港 | 博多土工 | 九州製油 | 九州生命 | 鎮西倉庫 | 博多汽船 |
|---|---|---|---|---|---|---|---|---|---|---|---|---|---|---|---|---|---|---|
| 渡辺与三郎 | 3 | 6 | | 200 | 0 | 0 | 52 | 150 | 0 | 330 | 228 | 176 | 50 | 0 | 180 | | | 100 |
| 渡辺与一 | 37 | | ○ | 0 | 0 | 150 | 50 | 0 | 87 | 300 △ | 180 | 0 | 0 | 0 | 0 | | | 0 |
| 渡辺藤吉 | | 36 | | 50 | 56 | 50 | 0 | 0 | 42 | 200 | 0 | 0 | 30 | 0 | 100 | 25 | | 30 |
| 渡辺治平 | 51 | | 120 | 60 | 41 | 50 | 0 | 0 | 0 | 0 | 76 | 0 | 0 | 0 | 0 | | | 0 |
| 渡辺勘次郎 | 43 | 43 | | 0 | 22 | 50 | 0 | 70 | 61 | 100 | 10 | 40 | 20 | 19 | 50 | | | 0 |
| 渡辺渡三郎 | 32 | 26 | | 0 | 20 | 50 | 16 | 0 | 0 | 200 ○ | 0 | 10 | 20 | 0 | 20 | | | 25 |
| 渡辺瀧次郎 | 4 | 95 | | 0 | 0 | 100 | 40 | 0 | 0 | 100 | 0 | 0 | 15 | 0 | 25 | | | 50 |
| 渡辺治兵衛 | | | | 0 | 0 | 0 | 0 | 0 | 0 | 200 | 14 | 0 | 20 | 0 | 0 | | | 0 |
| 渡辺治平 | | | | 0 | 0 | 0 | 40 | 100 | 61 | 0 | 0 | 0 | 0 | 0 | 100 | 12 | | 0 |
| 渡辺伊助 | | | | 0 | 0 | 0 | 0 | 10 | 0 | 150 ○ | 11 | 20 | 10 | 0 | 0 | | | 0 |
| 渡辺新兵衛 | | | | 0 | 0 | 0 | 0 | 0 | 0 | 0 | 0 | 0 | 30 | 0 | 0 | | | 0 |
| 渡辺与八郎 | 36 | | | 0 | 0 | 0 | 0 | 731 | 0 | 0 | 0 | 0 | 15 | 0 | 0 | | | 0 |
| 渡辺綱三郎 | | | | 0 | 0 | 0 | 0 | 40 | 0 | 0 | 0 | 0 | 10 | 0 | 0 | | ○ | 0 |
| 渡辺クニ | | | | 0 | 0 | 0 | 0 | 0 | 0 | 0 | 0 | 12 | 0 | 0 | 0 | | | 0 |
| 渡辺正次郎 | | | | 0 | 0 | 0 | 0 | 0 | 0 | 0 | 0 | 6 | 0 | 0 | 0 | | | 0 |
| 合計 | | | 120 | 310 | 139 | 450 | 198 | 1,101 | 251 | 1,580 | 519 | 264 | 220 | 19 | 475 | 37 | | 205 |

出典，備考：表1－11に同じ

（呉服太物商）、松居元右衛門（博多織業）、中牟田喜兵衛（岩田屋、呉服太物商）、新島藤七（材木商）、山本豊吉（清酒醸造）らがそれである。小川や松居が行った投資は同表で見る限り家業と関わる博多絹綿紡績を除けば博多汽船への出資ぐらいである。家業の博多織の発展に力を注ぎ意義を見出した松居のように、彼らは家業に専念特化することによって、地方事業家として一定の地歩を占めていったと考えられる。

第二のタイプは家業関連の新規産業にかなり積極的に投資するものの、経営には関わらず、主として出資者として機能するタイプである。この典型が渡辺一族である。表1－12は渡辺一族の出資を抜き出したものである。渡辺家は本家の家業（呉服太物商）と関わる紡績業を中心に一族で多額の株式投資を行っており、いくつかの地方企業では筆頭株主でさえあったが、経営に関わったのは創設期の博多絹綿紡績だけで、他には経営にはほとんど関わっていないことが読み取れよう。

博多絹綿紡績の設立に積極的に関わったように、渡辺は当初からレントナー化していたわけではない。しかし、同社が経営的に失敗して以降、渡辺与一（初代与三郎、二代目与三郎＝与八郎の父）は企業活動に極めて消極的になったようである。彼は「家名永続之為規則ヲ設ケ」、一族が金銭の貸借、約束手形の振り出し、米穀株式などの定期取引、土地の見込み売買などを行うことを禁止するとともに、「諸事業起スハ無論他ヨリ加入之相談有ル共決テ立入事ヲ禁ス」として、一族の企業活動を厳しく戒め「自分ノ実業ヲ懇ロニ相営」むことを彼らに求めたのである。[66]父与一に対し与八郎は新規事業や株式取引に極めて積極的であったが、こうした与一の方針のために、渡辺家は出資者にとどまることが多かったのであろう。渡辺与八郎が表立って企業活動を行うのは与一の死後（明治四十年七月没）みずからの突然の死（同四十四年十月）までのわずかな期間であった。[67]

結局、渡辺家は企業家として脱皮することなく、レントナーとして、また博多の膨張にともなう都市地主として地方的大資産家となっていくのである。波多江嘉平もこのタイプに入るだろう。

第三は投資が多岐にわたり、かつ経営にも参加する企業家タイプである。彼らは発起人、あるいは創立委員として、設立の当初の段階から当該企業に関わり、関係部署への陳情や交渉を行い、あるいは出資の勧誘を行うなど推進者ないしは組織者の役割を担ったのである。その代表が太田清蔵、中尾卯兵衛、磯野七平、下沢善右衛門・善四郎らである。こうした「企業家」が、企業経営者として旧来の家業から脱皮するチャンスをつかみ取ることができるのであろう。

しかし、後に福岡貯蓄銀行（福岡銀行）と徴兵保険会社（後の東邦生命）を支配し、これを拠点に浅野や安田の補完的パートナーとして、東京の財界に一定の地歩を占めた太田清蔵を除けば、彼らの多岐にわたる投資活動は必ずしも成功しなかったと言えよう。

（1）末永國紀『近代近江商人経営史論』（有斐閣、平成九年）、斉藤康彦『地方産業の展開と地域編成』（多賀出版、平成十年）、高嶋雅明『企業勃興と地域経済』（清文堂、平成十六年）など。
（2）阿部武司・谷本雅之「企業勃興と近代経営・在来経営」（『日本経営史二　経営革新と工業化』岩波書店、平成七年）九六頁。
（3）石井寛治「地域経済の変化」（佐伯尚美・小宮隆太郎編『日本の土地問題』東京大学出版会、昭和四十七年）。
（4）伊牟田敏充「明治期における株式会社の発展と株主層の形成」（大阪市立大学経済学研究所『明治期の経済発展と経済主体』日本評論社、昭和四十三年）、和田一夫・小早川洋一・塩見治人「明治四〇年時点の中京財界における重役兼任」（南山大学『南山経営研究』第六巻第三号、平成四年二月）、小早川洋一・鈴木恒夫・和田一夫「明治期の会社および経営者の研究――『日本全国諸会社役員録』（明治三一年版）の分析――」（中部大学『産業経済研究所紀要』第九号、平成五年三月）。
（5）谷本雅之「動機としての『地域社会』――日本における地域工業化と投資活動――」（篠塚信義・石坂昭雄・高橋秀行『地域工業化の比較史的研究』北海道大学図書刊行会、平成十五年）。
（6）宮本又次「近世商人風土記」（『宮本又次著作集』第六巻、講談社、昭和五十二年）、同「幕藩体制論」（『宮本又次著作集』第四巻、昭和五十三年）、同「九州経済史研究」（『宮本又次著作集』第五巻、昭和五十三年）、岡本幸雄『地方紡績企業の成立と展開――明治期九州地方紡績の経営史的研究――』（九州大学出版会、平成五年）、東定宣昌「明治中期九州地方の電気業――電灯会社・水電会社の設立経過を中心として――」（九州大学『経済学研究』第四一巻一号、昭和五十年五月）、中島昭「博多湾鉄道株式会社の成立」（『西南地域史研究』第六号、昭和六十三年四月）、入江寿紀「福博電気軌道株式会社前史（一）（二）」（『西南地域史研究』第一〇、一一号、平成七年十月、平成八年四月）。
（7）前掲『近代近江商人経営史論』、永江眞夫「明治中期における地方都市商工業者と企業経営――福岡における概観――」（福岡大学『経済学論叢』第四二巻第四号、平成十年三月）、加藤要一「明治中後期福岡県における会社設立状況」（九州産業大学『エコノミクス』第五巻第二号、平成十二年十一月）、同「明治中後期福岡県における企業家集団」（九州産業大学『エコノミクス』第五巻第四号、平成十三年三月）。
（8）前掲『近代近江商人経営史論』二一一頁。
（9）前掲「明治中期における地方都市商工業者と企業経営」三〇頁。

(10) 同前、一二二頁。

(11) 本来「博多商人」という場合、神屋宗湛や嶋井宗室など宋や明との遠隔地貿易に従事した近世初期までの貿易商人を指す場合が多い。かかる意味での博多商人は鎖国によって近世前期で消滅した。

なお、以下でしばしば言及している福博の商工業者あるいは博多商人の株式所有の比率について述べておくと、集計は鈴木喜八・関伊太郎編『明治年間全国商工人名通鑑　四国九州沖縄篇』（明治三十一年）の福岡市の商工業者をベースに博多商業会議所『電話番号簿』（明治三十九年）、同『福博商工人名録』（明治四十三年）、『福岡日日新聞』などで確認しえた博多商業会議所の区域（福岡市及び、早良郡西新町、鳥飼村、那珂郡住吉村）の商工業者の持ち株によって行っている。しかし、幾分かの脱漏は避けられず、おおよその目安と考えていただきたい。なお、小河久四郎、林寛一郎、野村祐雄、山中立木ら確認しえる旧士族は除外した。

(12) 宮本又次「博多と福岡」（前掲『宮本又次著作集』第五巻）一二四～一二五頁。

(13) 前掲「企業勃興と近代経営・在来経営」九六頁。

(14) 迎由理男「近代博多商人の企業活動」（北九州市立大学『商経論集』第三七巻第一号、平成十三年九月）七九頁。

(15) 設立企業の地域別構成については、同前、八〇頁を参照。

(16) 明治三十四年には職工一〇名以上を抱える工場は二九〇あるが、そのうち清酒工場が一一三、次いで炭鉱が六〇となっている。炭鉱は所要企業資金が大きい割には個人企業が多く、この六〇工場のうち、会社形態をとっているのは貝島鉱業合資と豊州炭鉱株式会社の二社にすぎない（『福岡県統計書』明治三十四年版による）。

(17) すでにこれらの点については先行研究でも触れられている。宮本又次は近代福岡の商工都市としての発展について、「概して工業の発展は程度が低いといってよい」（前掲「博多と福岡」一五五頁）と述べ、永江眞夫も「近代的企業の経営に広範かつ積極的に参加していたとは言い難い側面」をもっていたと指摘している（前掲「明治中期における地方都市商工業者と企業経営」）。

(18) この点については前掲「近代博多商人の企業活動」八二頁を参照されたい。

(19) 『日本経済史辞典』上巻（日本評論社、昭和十五年）一〇二頁、藤本隆士「近世博多における初期特権商人の後退と運上銀体系の成立（二）」（福岡大学『商学論集』第三巻第二号、昭和三十三年七月）一五〇頁。

(20) 前掲「近世博多における初期特権商人の後退と運上銀体系の成立（二）」一六一～一七二頁。

(21) 秀村選三「慶応二年店運上帳解説」（『九州経済史論集』第二巻、福岡商工会議所、昭和三十一年）二五〇頁。

(22) 一〇〇匁以上に区切ったのは、主として集計作業上の問題からであり、維新前後の博多商人の特質を把握するためには全商人の集計作業を行わなければならないのはもちろんである。

(23) 前掲『日本経済史辞典』上巻によれば、相物とは干魚を指すとされている。また、前掲「慶応二年店運上帳解説」によれば、相物は鮮魚類の総称とされており、明治中期の商工名簿などでも、屋号、姓、居住地などから相物問屋の後継と推定される人々が、魚問屋などを営んでいるが、一方で、多くが「萬問屋」あるいは諸品仲買業となっている。

(24) 山崎藤四郎『石城遺聞』(名著出版、昭和四十八年)一一五頁。

(25) 同前、一一七頁。

(26) 埋築・浚渫など他の業種については、前掲「近代博多商人の企業活動」を参照されたい。

(27) 『福岡県統計書』(明治二十七年度版)による。

(28) 伊丹正博「明治前期における一国立銀行の性格について」(香川大学経済学部『研究年報』四、昭和四十年三月)一一五〜一一六頁、前掲『宮本又次著作集』第六巻、三二〇〜三二一頁。

(29) 十七銀行六十年史編纂委員会『株式会社十七銀行六十年史』(十七銀行、昭和十五年)四頁。

(30) 明治十七年には士族の零細株主が激減し、士族株主一九名(一〇万五五〇株)、平民株主一四名(九万九、四五〇株)となっている(前掲「明治前期における一国立銀行の性格について」一一七頁)。明治十九年には、総株主中、商人が一二名で、総株数の四五・六五%を占めた(九州近代史料刊行会『第十七国立銀行史料』昭和三十九年、三四三〜三四四頁)。以後、安田に救済されるまでの株主構成は不明であるが、明治三十年の一〇〇株以上大株主は以下のようであった。黒田長成(一、一三〇株)、小河久四郎(二五九株)、中尾卯兵衛(一二三株)、高山卯衛門(一八一株)、内藤半次郎(一三四株)、樋口吉造(一一三株)、許斐千代(一〇九株)、中尾伊作(一〇〇株)(『福岡日日新聞』明治三十年二月十四日)。

(31) 当時経営の中心的な役割を担っていたのは、この頃に頭取に就任した小河久四郎である。彼は明治三十四年に同行が破綻するまで頭取の地位にあり、同行を背景にさまざまな企業活動に加わっている。

(32) 福岡貯蓄銀行については、本書第七章二四〇頁以下を参照されたい。

(33) 阿部暢太郎『太田清蔵翁伝』(東邦生命保険相互会社五十年史編纂会、昭和二十七年)七一頁、松井安信「九州金融史の一齣(二)」(西南学院大学『商学論集』第三巻第一号、昭和三十一年七月)一二九頁。

(34) 前掲「九州金融史の一齣(二)」一二九頁。

(35) 藤井五平以外はすべて博多商業会議所の副頭取(磯野七平、太田清蔵)、常議員(野村久一郎、遠藤甚蔵)ないし会員であった(福岡商工会議所『福岡商工会議所百年史』昭和五十七年による)。

(36) 同行の発起人とその引受株をみると、星野正次郎（取締役、久留米、呉服商）一〇〇株、井上辰太（久留米、紙文具卸商）五〇株、武内与七郎（監査役、博多、洋酒販売商）一〇株、柴田梅太郎（怡土郡深江）二〇株、神吉定夫（取締役、福岡）三〇株、藤井重太郎（甘木）二〇株、藤村吉右衛門（監査役、甘木）一〇株、簑原宗七（福岡・博多、荒物商）二〇株、林斧助（福岡、書籍商）一〇株となっている（『福岡日日新聞』明治二十七年三月十九日付株式募集広告、同前、明治二十七年四月二十六日、による）。簑原宗七や林斧助など一部有力商人が発起人に加わっているが、持ち株も少額であったことがわかる。

(37) 同前、明治二十八年七月十三日。

(38) 指名された設立委員および取締役については、前掲「近代博多商人の企業活動」、『福岡県史　通史編近代　産業経済（一）』（永江稿、福岡県、平成十五年）一六六五～一六六六頁を参照されたい。

(39) 福岡県農工銀行「株主姓名表」『第一期営業報告書』による。

(40) 『福岡日日新聞』明治三十一年一月二十九日。

(41) 商人で出資しているのは久留米の国武喜次郎七七株、小倉の守永勝助七七株などである。福博在住者では、二〇株以上出資しているのは、頭取となった緒方道平一五二株、三原義比七七株、岡部覚二八株、塩田譲太郎二三株だけである。

(42) 『福岡日日新聞』明治三十年十月十三日。

(43) 以上のほか、馬場孫三郎（薬種商、久留米、一〇〇株）、小山田円之助（筑紫郡、六〇株）、戸田永俊（久留米、五〇株）、野中弾三（久留米、五〇株）、隈本証三郎（八女郡、五〇株）、林田正太郎（監査役、久留米、五〇株）、佐々眞成（監査役、久留米、五〇株）らが発起人（及び引受株数）である（同前、明治三十年六月三十日、十月十三日、十一月二十二日による）。

(44) 同前、明治三十年三月二十七日。

(45) 商業興信所『日本全国諸会社役員録』（明治三十一年）では許斐儀七の名はなく、監査役に石蔵利八がなっているが、『福岡日日新聞』に掲載された「第一期営業報告」広告では許斐が監査役となっている。ここでは『福岡日日新聞』に従っておく。

(46) 『福岡日日新聞』明治三十年三月二十五日。

(47) 中村尚史『日本鉄道業の形成』（日本経済評論社、平成十年）、「九州鉄道会社の成立」（前掲『福岡県史　通史編近代　産業経済（一）』東條正稿）。

(48) 一〇〇株以上の大株主三〇名中一四名が福博商工業者であった（「九州鉄道会社株主人名簿」（明治二十年二月）『公文類聚第十編』）。

(49) 東條正「株式名簿に見る明治二十年代前半における筑豊興業鉄道会社の大株主」、山田秀「企業勃興期における産業鉄道の設

立運動――筑豊興業鉄道創立事情」（九州産業大学商経学会『商経論叢』第三四巻第三号、平成六年二月）。
(50) 田川採炭は運炭に不便で、「筑豊興業鉄道ナリ豊州鉄道ナリ敷設アルマテ」（『田川採炭会社第一回報告書』）中元寺川と彦山川まで軽便鉄道を仮設して、河川を利用して若松まで運搬することとしており、同社にとっては筑豊興業鉄道あるいは豊州鉄道の建設は死活の問題であった。
(51) 以上は北九州市史編さん委員会『北九州市史　近代現代　産業経済Ⅰ』（清水憲一稿、平成三年）七二頁による。
(52) 「豊州鉄道株式会社株主名簿」（明治二十七年九月）による。
(53) 『船越鉄道株式会社目論見書』（明治二十九年、推定）。石炭移出のため、船越築港も並行して計画された。
(54) 創立委員は「勉めて賛成株主を択ふの方針を採るよしにて成るべく広く有力者の賛成を求める」（「船越鉄道の京地賛成者」『福岡日日新聞』明治二十九年三月六日）方針のもとに、渋沢栄一、浅野総一郎、朝吹英二、大江卓、団琢磨、原六郎、益田孝、大倉喜八郎、馬越恭平などの中央財界の有力者と交渉した。
(55) 炭鉱業関係は帆足豊吉（五五〇株）、安川敬一郎、松本潜、石野寛平（以上各五〇〇株）、麻生太吉・太七（四五〇株）、許斐鷹助（三〇〇株）、貝島太助、和田喜三郎、山本周太郎（以上各二〇〇株）、森滋（一五〇株）、（以上合計三、五五〇株）などである（『船越鉄道株式会社株式名簿』による）。
(56) 福博商工業者では、太田清蔵、中尾卯兵衛、奥村利助がそれぞれ五〇〇株、磯野七平三一〇株、是松右三郎、中尾伊作各三〇〇株、太田大次郎（油商）二二一株などとなっている（同前による）。
(57) 遠藤正男『九州経済史研究』（日本評論社、昭和十七年）五九頁以下。
(58) その代表的事例として小倉の御用商人中原嘉左右を挙げることができよう。
(59) 以上「連合起業規約」（「渡辺文書」二〇八四、福岡市総合図書館所蔵）による。
(60) 以上、「筑前鉱業会社創立大意」（「渡辺文書」二九八）による。
(61) 『田川採炭会社臨時株主総会議案』（「渡辺文書」二九八）による。
(62) 出資者を府県別にみると、福岡五四％、大阪二四％、東京一六％となっている（『田川採炭会社株主名簿』明治二十四年による）。
(63) 博多商人の持ち株数を挙げておくと、中尾卯兵衛二五二、下沢善四郎二四〇、福博共有総代一四四、大山与四郎一一九、中尾伊作一一六、波多江嘉平一〇七、奥村利助一〇五、太田清蔵一〇四、磯野七平一〇二、野村万治八九、渡辺与一、許斐儀平、奥村利平、石蔵利平各八七、となっている。

(64) こうした出資形態については、伊牟田敏充「明治期における株式会社の発展と株主層の形成」（『明治期株式会社分析序説』法政大学出版局、昭和五十一年）一〇二頁によって明快に意義付けられている。なお、この点については、前掲「明治四〇年時点の中京財界における重役兼任」を参照。

(65) 『福岡県統計書』で県内個別銀行の担保別貸付金がわかる明治三十七年を見ると、十七銀行の証券担保貸し付けは一一一万四千円で県全体の五〇％を占めていた。

(66) 以上は橋詰武生『渡辺与八郎伝』（渡辺与八郎伝刊行会、昭和五十一年）七三〜七七頁による。

(67) 渡辺家は多くの場合出資者にとどまったが、博多の代表的商人である渡辺家が相対的にリスキーな地方企業に出資することによって多くの博多商人が出資するようになったという側面も見逃してはならない。谷本雅之氏が指摘するように、企業設立には相対的にリスキーな企業投資を敢行する資産家の存在が不可欠であったのである。

# 第二章　博多絹綿紡績株式会社の成立と展開過程

## はじめに

周知のごとく、わが国の近代産業として最も早くかつ広範に展開されたのは綿糸紡績業であった。近代産業としての綿糸紡績業の発達に先鞭を付けたのは、薩摩藩営の鹿児島紡績所・同堺紡績所、民営の滝ノ川紡績所のいわゆる「始祖三紡績」であるが、本格的には、明治十年代明治政府の殖産興業政策のもと官営紡績所、十基紡績所、代金立替紡績所等の設立を見た。しかし、何よりも民間資本主導による近代的綿糸紡績業の発達は、明治二十年代におけるかの第一次企業熱、第二次企業熱のもとでの全国的な紡績会社の設立による。本章が課題の対象とする福岡においては、第一次企業熱のもとで久留米紡績会社（明治二十二（一八八九）年四月）、三池紡績会社（二十二年五月）の二社、第二次企業熱のもとで博多絹綿紡績株式会社（二十九年八月）の設立を見たものである。しかして、ここでは上記の三紡績会社のうち、博多絹綿紡績株式会社（以下博多紡績会社と略す）を取り上げ、在地商人たちの役割を念頭におきながら、同社の成立と展開過程について考察を与えることとしたい(1)。

## 一　博多紡績会社の創設と博多商人の役割

博多絹綿紡績株式会社は、明治二十九（一八九六）年八月筑紫郡住吉村（現在福岡市住吉）に資本金六〇万円（発行株式一万二、〇〇〇株）をもって創設された。博多紡績会社は創設時綿糸紡績と共に地場産業である博多織への原糸供給も目的に絹糸紡績を計画したが、絹糸紡績の方は技術上の問題から遂に実現せず、結局綿糸紡績に終始した会社である。

ところで、博多紡績会社を創設するに至った第二次企業熱の背景について言及すれば、綿糸輸出税の免除（明治二十七年七月）、綿花輸入税の免除（二十九年四月）、二十三年恐慌後の一般的高収益と高配当、日清戦後の金融市場の緩和等の国内的条件、さらに日清講和条約の調印（二十八年四月）、日清通商航海条約の締結（二十九年七月）等による中国大陸市場拡大への展望という国外的条件が挙げられる。そしてこうした状況下で、第一次企業熱のもと設立の紡績会社はほとんど設備の拡張を行い、また多くの地方では中小紡績会社が新たに創設されたものであった。この点を福岡に限って見れば、第一次企業熱下に設立の久留米紡績会社は二十四年五、一六〇錘から三十年一万四、七六〇錘へ、三池紡績会社は二十四年一万三六八錘から三十年三万一、一〇四錘へと増錘しており、新設として博多紡績会社の設立をみたものであった。当社は最初五、三七六錘規模から開業し、三十一年六月に増錘して一万一、一三六錘規模をもって操業した。この博多紡績会社の創設機運を高めた他の背景には、日清戦後の好景気は言うまでもなく、とりわけ同じ福岡地方に既存の久留米・三池両紡績の先発会社が二十四年の開業以来、それぞれ順調な経営を続け、高収益・高配当を行ってきた事情にもよろう。(2)

## （1）博多紡績会社発起株主の特徴

以上のごとくにして、博多紡績会社が創設されるに至ったが、当社は主として博多の有力商人の積極的な起業意欲と大同団結による資本の結集によって発起されたことに特徴がある。この点について詳細に見れば、発起の中心人物となったのは太田清蔵、渡辺与三郎、渡辺与一（与三郎の父）ほか渡辺家一族、是松右三郎、奥村利助、磯野七平、藤井五平、河内卯兵衛、中尾卯兵衛、吉田又吉らであった。明治二十九（一八九六）年一月九日発起人総会が開かれているが、創立委員に太田、渡辺渡三郎、是松、奥村、藤井、渡辺伊助の六名が、相談役に磯野、渡辺与一、国武喜次郎、中尾、吉田の五名が選ばれ、創立委員長に太田、創立常務委員に渡辺渡三郎と是松が選ばれている。[3]また二十九年八月の会社創立時の重役構成は、社長太田、常務取締役是松・渡辺渡三郎、取締役兼支配人日幡一任、取締役奥村・渡辺伊助、監査役磯野・渡辺与一・中尾が選任されている。これら中心人物のうち、表2－1の職業欄によれば、呉服太物商などを営む人の多いことが知られる。また、引受株数一〇〇株以上株主の職業についても同様に呉服商等繊維関係者が最も多いことが分かる。すなわち、二十九年一月現在の予定発起人六四名中職業の判明する五八名のうち呉服商等繊維関係者（呉服太物・綿糸・綿・博多織・古着・生糸商等）は半数以上を占めている。博多紡績会社は、県外株主による資本参加が見られるものの、ほとんど地元商人、特に呉服商人等の有力繊維関係者を中心にして成った会社であり、この点、地元の地主、商人そして何よりも強力な三井資本をバックに設立された三池紡績会社、また、久留米の絣・綿糸問屋商人を中心に地主、士族も加わり設立された久留米紡績会社とはやや性格を異にしていよう。[4]

表2－1によって説明すると、まず、明治二十九年一月末現在の発起人六四名のうち四〇名が博多在住の者であり、その引受株は九、〇一〇株で全体の六二％を占めている。当然のことながら創立発起人の中心にあった上述の太田清蔵、渡辺与一・与三郎父子、奥村利助、河内卯兵衛、藤井五平、吉田又吉らは一五〇株以上三〇〇株を有している。そして当表でまず目を引くのは久留米絣卸商を営む国武喜次郎、岡茂平や綿糸商の青沼源之助といった久留米を代表する有力商人の発起株引き受けであろう。これは恐らく博多の呉服商人らとの相互取引関係や知己・人間関係等によるものと思われる。このことは佐賀方面の呉服商人についても同様であろう。大阪や京都からの発起人も見られるが、表2－1下欄の出典に示しておいたように、京都の小林吉太郎、大阪の石井清七は渡辺与三郎との取引関係を持つ呉服太物商人である。さらに発起人に田辺為三郎、日幡一任といった岡山地方の玉島紡績会社や岡山紡績会社関係者の名を見るのは、両紡績会社は古くから博多、久留米の綿糸商人と特約販売を結び市場活動を行ってきた関係や、博多・久留米の有力繊維関係者が岡山紡績会社や玉島紡績会社に株主として多額の出資を行ってきた密接な関係などによるものであろう[5]。このような密接な関係は、岡山紡績会社については太田清蔵が同社の取締役、青沼源之助が監査役に、玉島紡績会社については国武喜次郎が同社の取締役、渡辺渡三郎が監査役に就いたり、あるいは岡山紡績会社支配人であった日幡一任が博多紡績会社に招聘され、同社創立の当初から取締役（明治三十一年六月まで）兼支配人（同三十年八月まで）として当会社の創設・開業に貢献し、辞任後は岡山紡績会社に復帰していることなどによって知られる。しかして、表2－1に挙げた発起人の持ち株は、第一回（明治二十九年九月、証拠金五円を含む一二・五円）、第二回（同年十一月、二円）、第三回（同三十年一月、二円）の払い込み過程で、三十年二月末に至って、その持ち株九、〇一〇株から七、二三五株へと変動が見られる。この点は次節で触れることとする。

**表2－1**　博多紡績会社発起人の姓名・所在地・持ち株数・職業（明治29年1月および30年2月末現在）

| 発起人名 | 所在地 | 発起持ち株 29年 | 発起持ち株 30年 | 発起人の職業 | 発起人名 | 所在地 | 発起持ち株 29年 | 発起持ち株 30年 | 発起人の職業 |
|---|---|---|---|---|---|---|---|---|---|
| 太田清蔵　☆ | 博多 | 300 | 300 | 油問屋 | 石村卯三郎 | 博多 | 100 | 100 | 綿糸・綿商 |
| 奥村利助　☆ | 博多 | 300 | 164 | 呉服太物兼綿糸商 | 児島善次郎 | 博多 | 100 | 60 | 小間物洋物商 |
| 渡辺与一　☆ | 博多 | 300 | 200 | 呉服太物卸商 | 立石善平 | 博多 | 100 | 129 | 乾物兼雑穀商 |
| 渡辺与三郎☆ | 博多 | 230 | 100 | 呉服太物綿糸卸商 | 石村徳次郎 | 博多 | 100 | 70 | 呉服太物商 |
| 河内卯兵衛☆ | 博多 | 200 | 130 | 綿糸卸商 | 吉田又兵衛 | 博多 | 100 | 6 | — |
| 堺宗之祐 | 博多 | 200 | 200 | 砂糖兼木炭商 | 田口善平 | 博多 | 100 | 50 | — |
| 藤井五平　☆ | 博多 | 200 | 100 | 呉服太物商 | 川島菊太郎 | 博多 | 100 | 100 | — |
| 渡辺治平 | 博多 | 200 | 200 | 生糸兼履物卸商 | 児島善一郎 | 博多 | 100 | 80 | 薬種商 |
| 渡辺藤吉 | 博多 | 200 | 155 | 鉄物商 | 中尾卯兵衛☆ | 福岡 | 150 | 130 | 呉服太物商 |
| 渡辺渡三郎☆ | 博多 | 200 | 150 | 博多絞足袋製造 | 許斐儀七　☆ | 福岡 | 100 | 30 | 酒造業 |
| 井上友次郎 | 博多 | 150 | 150 | 薬種絵具商 | 国武喜次郎☆ | 久留米 | 300 | 300 | 久留米絣卸商 |
| 長野嘉平 | 博多 | 150 | 130 | 古着兼両替商 | 青沼源之助 | 久留米 | 300 | 200 | 綿糸商度量衡 |
| 中村清三 | 博多 | 150 | 150 | 醬油醸造業 | 飯田栄次郎 | 久留米 | 200 | 170 | 呉服太物商 |
| 新島藤七 | 博多 | 150 | 0 | 材木卸商 | 岡　茂平 | 久留米 | 150 | 74 | 久留米絣卸商 |
| 吉田又吉 | 博多 | 150 | 120 | 呉服太物卸商 | 今村良太郎 | 久留米 | 100 | 60 | 綿糸商 |
| 渡辺伊助　☆ | 博多 | 150 | 100 | 古着呉服商 | 古賀熊太郎 | 久留米 | 100 | 0 | — |
| 渡辺勘次郎 | 博多 | 100 | 100 | 醬油醸造業 | 野田儀市 | 久留米 | 100 | 88 | 久留米絣卸商 |
| 渡辺龍次郎 | 博多 | 100 | 20 | 紙卸商 | 井上辰太 | 久留米 | 100 | 100 | 紙茶商 |
| 松居元右衛門 | 博多 | 100 | 150 | 博多織物業 | 平田大蔵 | 三井郡 | 300 | 300 | 伍盟銀行取締役 |
| 磯野七平　☆ | 博多 | 100 | 100 | 鉄工鋳造業 | 内野九平 | 三井郡 | 100 | 0 | 伍盟銀行監査役 |
| 遠藤甚蔵 | 博多 | 100 | 100 | 古物・質商 | 橋詰元七 | 浮羽郡 | 100 | 150 | — |
| 小川小三次 | 博多 | 100 | 100 | 呉服太物卸商 | 藤山忠七 | 浮羽郡 | 100 | 100 | 綿糸商 |
| 奥村利平 | 博多 | 100 | 100 | 醬油製造業 | 富安重行 | 三潴郡 | 100 | 100 | 三潴銀行取締役 |
| 是松右三郎☆ | 博多 | 100 | 100 | 薬種商 | 杉町半蔵 | 佐賀 | 100 | 100 | 呉服反物商 |
| 中牟田喜兵衛 | 博多 | 100 | 100 | 呉服商 | 秋山平次郎 | 佐賀 | 100 | 100 | 呉服反物商 |
| 野村久治 | 博多 | 100 | 100 | 古着商 | 一番瀬国輔 | 佐賀 | 100 | 100 | 呉服反物綿糸商 |
| 深見平次郎 | 博多 | 100 | 100 | 鉄工鋳造業 | 蜂谷金之助 | 岡山 | 100 | 200 | — |
| 波多江嘉兵衛 | 博多 | 100 | 120 | 薬種商 | 田辺為三郎 | 岡山 | 200 | 100 | 玉島紡績取締役 |
| 石蔵利平 | 博多 | 100 | 100 | 清酒醸造業 | 日幡一任☆ | 岡山 | 180 | 100 | 岡山紡績元支配人 |
| 幸田治兵衛 | 博多 | 100 | 100 | 荒物商 | 小野暎太郎 | 岡山 | 100 | 100 | 玉島紡績監査役 |
| 高井善四郎 | 博多 | 100 | 70 | 綿糸・綿卸商 | 小林吉太郎 | 京都 | 100 | 100 | 呉服卸商 |
| 中村清次郎 | 博多 | 100 | 100 | 生糸兼古着商 | 石井清七 | 大阪 | 100 | 29 | 呉服太物商 |
| | | | | | | 合計 | 9,010 | 7,235 | |

出典：発起人名・持ち株数は『福陵新報』明治29年1月23・24日，所在地は博多紡績会社『第壱回報告書・現在株主人名』（明治29年上半期），30年2月末の持ち株数は『第壱回報告書・株主人名』（29年下半期）による。発起人の職業は鈴木喜八・関伊太郎編『明治年間全国商工人名通鑑　四国九州沖縄篇』（明治31年），『日本全国諸会社役員録』（明治28年），『博多商業会議所五十年史』50頁以下等による。なお，京都・小林吉太郎・石井清七の職業は「送り状」（明治22年11月，「渡辺文書」1337，福岡市総合図書館所蔵）による。
備考：発起人名の☆印は博多紡績会社の役職経験者を示す。

表２−２　所有株別・地域別構成（明治29年８月末および30年２月末現在）

| 株　数 | 博多区 | | 福岡区 | | 久留米 | | 福岡県内 | | 九州各県 | | 他府県 | | 合　計 | |
|---|---|---|---|---|---|---|---|---|---|---|---|---|---|---|
| | 29年 | 30年 | 29年 | 30年 | 29年 | 30年 | 29年 | 30年 | 29年 | 30年 | 29年 | 30年 | 29年 | 30年 |
| 300 | 3 | 1 | | | 2 | 1 | 1 | 1 | | | | | 6 | 3 |
| 230 | | 1 | | | | | | | | | | | 1 | 0 |
| 220 | | 1 | | | | | | | | | | | 1 | 0 |
| 200 | 6 | 3 | | | 1 | 1 | | | | | 2 | 2 | 9 | 6 |
| 180 | | | | | | | | | | | | 1 | 1 | 0 |
| 150～179 | 6 | 6 | | 1 | 1 | 1 | | 2 | | | | | 8 | 9 |
| 120～149 | 1 | 5 | | 1 | | | | | | | | | 1 | 6 |
| 100～119 | 22 | 18 | | 1 | 5 | 4 | 5 | 3 | | | 3 | 5 | 41 | 34 |
| 80～99 | | 2 | | | | 1 | | 1 | 5 | 4 | | 1 | 2 | 4 |
| 60～79 | | 3 | 2 | 1 | | 2 | 2 | 1 | | 1 | | 1 | 4 | 10 |
| 40～59 | 1 | 2 | | 1 | 1 | 1 | 4 | 9 | | 2 | | | 7 | 15 |
| 20～39 | 6 | 14 | | 6 | 1 | 6 | 14 | 19 | 1 | 2 | 2 | 2 | 26 | 56 |
| 10～19 | 8 | 18 | 4 | 4 | | 7 | 25 | 33 | 3 | 9 | | | 37 | 62 |
| 5～9 | 7 | 12 | 3 | 4 | | 6 | 18 | 21 | | | 1 | 1 | 32 | 48 |
| 1～4 | 3 | 3 | 2 | 3 | | 1 | 3 | 4 | 3 | 4 | | | 8 | 11 |
| 株主合計 | 65 | 87 | 13 | 20 | 11 | 31 | 73 | 93 | 12 | 22 | 10 | 11 | 184 | 264 |
| 持ち株数 | 6,189 | 5,360 | 461 | 465 | 1,527 | 1,606 | 2,114 | 2,539 | 675 | 984 | 1,034 | 1,046 | 12,000 | |
| 持ち株比率 | 51.6 | 44.7 | 3.8 | 3.9 | 12.7 | 13.4 | 17.6 | 21.2 | 5.6 | 8.2 | 8.6 | 8.7 | 100% | |

出典：前掲『第壱回報告書・現在株主人名』（明治29年上半期），前掲『第壱回報告書・株主人名』（29年下半期）による。

備考：九州各県の株主数は明治29年８月末（佐賀11，熊本11），30年３月末（佐賀16，熊本５，長崎１），他府県株主数は29年８月末（岡山５，京都２，大阪１，東京１，山口１），30年３月は29年８月の他府県・株主数に（広島１）が加わるのみ。なお，東京１名は旧福岡藩主黒田長成（200株）である。

次に博多紡績会社が設立認可（明治二十九年八月八日）を受けた直後および半年後の三十年二月末の株主の所有株別・地域別構成について見ておこう。表２－２のごとくである。

表２－２について若干の説明を与えれば、明治二十九年八月の開業時点における総株主一八四名のうち、福岡・博多地区の株主は七八名、その持ち株は総株式一万二、〇〇〇株のうち五五・四%を占めており、久留米一一名で一二・七%、福岡県内七三名で一七・六%と福岡県内全体で株主一六二名でもって約八五・八%をも占め、地元中心の一般的な株式募集の形態をとっている。したがって福岡県外株主は二二名、その持ち株は一四・二%に過ぎないが、上述の通りこの中に有力な一〇〇株以上発起人が半数ほど含

まれている。なお、福岡・博多地区、久留米を除く福岡県内株主七三名は県内一六郡に散在している。これらの郡部株主のうち前表2－1に見る三井・浮羽・三潴郡五名の発起株主を除けば、他はほとんど一般公募による賛成株の所有者であろう。

ところで、半年後の明治三十年二月末において前記の二十九年八月末と比較して福岡・博多地区株主は七八名から一〇七名、その持ち株五五・四%から四八・六%へ、久留米一一名から三二名、その持ち株一二・七%から一三・四%へ、福岡県内七三名から九三名、その持ち株一七・六%から二一・二%へ、県外二二名から三三名、その持ち株一四・二%から一六・九%へと変動し、全体的に株主総数は一八四名から二六四名へと増加していることが注意を引く。こうした株式の移動・分散化についても次節で触れることとする。なお、福岡・博多地区、久留米を除く福岡県内郡部株主九三名の分布は、二十九年八月の時とは多少の変動はあっても基本的には変わってはいない。

## (2)　株式募集と株価の推移

博多の有力商人を中心に発起された博多紡績会社は、明治二十九（一八九六）年二月二十六日付をもって発起認可を受けたのち、同年四月地元新聞に広告を掲載して株式の募集を開始した。その広告内容には、「当会社ノ資本金ヲ六十万円（壱株五拾円）ト定メ、之ヲ壱万弐千株ニ分チ、内九千四百三十株ハ発起人ニ於テ之ヲ引受ケ、残額弐千五百七十株ヲ汎ク募集ス」とあり、(6)当社では発起株が極めて多く、発行株式の約七八・六%をも占めている。(7)これは博多の有力商人を中心にその他多くの人々が、近代的企業である紡績会社設立へ向けていた期待の大きさを示していよう。この発起株の残余約二一・四%が一般公募の賛成株である。この賛成株においても極めて盛況を呈したことが地元新聞に大々的に報じられたものである。たとえば、「賛成株募集締切四月二十日限リノ処、申込者

**表2－3　各期株式売買譲渡・株主数**

| 明治年月 | 株式売買数 | 株主総数 |
|---|---|---|
| 29年8月 | ― | 184 |
| 30年2月 | 2,499（180） | 264 |
| 8月 | 1,083（60） | 279 |
| 31年2月 | 468（170） | 285 |
| 32年2月 | 373（100） | 297 |
| 8月 | 329 | 294 |
| 33年2月 | 534 | 298 |
| 8月 | 1,140 | 317 |
| 34年2月 | 585 | 324 |
| 8月 | 622（59） | 297 |
| 35年2月 | 997（30） | 289 |
| 8月 | 1,040 | 274 |

出典：博多紡績会社各期『営業報告書』より作成。
（　）内数字は，遺産相続譲与分を示す。

多数ニ付、締切リ期日ヲ短縮シテ四月十六日限リニ改ム」[8]、あるいは「博多絹綿紡績会社株式の盛況」と題して「株式募集中なりし博多絹綿紡績会社は、株式申込人続々断へず非常の好況なるに付き、断然募集期限を短縮したるにも拘らず、賛成株二千五百七十株募集の予望の処、暫時にして四千三百五十五株の多きに達し、募集額に超過すること千七百八十五株に及びたれば、申込額に対し凡そ五八（九）掛に分配するの外なしと云ふ」とあることによって知られる[9]。

しかし、発行株式一万二、〇〇〇株のうち七八・六％もの発起人引受株に対して残る二一・四％の賛成株の公募に応募者が殺到するという状況に対応するために、博多紡績会社の創立委員、相談役や重役を中心に発起人持ち株の調整が図られたものであろう。表2－1に見るごとく、明治二十九年一月段階での発起人（六四名）の持ち株九、〇一〇株（七五・一％）が三十年二月末現在七、二三五株（六〇％）へと減額している。この発起人持ち株の減額の中心をなしているのは、主要重役の太田、是松を除いて奥村、河内、藤井、中尾、許斐、吉田、日幡、それに渡辺一族（与一、与三郎、渡三郎、伊助、龍次郎）ら博多紡績会社の創立・運営に最も関係の深い人々からの他株主への譲渡によるものである。表2－3では二十九年八月から三十年二月末の間に二、四九九株（うち遺産相続分一八〇株を除く）、さらに同年二月から八月末にかけて一、〇八三株（同六〇株を除く）と、創設から開業の約一ヶ年間に発行株式の二八％もの売買譲渡が行われており、この間に株主数一八四から二六四名、二七九名へと株式の分散化が進展したことになる。これは一般株主の博多紡績会社に寄せる期待の大きさを示すものであろう。

ところで、以上のごとく会社の創設、開業に向かい株式募集において幸先のよい一歩を踏み出した博多紡績会社ではあったが、一般株主の期待に反して、実は、後述のように同社設立後に予期せざる国内外の変動によって、同社は厳しい経営状態に置かれることとなった。この厳しい経営状態を反映して、表２－４の株価の推移に見るごとく、明治三十年初めから三十一年八月にかけて平均的には払込額面のほぼ十数%を割り込み、さらに三十二年初めから三十三年六月にかけて平均的に五〇%以上、三十三年七月以降三十四年末にかけては平均的に七十数%をも割り込んでいる。このような払込額面の大幅な割り込みの過程において、三十二年半ばの三五・七%から同年末の四七・五%への若干の株価上昇について、「八月以降に及びては綿糸暴騰の結果社運漸く順境に向ひ、低落に低落を重ねたる株券の如きも望人頗る頻繁にして、今や払込額ならでは手放すものなしと云ふ」と、株価上昇への期待を込めた取引状況が記されているが[10]、しかし、それは一時的な現象に

表２－４　博多紡績会社株価の推移

単位：円，％

| 明治年月 | １株 50 円に対する払込金額（A） | 平均株価（B） | B／A |
|---|---|---|---|
| 30 年２～３月 | 16.50 | 14.43 | 87.5 |
| ４～７月 | 21.50 | 19.13 | 89.0 |
| ８～９月 | 26.00 | 23.18 | 89.2 |
| 10～12月 | 30.00 | 26.83 | 89.4 |
| 31 年１～３月 | 30.00 | 24.00 | 80.0 |
| ４～６月 | 30.00 | 25.67 | 85.6 |
| ７～８月 | 30.00 | 25.00 | 83.3 |
| ９～12月 | — | — | — |
| 32 年１～３月 | 35.00 | 11.83 | 33.8 |
| ４～６月 | 35.00 | 12.50 | 35.7 |
| ７～10月 | — | — | — |
| 11～12月 | 35.00 | 16.63 | 47.5 |
| 33 年１～３月 | 35.00 | 16.58 | 47.4 |
| ４～６月 | 35.00 | 15.50 | 44.3 |
| ７～９月 | 35.00 | 9.25 | 26.4 |
| 10～12月 | 41.00 | 11.82 | 28.9 |
| 34 年１～６月 | — | — | — |
| ７～９月 | 48.00 | 7.38 | 15.4 |
| 10～12月 | 48.50 | 12.50 | 25.8 |

出典：『博多商業会議所報告』中の各月「公債株式売買価格表」より作成。

過ぎず、三十三年後半からは表2－4に見るごとく、株価は一段と低落の方向を辿っていったものであり、株主に対する配当は終始全く行われることはなかった。こうしたいわば恒常的な株価下落・無配当のもとで、同社が予定した一一回にわたる株式（五〇円）の分割払い込みによる徴収は、第七回払い込みまではともかくも、その後は思うに任せず、経営資金の調達に困難を極めたものである。この点は後に触れるところである。

## 二　博多紡績会社の経営事情

### （1）博多紡績会社の生産・市場構造

博多紡績会社では明治三十（一八九七）年九月の開業から三十二年にかけて、いわば国内市場依存型の戦略にしたがって綿糸の生産を展開していった。この国内市場としては地元の久留米絣・縞の機業地帯を中心に福岡県下、さらに九州地方全般から中国地方に及んでいった。この間の事情について地元新聞は詳しく次のように報じている。まず、博多紡績会社開業直前に掲載された記事によれば、「此地に製出さるべき紡績糸は、何れの地方に向って販路を開かんとするか」の問いに対して「会社の当業者は曰へり」として、「福岡県下紡績糸の輸入に仰ぐこと少なからず、現に久留米地方の如き其特産たる絣業者の需要多く、同地方の紡績会社（久留米紡績会社を指す：引用者注）のみにては到底供給すること能はず、今尚現に玉島紡績会社より巨額の輸入を仰ぎ居れり、されば当方博多に製出するものも亦県下の需要に供するに過ぎざるべし」とあり[11]、当時、久留米および県下で需要される綿糸が不足しており、なお岡山地方の玉島紡績会社等からの綿糸に依存しているという状況下で、博多紡績会社では久留米の機業地帯を中心に県下の需要に応えようとしていたことが知られる。さらに、博多紡績会社の市場に関して他の記事によれば、「販路は地回り山口県、久留米、伊万里、佐賀、唐津等にして」云々、「販路は輸出向き四分、内地向き六分にして重なる需要地は県下を始とし中国及び九州全般に渉り、目下売行頗る活潑にして」云々と報じており[12]、明治三十二年後半にかけてなお輸出四分、国内六分の国内市場依存型の戦略を取り、市場圏も当初の久留米を中心とした福岡県下から、さらに伊万里・佐賀・唐津等佐賀県下を含む九州地方全般、山口県下等の中国地方へと拡大していった様相を知ることができよう。

以上のように、当初久留米機業地帯等への需要を見込み開業した博多紡績会社では、したがって、その綿糸を「和綛」（和番）仕立てとして生産し販売していった。開業の翌年（明治三十一年）度の番手別綿糸生産高のうち「和綛」は一二万七、七六三貫（約八二％）をも占めている[13]。この「和綛」は、わが国においては久留米機業地帯で最も長期間にわたり使用されていたとされている[14]。

しかし、博多紡績会社の国内市場志向型戦略も次第に九州・国内市場の狭隘性、後発紡績会社としての新規市場参入の不利等により、明治三十二年に入ってから輸出志向型へと経営戦略の転換を余儀なくされたのであった。地元新聞にはまたこの間の事情について、後における回想記事と思われるが、次のように記している。すなわち、博多紡績会社では「和番を四分、輸出十六手を六分の割合に製造せるが」云々[15]、あるいは、「同会社は最初主もに地回り向きの製糸に従事せん筈なりしも、減価掛金其他に於て不利益の点も尠からざれば、その後大部分は海外輸出の方針を取るに至れりと」云々とあり[16]、すでに市場戦略の転換を図ったことが報じられている。事実、先述のごとく三十一年度において綿糸総生産高のうち「和綛」は約八二％をも占めていたのに対して、三十三年度に至ると「和綛」は、綿糸総生産高一二七万二、三〇四貫のうち九万五、七六〇貫（約三五％）へと激減する一方、十六番手を中心に二十番手の輸出用綿糸が一七万六、四九六貫（約六五％）へと増加しており、[17]明らかに輸出志向型の生産体制へと転換したことが知られるのである。この点十六番手綿糸の輸出高についてみると、三十一年度は四八〇俵に過ぎなかったが、三十二年度は二、七三八俵へと約五・七倍に増加しており、[18]三十二年度に入り輸出依存への転換を図ったことが確認できる。ちなみに、市場転換に際して大阪出張所（大阪西区江戸堀南通一丁目）を設置したのは、三十三年一月のことである。[19]こうして、博多紡績会社は市場戦略の転換を図り、大陸市場への進出をもってその後の経営発展を期したものであった。

しかし、その前途に予期せざる幾多の障害に直面することとなる。それは、時あたかも中国大陸において発生した義和団の乱（明治三十二年春）、この乱を契機に勃発した北清事変（三十三年六月）により大陸市場が、当時の表現を借りれば「途絶」したためである。こうした大陸における激変に加えて、一方国内では三十三年五月から翌年三月に至る約一一ヶ月間に及ぶ業界全体の操業短縮や夜業の中止、さらに同年十二月の熊本第九銀行の預金取り付け・支払い停止に端を発し、九州および全国に波及した金融恐慌が起こり、これらの厳しい経済状況の下で、博多紡績会社も経営面で大きな打撃を受けざるを得なかった。こうした同社の経営上の問題は、次に見る財務構造の分析においてより明らかにしたい。

### （2）博多紡績会社の財務構造の分析

明治二十九（一八九六）年八月創設、三十年九月開業の博多紡績会社は、前述のごとく開業まもなく中国大陸の動乱による市場の混乱、長期操業短縮、金融恐慌など国内外の激変にみまわれるという外部的要因に加えて、実は、同社自体の内部的要因によって経営不振を繰り返していったものである。その経営不振の内部的要因についてみると、是松社長が「開業の当初に在て痛く困難せるは職工の欠乏にして、容易に良職工を得す、為に充分の事業を営む能はさりし」と述べているように[20]、博多紡績会社は開業以来職工の欠乏、熟練職工の不足に悩まされ、この状態は当初の五千錘余から一万錘余規模工場の実現に伴って一層深刻の度を増していったことがまず挙げられる。こうした職工の欠乏・熟練職工の不足は、労働の生産性を低め（地元紡績・全国紡績平均より約二三～四三％）、また設備の紡績機械も遊休（八期平均三七％）を生じさせ、機械の稼動効率を低める結果となり、経営に悪影響を及ぼしたものである[21]。加えて、財務分析で見るように十分な利益を上げることができず、無配当、株価下落という状況下で払込未済金が多く、したがって自己資本に欠け、運転資金の恒常的な不足状態から抜けきれず、借金と利子負担の圧迫から免れ得ない経営に終始したことも無視し得ない。以上のことを念頭において、以下に博多紡績会社の財務構造について表2－5によりながら具体的に見ることとしよう。

博多紡績会社は、開業以来総じて経営不振に陥ったことは先述の通りである。この点は、表2－5を見れば歴然としているが、資産・資本・負債状態、財務の流動性、収益性といったおもな財務指標について、簡単な説明を与えておこう。

### ①　資産・資本・負債状態の推移

博多紡績会社においては、資本金六〇万円（一株五〇円）に対して一一回の分割払い込み（明治三十一年十一月まで）による資本の調達を予定した。しかし、第七回（三十一年二月）までに三五円（七〇％）の払い込みが行われたに過ぎず、その後は大幅に遅延し、第一一回の予定の払い込みが完了したのは明治三十五年五月であった。したがって、払い込み未済の状況が同社の経営を困難にしたことは、先に触れておいたところである。

ところで、博多紡績会社はまず五千錘余規模で開業したが、明治三十一年五～六月増錘の五千錘余の据え付けを行うと共に遠隔地募集に伴う工女の寄宿舎の建設も行った。[22] しかし、払込資本金七〇％、減価償却費、積立金皆無という自己資本の乏しい状況下での設備投資のため、自己資本に対する固定資産比率〈固定比率〉、すなわち適正とされる一〇〇％以下の基準を超える結果となっている。この点は表2－5に照らして明らかであろう。自己資本をもって固定資産を賄うという経営の常道から逸脱している博多紡績会社では、設備投資の所要資金は必然的に借入金その他に依存せざるを得ず、また、当然運転資金の欠乏をもたらしたことは言うまでもない。この運転資金の欠乏を補うためには当然ながら、おもに長・短期借入金などによる固定・流動負債によって賄わざるを得なかった。第四期から第一二期にわたる各期の一〇万円から十数万円に及ぶこれら借入金には、「臨時総会議案」によれば、三十一年八月日本勧業銀行から三十二年十二月まで元金据え置き、三十三年より向こう九ヶ年間年賦償還利子八朱の割合（据え置き中は利子九朱）の条件で借り入れた七万五、〇〇〇円が含まれている。[23] このような多額の借入金の結果、自己資本に対する〈負債比率〉は第七期の一二二％を筆頭に各期ともに総じて比較的高い比率を示すこととなっている。博多紡績会社のこうした借入金依存の経営は、多額の利子負担により同紡績会社の財務に大きな圧迫を与えていた。たとえば、第五期決算において日本勧業銀行からの借入金を含む総借入金一三万四、八一九円に対して一万四、一八五円の利子が支出されており、この利子の額は当期の営業費四万七、五七八円中の三〇％をも占めており、職工賃金一万一、五五六円（二四・三％）よりも多い。また、最も借入金の多い第八期の決算では一七万九、七二六円に対して二万九〇〇円の利子を支払っていて、営業費七万二、五六三円の二八・八％をも占めている。当期の職工賃金は二万二、三九二円（三〇・九％）である。さらに第九期に至っては一三万九、三九九円に対する利子は二万七〇〇円で、営業費四万五、九四七円中のなんと四三・七％をも占め、職工賃金九、三八九円（二〇・四％）

表２－５　博多紡績会社財務分析表

単位：円（未満四捨五入）

| 各期決算<br>明治年月 | 第１回<br>30年２月 | 第２回<br>30年８月 | 第３回<br>31年２月 | 第４回<br>31年８月 | 第５回<br>32年２月 | 第６回<br>32年８月 | 第７回<br>33年２月 | 第８回<br>33年８月 | 第９回<br>34年２月 | 第10回<br>34年８月 | 第11回<br>35年２月 | 第12回<br>35年８月 |
|---|---|---|---|---|---|---|---|---|---|---|---|---|
| 払込資本金 | 193,922 | 306,856 | 384,069 | 405,898 | 420,000 | 420,000 | 420,000 | 431,451 | 454,530 | 516,729 | 580,844 | 600,000 |
| 積立金 | 0 | 0 | 200 | 200 | 200 | 200 | 200 | 200 | 200 | 200 | 200 | 200 |
| 固定資産 | 150,365 | 289,106 | ＊389,038 | 472,657 | 487,179 | 494,241 | 495,045 | 495,325 | 496,422 | 496,441 | 497,015 | 497,193 |
| 流動資産 | 46,352 | 152,474 | 213,238 | 253,238 | 169,942 | 155,688 | 427,766 | 203,694 | 160,429 | 149,143 | 236,002 | 166,460 |
| 固定負債 | 0 | 138 | 29,900 | 105,100 | 134,819 | 113,341 | 110,995 | 179,726 | 139,399 | 124,580 | 117,621 | 115,113 |
| 内　長期借入 | — | — | 29,161 | 103,695 | 133,039 | 108,132 | 106,540 | 179,726 | 136,028 | 120,698 | 114,266 | 110,937 |
| 流動負債 | 2,795 | 134,177 | 187,762 | 219,642 | 124,992 | 153,109 | 402,662 | 172,752 | 164,049 | 97,609 | 126,699 | 58,817 |
| 内　支払手形<br>支払未済金 | — | 123,623 | 186,891 | 214,066 | 109,316 | 138,400 | 376,670 | 167,896 | 135,670 | 87,979 | 126,699 | 58,817 |
| 当期損益 | — | 409 | 136 | △5,290 | △17,945 | △13,831 | 25,675 | △74,064 | △9,217 | 793 | 1,187 | △18,130 |
| 固定比率 | 77.55 | 94.2 | 101.2 | 116.4 | 115.9 | 117.6 | 117.8 | 114.8 | 109.2 | 96.0 | 85.5 | 82.8 |
| 負債比率 | 1.4 | 43.8 | 56.6 | 80.0 | 61.8 | 63.4 | 122.2 | 81.7 | 66.7 | 43.0 | 42.1 | 29.0 |
| 流動比率 | 118.5 | 1.14 | 1.14 | 1.15 | 1.36 | 1.02 | 1.06 | 1.19 | 0.98 | 1.53 | 1.86 | 2.83 |
| 運転資金率 | 28.9 | 6.3 | 6.5 | 8.2 | 13.9 | 8.0 | 7.3 | 23.4 | 19.7 | 29.2 | 40.6 | 43.9 |
| 当座比率 | 1467.0 | 0.3 | 11.4 | 14.7 | 24.0 | 17.8 | 13.5 | | 29.2 | 33.11 | 39.2 | 59.8 |
| 現金比率 | 1465.3 | 0.3 | 1.1 | 0.2 | 0 | 0 | 0 | 0 | 0 | 3.8 | 2.5 | 12.3 |
| 自己資本利益率 | — | 0.33 | 0.08 | △2.70 | △8.69 | △6.59 | 12.23 | △33.38 | △4.16 | 0.33 | 0.44 | △0.60 |
| 営業費 | | 2,597 | 23,285 | 39,101 | 47,578 | 62,665 | 74,852 | 72,563 | 45,947 | 47,202 | 58,046 | 67,077 |
| 利子 | | 955 | 2,164 | 11,041 | 14,285 | 11,852 | 14,695 | 20,900 | 20,070 | 11,685 | 3,946 | 5,256 |
| 職工賃金 | | | 8,337 | 9,464 | 11,556 | 22,642 | 27,339 | 22,392 | 9,389 | 13,971 | 20,655 | 26,552 |

出典：博多紡績会社各期『営業報告書』より作成。
備考：第３回決算の固定資産額の＊印は建設勘定 73,032 円を含むことを示す。また，第４回決算以降の固定負債には日本勧業銀行借入金 75,000 円を含み，当期損益，自己資本利益率の△印は損失金，損失率を示す。

の倍以上となっている。こうした多額な借入金に対する利子負担が博多紡績会社の経営不振の大きな原因の一つとなったことについて、社長是松右三郎の談話記事に、[24]会社の創立、開業「当時物価騰貴に際し建築工事費等に予定外の費額を要し、当初予算の流通資本までも固定資本に繰込まざるを得ざるに至り、之が為事業経営上に流通資本を欠き、借財を以て遣繰りせさる可らさるに至り困難を感する尠からず」云々、そのために「社債（借入金を指す：引用者注）は益々嵩み、利息は増加し、営業の計算に於ては敢て必ずしも欠損なきも、此利息の為め営業費を奪われて」云々と、借金と利子による経営への圧迫を慨嘆していることによって明らかにされている。

② 財務の流動性分析

前述の設備投資による〈固定比率〉の高さは、その程度に応じて財務の流動性に一定の影響を与えたことはいうまでもない。最初の第一期と最後の第一二期は別にして、事業展開の重要な期間であった第二期から第一一期にわたって、いわゆる「二対一」の原則からかなり離れており、こうした〈流動比率〉（流動資産と流動負債の割合）の低さが流動負債の支払い能力を小さくし、かつ運転資金の欠乏をもたらしていたことを示している。それは流動負債の支払い能力を表す〈当座比率〉は多数の期間にわたり一〇〇％以下となり、また〈現金比率〉は普通基準とされる二〇％以上とはならず、支払い能力を著しく欠いていたことが知られる。さらに、固定資産に対する〈運転資金率〉を見るとほぼ全期にわたって、通常適正とされる「三割」の原則から外れており、運転資金の恒常的な不足状態を知るのである。

かくして、博多紡績会社の財務の流動性はその健全性、安定性を著しく欠いていたものである。同社ではこうした運転資金対策として、未払い株金の調達が困難な状況下で、先述のような長・短期借入金や支払手形・支払未済

**表2－6　損益・利益処分表**

単位：円（未満四捨五入）

| 明治年月 | 前期繰り越し | 当期利益 | 積立金 | 配当金 | 後期繰り越し | 前期繰り越し | 当期損失 | 後期繰り越し |
|---|---|---|---|---|---|---|---|---|
| 第1回 30年2月 | — | | | | | | | |
| 第2回 8月 | | 409 | 200 | | 209 | | | |
| 第3回 31年2月 | 209 | 136 | | | 345 | | | |
| 第4回 8月 | 345 | | | | | | 5,290 | 4,945 |
| 第5回 32年2月 | | | | | | 4,945 | 17,945 | 22,890 |
| 第6回 8月 | | | | | | 22,890 | 13,831 | 36,721 |
| 第7回 33年2月 | | (25,675) | | | | 36,721 | | 11,046 |
| 第8回 8月 | | | | | | 11,046 | 74,064 | 85,110 |
| 第9回 34年2月 | | | | | | 85,110 | 9,217 | 94,327 |
| 第10回 8月 | | 793 | | | | 94,327 | | 93,534 |
| 第11回35年2月 | | (1,187) | | | | 93,534 | | 92,347 |
| 第12回 2月 | | | | | | 92,347 | 18,130 | 110,477 |

出典：博多紡績会社各期『営業報告書』。なお，（　）内の金額は貸借対照表では既に前期繰り越し損失と相殺されていて表示されていないが，一応損益の経緯を明らかにするため挙げておいた。

金の買入債務の延長によらざるを得なかった。表2－5中の固定負債における借入金と流動負債における支払手形・支払未済金額の多さは、この点を如実に示している。

### ③　収益性と利益処分

以上において博多紡績会社の経営・財務構造の一端を明らかにしてきたが、上述のごとく経営的に安定性を欠き経営不振の状態に置かれていた同社は後に見るごとく、経営刷新への努力にもかかわらず、その成果を十分に上げ得なかった。このことは、表2－5中の経営成果を示す利益率において分かる。すなわち、当期利益を上げ得たのは全一二回の決算において五回に過ぎず、しかも第七回以外は僅少の利益率でしかない。その反面第四回からは大幅な損失となり、経営不振の実態を知ることができる。この第四回決算で初めて五、二九〇円の損失を出した時に重役俸給半額返戻の協議案が諮られたものである。[25] こうした決算状態をより鮮明にするために表2－6の損益・利益処分表を示しておこう。

表2－6では、第二期決算の僅か四〇九円の利益からただ一

回の積立金二〇〇円を計上した以外に積立金は全くなく、また、僅かながらも上げた利益は繰越損失金の補塡に充て、株主への配当は全期間を通じて遂に行われることはなかった。一般株主からの未払い株金の徴収が極めて困難であった主な理由の一つはここにあろう。特に、同表にみるように、第七期決算で二万五、六七五円の当期利益を上げながらも、株主への配当が全くなく、これを全額繰越損失金の補塡に充当し、その繰越損失金の減少を見たものの、第八期において一挙に七万四、〇六四円の当期損失金を出すこととなった。この第七・八期の決算結果に対してこの時期に株主の不満が爆発し、重役間の経営をめぐる対立・紛争を生じさせたものであろうか。いわゆる「博紡事件」なるものが発生し、この事件を契機に博多紡績会社の経営刷新（改革）問題が提起されることとなった。しかし、その刷新の成果を見ないまま、やがて鐘淵紡績会社への合併を余儀なくされることとなるのである。これらの問題について節を改め見ることとしよう。

## 三　博多紡績会社の経営刷新（改革）と合併問題

### （1）　博多紡績会社の経営刷新（改革）と挫折

#### ①　いわゆる「博紡事件」の発生

先に指摘しておいたように、第七期決算で二万五、六七五円の利益を上げ、無配当のまま、これを累積損失金の補塡に充て累積損失金の減少をみたものの、第八期決算において一挙に巨額な当期損失金七万四、〇六四円（累積損失金八万五、一一〇円）を出すに至ったとき、これを動機に株主の不満や、経営陣の間で恐らく経営をめぐる対立・紛争が発生したのであろう。博多紡績会社『報告書』によれば[26]、明治三十三（一九〇〇）年七月二十一日「社長太田清蔵氏始メ各取締役・監査役共辞任書ヲ提出セラル」とあり、このとき社長太田と共に取締役渡辺渡三郎、渡辺伊助、国武喜次郎の三名、監査役許斐儀七、藤井五平の二名が辞任しており、八月五日「臨時株主総会ヲ開設シ取締役・監査役ノ改撰アリ」とあり、このとき渡辺与三郎（八月七日与八郎と改名）と今村茂平が取締役に、牟田万次郎が監査役に選ばれ、重役会互選で渡辺与八郎は二代目社長に就任したが、今村茂平は八月十五日取締役を辞任しており、さらに、十月十一日「取締役渡辺与八郎辞任ニ付登記変更ヲ申請」とあり、就任二ヶ月余で早くも渡辺与八郎は取締役（社長）を辞任し、十一月二十六日工務部長岩瀬延次郎（元三池紡績技師長）も辞任している。そして、十月三十一日の臨時総会で新たに河内卯兵衛が取締役に選ばれると共に、十二月四日重役会の互選により創業以来常務取締役であった是松右三郎が三代目社長に就任することとなった。このように博多紡績会社では三十三年七月から十二月にかけて慌しい人事異動が行われ、結局は社長是松右三郎、新任の取締役河内卯兵衛、創業以来の取締役奥村利助の三名でもって同社その後の経営を担っていくこととなる。

ところで、以上のような一連の動きについて、河内卯兵衛はこれを「博紡事件」として捉え、これを彼の「日記」に次のように記している[27]。すなわち、「爾来博紡事件は紛糾に紛糾を重ね、八幡の藪に迷い入ったと言はふか、混沌として容易に収拾すべからさるに至り、渡辺氏も太田氏も是松氏も其外一般重役及株主等も恰《殆カ》んど策の施すべきなきに及」んだと述べ、この時河内卯兵衛は「この間に於ける必要人物」、「此混乱収拾者」として自分が取締役に選ばれたとある。「日記」には事件の直接の原因には触れていないが、彼はさらに、この混乱により「第一博多の経済界を攪伴し、第二博多代表的人物間の調和を欠き、遂には延ひて博多将来の大不幸となるべく想像せらる。此時に当り我は太田より見ても、渡辺より見るも、又現在株主間の状態より見るも、此混乱収拾者として最も適当の関係にあるべく想はれ、又一般よりも煽てらるるにより、遂に起ちて此間に処し」た、と記している。以上の文脈から推測すれば、博多紡績会社の経営不振を契機に、太田社長と同社の大株主でもある渡辺本家・一族との間に対立の生じたことが窺える。両者は共にすでにこの時期博多を代表する大商人としてそれぞれ名声を高めていただけに、河内卯兵衛は、博多紡績会社の将来を憂え、両者の対立が博多経済界の混乱を惹き起こし、代表的な両者の人間的な調和を欠くことはひいては博多の将来にとって大不幸となると憂えているのである。こうした事件の混乱収拾者、必要人物として最も適当な者は、河内自身であると自負心の程を覗かせているが、皆に推され取締役に選ばれた彼は、博多紡績会社の経営建て直しに向かって是松社長と共に努力することとなる。この点を次に見ることとしよう。

### ② 博多紡績会社の経営刷新（改革）

#### 是松社長の会社「再建策」

是松社長は、社長就任後約一年を経た明治三十四年十月の新聞紙上に[28]、博多紡績会社の経営不振の諸原因と、これまで既に実施し、なお今後の課題とする「再建策」に関する談話を発表している。経営不振の諸原因については前述しておいたので累説を避け、是松社長の「再建策」について見よう。その内容を箇条的に要約すれば、①社長の更迭、②渡辺渡三郎・太田清蔵・渡辺与八郎・奥村利助の重役及び河内卯兵衛らの「手形の振出」による「資本の融通、負債の切替」、③第九回・第一〇回の「未払株金の払込」の実施、④神戸の清商「興泰号」より資金一一万円の借り入れ契約によって、営業資金の確保と支払いを急ぐ負債の償却、⑤職工四七〇人ばかりの募集と深夜業の開始の五項目である。

以上の再建策について検討を加えてみると、まず、①社長の更迭は、渡辺与八郎に代わって既に是松自身が就任しており、②の重役等による各人の手形振り出しによる営業資金・負債の切り替え資金の調達額は、明治三十四年六月二十二日現在九万八、二〇〇円余であり、この振出人は若干異なり、上記の太田・渡辺与八郎・奥村・河内のほか八尋利八郎の五名である。[29]③の未払い株金の払い込みは、三十四年十月二十一日「第十回株金払込決了ニ付、登記変更ヲ申請セリ」とあるから、[30]この時までに何回かの督促の結果、第九回・第一〇回の払い込みが完了したことになる。④興泰号からの借入金に関しては、是松社長は三十四年六月から八月にかけてしばしば上阪しており、[31]七月一日「興泰商会ヨリ向三ヶ年間ノ協定ニテ、金十一万円借入ノ公正契約ヲ締結ス」、八月二十日「興泰商会ヨリ借入金ノ抵当物件ニ付、登記申請セリ」とあり、[32]実際に興泰号から借り入れたのは現金五万円、綿花六万円分の計一一万円である。この借入金によって営業資金と、急ぐ負債の償却に充てることができたとある。⑤恒常的な職工不足を補充し深夜業開始に備えた職工募集について、三十四年一月二十四日「広島県及岡山県地方ニ於ル工女募集ノ件、其県知事ノ認可ヲ得タリ」とあり、[33]地元は勿論だが、遠隔地募集も行っている。だが、四七〇名もの工女募集を達成したかどうかは分明でない。しかして、以上の再建策を実施の結果、時の綿花の下落、綿糸の騰貴という紡績市場の好転のもとで、「幸に相応の利益を見る事となれり、斯くして久しく欠損のみに苦呻せる営業も、前半期に於ては負債に利息を仕払ひて幾分の純益を生じ、会社の根底も今日となりて較や確固なることを、世に公言するを得るの幸運に趣（赴カ）きたり」と、是松社長は一応再建策が功を奏して明るい見通しに立ったとしている。[34]社長の言のごとく、第一〇回決算で七九三円、第一一回決算で一、一八七円の利益を上げたことは、これまでの欠損続きの状況から見れば確かに明るい材料ではあるが、しかし、資本金六〇万円、設備一万余錘規模の工場にしては、その利益は僅少であり、これだけの利益をもって「会社の根底も今日となりて較や確固なることを、世に公言するを得るの好運」に至ったと述べているのはやや言い過ぎであろう。それは第一〇・一一回に続く第一二回決算において早くも一万八、一三〇円の損失金を出し、累積損失金は一一万円余にも達するに至っているからである。したがって、博多紡績会社では累積赤字の解消、借金経営の体質を依然として解消することができず、これが経営不振の主原因となっていた。

なお、今後の課題として「此際株金払込未済の分、即ち十一回（金四円）の払込を実施」して負債の償却を行うこと、また、「熟慮中に属す」が「株券切下げの腹案」つまり減資の考えのあることを示唆している。以上の是松社長の再建策が十分な成果を見ないなかで、実は、前述の博紡事件の収拾者として選ばれ、取締役に就任したばかりの河内卯兵衛の手によって「当会社整理方針」なるものが立案されていた。それは、博多紡績会社の再建・独立か、もしくは合併かの両面対策に関する私案であった。彼の私案「メモ」に記された会社整理方針について次に見よう。

**河内卯兵衛の「会社整理方針」**

河内卯兵衛の会社整理方針とは、会社の人事を中心にした組織刷新による会社再建策を主張するその一方で、会社の合併・減資問題について言及した内容となっている。(35) まず、人事の組織刷新について見ると、①「社長ノ更迭ヲナス事」、②「総務支配人ヲ置ク事」および③「取締役ノ事」の三点を挙げている。①については「現今ノ社長ヲ退職セシメ太田清蔵氏ヲ推ス、理由ハ将来内外ニ問テ現社長ニテハ貫目ニ不足スル処アレバナリ（来半季ニ於テ）」と記し、現社長是松右三郎を退任させて、代わりに元社長の太田清蔵の復帰を考えており、②では「教育アリ尚経験アル支配人ヲオキ、之ニ月額百五十円以上、弐百五十円以下ノ給与ヲ与ヘ（其代リ社長ハ随意出勤トシ給料ヲ普通）、取締役万般ノ（商工務）事務ヲ執ラシム」として、新たに総務支配人を置き、その処遇、役割を述べるとともに、社長は随意出勤という軽い任務に就かせる。そして③では「出来得ベクンバ是松氏ヲ常務取締役ニ任ジ、一般取締役ノ給料ハ月額十円トシ、社長及常務取締役ハ二十円トス（又ハ三十円）」と述べ、是松社長は費目に不足するところがあり、できれば常務取締役に降格させること、および社長、常務、一般取締役の重役給料を減額することとしているのである。

次に会社合併・減資について見ると、①「会社合併ノ事」として、「若シ会社合併ノ気運ニ会スレバ相手会社ノ如何ニヨルハ勿論ナリト雖モ、当会社の実価四十五万円以上ト認メラレタル外之ニ加ラズ」と合併の場合における条件を記し、②「減資ノ事」として、「当会社ノ資本ヲ減額スベシ、其ハ元来ノ資本金額六十万円ノ内ヨリ其三割又ハ四割以上ヲ減スベカラズ」と資本金の減額割合について述べている。

しかして、河内卯兵衛は会社整理方針のうちまず何よりも前者の人事の刷新、とりわけ、②の総務支配人の設置に重点をおいていたようである。この総務支配人を置くことによって会社の再建・独立を図ると共に、もし再建ならず合併を余儀なくされた場合においても重要との考えに立っていた。それは彼の「メモ」には次のように記されている。[36]

当社は些少ノヤマシキ処ナク、他人ノ深ク見テ深ク考察スルニ随テ、其真相ハ着実無欠ナル会社ナリ、故ニ余ニ一案アリ、他ナシ、会社ヲ強固ニシ、又将来独立シテ大ニ経営スルトシテモ、茲ニ大人物、大経営家ノ必要ヲ見ル、況ンヤ合併ノ時ニ於テハ、手腕ト及内情ノ表示等ハ最モ大切ナルモノナリトス、故ニ茲ニ三井一派又ハ紡績ノ大家ノ一流ノ内ヨリ一個ノ大経営家、大学識家、大経験家ヲ聘シ来ラン事ヲ想起セリ、之レ蓋シ独立ノ時ニ於テハ之ニ依テ大ニ利益ヲ得ベク、合併ノ時ニ於テハ之ニヨリテ会社ノ内情ヲ其方面ニ真相ヲ能ク報道セシメ、又条件協議ノ時ニ於テ最モ便宜多キ事ナルベシト考フ、故ニ前項（先述の「当会社整理方針」を指すか：引用者注）ニ於テ総務支配人ヲおく事ヲ提議シタ

リ、又之ノ支配人ヲおく事トナレバ勢ヒ社長ノ更迭トナリ、取締役其他ノ仕様ヲ変更セザルベカラズ

綿ノ買入・糸ノ売捌及工場経済ノ改善ハ、此支配人ニヨリテ異常ノ相違アルベシト思フ、目下ノ如キ小細工ノ改革ハ、到底根絶ノ方法ニアラザル事遠ホキナリ

余ハ故ニ総支配人ノ適当ナル者ヲ発見スルト否トニヨリ、当会社ノ運命ヲトセントス

要するに、河内卯兵衛は一流の紡績の大家などを総務支配人として迎え、会社の再建・独立を図るか、あるいは合併に至ったときの便宜に備えようとしたものである。

ところが、彼のこうした積極案は、「余は博紡入社以来種々計画立案したれど、概ね積極的の事多ほかりし為め、保守的重役会の認容する処とならさりしが」云々と言っていることから知られるように、[37]保守的な重役会の承認を得ることができずに終わり、彼の会社整理方針中の人事の組織刷新は遂に実現しなかった。こうして、経営再建の見通しが十分に立たず第一二回決算期の段階に入った博多紡績会社は、河内私案の会社整理方針の後者の合併問題にむしろ関心を移していくこととなる。

## (2) 鐘淵紡績会社との合併問題

紡績合併・合同問題に関しては、明治三十一(一八九八)年三月岩下清周によって紡績合同論が主張され、さらに三十三年十二月武藤山治によって『紡績大合同論』が発表されたことは周知の通りである。明治三十年代前半期の一般的な不景気のなかで、こうした論議も背景に、現実に合同が進行していた。明治三十二年中の鐘淵紡績株式会社による上海・柴島・河州三紡績会社の合併や、同年十月ここ九州地方の三池・久留米・熊本三紡績会社の合併

による九州紡績株式会社の設立これである。(38) このような合併気運の下で、河内卯兵衛は博多紡績会社自体の合併問題を真剣に考えざるを得なかったのであろう。彼は当時の合併問題について一つの見識を「メモ」に記している。すなわち、「余ハ元来紡績会社トシテ小会社ノ国内ニ分立スル事ヲ否トスル者ナリ、故ニ当社ノ如キ小会社ハ勿論他ノ大会社ニ合併セン事ヲ望ム、然カレドモ大会社ノ小会社ヲ合併セントスルヤ常ニ呑筮ノ欲ヲ逞フス、之レ国ノ為メニ株主ノ為メニ余ノ大ニ怏トセザル処ナリ」と、合併賛成論の立場を鮮明にする一方で、大会社の合併における呑筮の欲を批判していることに注目される。

そして、河内卯兵衛は、明治三十五年二月から四月にかけて合併の場合に備え、その条件・対策を立てていったようである。この点、会社の各責任者から提出の各種調査表・勘定内訳報告書を基礎に、自ら三十五年二月時点の固定資産（地所・建物・器械・什器）の時価評価ならびに流動資産（受取手形・売掛金・収入未済金の回収、原綿・製糸・屑綿糸の時価）その他勘定の査定を綿密に行っていることによって知られる。そして、これまでの累積損失金等勘案の結果、「当会社ハ四十五万円以上ノ価値アル物ト看做ス」と結論付けている。この評価額は、先述の「当会社整理方針」に「当社ノ実価四十五万円以上ト認メラレタル時ニ於テノ外之ニ加ラズ」と記した案と符合する。

かくして、博多紡績会社は鐘淵紡績会社との間で合併問題を進めていくこととなる。同社が鐘淵紡績会社との間で合併問題を考えるに至ったのは、三井資本をバックにもつ鐘淵紡績会社が積極的に九州地方に進出し、先述の九州紡績会社や大分の中津紡績会社との間で合併問題が進められていた事情にもよろう。

ところで、博多紡績会社と鐘淵紡績会社との合併問題は、明治三十五年七月頃から両社の間で協議が重ねられてきたが、八月に入って急速に進行したとある。しかし、両社の合併交渉は相互の条件が容易に折り合わず、あるいは破談になりかけたことも再三あり、必ずしも円滑に運ばれたものではなかったとされる。地元新聞はこの点次のように報じている。(39) すなわち、「本年六月頃九州紡績、中津紡績の鐘紡と合併する事に運びたる頃、恰も当会社も鐘淵紡績に合併の端緒開けたるを以て、重役においては熟議の上合併の意見を定め、予め条件も作りて是松社長神戸に至り、鐘淵の武藤支配人と会合し合併の交渉を開始したるに、相互の条件容易に折合ざりしかば、是松社長も一旦帰社の上重役と熟議する所ありたる結果、多少歩寄りて合併の目的を達することに決定し、其間或は破談とならむとしたることも再三ありしが、大阪の有力家田附政太郎(次)専ら其間に斡旋尽力する所ある杯、終に今回の仮契約を交換する迄に運たり」とある。是松社長が神戸に赴き鐘淵紡績兵庫工場の支配人武藤山治との間で合併交渉を行ったこと、大阪の綿糸・綿布商で有名な田附政次郎が合併に際して斡旋尽力したことなども知られる。

以上のようにして、博多紡績会社は鐘淵紡績会社との合併に踏み切ることとなったが、河内卯兵衛「日記」(明治三十五年)によると、博多紡績会社側の合併手続きとして、「八月十一日重役会可決、同十三日大株主会可決、愈々今日常盤館に於て博多絹綿紡績株式会社第十二回定時総会及臨時総会を開き鐘淵紡績株式会社に合併するの件を可決す」(同年九月二十七日付)とあり、博多紡績会社では九月二十七日の臨時総会において鐘淵紡績会社との合併を正式に決定している。この総会前の大株主会可決の翌日である八月十四日付の「日記」には「鐘淵紡績会社より部長山口八左右君来博し、博紡経済事情を調査せんとす」とあり、博多紡績会社の調査のために鐘紡から営業部長が派遣されている。当日は「恰も是松氏不在なれば止むなく余より会社の諸計算を説明する事となり、説明三日十七日に決了」したとある。河内は社長に代わって三日間諸計算の説明を行ったとあるが、その説明内容は、恐らく先述の河内の試算を基礎としたものであったであろう。なお、河内卯兵衛は、鐘淵紡績側への説明決了と記したあとに続けて「これ一面より見れば会社の引渡しにして、城明ヶ渡しの役目なりしなり」と合併される側の悲哀を最後に記している。

ところで、明治三十五年九月二十七日に博多紡績会社は常盤館において臨時総会を開催し、同日鐘淵紡績会社も東京銀行集会所において臨時総会を開き、両社共に合併を可決した。その両社合併条件の内容に関する資料について、『紡績同業聯合会月報』に記載のものと、地元新聞に報じられているものとの間に、基本的な株式交換比率は同じであるものの、その他の金銭的条件に関する記述に若干の差異がある。二つの記事は以下の通りである。

まず、『紡績同業聯合会月報』記事によると、[40]「一、鐘淵紡績会社株券四千八百株と現金四万円を以て博多絹綿紡績会社現株一万二千株と交換の事　一、博多絹綿紡績会社の興泰号其他の社債約十一万円は鐘淵紡績会社より償還する事　一、合併計算は八月末日の現計に依り其後合併迄の営業損金は総て鐘淵紡績会社にて負担の事　一、明年一月鐘淵紡績会社の総会に於て現博多紡績会社株主より一名の重役を推薦する事　一、合併後博多紡績会社を鐘淵紡績会社の支工場とする事」とある。以上の合併条件によれば、博紡株一万二、〇〇〇株と鐘紡株四、八〇〇株との「五対二」の株式合併であり、博多紡績会社の「資本金六十万円ヲ弐拾四万円ニ減シ総株数ヲ四千八百株ニ減少スル事」となり、[41]六〇％もの大幅な減資となっている。この点は、「資本金六十万円ノ内ヨリ其三割又ハ四割以上ヲ減ズベカラズ」とした先述の河内試案が生かされなかったこととなる。また、この減資による二四万円に現金四万円、鐘紡負担の興泰号その他の債務約一一万円を加えても約三九万円であり、これまた合併において「当会社ノ実価四十五万円以上ト認メラレタル時ニ於テノ外之ニ加ラズ」とした河内試案よりも少ないものとなっており、博多紡績会社の鐘淵紡績会社への合併は極めて不利な条件で行われたものと言うことができる。なお、合併後博多紡績会社から鐘淵紡績会社への推薦重役には太田清蔵が選出され、監査役に就任することとなる。

次に、『門司新報』記載の合併条件について見ると、[42]社長三井養之助は鐘淵紡績臨時総会の議案として、博多紡績会社との合併および合併に伴う定款改正の件を提出し、専務取締役朝吹英二が議案説明を行っている。議案の合併要件として、「一、博多絹綿紡績株式会社現在資本金六十万円を資本金二十四万円に減少せしめ、合併執行の際同会社現在株式五株に対し株式二株を交付するの割合を以て、株券の引換を終了すること　一、金三万六千円を限り引継終了の際博多絹綿紡績株式会社株主へ交付すること」の二点のみ挙げており、この議案の内容説明に当たって朝吹英二は次のように詳しく述べている。すなわち、「絹綿紡績会社の現在固定資本四十九万七千六円七十二銭六厘、損失総額十四万千八十七円五十二銭八厘、此合計六十三万八千九十四円二十五銭四厘と会社株金六十万円と相殺したる残金三万八千九十四円二十五銭四厘を会社純損失と認め、之に当会社株式二十四万円及株主交付金三万六千円を合したる金額三十一万四千〇九十四円二十五銭四厘を以て一切を引受る事、事務引継終了の際慰労として一万円を同会社に交付する事及合併後は明年正月の総会に於て旧博多株主は、当会社株主として当会社の配当を受る権利あれば、之が準備として当会社配当率に相当する丈の配当を為し得べき金額を予め博多紡績より預り、雑収入中に記入し置き之が配当を為す事」とされ、議案は異議なく可決承認されたとしている。以上の合併条件に従えば、博多紡績会社にとっては鐘紡株式二四万円（四、八〇〇株）に、純損失金三万八、〇九四円余、株主交付金三万六、〇〇〇円、慰労金一万円を加えた合計三二万四、〇九四円余（資本金の約五四％に当たる）という合併条件となり、この数字は、太田清蔵が「博多紡は払込資本金の五割五分で鐘紡に合併した。つまり従来の株主は四割五分だけの損失をした勘定」になるとした点と一致しており、(43)また、先述の河内試案よりさらに下回り、博多紡績会社にとってかなり厳しい条件での合併であったと言うことができる。さらに、ここに留意すべきは、鐘紡の株主となる旧博紡株主の持ち分（四、八〇〇株・二四万円）に対する配当準備金として鐘紡の配当率に相当する金額を予め博紡から預かっておくとする付帯条件についてである。博多紡績会社に求められたこの預け金は六、〇〇〇円とされ、その原資は恐らく株主交付金三万六、〇〇〇円の内からあてがわれたものであろう。したがって、株主交付金と言っても、その六分の一が配当準備に供される以上、その分だけさらに不利な条件を負わされたこととなる。しかも、この預け金＝配当準備金について、鐘淵紡績会社は、明治三十六年一月開催の定期株主総会で無配当に決し、約束の配当を求める旧博紡株主の要求を拒否したために、旧博多紡績会社の株主と鐘淵紡績会社との間で、配当金支払いを巡って悶着を生じさせることとなる。博多紡績会社にとって、城明け渡しの悲哀にさらに悲哀を重ねる結果となったが、この預け金の支払いをめぐる解決を見たのは約半年後の七月末のことであった(44)。

## おわりに

博多絹綿紡績株式会社の成立と展開過程について、一応これを明らかにしてきた。累説するまでもないが、当会社は主として博多の有力商人を中心に、彼らの大同団結によって成立した会社と言うことができる。しかし、開業した明治三十（一八九七）年から間もなく国内外の経済・市場条件が極めて厳しくなる状況のもとで、かつ、株式の調達も思いのままにならず、資金繰りに困難を極めるなかで借金経営に苦しみ、若干の利益をみただけで、多くの決算では損失を重ねる結果となった。もちろんこうした経営状況の打開を図るために経営の刷新ないし改革が試みられたが結果的には挫折に終わり、遂に鐘淵紡績会社への合併を余儀なくされるに至ったものであった。しかし、会社創設以来僅か六年の短命に終わったとは言うものの、博多の地において機械制綿糸紡績という近代的な産業ならびに株式会社を起こすに当たって、そこで培われた博多商人達の経験と連帯は、これを転機にそれぞれが本業に精励しながらも、一方において協同で会社を起こしたり、積極的な株式投資行動などを通して、その後の福岡・博多の近代化や地域経済の発展に、少なからぬ役割を担っていくこととなる。こうした点は、本書の他の章において窺うことができよう。

(1) 博多絹綿紡績株式会社に関しては、既刊の拙著『地方紡績企業の成立と展開 ―― 明治期九州地方紡績の経営史的研究 ――』(九州大学出版会、平成五年)に収録されており、本章は福博商人の役割を念頭に置き、また、若干新しい資料を用い考察しているものの、基本的には当著に依拠していることをお断りしておかなければならない。しかし、ここに敢えて博多紡績会社を取り上げたのは、明治期の近代産業と福博商人の役割を考察の対象とする本書の構成上、博多における近代産業の一環として綿糸紡績業を抜きに語ることはできない、と考えたからである。

(2) 明治二十五年下期~二十九年上期の八決算(ただし七期分)における久留米紡績会社の平均利益率は約二一・三%、平均配当率は一三・三%であり、同年間八期(ただし七期分)の三池紡績会社の平均利益率は二〇・三%、平均配当率は一三・三%であった(拙稿「日清戦後の地方紡績会社の展開」西南学院大学『商学論集』第九巻三・四合併号)。

(3) 「渡辺文書」(福岡市総合図書館所蔵)による。相談役国武喜次郎のみ久留米商人である。

(4) 「博多紡績会社を視る(一)」『門司新報』明治三十年七月十五日。当記事に「従来九州の事業資本を東京大阪に仰くもの多し、而して本社の如き脱然とすべて彼等の力に借ることなく、純然たる地方の資本家を以て成立する、豈又一種の特色にあらずや」と評しているのも肯けよう。

(5) 「補論　岡山地方紡績の展開」(前掲『地方紡績企業の成立と展開』)三二〇~三二三頁参照。

(6) 「株式募集広告」『福陵新報』明治二十九年四月五日。

(7) 博多紡績会社の発起株について、発行株式の二分の一ないし三分の一を普通としていた当時の発起株比率よりも遥かに高く、それが四分の三以上も占めていたことに注目される。絹川太一氏をして言わしめれば、さらに「全国他に多く其例を見ない」とされるであろう。絹川太一『本邦綿糸紡績史』第四巻(日本綿業倶楽部、昭和十四年)三二七頁参照。

(8) 「無題」『福岡日日新聞』明治二十九年四月十日。

(9) 「博多絹綿紡績会社株式の盛況」同前、明治二十九年四月二十四日。

(10) 「諸会社の現況(其一)博多絹綿紡績会社」『福陵新報』明治三十二年十月二十一日。

(11)「博多紡績会社を視る（三）」『門司新報』明治三十年七月十七日。
(12)前掲「諸会社の現況（其一）博多絹綿紡績会社」。
(13)『大日本綿糸紡績同業聯合会報告』第七九号（明治三十二年四月二十八日）。
(14)前掲『本邦綿糸紡績史』第四巻、三七五〜三七六頁。
(15)「博多絹綿紡績会社の近況」『門司新報』明治三十四年六月六日。
(16)「博多紡績会社の好望」『九州日報』明治三十四年九月二十六日。
(17)『大日本綿糸紡績同業聯合会報告』第一〇三号（明治三十四年四月二十八日）。
(18)同前、第九〇号（明治三十三年三月二十八日）、第一〇三号（三十四年四月二十八日）。
(19)「処務要件」（博多紡績会社『第七回報告書』明治三十二年下半期）。
(20)「博多紡績会社の整理成る」『福岡日日新聞』明治三十四年十月六日。
(21)前掲『地方紡績企業の成立と展開』二七三〜二七四頁参照。
(22)「処務要件」（博多紡績会社『第四回報告書』明治三十一年上半期）に「五月十一日建築中ナリシ本社寄宿舎落成ニ付、其社宅へ工女ヲ移転セシム」、「六月一日第二回増錘注文ノ器械全部到着済ニ付、当分夜業ヲ停止シ器械ノ据付ヲ始ム」とある。寄宿舎建坪二三五坪一合、器械増錘により最初の五、三七六錘に加えて合計一万一、一三六錘規模となる。なお、三十二年上半期中に寄宿舎第二号一〇七坪三合の増設が行われている。
(23)「臨時総会議案」（「渡辺文書」）による。
(24)「博多紡績会社の整理成る」『福岡日日新聞』明治三十四年十月六日。
(25)「協議案」（「渡辺文書」）によれば、「一金　四百二十円（社長年報五百円、常務取締役年俸三百六十円の半額：引用者注）重役俸給半額返戻　内　金百三十円　本社事務員中へ将来事務奨励ノ為メ特別慰労トシテ給与致度、金三百円　俸給返戻トシテ当期ノ損失金ノ内ニ返入致度、説明　本社モ創業以来不幸ニシテ幾分ノ利益ヲ得ル事能ハサル而已ナラス、当期ニ至リテハ多額ノ損失ヲ来シ遺憾之至ニ候、重役協議ノ上経費節減ノ端緒トシテ将来幾分ノ利益配当ヲナス迄社長及常務取締役ノ年俸ヲ半額トナシ、非常務取締役及監査役（年俸各百円：引用者注）無報酬トシ会議日当（一日一人一円宛：引用者注）支給致度、宜敷御賛同ヲ煩シ度候也」とある。
(26)「処務要件」（博多紡績会社『第八・九回報告書』明治三十三年上・下半期）参照。
(27)河内卯兵衛「日記」（「河内資料」五三九〇、福岡県立図書館寄託資料）明治三十三年十月三十一日。

(28) 前掲「博多紡績会社の整理成る」。
(29) 河内卯兵衛「メモ」(「河内資料」五三五一) 明治三十五年四月二十六日。
(30) 「処務要件」(博多紡績会社『第十一回報告書』明治三十四年下半期) 参照。
(31)、(32) 「処務要件」(博多紡績会社『第十回報告書』明治三十四年上半期) 参照。
(33) 「処務要件」(博多紡績会社『第九回報告書』明治三十三年下半期) 参照。
(34) 前掲「博多紡績会社の整理成る」。
(35)、(36) 前掲「メモ」。
(37) 前掲「日記」明治三十三年十月二十日。
(38) 「第六章　三池・久留米・熊本三紡績の合併と九州紡績会社の成立」(前掲『地方紡績企業の成立と展開』) 二一五～二四八頁参照。
(39) 「博多絹綿紡績会社合併ノ顛末」『福岡日日新聞』明治三十五年九月十六日。
(40) 『大日本綿糸紡績同業聯合会月報』第一一〇号 (明治三十五年九月二十五日)。
(41) 前掲「博多絹綿紡績会社合併ノ顛末」。
(42) 「鐘ヶ淵紡績会社臨時総会」『門司新報』明治三十五年九月三十日。
(43) 阿部暢太郎『太田清蔵翁伝』(東邦生命保険相互会社五十年史編纂会、昭和二十七年) 七六頁。
(44) 「いわゆる「預け金」問題」(前掲『地方紡績企業の成立と展開』) 三〇九～三一四頁参照。

# 第三章　博多電灯株式会社の創立者と設立経過

## はじめに

日本における最初の電灯点灯試験が成功したのは明治十一（一八七八）年三月二十五日であった。電信中央局の開業祝賀会が工部大学校で開催されたとき、イギリス人教師エルトン（W.R.Ayrton）の指導の下で、藤岡市輔や中野初子などがグローヴ電池によって孤光灯の点灯に成功した。これは当時の工部卿伊藤博文の命令によるものであったという。[1]

その後の引き続く試験の成功により、東京に電灯会社を設立しようとする計画が立てられた。藤岡の提唱に矢嶋作郎、大倉喜八郎、原六郎、三野村利助、柏村信、蜂須賀茂詔が応え、種々調査の結果、明治十五年三月十八日に創立願書および創立願を東京府知事と内務卿宛に提出した。「創立主意書」によると、「我輩有志者相謀リ先ヅ資本金二拾万円ヲ以テ一ノ電灯会社ヲ設ケ試ニ東京府下ノ一部ヨリ着手シ漸次京坂其他ノ各地ニ及サント欲ス」というもので、全国に電灯会社を拡げようとするものであった。[2]

こうして東京をはじめとして有力都市に電灯会社が設立された。当初から独自に交流技術を導入した大阪電灯を

表３－１　電灯会社の設立

| 会　社　名 | 開業年月 |
|---|---|
| 東京電灯会社 | 明治 16 年 2 月 |
| ＊神戸電灯会社 | 21 年 9 月 |
| 大阪電灯会社 | 22 年 5 月 |
| ＊京都電灯会社 | 22 年 7 月 |
| ＊名古屋電灯会社 | 22 年 12 月 |

出典：「全国電灯統計表」(『電気之友』№55, 明治 29 年 2 月)。
備考：＊印は東京電灯が請負工事したもの。

別にして、初期の電灯会社は東京電灯の直流技術に依存した。東京電灯も創立主意書に基づき、積極的に各地の電灯会社の設立を援助した。

## 一　明治二十二年の福岡電灯会社設立計画

### (1) 福博における最初の計画者

新しい文明の象徴として電灯は多くの人の耳目を集めた。東京電灯の設立をはじめ、各地に設立計画が起こると、福博でも電灯に関心をもつ人があり、大都市と同様に電灯会社が計画された。明治二十二（一八八九）年六月の新聞は「電気灯建設の計画」と題し、次のように報じている。

……福岡くらぶに於て三十名許りの人々可集会し当市街に電気灯を点せんとの相談あり之れは先頃斎藤一氏か東京電灯会社にて取調をなし来られたるものを基礎として評議ありたるものなるか固より此挙を否とするものは一人もあらさりしも会社の資本金之れに対する利子の割合一ケ月の点灯料等猶ほ巨細に取調を要する点あるを以て委員を設けて其の取調をなさしむることに決し磯野七平斎藤一冊《(丹カ)》増良三苫利三郎神吉秀成有田漸の六名を委員とし居合せたる人々は孰れも発起人となり不取敢創業費として一人には一円ツ、の出金をなし来る十五日迄に創立費一円を振込みたるものは発起人に加ふることに決し[3]……

たと。計画の中心人物は史料にも明らかなように斎藤一であった。前々日の新聞にも

福岡橋口町斎藤一氏は曽てより当市街に電気灯を建設せんものと其の取調をなし略ゝ見積りも出来たるを以て本日午后六時より福岡くらぶに於て有志者と協議さるゝ筈なりと(4)

とあることからも明白であろう。

しかし斎藤一がいかなる人物であるかは明確ではない。唯一の記録は、明治三十七年に福岡市極楽寺町で蒸気消毒器、蒸気吸入器、給水給温及医療器を製造する斎藤製工場を経営していたことが分かっている。この工場の創業年月は明治十四年三月となっているから、(5)電灯会社発起当時も上記のような工場を経営していたものと思われる。斎藤の呼びかけに応じた最初の五人の発起人のうち磯野、神吉、丹、三苫は福岡くらぶ同人であったが、おそらく有田も同人であったろう。福岡くらぶについては後述するとして、五人について分かるところを紹介しよう。

このなかでもっとも著名な人物は磯野七平である。磯野は嘉永六（一八五三）年八月生まれ、旧藩以来の有力鋳物商で「慶応分限帳」では三人扶持を許され、維新後も鋳物業や鉄工業を経営する名望家であった。明治十三年には福岡区会議員を務め、二十三年には筑紫銀行の頭取に就任している。また二十五年十二月には第二代目の福岡市長に当選し二年間務めた。(6)

丹増良も磯野と同様に明治十三年に福岡区会議員を務め、十七年から十九年にかけ福岡区町村聯合会議員、二十年には再び福岡区会議員にその名を見ることができる名望家である。(7)廃藩前（明治初年）「御切米弐拾石六人扶持」を給され、明治十一年に第一大区一小区の戸長を務めた丹益荒は同一人物であろう。(8)

神吉秀成は明治十九年初頭には福岡師範学校教職員二〇名の末席に「助教諭試補（地理歴史）」として名を連ね[9]、同年八月から福岡日日新聞主筆に招かれ編集を担当している[10]。有田漸は無足組の旧藩士であり[11]、恐らく神吉秀成も旧藩士であろう。

三苫利三郎は後年明治三十一年には博多古門町に居住し、三苫写真館を経営し、写真撮影兼写真版印刷を業務としている[12]。二十二年当時も恐らく写真業を行っていて、新しい時代の先端に立っていたのではないかと思われる。

前掲史料に見るように、この六人を中心として三〇名ばかりが福岡くらぶで電灯会社の設立を論じている。くらぶについて簡単に紹介する。

## （2）福岡くらぶ

明治十年代後半は鹿鳴館時代といわれ、華やかな欧化政策が採られた。福岡でも明治十八（一八八五）年十二月十六日、県令岸良俊介と大書記官渡辺清が会主となったスワレー（soire, 夜会）が東公園皆松館で開かれた。新聞はスワレーの形式、心得、効用について詳細に紹介したが、「何分之れに充つべき適当の場所無きが故に」やむを得ず招待者を限定し、「此度は先づスワレーの雛形を行ふとの趣なり」と報じ[13]、欧米的な集会所の必要性を強調した。

わが国における社交クラブ（club）の嚆矢は、明治五年に築地の元土佐藩邸に建設されたナショナルクラブであると言われるが、その後さまざまなクラブ（倶楽部）が設立され、十七年には皇族や内外外交官、知名士を対象とした東京クラブが創設された[14]。その後、こうした地域クラブは京都や神戸など大都市に次々と設立された。

福岡でも京都倶楽部をモデルに明治十八年十二月に福岡くらぶ設立計画がたてられた[15]。福岡くらぶは福岡区の有志者が主導し、仮常議員一〇名を選び、仮事務所を博多麹屋町二二番地の福岡商法会議所内に置いて具体化が図ら

れた。仮常議員は福岡商法会議所の山崎藤四郎（副会頭）、小河久四郎（会頭・第十七国立銀行頭取）、中尾卯兵衛（幹事・呉服商）、門司軌（理事、荒物商）のほか堤荘蔵（福岡県四等属）、蒲瀬滝千（同）、宮城坎一（福岡日日新聞主幹）、山中立木（福岡区長）、林寛一郎（回漕問屋）、広沢三平であった[16]。

くらぶの目的を新聞は次のように要約した。

異臭味相接し衆知識相集まるの場所と約束との設けにして異臭味互に隔意なく衆知識相挟む所なく開明世界上品なる舒歓の会堂に集まりて舒歓の間に自のづから離隔を親密にし知識を交換し彼我の情態斯に明かにして公共事件の料理も能く其の塩梅を得以て社会の利益と各人の幸福とを増進するに在る[17]

目的は、異臭味すなわち有力官吏、紳商紳士、学者論者識者、学士、医師、豪富の農商、各級議員などの各界の知名士が集会する会堂を建設し、そこで各界の知名士が胸襟を開いて歓談して相互に知識と情報を交換し、社会の利益と各人の幸福を増進することであった。

この目的は広く福岡県内有力者の賛同を得、瞬く間に三〇〇名以上の入会者があり、明治十九年二月十三日博多祇園町万行寺で総集会（設立総会）を開催し、役員として常議員長山中立木、常議員下沢善四郎等二〇名、幹事山崎藤四郎、津田利夫を選任した[18]。念願の会館は福岡博多で最初の赤煉瓦二階建ての豪華なものが東中洲に完成し、二十年五月八日に開館式を挙行した[19]。

まさに福岡くらぶは文明開化の象徴の一つである電灯会社設立を相談するにふさわしい場所であった。

## （3） 計画の具体化と中央電灯会社の働きかけ

斎藤一の調査にもとづく電灯会社計画は、資本金三万円、白熱電灯一〇燭光換算一、〇〇〇個を販売し、点灯料は一〇燭光半夜灯一灯七〇銭、終夜灯一灯一円二〇銭を予定して十分採算可能であるというものであった。具体的な損益勘定は、一ヶ年分

| | | |
|---|---|---|
| 総収入 | 七九二〇円 | |
| 営業費 | 二二一二円 | |
| 差引利益金 | 五五〇八円 | |
| 内税金 | 二三円 | |
| 消却積立金 | 二五七二円八五銭二厘 | 但し起業費資本一〇分の一 |
| 役員賞与金 | 二七五円四〇銭 | 但し利益金の五分 |
| 差引残金 | 二六三六円七四銭八厘 | |
| 内株主配当金 | 二五五〇円 | 但し年八分五厘 |
| 別途積立金 | 八六円七四銭八厘[20] | |

という計画であった。

いよいよ明治二十二（一八八九）年八月二十八日に発起人総会を開催し、九月に入り株金の募集を開始した。

「総株数三千株トシ壱株ニ付金拾円宛トス、株数申込ハ来ル九月廿日迄ニ第十七国立銀行へ書面ニテ申込ノ事」という「電灯会社株金募集広告」[21]を新聞に掲載した。広告内に「福岡電灯会社予算案」とあり、会社名が福岡電灯会社であったことが分かる。

この計画の過程で、設立委員はかなり拡大充実が図られた。東京電灯会社の阿部準輔も来福して委員の一人として設立のために協力した。新聞に

東京電灯会社事務長阿部準輔氏は頃日博多三島屋に投宿中なりしか本県にて電機《ママ》灯会社計画の発起人諸氏は去る十四日の夕福岡商工会にて阿部氏一同出会談話の末又々一昨日は福岡くらぶに於て設立法方の談話あり本県電灯会社委員十一名事務委員三名顧問二名を撰定せしが本日も亦十七銀行に於て午前九時より集会する由なり……今阿部氏の如きも委員の一人となり尽力する筈の由又阿部氏は熊本へ用向ありて同地に趣《赴》き[22]……

とある。

阿部の委員就任は、東京電灯会社側が積極的に働きかけたのではあるまいか。東京電灯は前述したように明治二十年頃には社長自ら先頭にたって各地に出張して電灯会社の設立を図り、神戸や京都では発起人の一人となってまで電灯会社の設立に指導的役割を果たしている。それは単に電灯の普及に努力するということではなく、電灯工事の請負や臨時灯の供給を主要事業の一つとしていたからであった[23]。当時福岡くらぶ幹事であり福岡日日新聞記者であった津田利夫は、後に「東京電灯株式会社阿部氏も亦来福して十七銀行頭取の小河久四郎氏に勧説する所あり、小河氏は更に当時筑紫銀行の頭取であった太田清蔵氏に諮る所があった[24]」と回想している。

前掲記事にあるように、阿部は熊本の電灯会社設立計画でも中心的役割を果たしている。熊本電気の社史は前身の熊本電灯会社について「創立計画殊に技術方面の事柄に就ては、熊本人にして当時東京電灯株式会社に居った阿部準輔氏が世話されてゐたらしい。その人の周旋で第一回の技師長小木虎次郎氏も入社されてゐるし、恐らく機械類もその人の手を煩はしたものであらうと思はれる[25]」と記している。

またこの頃、東京品川電灯会社からの働きかけもあった。前掲津田利夫の回想によると「東京の品川電灯株式会社々長岩下清周氏が来福して門司軌、野村久一郎両氏及私に対して電灯事業の経営を勧誘された[26]」という。品川電灯は三井物産の益田孝らが発起人となり資本金一五万円で設立し、明治二十三年四月に開業したので、この時はまだ開業前であった。益田は三井物産の社員であった岩下を社長とした。三井物産と品川電灯の勧説について新聞にも次のような記事を見る。

今回三井物産会社より派遣したる電気技師駒井宇一郎氏は一昨夜福村楼に於て当地電灯会社発企者の重立ちたる諸氏と会し同社の創立に関する重要の談話を為したる由なるが諸氏にも大に会得する所ありしと云ふ[27]……

品川電灯に入社した駒井は、後年この頃を回想して

入社早々岩下さんは私に関西から九州三池地方の電灯事業を視察して来いと命令した……困ったことには電灯の需要が少しも起らない……岩下さんは種々と考へた末電灯工事の請負業を内職にして欠損を埋める方針を立てた点灯数二千個内外に過ぎない現状では、どうしても何らかの副業を試みない限り到底算盤の採れる筈はないのだから[28]

と述べている。

東京電灯は電灯普及のために電灯工事請負を副業としたのに対し、品川電灯は経営上から電灯工事請負をも主営業目的の一つとせざるを得なかった。

## （4）計画の頓挫

明治二十二（一八八九）年に起こった福岡電灯会社の設立計画は、福岡くらぶ、福岡商工会、第十七国立銀行等を舞台に具体化し、さらに中央の電灯会社からのさまざまな助言と勧誘を得て、株式募集まで行ったにもかかわらず挫折する。後年、新聞は「福岡市と電灯会社」と題し、「福岡市は何の因果ぞ屢々電灯に照らされんとして毎に立消えとなり」たるとして、次の二つをその原因として挙げた。

（一）其会社事業の利益如何んを気遣ふより株式の集まり難き事
（二）博多祇園山笠の通行に妨げあり山笠と電灯とは両立し難きものと為す事[29]

わが国では明治十九年に始まる第一次企業勃興ブームにより二十一、二十二年は空前の好景気に沸いた。福岡県では筑豊の海軍予備炭田の開放と選定坑区の設定により坑区取得をめぐる競争が全国的注目を集め、バブル景況を呈した。石炭坑区を他県人から守るために、福岡博多でも二十一年一月福岡商法会議所を改組した福岡商工会を中心に積極的に関与した。しかし二十三年になると、株価は低落し、天候不順のため米価は高騰し景気は低迷した。

明治二十三年からの不況が福岡博多にどのような影響を与えたかについて具体的に明らかにすることは困難であるが、福岡電灯会社の株式募集にも影響を与えたことは推測できる。景気の後退のためか電灯会社の将来に不安があったためかも不明であるが、株式募集は順調に進展しなかった。

福博特有の原因もあった。明治二十二年四月、城下町福岡と商業都市博多は一体となり人口五万人（二十二年末）で市名を福岡として市制を施行した。しかし市制施行に先んじ、二十一年から市名を福岡とするか、博多とするかは大論争となった。その過程で、山崎藤四郎、磯野七平ら六人を代表とする博多分離独立案も起こった。福岡市誕生後もこの問題は尾をひき、二十三年初めの市会で、市名を博多と改称したいという爆弾建議が提起されたが、一応福岡市で収拾された[30]。博多部と福岡部の対立は絶えず燻り続ける問題であったが、もっとも厳しく対立した時期が二十一年から二十三年であった。電灯会社は福岡博多を一体として計画されたものであったので、両都市間の確執は株式募集に大きな障害となったことは推測に難くない。

設立計画に対するもう一つの根強い反対が博多部の山笠問題であった。博多山笠の起源は十五世紀中葉まで遡り、疫病退散のために施餓鬼棚に乗って町中を舁き廻ったことにあるといわれ、博多の氏神である櫛田神社の長い歴史をもつ伝統行事である。置県後の明治五年一旦禁止されたのち、ようやく地元の強い熱望によって十六年に復興された。新聞は次のように報じている。

……当地に電灯会社を起さんとするものありしか博多には古来山笠と云へる慣習ありて彼の電信線の為めに維新後は高サを減せねばならぬとて苦情ある位ひなれは若し電灯会社の設立あるに至らは電線は縦横に蜘蛛の巣を張りし如くに張廻せり博多の花とも云ハれたる山笠は弥〻御廃しとせねばなるまじとて反対を試むるもの多く為めに成らんとして躊躇

し居る(31)……

電灯問題が起こる前から、電信線の架設によって、古来の高さの山笠を舁き廻ることができなくなり、電信局との間で電線を高くする交渉が何度も持たれていた。

博多商人の大多数にとっては、新文明の電灯よりも古くからの宗教的伝統と民俗を守ることのほうが重要であったのである。また「福岡電灯会社」の名称に示されているように、どちらかといえば福岡部を中心に推進された計画に対する反発もあったかもしれない。

## 二　博多電灯株式会社の設立

### (1) 電灯会社の地方都市への拡大と福博電灯会社計画

明治二十四（一八九一）年以降になると地方都市でも電灯会社が設立されはじめる。二十四年に熊本、札幌、二十五年に函館、二十六年には長崎、広島、日光が開業する。福岡博多でもこれらに影響を受け、電灯会社設立計画が再燃三燃する。

山笠問題については、京都方式すなわち「電灯線は西京にて実地祇園会の笠鉾を通行せしむる際のみ取除き居る如くにして」解決し得るとされ、株式募集の困難に対しては、熊本電灯会社さえ明治二十六年「一株年八分の配当を為し尚ほ前途好況を加ふるの望みあり」とし、福岡市の規模と繁華があれば堅実な経営ができると主張された。

そして「土地の人々が資金を出すを好まされは我々は他より資金を持込みて会社を組織すへしと窃に計画をなし居る向き」が生じた。[32]

明治二十六年夏に発表された福博電灯株式会社計画がそれである。発起人は南川正雄（福岡市博多上赤間町）、林田則友（熊本県下益城郡豊福村）、宮崎林太郎（佐賀県東松浦郡七山村）、重三司（同東松浦郡大村）であった。目論見書によると、

第二会社の目的、福岡市全各町内官署若シクバ民家ノ嘱托ニ応ジ市街及家屋内外ニ電気ヲ供給シテ其代料ヲ収受ス

第三会社ノ社名及営業所、福博電灯株式会社ト称シ福岡市博多東中洲ニ設置ス

第四資本ノ総額株式ノ総数及一株ノ金額、資本金五万円ニシテ二千株トシ一株金廿五円トス

そして発起人引受株数は、南川一〇〇株、林田二〇〇株、宮崎一〇〇株、重一〇〇株、合計五〇〇株とした。[33]南川は旧福岡藩士で、明治初年福岡県権大属、[34]西郡（怡土・志摩・早良郡）の区長をしたのち、明治十年に制定された県会仮規則による五七名の議員の一人として第九大区（前掲郡）から選出され、[35]十五年から二十年まで志摩郡選出の福岡県会議員であった。国会開設や条約改正運動に尽力し、[36]実業面でも活躍した、[37]進取の気性に富んだ人物であったようである。計画の中心人物は福岡博多とまったく無関係ではなく、地元の南川であったであろう。残念ながら林田、宮崎、重の三名の人物と四者の関係を明らかにする手がかりはない。また三名が四〇〇株を引き受けることができる有資者であったか否かも不明である。

しかしこの計画は、九州地方でも熊本電灯会社と長崎電灯会社が設立されたにもかかわらず、遅滞していた福岡

市の電灯会社計画を促進する効果をもたらした。

## （2）　博多電灯株式会社の設立と発起人

同じ明治二十六（一八九三）年夏、別の計画が進行していた。資本金三万円の「電灯会社博多に起らんとす紳商諸氏に於て其計画ありとは仄かに聞く処なりしが頃日に至りて計画漸やく熟し賛成者亦た非常に多ければ不日組織会を開くべし」[38]というものであった。

しかしなおこの計画は時間を要し、翌二十七年六月ようやく「博多電灯会社設立に決す」となった。

兼ねて計画中なりし同会社は創立委員諸氏昨日午后一時より博多商業会議所内に集会し万般協議の末いよ〳〵設立することに確定し発起人十三名を撰定し又た発起委員三名を互撰し諸般の業務を整理せしむることを評決[39]……

した。このとき創立委員として協議に参加したのは、是松右三郎、斎藤一、野村久一郎、中尾卯兵衛、磯野七平、丹増良、吉田又吉、門司軌、長野嘉平、津田利夫の一〇氏であった[40]。斎藤、磯野、丹が出席しており、名称は博多電灯に変わっているが、おそらく福岡電灯会社計画を引き継いだものであった。このとき選任された発起人は表3－2の通りであっただろう。

新聞による発起人一三名が表3－2では一四名になっているが、技師の隈を加えたためであろう。隈を除く一三名の発起人について検討しよう。

発起人の族籍と住所を見ると、博多部の商人が七名で、族籍は士族であるが博多東中島町の薬種商是松と博多官

**表3－2　博多電灯会社の発起人**

| 氏　　名 | 族籍（出身地）・職業・役職 | |
|---|---|---|
| 磯野七平 | 商（博多） | 鋳物商<br>福岡市長<br>博多商業会議所特別会員 |
| 小河久四郎 | 士 | 福岡第十七国立銀行頭取<br>博多商業会議所会頭 |
| 太田清蔵 | 商（博多） | 油商<br>福岡市会議員<br>筑紫銀行頭取<br>博多商業会議所副会頭 |
| 吉田又吉 | 商（博多） | 呉服商<br>筑紫銀行取締役<br>博多米穀取引所監査役<br>博多商業会議所議員 |
| 中尾卯兵衛 | 商（福岡） | 呉服商<br>福岡市会議員<br>福岡第十七国立銀行取締役<br>博多商業会議所副会頭 |
| 立石善平 | 商（博多） | 乾物商<br>博多米穀取引所理事<br>博多商業会議所議員 |
| 是松右三郎 | 士（博多） | 薬種商<br>博多商業会議所常議員 |
| 野村久一郎 | 商（博多） | 呉服商<br>福岡市会議員<br>筑紫銀行副頭取<br>博多米穀取引所理事長<br>博多商業会議所常議員 |
| 大山与四郎 | 商（博多） | 酒造商<br>博多商業会議所議員 |
| 長野嘉平 | 商（博多） | 古物商<br>筑紫銀行取締役<br>博多米穀取引所理事<br>博多商業会議所議員 |
| 門司　軌 | 士（博多） | 荒物商<br>筑紫銀行支配人<br>博多米穀取引所理事<br>博多商業会議所常議員 |
| 斎藤　一 | 不詳 | ＊製工業 |
| 津田利夫 | 士 | 元福岡日日新聞記者<br>福岡市会議員（明治28年より）<br>筑豊平民会専任幹事 |
| 隈　弥栄 | 不詳 | 工手学校卒<br>＊竹田水電会社技師長 |

出典：発起人名は『九電鉄二十六年史』（東邦電力株式会社，大正12年）2頁。職業等欄は『日本全国諸会社役員録』1（柏書房，昭和63年），『博多商工会議所五十年史』（昭和15年），古田隆一編『福岡県全誌　上編』（明治39年），『福岡市史　明治編資料集』（昭和36年），『電気之友』，『旧友会』（大正9年）による。

備考：＊印は後の史料か後の履歴。なお，出身地欄の（福岡）（博多）は主として明治24年博多商業会議所の「会員被選挙人名簿」による。

内町の荒物商門司を加えると博多部は九名となり、多数を占める。それに福岡部の商人中尾を加えると、商業経営者は一〇名となる。士族は是松、門司を加えて四名であった。

当時の団体役職を表3－2の役職欄から見ると、博多商業会議所は会頭、副会頭二名、常議員も五名中三名が名を連ね、商業会議所と無関係なのは斎藤、津田の二人にすぎない。次に多いのは筑紫銀行と博多米穀取引所関係者の五名である。筑紫銀行は頭取、副頭取、取締役四名中二名および支配人の津田が参加し、米穀取引所では理事長、理事三名全員、監査役二名中一人が名を連ねている。ただし、磯野は明治二十五年市長に当選したため筑紫銀行の頭取を退いたので、筑紫銀行とは密接な関係があった。第十七国立銀行は小河頭取と取締役中尾の名が見える。小河と中尾は表中の役職欄に示されているように、商業会議所の会頭、副会頭でもある。福岡市関係者は市長と市会議員二名であるが、いずれも博多部の商人である。

筑紫銀行は資本金一二万円で明治十四年二月に博多商人によって設立された私立銀行である。初代頭取は先代下沢善右衛門であったが、経営不振から二十三年大改革を余儀なくされて磯野七平が、[41]さらに太田清蔵が頭取に就任していた。しかし経営は改善せず三十年には看板をおろすため、この頃積極的方針は取れなかったであろう。

博多米穀取引所は明治十二年に設立された博多米商会所が二十六年の取引所法の実施によって改組された。このとき一新された経営陣は、ほとんど商業会議所と筑紫銀行幹部と重なっている。

このように見ると、博多電灯の発起人は博多商人を主とする博多商業会議所の有力者を中心としたものであったといえる。博多商業会議所は、明治二十三年九月の商業会議所条例によって、福岡市では二十四年七月に設立された。このときの博多商業会議所の会員有権者は城下福岡部五三名、博多部一三六名、周辺西新・住吉等一二名、商事会社一五社であった。[42]福岡部に対し博多部の会員が圧倒的に多数であったことと、前述した市名問題の紛糾からであろう、前身の福岡商法会議所および福岡商工会と異なり、商業会議所名には博多という名称が冠された。

### （3）　株式募集と設立経過

博多電灯会社の設立が決定された一ヶ月半のち、明治二十七（一八九四）年八月一日に日清戦争が勃発した。博多電灯は十月二十九日に逓信省によって許可されたが、[43] 計画はいったん中断を余儀なくされた。日清間に講和条約が締結されるのは周知のように二十八年四月である。

巨額な償金をともなった講和とともに起業熱は大きな刺激を受け、鉄道、紡績、銀行を中心としながら、保険、石炭、電気事業に及んだ。戦後の企業勃興ブームの中で博多電灯の計画はようやく進展をみることとなった。資本金五万円の会社設立が明治二十九年一月農商務省によって認可され、[44] 三月二十六日創業総会を開催し、発起人（表3－2参照）の中から磯野、太田、中尾、小河、是松が取締役に、立石、吉田が監査役に選任された。[45] 四月の取締役会で磯野が取締役会長に、五月に発起人の一人である津田利夫が支配人に選定された。[46]

設備は六〇キロワット発電機二台（二、〇〇〇灯用）その他付属品一式は三井三池炭鉱の旧福岡藩士団琢磨の斡旋により芝浦製作所に、汽罐は地元の磯野、井村、渡辺の三鉄工所に注文された。[47]

資本金五万円（二、〇〇〇株、一株二五円）のうち七〇〇株が発起人引き受けとされ、残余一、三〇〇株の募集が津田を中心に行われた。株主募集は一人五〇株を限度とし、できるだけ多数の株主をつくり、需要者と株主を結合させる方法が採られた。この募集はなお困難を極めたが、ようやく数ヶ月後に一一二名の株主を獲得して第一回払込金七円が払い込まれた。[48] しかしこの株主構成を明らかにすることはできない。博多電灯株式会社の営業報告書と株主人名表の最古の残存史料は第八回（明治三十三年上半期）であり、この時の株主数は一一三名で人数はほとんど同じであるが、株主はかなり変動していると思われるからである。

株主と需要家は博多部が多かったようであるが、電線架設となっても博多の山笠昇連との衝突は続いた。株主と需要家募集の責任者であった津田利夫は次のように回想している。博多商人の固陋ぶりと権力に対する姿勢をよく示しているので、長文を引用する。

博多部に於ける電線架設の妨碍は非常なものであった。仍て山笠舁や町内の有志など、種々相談して見るけれども町の長老連は頑として旧来の踏襲を主張して交渉纏まらず、架設するならば山笠の高さよりも一層高く電線を架設して貰ひたいとのことであった。然し当時の山笠は高さが殆んど三丈内外であらうと云ふので会社側としては到底その要求を容れられない。斯くて到底協定困難な為めに百方苦心焦慮の結果警察署に交渉し其電話線の馬場新町まで架設さるゝに際し比較的低く架設して貰って山笠を遮断した後会社の電線を架設する事とし、内々幾何かの寄附をもして警察の電話線を架設して貰った(49)

という。

こうした努力の結果、明治三十年十一月一日、ようやく博多電灯は営業を開始した。申し込み灯数は二、三〇六灯に達し、二、〇〇〇灯用の発電機では余力なく、申し込み受け付けを断念したほどであった。

## おわりに

福岡博多における電灯会社は、最初城下町福岡の士族層を中心として福岡電灯会社として計画された。これには中央の電灯会社である東京電灯と品川電灯の強い働きかけがあった。品川電灯の場合、旧福岡藩士で三井三池炭鉱の技術者であった団琢磨との人的関係があった。

この計画は明治二十三、四年の不況による株式募集の行き詰まりと商業都市博多の総鎮守櫛田神社の祭りである山笠問題によって頓挫する。山笠問題の背景には福岡市発足に際して市名に象徴される福岡部と博多部の対立があったと思われる。

当初の計画が進展しないのを見て、明治二十六年に旧藩士の一人は地元と無関係な人々とともに福博電灯会社を企画した。この計画は当初の地元の計画を促進する効果をもたらした。

同年、福岡電灯会社関係者を含みながら博多商業会議所の有力者を網羅した一四名によって博多電灯会社が発起された。すなわち福岡部の士族層を推進者とし、有力博多商人を結集して、名称も博多部に配慮した博多電灯とする計画が具体化した。

この計画は日清戦争の勃発によって先送りされた後、ようやく戦後の企業ブームの中で進展し明治三十年十一月に開業にこぎつけたのである。会社と発電所は博多部と福岡部を分けると同時に両者を結びつける那珂川の中洲、通称東中洲に置かれた。

しかし山笠問題を盾にした旧習保持の博多部商人層の抵抗はこの間も止むことはなかった。明治三十年の山笠は舁山を出すことができず、動かない飾り山笠だけを作り伝統行事を終えたが、三十一年になると問題は再燃した。県知事の山笠廃止発言に福岡部選出の市会議員が賛成し、博多部の市民の怒りの火に油を注いだ。この問題は地元新聞の一つ『九州日報』の舁山を低くして伝統を保持せよという仲介によって解決した。従来の高さの山笠は飾り山として町内に備え付け、電線と抵触しない低い舁山をかついで伝統を維持することによって解決された。(50)

博多電灯株式会社は、当初一、〇〇〇灯供給計画であったが、保守的市民の多さにもかかわらず、需要は多く、六〇キロワット発電機二台を購入し二、〇〇〇灯計画とした。申込数はそれをもオーバーした。株式募集の不順調と計画変更のため資本金五万円では不足を来し、開業前の明治二十九年に六、〇〇〇円の臨時借り入れをなし、三十年一月の臨時総会でも三万五、〇〇〇円の社債募集を決議せざるを得なかった。しかし取引銀行の十七銀行さえ会社名義だけでは取引を拒否する経営状況であった。[51]

このため明治三十一年には社長以下役員全員が辞任を申し出、三十一年下半期には六回の臨時株主総会を開催し、三十一年八月から十月に役員体制は一新された。小河久四郎、立石善平、吉田又吉等が退き、社長を空席として野村祐雄を専務取締役とし、石橋勇三郎、太田清蔵、有吉七郎、許斐儀七、津田利夫、牟田万次郎が役員に就任した。[52]これには福岡博多のまとめ役であり、設立のリーダーであった磯野七平の開業直前の明治三十年十月の死去、引き続き十一月の中尾卯兵衛の辞職も影響していたであろう。

新体制により明治三十一年十二月、資本金の一〇万円への倍額増資が決定され、ようやく危機を脱した。博多電灯株式会社は三十二年から業績は順調となり、資本金は三十五年一五万円、四十年三五万円、四十一年四〇万円、四十二年八〇万円、四十四年一六〇万円と累進的に増加する。

博多電灯は、その後明治四十四年に松永安左ヱ門や福沢桃介の福博電気軌道株式会社と合併して博多電灯軌道株式会社となり、四十五年に九州電気株式会社と合併して九州電灯鉄道株式会社と商号を変更し、五大電力の一つ東邦電力株式会社の母体となった。

（1）新田宗雄編『東京電灯株式会社開業五十年史』（東京電灯株式会社、昭和十一年）二一～三頁。
（2）同前、五～九頁。
（3）『福岡日日新聞』明治二十二年六月六日。
（4）同前、明治二十二年六月四日。
（5）古田隆一編『福岡県全誌　下編』（明治三十九年）二九四頁。

(6) 井上忠編『黒田三藩分限帳』(福岡地方史談話会、昭和五十三年)。『福陵新報』明治三十年十月二十六日。『福岡市史 明治編資料集』(福岡市役所、昭和三十六年)。広田三郎『明治実業家伝記集成 実業人傑伝』第一巻(立体社、昭和五十八年)。
(7) 前掲『福岡市史 明治編資料集』。福岡地方史研究会編『福岡藩分限帳集成』(海鳥社、一九九九年)。
(8)「明治初年福岡藩士分限帳」(前掲『福岡藩分限帳集成』)。『福岡県史料叢書』第五輯(史料編纂所、昭和二十四年)。
(9)『福岡日日新聞』明治十九年一月十日。
(10) 高野孤鹿編『西日本新聞七十五年史』(西日本新聞社、昭和二十六年)三六頁。
(11) 前掲『福岡藩分限帳集成』。
(12)「日本全国商工人名録」(渋谷隆一編『明治期日本全国資産家地主資料集成Ⅲ』柏書房、昭和五十九年)。また出典は明らかでないが、明治末期には九州帝大医科大学前で写真業を経営していたようである(咲山恭三『博多中洲ものがたり 前編』文献出版、昭和五十四年、二三二頁)。
(13)『福岡日日新聞』明治十八年十二月十六日。
(14) 明治文化研究会編『明治文化全集』別巻明治事物起源(日本評論社、昭和四十四年)七〇〜七一・一二三頁。
(15)『福岡日日新聞』明治十九年二月七日。
(16) 同前、明治十八年十二月二十五日。( )内は寺岡寿一編『明治初期の官員録・職員録』第六巻(昭和五十六年)、永島芳郎編『博多商工会議所五十年史』(博多商工会議所、昭和十五年)等による。
(17)『福岡日日新聞』明治十九年二月七日。門司軌、宮城坎一、津田利夫(福岡日日新聞・元福岡高等小学校長)が起草した「福岡くらぶ設置趣旨草案」の全文は『福岡日日新聞』明治十八年十二月九日参照。
(18)『福岡日日新聞』明治十九年二月十六日、同二月十九日。
(19) 同前、明治二十年五月八日。
(20) 同前、明治二十二年八月三日。
(21) 同前、明治二十二年九月四日。
(22) 同前、明治二十二年十二月十八日。
(23) 前掲『東京電灯株式会社開業五十年史』二九頁。東京電灯は福岡・熊本の電灯会社を支援するため、「取締」中川磧太郎も両市に派遣した(『福陵新報』明治二十三年一月十九日)。
(24) 塩柄盛義編『九電鉄二十六年史』(東邦電力株式会社、大正十二年)一九五頁。

(25) 熊本電気株式会社編『創立弐拾周年記念熊本電気株式会社沿革史』(熊本電気株式会社、昭和四年)六頁。
(26) 前掲『九電鉄二十六年史』一九五頁。津田はこれを「明治二十一年の頃」としている。
(27) 『福岡日日新聞』明治二十二年十二月二十八日。
(28) 故岩下清周君伝記編纂会編『岩下清周伝』復刻版(大空社、二〇〇〇年)追懐七四〜七六頁。続けて「かくて博多や三池の電灯工事などを請負って、どうにか一割の配当をしたのであった」と述べている。
(29) 『福岡日日新聞』明治二十六年七月二十三日。
(30) 『福岡市史　明治編』(福岡市役所、昭和三十四年)一〇一〜一一六頁。前掲『博多中洲ものがたり　前編』一七一〜一七二頁。
(31) 『福岡日日新聞』　明治二十三年一月二十五日。
(32) 同前、明治二十三年一月二十五日。同明治二十六年七月二十三日など。
(33) 同前、明治二十六年八月十日。
(34) 「従二位黒田長溥公伝(下)」(『新訂黒田家譜』第六巻下、文献出版、昭和五十八年)二九八頁。
(35) 前掲『福岡県史料叢書』第五輯。
(36) 「旧福岡藩事蹟談話会筆録」(『筑紫史談』第三七号、第四一号)。
(37) 明治十七年には土地抵当銀行創立の新聞広告を出しているし(『福岡日日新聞』明治十七年四月二十五日)、下って二十六年には博多開港論を主張し新聞を賑わせている(『福陵新報』明治二十六年七月六日、八月十二〜十五日)。
(38) 『福岡日日新聞』明治二十六年八月三日。
(39) 同前、明治二十七年六月十七日。
(40) 同前。
(41) 「筑紫銀行の改革　当地の筑紫銀行は下沢善右衛門氏頭取となり資本金拾弐万円を以て営業なし来りしが損益勘定権衡を得さりし為め昨廿二年後半期の決算報告を終り大改革を行ひ今回は磯野七平氏頭取となり尚十五万円の増株を為し一層業務を拡張するに至りたりと……」(『福陵新報』明治二十三年一月五日)。
(42) 前掲『博多商工会議所五十年史』五〇〜五三頁。
(43) 『明治四十年電気事業要覧』(逓信省、明治四十一年)。
(44) 前掲『九電鉄二十六年史』附録年譜。
(45) 『福陵新報』明治二十九年三月二十八日。

(46)『福岡日日新聞』明治二十九年五月十六日。
(47)前掲『九電鉄二十六年史』四頁。
(48)同前、一九六頁。
(49)同前。
(50)前掲『博多中洲ものがたり　前編』一九四頁。
(51)前掲『九電鉄二十六年史』八頁。
(52)同前。

# 第四章　大正期の筑前参宮鉄道株式会社と河内卯兵衛

## はじめに

本章で採り上げる筑前参宮鉄道は、福岡市の吉塚と糟屋郡宇美村を結ぶ僅か八哩程の小規模鉄道である。同鉄道は粕屋炭田の南部を横断し、また、沿線には宇美八幡宮を抱え、さらには、糟屋郡南部と福岡市を直結する路線として計画された。

ところで、福岡県下の鉄道会社に関しては、明治期の九州鉄道をはじめとして、筑豊興業鉄道や豊州鉄道といった主要路線に関する優れた先行研究があるが、[1]国有化以降の民営鉄道に関する研究は少ない。社史の類を除けば西日本鉄道に関する研究があるが、[2]これも電気事業との関連において、同鉄道の前身である福博電気軌道と九州鉄道[3]とを採り上げたもので、これらの鉄道会社は都市内及び郊外の旅客輸送を主目的に設立された会社で、貨物輸送をも目論んだ地方鉄道とは言い難い。また、粕屋地域の鉄道では博多湾鉄道に関する研究があるが、[4]これも時期的には明治期を対象としたものであるし、大正期に関しては、糟屋郡全体の鉄道敷設計画を対象とした先行研究があるが、[5]これも、個別鉄道企業の経営内容に踏み込んだ分析とはなっていない。要するに、大正期における鉄道会社経営に関する研究は、福岡県に関して言えば極めて限られているというのが現状である。

そこで、本章では大正期の福岡県における鉄道研究の手薄な部分を多少とも埋めようという観点から、筑前参宮鉄道経営の一端を明らかにしようというのである。さらに、同鉄道を採り上げる理由は、以下の二点である。第一点は、同社の経営に明治期以来の福博の企業家として活躍をしていた河内卯兵衛が関与している点である。河内の企業者活動は、これまで主として明治期におけるそれが研究の対象となっており[6]、大正期に関しては採り上げられることは少なかった。これは資料上の問題もあるのだろうが、河内の家業経営が第一次大戦後の不況の中で苦しくなり、彼の活躍の場が狭くなったという認識があったことにも拠るのだろう。しかし、企業家としての河内の活動は大正期に入っても決して衰えてはおらず、現に筑前参宮鉄道のトップとして同社設立以来、昭和二（一九二七）年まで社長の座に就いている。そこで、資料上の制約によって不充分なものとならざるを得ないが、筑前参宮鉄道との関係を通して、河内の大正期における企業経営者としての活動に簡単にではあるが触れることにしたい[7]。したがって、原則として本章で対象とするのは同社の設立から昭和二年まで、ということにしたい。第二点目は、筑前参宮鉄道が一方では産炭地を控えた運炭鉄道であると共に、他方では福岡市に直結する都市近郊鉄道的な性格を有しており、このような二面的な性格を持つ地方小規模鉄道というのは、それほど例の多くない鉄道だろうといういささか勝手な思い込みから、同鉄道の経営を概観してみようというのである。

ところで、大正期における河内卯兵衛の地元企業役員への就任状況を表4－1によって簡単に見ておけば、大戦期までは博多遠洋漁業と博多電業所（東洋電気工業）の取締役を一貫して務める傍ら、東筑軌道の取締役に就任している。大戦後になると、筑前参宮鉄道と博多工作所を中心として、さらに博多湾築港、博多株式取引所、博多国技館へと拡がっていくが、築港、取引所の役員就任期間は表から見る限りにおいて、工作所や筑前参宮鉄道に比して短期間であり、先の東筑軌道と国技館は計画倒れに終わっている。つまり、家業の不振が危機的状況に立ち至った後にも、役員であり続けたのは筑前参宮鉄道と工作所ということである。[8] しかし、工作所においては大正十二(一九二三)年時点で社長から監査役に退いていると思われるのに対して、[9] 筑前参宮鉄道においては家業が傾いた後でも社長としてトップの座を確保し続けており、河内にとって筑前参宮鉄道社長の持つ意味は、他企業の役員に比べて何らかの点で異なっていたと推測することができよう。本章で筑前参宮鉄道を採り上げるのは、この点に着目したからである。

**表４－１　河内卯兵衛会社役員等一覧**

| | 役員就任企業等一覧 |
|---|---|
| 明治45年 | 博多電気軌道・取締役<br>福博遠洋漁業・取締役<br>東洋電気工業・取締役 |
| 大正３年 | 博多遠洋漁業・取締役<br>博多電業所・取締役<br>博多商議所・議員<br>福岡市議会・議員 |
| ５年 | 博多遠洋漁業・取締役<br>東筑軌道・取締役<br>博多電業所・取締役<br>博多商議所・議員<br>福岡市議会・議員 |
| ７年 | 筑前参宮鉄道・専務取締役<br>博多湾築港・監査役<br>博多工作所・社長 |
| ９年 | 筑前参宮鉄道・専務取締役<br>博多湾築港・監査役<br>博多工作所・社長 |
| 11年 | 博多工作所・社長<br>筑前参宮鉄道・社長<br>博多湾築港・監査役<br>博多国技館・社長<br>博多株式取引所・理事長 |
| 15年 | 筑前参宮鉄道・社長<br>博多工作所・監査役<br>博多国技館・取締役 |
| 昭和８年 | なし |

出典：『日本全国諸会社役員録』(明治45年),『九州紳士録』第一版, 第二版 (大正３年, ５年),『帝国銀行会社要録』(大正７年, 15年, 昭和９年),『銀行会社要録』(大正９年, 11年), 博多工作所『営業報告書』, 博多国技館『営業報告書』。
備考：役職等に関して一部修正した。
大正３年の博多電業所は東洋電気工業が改称。

## 一　筑前参宮鉄道の創立経過

さて、本章で採り上げる筑前参宮鉄道は、そもそもは明治四十五（一九一二）年に席田軌道として計画されたものであった。すなわち、明治四十五年五月に「今般福岡県筑紫郡住吉町春吉字藤田五百八十一番地ノ四ヲ起点トシ福岡県〔筑紫郡席田村〕糟屋郡宇美村大字〔金隈〕宇美字中宿四千六百六十三番地ニ至ル間ニ軌道ヲ敷設シ一般交通運輸ノ便ヲ完全ナラシメ度」[10]（〔　〕内は抹消部分）として敷設免許申請が行われている。この申請書の抹消部分から推測されることは、同軌道の当初の計画路線は、福岡市に隣接する筑紫郡住吉村を起点として同郡席田村金隈に至る区間であったということである。この間は平坦な地形ではあるが、沿線に大きな炭鉱もなく専ら旅客運輸を目的として構想されたものであろう。ところが、おそらくは申請直前になって、計画路線は大きく変更され、起点は同じく住吉村であるものの、終点は糟屋郡宇美村とされたのである。途中の経由地は、席田村大字下月隈、志免村大字吉原、志免村大字田富となり、席田村から志免村にかけて山越えをしなければならないものの、「軌道経過地内糟屋郡志免村大字志免仝吉原及筑紫郡席田村大字下月隈ノ各地ハ石炭産出ニ有之」[11]といった具合に、沿線には有力な炭鉱が所在するという地域を通過することになった。したがって、この路線変更は、明らかに同軌道の運炭鉄道への変更を目的としたものである。席田軌道は大正三（一九一四）年五月に免許を受けたが、このような路線変更を考慮したものであろうか、同社は同年六月には社名を「宇美軌道」と変更している[12]。さらに、同年十一月には勝田炭鉱の石炭運輸のために、宇美・炭焼（勝田）間の路線延長を申請している[13]。ところが、その直後に「特許線ニテハ席田村浦山ヲ越ユル故工事困難ニシテ多大ノ工費ヲ要スルノミナラズ且ツ三十分ノ急勾配ヲ用スル故所要石炭ヲ運搬スルニ困難ニシテ特ニ本軌道ハ目下軽便鉄道ニ変更セント計画中ニモ在ル故[14]」として、再び路線の変更を申請することになる。ここにある軽便鉄道への変更に関しては「寧ロ軽便鉄道法ニ拠ルヲ妥当ト認ムル旨談示シタル処今回特許返納ト共ニ軽便鉄道トシテ敷設免許ノ申請ヲ為セリ[15]」ということで、当局からの勧奨もあったようであるが、改めて大正四年一月に免許申請がなされ[16]、四月に免許が下りて、宇美参宮軽便鉄道として設立が許可されている。この軽便鉄道への変更に伴う計画路線変更は、軌道会社時代の予定路線が九州水力電気の市内軌道線との連絡を考慮して「起点ハ院線博多停車場背面[17]」であったものを、福岡側の起点を吉塚駅とし、終点を先にも触れたごとく宇美村炭焼まで延長し、さらに志免村から席田村への支線を建設することになったものである[18]。

同社は免許を得た直後に、社名を筑前参宮鉄道と変更している[19]。また、同社の設立の目的は粕屋炭田の南部における石炭輸送のみならず、宇美八幡宮参拝客等の旅客輸送にもあったようであるが[20]、旅客輸送の増加を目的として、同社は社名変更直後に太宰府までの路線延長を申請している。これは宇美軌道時代の大正三年十二月に一度申請しており[21]、改めて再度申請したことになるが、結果は「太宰府方面ノ旅客ヲ目的トシテハ既特許線筑紫電気軌道ノアルヲ以テ目下ノ交通状態ニ鑑ミ本件敷設ノ必要ナキモノト認ム[22]」として却下されている。また、予定していた支線の建設は「糟屋郡志免村ヨリ筑紫郡席田村ニ至ル支線ノ義ハ主トシテ終点ニ於ケル浦山炭坑ノ石炭ヲ輸送スル目的ニテ計画罷在候処其後石炭坑ハ遂ニ廃坑ノ悲運ニ遭遇セリ以テ本線敷設唯一ノ目的ニ一大欠陥ヲ生シタル為メ廃止仕度候[23]」として放棄され、この結果、同社路線は専ら粕屋炭田南部と福岡を結ぶ路線に限定されることになった[24]。このように、筑前参宮鉄道の路線計画は前身会社の時期を含めて二転三転しており、その計画の杜撰さが眼に付くと言わざるを得ない。

ところで、同社の計画路線は他社と競合するところが多かったのも特徴的である。すなわち、住吉・宇美間の路線は「本出願線路ハ本年三月三十日土第一八九八号ヲ以テ副申進達致候宇美軽便鉄道株式会社発起人原三信外六名出願ニ係ル本県筑紫郡住吉村大字春吉ヨリ糟屋郡宇美村大字宇美ニ至ル軽便鉄道線路ト併行シ[25]」という具合であるし、また、宇美・炭焼間の路線計画にしても「出願線路ハ本年六月三十日土第五二〇三号ヲ以テ副申進達候筑粕軌道株式会社発起人堀川団吉外六名出願線路ト併行致居リ候[26]」といった始末である。その他、最終的には筑前参宮鉄道時代に却下されたものの、炭焼・太宰府間の路線延長についても、宇美軌道時代に「出願線路ハ本年六月三十日土第五二〇三号ヲ以テ副申進達候筑粕軌道株式会社発起人堀川団吉外六名出願線路ト併行致居候[27]」と、一ヶ月前の宇美・炭焼間の路線延長と全く同様の問題点が指摘されている。何故このような他社との並行路線を計画したのか、さらに、競合他社との間にどのような交渉があったのかは不明だが、これらの点から見ても同社の路線計画の場当たり的性格が看取されるように思われるのである。ところで、同社と同様に粕屋炭田の運炭鉄道として機能していた博多湾鉄道への影響がどのように想定されていたかというと、炭鉱側の設備等の事情によって「宇美軌道ニ奪ハル、著シキモノハ附近ノ小炭坑並ニ少数ノ乗客及小荷物等ニ過ギス博鉄会社自身モ到底自己総収入ノ五分ニモ及バザル可シト楽観セリ[28]」として、大きな影響は出ないだろうと考えられていたようであるが、この点に関しては再度検討することにしたい。

その後の設立経過を簡単に見ておけば以下の通りである。[29]まず、大正五年六月十八日に福岡市東中洲町の博栄館において創立総会を開催しているが、これは「中途株式募集ニ多少手違ヒヲ生シタル為メ募集〆切遅延シ……免許状指定ノ期限内ニ於テハ創立総会ヲ招集スル余日無之為メ[30]」と、株式の募集が順調にいかなかったようであるが、申請期限の延長をした末に、「株式の募集中なりし筑前参宮鉄道全株の引受略ほ決定したるを以て[31]」という状況を受けて、ようやく開催に漕ぎ着けたものであった。この総会では以下のような定款変更を議決している。第一に本社所在地を「筑紫郡堅粕町」から「福岡市」に変更しており、当初の本社所在地は福岡市行町に設置されたものと思われるが、この住所は、初代専務取締役に選出された河内卯兵衛の自宅住所と同一町内である。さらに、取締役に関して「社長壱名専務取締役壱名ヲ置ク」を「専務取締役壱名ヲ置ク」に変更し、その他、「社長」に関する記載を全て削除している。何故、このような変更が実行されたのかは不明であるが、いずれにしてもこの結果、専務取締役が日常的な経営の実権を一人で掌握することが可能になったと言えよう。この創立総会において取締役と監査役が選出され、さらに取締役の互選によって前述のように専務取締役に河内卯兵衛が選出されている。その後、同年六月二十七日に会社の設立登記が完了して、同社の設立手続きは終了したのである。

そこで次に、発起人、大株主、役員の順序で同社の人的構成を概観しておくことにしたい。

## 二　発起人

表4－2は、前身会社を含めた筑前参宮鉄道の発起人の推移を示したものである。席田軌道時代の発起人は一〇名を数え、彼らの住所を見てみると、同軌道の起点であった筑紫郡住吉町に住所がある者が三名、当初計画では終点となっていた筑紫郡金隈までの沿線（下月隈、板付）の居住者が三名、その他が四名となっている。その内で、田川郡在住の崎山克治は志免村に石炭鉱区を所有しており[32]、席田軌道が終点を宇美に計画変更したのに伴って、同軌道の敷設に利害が生じたものと見ることができる。さらに後掲表4－3に示すように、三好大蔵も月隈炭鉱の所有者であり[33]、鉄道敷設については崎山と同様の利害を有していたし、鶴田多門は請負業を職業としており、鉄道敷設工事に大きな利害を有していたのであろう。また、沿線に居住していない伴志賀太郎と武末富次郎はそれぞれ福

表4-2　発起人一覧

| 席田軌道（明治四十五年五月二十九日） | | 宇美参宮軽便鉄道（大正四年一月二十日） | | 筑前参宮鉄道（大正五年二月） | |
|---|---|---|---|---|---|
| 武末富次郎 | 筑紫郡春日村須玖 | 武末富次郎 | 筑紫郡春日村須玖 | 武末富次郎 | 筑紫郡春日村須玖 |
| 伴　志賀太郎 | 福岡市下対馬小路 | 伴　志賀太郎 | 福岡市下対馬小路 | 伴　志賀太郎 | 福岡市下対馬小路 |
| 崎山克治 | 田川郡大任村大行事 | | | | |
| 半田大軒 | 筑紫郡住吉町 | 半田大軒 | 筑紫郡住吉町春吉 | 半田大軒 | 筑紫郡住吉町春吉 |
| 関　忠次 | 筑紫郡住吉町春吉 | | | | |
| 野村久一郎 | 筑紫郡住吉町 | | | | |
| 光安国松 | 筑紫郡席田村下月隈 | 光安国松 | 筑紫郡席田村下月隈 | 光安国松 | 筑紫郡席田村下月隈 |
| 三好大蔵 | 筑紫郡席田村下月隈 | 三好大蔵 | 筑紫郡席田村下月隈 | 三好大蔵 | 筑紫郡席田村下月隈 |
| 稲富与四郎 | 筑紫郡那珂村板付 | 稲富与四郎 | 筑紫郡那珂村板付 | | |
| 鶴田多門 | 筑紫郡警固村 | 鶴田多門 | 福岡市下警固 | 鶴田多門 | 福岡市下警固 |
| | | 鈴木小太郎 | 筑紫郡住吉町住吉 | 鈴木小太郎 | 筑紫郡住吉町住吉 |

出典：席田軌道は「席田軌道敷設願」（『鉄道省文書　宗像軌道　宇美軌道（元席田軌道）羽後電力』）。宇美参宮軽便鉄道は「宇美参宮軽便鉄道株式会社敷設免許申請書」（『巻一』）。筑前参宮鉄道は「株式申込証」（「清水資料」三九－一二）。

岡市会や筑紫郡会の議員であることから、地元との調整を期待されて発起人になったものと思われる。光安国松も筑紫郡郡会議員であり、同時に席田村長であったことから、同様の役割を期待されてのことと思われる。要するに、地域利害を代表する人物と職業上の利害を有する人物との組み合わせによって発起人が構成されていたと言うことができよう。

この発起人の構成は、宇美参宮軽便鉄道時代に大きく変化するのである。すなわち、住吉町居住者の関忠次、野村久一郎の二名と炭鉱主の崎山の計三名が脱落し、代わりに住吉町に住所がある鈴木小太郎が新たに参加している。この発起人の入れ替わりは、宇美参宮軽便鉄道の敷設免許申請が出される直前に行われており(34)、軌道から軽便鉄道への計画変更に伴うものであったことが予想される。もしそうであるならば、計画路線の変更、事業資金の増加や用地買収の増大が発起人交替の理由ということになろう。つまり、路線の起点が筑紫郡住吉町から同郡堅粕町（国鉄吉塚駅裏）へと変更されたことが住吉町在住の発起人二名の脱退理由として考えられるし、新たに加入した鈴木は筑紫郡郡会議員であることから（後掲表4－4参照）、関や野村に比べて、用地買収等に際して少なくとも地域利害の代表者としてはより相応しいと考えられたのかもしれない。崎山の脱退理由については、所有炭鉱の正確な所在地が判明しないので不明としか言いようがないが、路線変更に影響されたものかもしれないし、あるいは、所有鉱区も一七万坪程度で小規模な上に採掘もされておらず、炭鉱経営上からの利害に関心が薄れたのかもしれない。

さて、筑前参宮鉄道としての最終的な発起人は前掲表4－2に示したとおりであるが、宇美参宮軽便鉄道敷設免許申請時と比較すると稲富与四郎が脱退していることが分かる。これは、彼の居住地から見て、上述の路線変更によって鉄道が通過しなくなり鉄道敷設に対する利害がなくなってしまったことによるものと考えてよいだろう。こうして、席田軌道時代から変遷を重ねて筑前参宮鉄道の発起人は以下の七名となったのである。すなわち、三好大蔵（引受株数一五〇株）、半田大軒（一二〇株）、光安国松（一〇〇株）、鶴田多門（一〇〇株）、伴志賀太郎（一〇〇株）、武末富次郎（一〇〇株）、鈴木小太郎（一〇〇株）である。さらに、表4－2と表4－3に示した彼らの住所と主要経歴を見ると発起人の構成は二つのグループに分類できよう。一つは予定路線を含めて、光安、伴、武末、鈴木といった沿線自治体の議員等の公職者である。彼らは、地域利害を代表して発起人になったと考えてよいだろう。ただし、計画路線の変更によって、建設路線の大半が通過する糟屋郡関係者が一人も含まれていない点が注目

表4－3　筑前参宮鉄道発起人職業等

| | |
|---|---|
| 武末富次郎 | 筑紫郡郡会議員 |
| 伴　志賀太郎 | 貸金業、福岡貯金取締役、博多東中洲券番取締役、福岡市議 |
| 半田大軒 | 会社員 |
| 光安国松 | 筑紫郡郡会議員、席田村長 |
| 三好大蔵 | 月隈炭鉱 |
| 鶴田多門 | 工学士、九州工務所主、復州耐火粘土商会支配人 |
| 鈴木小太郎 | 筑紫郡郡会議員、筑紫郡参事会員 |

出典：職業等は『九州紳士録』第二版、『春日市史』、『志免町誌』、『糟屋郡志』等による。

される。つまり、地域的構成から言えば、席田軌道の発起人がそのまま踏襲されているということになる。もう一つは三好、鶴田といった鉄道建設に関して職業上の利害を有していた人物で、これも席田軌道時代からの発起人である。要するに、路線変更等による脱退を主とする入れ替わりがあったものの、基本的には席田軌道時代の発起人構成が維持され続けたということができよう。また、発起人の中で半田大軒は席田軌道、宇美軌道及び宇美参宮軽便鉄道の発起人総代であり、[35]さらに筑前参宮鉄道株式会社創立事務所が半田の自宅住所に置かれていることから見て、[36]鉄道建設計画の当初から実務上の中心的な役割を果たしていた人物と思われる。

以上のような経緯を辿った結果として、後述するところの創業期の大株主（中野徳次郎、太田清蔵、小林作五郎）は発起人に含まれていないが、彼らは河内を含めて賛成人に名を連ねている。また、賛成人の引受株数は二、〇〇〇株とされているから、[37]全株式六、〇〇〇株の三分の一を占める予定であったことが分かる。ところで、「宇美軌道ノ企業者ハ確実ト認ム、九州水力電気系ノ者賛与シ」[38]と、同社の設立には九州水力電気の関係者が参加していると言われている。そこで、大正三（一九一四）年五月時点での九州水力電気の大株主を確認しておくと、筑前参宮鉄道関係者としては、最大株主の中野徳次郎（九州水力電気持ち株数一万三、二三三株）をはじめとして、河内卯兵衛（一、〇四四株）、太田清蔵（七〇七株）の名前を見出すことができるが、宇美軌道の発起人の名前は見当たらない。したがって、九州水力電気の大株主は発起人としてではなく、賛成人たる株主として参加していく予定であったと思われる[39]。

## 三　株主構成

### （1）設立・動揺期（大正五～七年）

表4－4は創立当時（大正五（一九一六）年下期）の大株主の職業等を示したものであるが、これによれば、設立当初の大株主は沿線資産家・有力者と炭鉱主の二グループから構成されている。また、持ち株数は一〇〇株以上所有者二五名中二〇名が一〇〇株所有というように、平準化している。沿線炭鉱所有者としては、最大株主の中野徳次郎（五〇〇株、亀山炭鉱所有）と清水利貞（二〇〇株、勝田炭鉱所有[40]）の二名が大株主として参加している。さらに、筑豊炭鉱主の麻生太吉、堀三太郎（共に一〇〇株）が参加しているが、彼らの所有鉱区と筑前参宮鉄道の計画路線との間に密接な関係があったとは思えない[41]。したがって、亀山炭鉱を所有していた中野だけが、筑豊鉱業家であると同時に沿線炭鉱主ということになるだろう。他に発起人では半田大軒とその関係者と見られる半田系株主が三二〇株、同じく発起人たる鈴木小太郎と関係者の鈴木系が三〇〇株、同じく武末富次郎と関係者の武末系が二〇〇株と、発起人も関係者を含めれば相応の大株主の地位を維持している。発起人以外では沿線実業家の小林作五郎が二〇〇株、内田盈と関係者の内田系が二〇〇株（五〇株所有者を含めると三〇〇株）を所有しているが[42]、とくに内田は同社の賛成人にも名を連ねておらず、職業上の利害から同社成立後に積極的に出資を決定したものと思

**表 4－4**　創業期大株主職業（大正 5 年 11 月 30 日）

| 氏名 | 住所 | 持ち株数 | 役員 | 発起人 | 職業等 |
|---|---|---|---|---|---|
| 中野徳次郎 | 嘉穂郡二瀬村 | 500 | 取 | 賛 | 鉱業，多額納税者，九水取締役，嘉穂銀行取締役，亀山炭鉱，他 |
| 太田清蔵 | 福岡市 | 204 | 取 | 賛 | 福岡貯蓄銀行頭取，徴兵保険専務，蓬莱生命社長，他 |
| 小林作五郎 | 糟屋郡宇美村 | 200 | 取 | 賛 | 酒造業，福岡県農工銀行取締役，九州電灯鉄道取締役，他 |
| 三好大蔵 | 席田村 | 150 | | 発 | |
| 半田大軒 | 住吉町 | 120 | 取 | 発 | 会社員 |
| 安部辰見 | 若松市 | 100 | | | |
| 河内卯兵衛 | 福岡市 | 100 | 専 | 賛 | 綿糸商，博多遠洋漁業取締役，東筑軌道取締役，福岡市議，他 |
| 久我辰実 | 春日村 | 100 | | | |
| 光安国松 | 席田村 | 100 | 取 | 発 | 筑紫郡郡会議員，席田村長 |
| 荒津長七 | 福岡市 | 100 | 監 | | 荒津商事社長，博多遠洋漁業取締役，博多魚市場監査役，他 |
| 清水利貞 | 直方町 | 100 | | | 勝田炭鉱 |
| 大野徳太郎 | 福岡市 | 100 | 監 | | 鉱業，博多遠洋漁業監査役，前九州製紙取締役 |
| 鶴田多門 | 福岡市 | 100 | | 発 | 工学士，九州工務所主，復州耐火粘土商会支配人 |
| 内田　盈 | 糟屋郡宇美村 | 100 | | | 請負業，志免村 |
| 内田倉太 | 糟屋郡宇美村 | 100 | | | |
| 伴　志賀太郎 | 福岡市 | 100 | | 発 | 貸金業，福岡貯金取締役，博多東中洲券番取締役，福岡市議 |
| 半田　勝 | 住吉町 | 100 | | | |
| 半田カネ | 住吉町 | 100 | | | |
| 武末秀輔 | 春日村 | 100 | | | |
| 武末富次郎 | 春日村 | 100 | 取 | 発 | 筑紫郡郡会議員 |
| 堀　三太郎 | 鞍手郡直方町 | 100 | | | 鉱業，多額納税者，堀鉱業社長，衆議院議員，他 |
| 麻生太吉 | 嘉穂郡飯塚町 | 100 | | | 鉱業，嘉穂銀行頭取，九水取締役，若松築港取締役，貴族院議員，他 |
| 鈴木秀子 | 住吉町 | 100 | | | |
| 鈴木小太郎 | 住吉町 | 100 | 監 | 発 | 筑紫郡郡会議員，筑紫郡参事会員 |
| 鈴木弥太郎 | 住吉町 | 100 | | | |
| 総株数 | | 6,000 | | | |
| 総株主数 | | 285 | | | |
| 藤野権太郎 | 多々良村 | 50 | 監 | | 糟屋郡郡会議員，同議長（大正 4 ～ 8 年） |
| 神武健一郎 | 宇美村 | 50 | 監 | 賛 | 糟屋郡郡会議員，糟屋郡参事会員 |
| 内田　鼎 | 宇美村 | 50 | | | |
| 内田　久 | 宇美村 | 50 | | | |

出典：持ち株数は「株主姓名表」による。
　　　職業等は『九州紳士録』第二版，『春日市史』，『志免町誌』，『糟屋郡志』，「清水資料」等による。
備考：役員欄の専は専務取締役，取は取締役，監は監査役。
　　　発起人欄の発は発起人，賛は賛成人，「株式申込証」（「清水資料」39－2）による。

われる。他方、福岡市からは太田清蔵が二〇四株で第四位株主[43]、専務の河内卯兵衛は一〇〇株を出資して参加している。

次に筑前参宮鉄道の大株主の推移を示した後掲表4－5によれば、大正六年から七年にかけて株主構造は大きく変動する。この間「会社成立当時ノ事情ハ株式ノ募集頗ル困難ヲ極メ[44]」たと言われており、その結果株主構造に大きな変化が生じたものであろう[45]。そこで七年上期の大株主を見ておくと、一〇〇株以上所有者数は一八名に大きく減少している。その内容は、半田系、鈴木系各二名減少、武末系一名減少と、一族所有の地元資産家大株主の減少が目立っている。河内は五一七株に大きく持ち株数を増大させ、最大の個人株主となった。さらに、清水利貞が所有していた勝田炭鉱を継承した釧勝興業[46]が一、一〇〇株という大株主として登場してくる。この釧勝興業の持ち株がどのように集積されたのかは明らかではないが、大株主の異動から見ると、上述の清水の持ち株の他に半田系、鈴木系、武末系の持ち株移動を中心にしたものと思われる。この推測が当たっているとすれば、発起人として参加・出資していた人々が株金の追加徴収に応じきれずに、持ち株を釧勝興業に譲渡したということであり、換言すれば、設立から間もない状況で、早くも発起人らの資金的限界が露呈したということであろう。

### （2）第一回増資後（大正八年上期～下期）

ここでは表4－5を参照しつつ、第一回目の増資が実行された大正八（一九一九）年の大株主の動向を見ておこう。まず眼に付くのは、大正八年上期に太田が持ち株数で二、一三八株、持ち株比率では一四％の筆頭株主に躍進していることであろう。大正七年時点で筆頭株主であった釧勝興業は一、六五〇株で第二位株主になっているが、同社社長であった中村定三郎持ち株分を合計すると持ち株数は二、七五〇株で太田清蔵を上回っており、この点か

表4－5　筑前参宮鉄道大株主

| 大正5年11月30日 | | | | 大正6年5月31日 | | | | 大正7年5月31日 | | | | 大正8年5月31日 | | | |
|---|---|---|---|---|---|---|---|---|---|---|---|---|---|---|---|
| 中野徳次郎 | 二瀬村 | 500 | 取 | 中野徳次郎 | 二瀬村 | 500 | 取 | 釧勝興業 | 福岡市 | 1,100 | | 太田清蔵 | 福岡市 | 2,138 | 取 |
| 太田清蔵 | 福岡市 | 204 | 取 | 河内卯兵衛 | 福岡市 | 473 | 専 | 河内卯兵衛 | 福岡市 | 518 | 専 | 釧勝興業 | 福岡市 | 1,650 | |
| 小林作五郎 | 宇美村 | 200 | 取 | 光安国松 | 席田村 | 250 | 取 | 中野徳次郎 | 二瀬村 | 500 | 取 | 河内卯兵衛 | 福岡市 | 1,495 | 社 |
| 三好大蔵 | 席田村 | 150 | | 太田清蔵 | 福岡市 | 204 | 取 | 太田清蔵 | 福岡市 | 204 | 取 | 中野　昇 | 二瀬村 | 1,250 | |
| 半田大軒 | 住吉町 | 120 | 取 | 小林作五郎 | 宇美村 | 200 | 取 | 小林作五郎 | 宇美村 | 200 | 取 | 中村定三郎 | 東京市 | 1,100 | |
| 安部辰見 | 若松市 | 100 | | 半田大軒 | 住吉町 | 120 | 取 | 半田大軒 | 住吉町 | 120 | 取 | 小林作五郎 | 宇美村 | 500 | 取 |
| 河内卯兵衛 | 福岡市 | 100 | 専 | 安部辰見 | 若松市 | 100 | | 安部辰見 | 若松市 | 100 | | 荒津長七郎 | 福岡市 | 260 | 監 |
| 久我辰実 | 春日村 | 100 | | 久我辰実 | 春日村 | 100 | | 古賀壮兵衛 | 福岡市 | 100 | | 武末富次郎 | 春日村 | 253 | 取 |
| 光安国松 | 席田村 | 100 | 取 | 古賀壮兵衛 | 福岡市 | 100 | | 光安国松 | 席田村 | 100 | 取 | 半田大軒 | 住吉村 | 250 | 取 |
| 荒津長七 | 福岡市 | 100 | 監 | 荒津長七 | 福岡市 | 100 | 監 | 荒津長七 | 福岡市 | 100 | 監 | 堀　三太郎 | 直方町 | 250 | |
| 清水利貞 | 直方町 | 100 | | 大野徳太郎 | 福岡市 | 100 | 監 | 大野徳太郎 | 福岡市 | 100 | 監 | 内田　盈 | 宇美村 | 250 | |
| 大野徳太郎 | 福岡市 | 100 | 監 | 鶴田多門 | 福岡市 | 100 | | 鶴田多門 | 福岡市 | 100 | | 光安国松 | 席田村 | 250 | 取 |
| 鶴田多門 | 福岡市 | 100 | | 内田　盈 | 宇美村 | 100 | | 内田　盈 | 宇美村 | 100 | | 鶴田多門 | 福岡市 | 200 | |
| 内田　盈 | 宇美村 | 100 | | 内田倉太 | 宇美村 | 100 | | 内田倉太 | 宇美村 | 100 | | 鈴木弥太郎 | 福岡市 | 200 | |
| 内田倉太 | 宇美村 | 100 | | 伴 志賀太郎 | 福岡市 | 100 | | 武末富次郎 | 春日村 | 100 | 取 | 吉田商事 | 福岡市 | 175 | |
| 伴 志賀太郎 | 福岡市 | 100 | | 半田　勝 | 住吉町 | 100 | | 堀　三太郎 | 直方町 | 100 | | 内田倉太 | 宇美村 | 150 | |
| 半田　勝 | 住吉町 | 100 | | 半田カネ | 住吉町 | 100 | | 麻生太吉 | 飯塚町 | 100 | | 岩崎金重 | 宇美村 | 125 | |
| 半田カネ | 住吉町 | 100 | | 武末秀輔 | 春日村 | 100 | | 鈴木小太郎 | 住吉町 | 100 | 監 | 吉原福次郎 | 福岡市 | 125 | |
| 武末秀輔 | 春日村 | 100 | | 武末富次郎 | 春日村 | 100 | 取 | 総株数 | | 6,000 | | 内田　鼎 | 宇美村 | 125 | |
| 武末富次郎 | 春日村 | 100 | 取 | 堀　三太郎 | 直方町 | 100 | | 総株主数 | | 244 | | 内田タネ | 宇美村 | 125 | |
| 堀　三太郎 | 直方町 | 100 | | 麻生太吉 | 飯塚町 | 100 | | | | | | 山崎春庵 | 宇美村 | 125 | |
| 麻生太吉 | 飯塚町 | 100 | | 鈴木秀子 | 住吉町 | 100 | | | | | | 藤野権太郎 | 多々良村 | 125 | 監 |
| 鈴木秀子 | 住吉町 | 100 | | 鈴木小太郎 | 住吉町 | 100 | 監 | | | | | 藤野寿太郎 | 岩戸村 | 125 | |
| 鈴木小太郎 | 住吉町 | 100 | 監 | 鈴木弥太郎 | 住吉町 | 100 | | | | | | 藤本久蔵 | 席田村 | 125 | |
| 鈴木弥太郎 | 住吉町 | 100 | | 総株数 | | 6,000 | | | | | | 神武健一郎 | 宇美村 | 125 | 監 |
| 総株数 | | 6,000 | | 総株主数 | | 265 | | | | | | 木島武司 | 福岡市 | 125 | |
| 総株主数 | | 285 | | | | | | | | | | 安部辰見 | 若松市 | 100 | |
| | | | | | | | | | | | | 麻生太吉 | 飯塚町 | 100 | |
| | | | | | | | | | | | | 総株数 | | 15,000 | |
| | | | | | | | | | | | | 総株主数 | | 245 | |

| 大正８年11月30日 | | | |
|---|---|---|---|
| 太田清蔵 | 福岡市 | 3,863 | 取 |
| 河内卯兵衛 | 福岡市 | 1,395 | 社 |
| 中野　昇 | 二瀬村 | 1,250 | |
| 中村定三郎 | 東京市 | 1,100 | |
| 小林作五郎 | 宇美村 | 500 | 取 |
| 荒津長七郎 | 福岡市 | 260 | 監 |
| 武末富次郎 | 春日村 | 253 | 取 |
| 半田大軒 | 住吉村 | 250 | 取 |
| 堀　三太郎 | 直方町 | 250 | |
| 内田　盈 | 宇美村 | 250 | |
| 光安国松 | 席田村 | 250 | 取 |
| 鈴木弥太郎 | 福岡市 | 200 | |
| 湯下長兵衛 | 須恵村 | 148 | |
| 岩崎金重 | 宇美村 | 125 | |
| 吉原福次郎 | 福岡市 | 125 | |
| 内田　鼎 | 宇美村 | 125 | |
| 内田タネ | 宇美村 | 125 | |
| 山崎春庵 | 宇美村 | 125 | |
| 藤野権太郎 | 多々良村 | 125 | 監 |
| 藤野寿太郎 | 岩戸村 | 125 | |
| 藤本久蔵 | 席田村 | 125 | |
| 神武健一郎 | 宇美村 | 125 | 監 |
| 野瀬源太郎 | 住吉村 | 120 | |
| 鶴田多門 | 福岡市 | 100 | |
| 内田倉太 | 宇美村 | 100 | |
| 安部辰見 | 若松市 | 100 | |
| 麻生太吉 | 飯塚町 | 100 | |
| 総株数 | | 15,000 | |
| 総株主数 | | 242 | |

| 大正９年５月30日 | | | |
|---|---|---|---|
| 太田清蔵 | 福岡市 | 7,726 | 取 |
| 河内卯兵衛 | 福岡市 | 2,790 | 社 |
| 中野　昇 | 二瀬村 | 1,250 | |
| 中村定三郎 | 東京市 | 1,100 | |
| 小林作五郎 | 宇美村 | 1,000 | 取 |
| 武末富次郎 | 春日村 | 506 | 取 |
| 半田大軒 | 住吉村 | 500 | 取 |
| 堀　三太郎 | 直方町 | 500 | |
| 光安国松 | 席田村 | 500 | 取 |
| 鈴木弥太郎 | 福岡市 | 386 | |
| 森崎欣太郎 | 直方町 | 370 | |
| 荒津長七 | 福岡市 | 370 | 監 |
| 富安重行 | 城島町 | 300 | |
| 岩崎金重 | 宇美村 | 250 | |
| 吉原福次郎 | 福岡市 | 250 | |
| 内田　鼎 | 宇美村 | 250 | |
| 内田タネ | 宇美村 | 250 | |
| 山崎春庵 | 宇美村 | 250 | |
| 藤野寿太郎 | 岩戸村 | 250 | |
| 藤本久蔵 | 席田村 | 250 | |
| 野瀬源太郎 | 住吉村 | 240 | |
| 内田　盈 | 宇美村 | 200 | |
| 内田倉太 | 宇美村 | 200 | |
| 安部辰見 | 若松市 | 200 | |
| 麻生太吉 | 飯塚町 | 200 | |
| 富安猪三郎 | 山川村 | 200 | |
| 総株数 | | 30,000 | |
| 総株主数 | | 275 | |

| 大正11年11月30日 | | | |
|---|---|---|---|
| 徴兵保険(株) | 東京市 | 6,863 | |
| 河内卯兵衛 | 福岡市 | 2,790 | 社 |
| (株)中野商店 | 二瀬村 | 1,250 | |
| 中村定三郎 | 東京市 | 1,000 | |
| 小林作五郎 | 宇美村 | 1,000 | 取 |
| 野瀬省吾 | 福岡市 | 750 | |
| 太田商事(株) | 福岡市 | 663 | |
| 野瀬源太郎 | 福岡市 | 640 | |
| 堀　三太郎 | 直方町 | 500 | |
| 光安国松 | 席田村 | 500 | 取 |
| 半田大軒 | 住吉町 | 450 | 取 |
| 武末富次郎 | 春日村 | 406 | 取 |
| 森崎欣太郎 | 直方町 | 370 | |
| 富安重行 | 城島町 | 300 | |
| 真鍋勝三郎 | 南畑村 | 298 | |
| 八代祐太郎 | 大阪市 | 260 | |
| 荒津長七 | 福岡市 | 260 | 監 |
| 荒津殖産(株) | 福岡市 | 260 | |
| 岩崎金重 | 宇美村 | 250 | |
| 内田　盈 | 宇美村 | 250 | |
| 藤野寿太郎 | 岩戸村 | 250 | |
| 藤本久蔵 | 席田村 | 250 | |
| 富安猪三郎 | 山川村 | 200 | |
| 太田清蔵 | 福岡市 | 200 | 取 |
| 吉原福次郎 | 福岡市 | 200 | |
| 内田　鼎 | 宇美村 | 200 | |
| 内田タネ | 宇美村 | 200 | |
| 神武健一郎 | 宇美町 | 200 | 監 |
| 総株数 | | 30,000 | |
| 総株主数 | | 278 | |

| 大正14年11月30日 | | | |
|---|---|---|---|
| 徴兵保険(株) | 東京市 | 8,776 | |
| (株)荒津商店 | 福岡市 | 2,090 | |
| 小林作五郎 | 宇美村 | 1,000 | 取 |
| 桜井英夫 | 幸袋町 | 970 | |
| 河内卯兵衛 | 福岡市 | 700 | 社 |
| (株)中野商店 | 二瀬村 | 500 | |
| 光安国松 | 席田村 | 500 | 取 |
| 半田大軒 | 住吉町 | 450 | 取 |
| 竹内小二郎 | 福岡市 | 420 | |
| 武末富次郎 | 春日村 | 406 | 取 |
| 堀　三太郎 | 直方町 | 400 | |
| 森崎欣太郎 | 直方町 | 370 | |
| 真鍋勝三郎 | 南畑村 | 350 | |
| 富安重行 | 城島町 | 300 | |
| 八代祐太郎 | 大阪市 | 260 | |
| 荒津長七 | 福岡市 | 260 | 監 |
| 荒津殖産（株） | 福岡市 | 260 | |
| 藤野寿太郎 | 岩戸村 | 250 | |
| 藤本久蔵 | 席田村 | 250 | |
| 筑紫銀行 | 二日市町 | 250 | |
| 光安　勝 | 福岡市 | 232 | |
| 富安合名 | 山川村 | 200 | |
| 太田清蔵 | 福岡市 | 200 | 取 |
| 中村定三郎 | 東京市 | 200 | |
| 内田　鼎 | 宇美村 | 200 | |
| 内田タネ | 宇美村 | 200 | |
| 神武健一郎 | 宇美町 | 200 | 監 |
| 総株数 | | 30,000 | |
| 総株主数 | | 276 | |

| 昭和2年11月30日 | | | | 昭和4年11月30日 | | | | 昭和8年11月30日 | | | |
|---|---|---|---|---|---|---|---|---|---|---|---|
| 徴兵保険(株) | 東京市 | 8,776 | | 第一徴兵保険(株) | 東京市 | 8,776 | | 第一徴兵保険(株) | 東京市 | 9,326 | |
| 岩倉音熊 | 福岡市 | 977 | | 小林作五郎 | 宇美町 | 1,100 | 社 | 小林作五郎 | 宇美村 | 1,100 | 社 |
| 小林作五郎 | 宇美町 | 850 | 取 | 岩倉音熊 | 福岡市 | 757 | | 浦壁芳郎 | 福岡市 | 668 | |
| 博多興業(株) | 福岡市 | 598 | | 浦壁芳助 | 福岡市 | 668 | | 富安重行 | 城島町 | 665 | 取 |
| 光安国松 | 席田村 | 500 | 取 | 井上正美 | 福岡市 | 500 | 専 | 大神熊次郎 | 福岡市 | 540 | 監 |
| 中山高市 | 福岡市 | 500 | | 半田大軒 | 福岡市 | 500 | | 藤　勝栄 | 那珂村 | 465 | |
| 河内卯兵衛 | 福岡市 | 460 | | 竹内小二郎 | 福岡市 | 420 | | 富安弥之助 | 福岡市 | 420 | |
| 半田大軒 | 福岡市 | 450 | 取 | 荒津殖産 | 福岡市 | 420 | | 竹内小二郎 | 福岡市 | 420 | |
| 竹内小二郎 | 福岡市 | 420 | | 武末富次郎 | 春日村 | 406 | | 楠本才造 | 黒土村 | 325 | |
| 武末富次郎 | 春日村 | 406 | 取 | 堀　三太郎 | 直方町 | 400 | | 千葉喜八郎 | 那珂村 | 300 | |
| 堀　三太郎 | 直方町 | 400 | | 中島徳松 | 福岡市 | 320 | | 岸田恒太郎 | 福岡市 | 300 | 取 |
| 森崎欣太郎 | 直方町 | 370 | | 富安重行 | 城島町 | 300 | 取 | 九州勧業(株) | 福岡市 | 290 | |
| 真鍋勝三郎 | 南畑村 | 350 | | 田代喜美 | 小倉市 | 300 | | 神武虎太 | 宇美村 | 280 | |
| 門田与七郎 | 福岡市 | 339 | | 中尾乙彦 | 大町村 | 300 | | 武末祐三郎 | 東京市 | 276 | |
| 富安重行 | 城島町 | 300 | | 丸山喜三郎 | 志免村 | 300 | | 岩倉音熊 | 福岡市 | 271 | |
| 宮原義輔 | 福岡市 | 290 | | 岸田恒太郎 | 福岡市 | 300 | 取 | 岩崎逸次 | 宇美村 | 270 | |
| 八代祐太郎 | 大阪市 | 260 | | 光安国松 | 席田村 | 300 | | 山内範造 | 筑紫村 | 260 | 取 |
| 荒津長七 | 福岡市 | 260 | | 八代祐太郎 | 大阪市 | 260 | | 八代祐太郎 | 大阪市 | 260 | |
| 筑紫銀行 | 二日市町 | 250 | | 大浦一雄 | 一貫山村 | 250 | | 中村定三郎 | 東京市 | 250 | |
| 藤野寿太郎 | 岩戸村 | 250 | | 真鍋勝三郎 | 南畑村 | 250 | | 真鍋勝三郎 | 南畑村 | 250 | |
| 光安　勝 | 福岡市 | 232 | | 光安　勝 | 福岡市 | 232 | | 小林啓邦 | 宇美町 | 225 | |
| 河村米吉 | 福岡市 | 220 | | 井上　久 | 福岡市 | 200 | | 中島徳松 | 福岡市 | 214 | |
| 久世合資 | 福岡市 | 220 | | 富安合名 | 山川村 | 200 | | 大神　登 | 福岡市 | 210 | |
| 富安合名 | 山川村 | 200 | | 太田清蔵 | 福岡市 | 200 | 取 | 中島シゲ | 福岡市 | 210 | |
| 太田清蔵 | 福岡市 | 200 | 取 | 河内卯兵衛 | 福岡市 | 200 | | 南里辰次郎 | 志免村 | 210 | |
| 加治三嗣 | 後藤寺町 | 200 | | 中村久太 | 福岡市 | 200 | | 藤　正太郎 | 志免村 | 209 | 監 |
| 中村定三郎 | 東京市 | 200 | | 中村定三郎 | 福岡市 | 200 | | 大神安介 | 福岡市 | 201 | |
| 井上正美 | 福岡市 | 200 | 専 | 澄川マス | 福岡市 | 200 | | 200株株主 | 36名 | 7,200 | |
| 内田タネ | 宇美村 | 200 | | 内田タネ | 宇美村 | 200 | | 総株数 | | 30,000 | |
| 総株数 | | 30,000 | | 総株数 | | 30,000 | | 総株主数 | | 230 | |
| 総株主数 | | 291 | | 総株主数 | | 293 | | | | | |

出典：筑前参宮鉄道，各期「株主姓名表」による。

備考：社は社長，専は専務取締役，取は取締役，監は監査役。

ら言えば同社が実質的には相変わらず筆頭株主ということになろうし、この時の増資には一〇〇％応じていることになる。ところで東京市在住の中村定三郎は、博多工作所相談役、博多湾築港取締役であり、(47)河内卯兵衛の関係会社役員ということになる。その他の炭鉱主では中野、堀は増資に応じているが、麻生（一〇〇株）が増資に応じていない。所有炭鉱（鉱区）の位置によって、筑前参宮鉄道との利害に相異があったということなのであろう。さらに、発起人株主の半田（二五〇株）、鈴木（二〇〇株）、武末（二五三株）は増資に一〇〇％は応じておらず、資金的な脆弱性がここにも現れている。これに対して内田系は六五〇株（表示以外を含めると七八八株）となっており、やはり職業上の利害からか、増資に積極的に応じていると言ってよいだろう。また、専務の河内卯兵衛は増資に応じて一、四九五株の第三位株主になっており、若干持ち株比率も高めている。

ところが大正八年下期になると、太田の持ち株は三、八六三株（持ち株比率二六％）に増加して突出した筆頭株主になるが、この増大は釧勝興業の持ち株を引き受けたことによるものと考えられる。このときに釧勝興業が持ち株を処分した理由はよく分からないが、同社の所有有価証券額は、大正八年上期末から下期末にかけて全く変化していないので、(48)同社常務取締役の木島武司の個人名義株式として処理されていた可能性がある。(49)もしそうだとすれば、この時の株式移動は釧勝興業の事情によるものではなく、(50)木島の事情によるものと言えようが、その詳細は不明である。他方、太田清蔵の側からすれば、筑前参宮鉄道の筆頭株主になることは、彼が経営する博多湾鉄道との合併をも視野に入れて、(51)両社の実権を掌握することを意味しており、その面から言えば、この時の株式譲渡は太田にとって積極的な意味を有していたと考えることもできるだろう。それはともかく、太田系株主が圧倒的な筆頭株主に位置するという株主構造は、この時に定着したと言ってよい。

### （3）第二回増資後（大正九年上期〜十一年下期）

表4－6　大正8年河内卯兵衛手形借り入れ

単位：円

| 月日 | 銀行 | 支店 | 金額 |
|---|---|---|---|
| 7月 | 十七 | | 54,810 |
| 7月22日 | 浪速 | | 7,500 |
| 9月 8日 | 福岡 | 東京 | 298,107 |
| 9月15日 | 福岡 | | 490,439 |

出典：「河内資料」（4303・4639・4653・4358）。

次いで同様に表4－5によりながら、大正九（一九二〇）年の第二回増資以後の大株主の動向を見ておこう。大正八年時点で圧倒的な筆頭株主になった太田清蔵は、増資後の大正九年上期においても持ち株数七、七二六株で筆頭株主であり、持ち株比率も八年下期と変化していない。また、炭鉱主株主を見ると、前回の増資時には増資に応じていた中野と堀に関しては、今回の増資では中野が増資に応じていないのに対して、堀は応じているというように態度が分かれている。これは、中野が所有していた亀山炭鉱を大正八年中に東邦炭礦に譲渡している[52]ことから、中野の筑前参宮鉄道に対する利害が石炭輸送という点からは消滅してしまったことによるものだろう。さらに発起人たる半田、光安、武末、鈴木は増資に応じているが、一族全体としての持ち株比率は第一回増資に応じなかったことから創立期に比して低下している。前回の増資には一〇〇％応じた内田系は一、一七六株で持ち株数を増加させているが、今回の増資には一〇〇％応じているわけではない（内田盈が五〇株減少）。また、沿線以外の地域から森崎欣太郎、富安重行、富安猪三郎[53]といった資産家が大株主として登場しており、第二回の増資では従来より広い地域から資産家を株主として動員していることが窺えるのである。また、河内卯兵衛は増資に応じて二、七九〇株で第二位株主の地位を維持している。このときの払込資金は表4－6に示されているように福岡銀行からの手形借り入れによって賄われたものと思われるが、同行の頭取が太田清蔵であることを考慮すれば、河内の払込資金は太田に依存していたものであろう[54]。

大正十一年下期になると、太田清蔵に代わって徴兵保険が六、八六三株で筆頭株主になるが、これに太田商事と太田清蔵（二〇〇株、表出せず）を合算すると七、七二六株となって、持ち株比率は二六％となり、第二回増資直後と同様の持ち株数となっている。また、野瀬源太郎[55]と野瀬省吾を合わせた野瀬系一、三九〇株が新たな大株主として登場するが、この野瀬の進出は後述する野瀬源太郎の取締役選出に伴うものであろう[56]。他方で、内田、武末、半田は大株主としての地位を低下させ、鈴木は大株主としての地位を失っており、設立時期における大株主の後退が一層はっきり見られるのである。

### （4）大正末期～昭和初期（大正十四年下期～昭和二年下期）

最後に、大正末期から昭和初期にかけての大株主の動向を見ておこう。大正十四（一九二五）年下期には十一年同様、徴兵保険が八、七七六株を所有して筆頭株主であり、太田系持ち株は太田清蔵（二〇〇株）を加えて八、九七六株となり、持ち株比率は三〇％で第二回増資直後より上昇している。荒津系（荒津商店、荒津殖産、荒津長七）の持ち株数が二、六二〇株で大きく増加して第二位の株主になるが、荒津商店分は「此頃、持株ヲ荒津会社名義ニ書換ユ、蓋シ処《（ママ）》得税ヲ免レシ為メニスルモノニ成就セルナリ[57]」というように、税金対策を目的として河内の持ち株分を肩代わりした一時的な所有と思われる。野瀬系株主は大正十一年十一月の野瀬源太郎取締役辞任[58]を受けて大株主の地位を失っており、河内の持ち株も荒津商店への名義変更に伴って二、〇九〇株減少している。一方、新たな大株主として桜井英夫（九七〇株）が登場する。また、中村定三郎（二〇〇株）は勝田炭鉱が、後述するように操業を停止したことによって持ち株数を大きく減らしている。

昭和二（一九二七）年下期は太田系が筆頭株主であることは大正末期と同様であるが、荒津商店の持ち株は消滅

表4－7　河内手形借り入れ抵当

| 年月日 | 銀行 | 支店 | 金額（円） | 形態 | 担保 | 株数 |
| --- | --- | --- | --- | --- | --- | --- |
| 大正15年6月24日 | 十七 | 蔵本 | 223,357.50 | 手形 | 九水<br>九水新<br>筑参<br>筑参新 | 1,171<br>1,231<br>598<br>1,992 |
| 昭和2年6月16日 | 十七 | 蔵本 | 183,397.00 | 手形 | 九水<br>九水新 | 1,171<br>1,231 |

出典：「河内資料」(1850・1855)。
備考：九水は九州水力電気，筑参は筑前参宮鉄道の略。

している。また、炭鉱主大株主は中野が持ち株を手放したことから、堀（四〇〇株）を残すのみとなる。桜井英夫（九七〇株）が姿を消すが、新たに岩倉音熊（九七七株）が第二位の大株主に登場する。さらに、内田系が引き続き大株主としての地位を大きく低下させ、河内卯兵衛（博多興業を加えて一、〇五八株）は大正末期に比べれば持ち株数を若干増加させているが[59]、第二回増資後に比すれば大きく減少していることに変わりはない。ところで、表4－7に示したように河内の持ち株は大正十三年以来十七銀行の抵当に入っており、それが昭和二年になって同行からの借入額の減少に伴って、抵当から姿を消している。すなわち、抵当を処分して債務の減額を図ったと見ることができるのであり、河内卯兵衛の資金繰りが苦しくなった結果として、筑前参宮鉄道の株を手放さざるを得なくなったと言うことができるだろう。

さらに、大株主の分布を地域的に見ると宇美在住の大株主は小林作五郎（八五〇株）と内田タネ（二〇〇株）を残すだけとなった一方で、岩倉をはじめとして、中山高市、竹内小二郎、門田与七郎、宮原義輔といった福岡市在住大株主の進出が目立っている。彼らの経歴等が不明なので[60]、株式所有の意図などは推測不可能であるが、筑前参宮鉄道の株式が少なくとも設立期よりは広範囲に流通しているものと思われる。さらに、昭和二年から四年にかけて大株主（二〇〇株以上）二九名の内九名が入れ替わるというかなり大幅な変動があり、この中で河内の持ち株は二〇〇株に減少している。これに対応して、後述のような役員の大幅な変更があったのであるが、かくして昭和初期には大株主としての河内卯兵衛の影響力は完全に排除されることとなったのである。

以上まとめておけば、第二回増資以前は株主構造は不安定であると言えよう。すなわち、創立直後の株主構造は、釧勝興業が筆頭株主になり、河内卯兵衛が大きく持ち株数を増加させることによって大きく変動する。その後、第二回増資を経て太田系株主が筆頭株主になるが、増資直後の時点（大正八年上期）では新たな大株主となった中村定三郎を加えると、河内、木島、中村の三名は共通して博多工作所の役員であることから、これを河内系として見るならば、河内系の持ち株数は未だ太田系持ち株数を上回っている。しかし、同年下期には釧勝興業の持ち株が太田に移行することによって太田が筆頭株主となり、その後は総じて太田系を除く、発起人をはじめとする地元沿線資産家の大株主としての地位は一貫して低下傾向にあり、徴兵保険を中心とする太田系株主の地位が突出する結果となっている。さらに、大正末期から昭和初期にかけては、創業期以来の大株主よりも沿線地域以外の資産家や福岡市在住の大株主の比率が上昇して、株主構造は大きく変化することになるのである。

なお、その後の株主構造を瞥見しておけば、個々の株主の持ち株数に変動はあるものの、基本的には大きな変化はないと言ってよい。昭和八年に至って、太田系持ち株数は第一徴兵保険と九州勧業を合わせると一層比率を高めているが、それも微増といった範囲に収まっている。その他の株主では、昭和五年下期に取締役を退いた井上正美が八年時点では大株主から姿を消し、また、創業以来の大株主であった半田大軒もその地位を退いている点が目立った変化と言えるだろう。

## 四　役員構成

ここでは、筑前参宮鉄道の役員動向に触れておきたい。前述の創立総会において選出された役員は以下の通りである。

取締役　小林作五郎　中野徳次郎　太田清蔵　河内卯兵衛　半田大軒　光安国松　武末富次郎

監査役　荒津長七　大野徳太郎　神武健一郎　鈴木小太郎　藤野権太郎

### （1）創業期

さらに、取締役の中から河内が専務取締役に選出された。この河内の専務就任は既に大正五（一九一六）年二月時点で「半田、武末、光安来談太田清往訪、参宮鉄道経営引受ノ答ヲ為ス」[61]として、内定していたものである。河内の持ち株数は大正五年十一月時点で一〇〇株であり（前掲表4－4参照）、必ずしも最上位株主というわけでもなく、また、前述のように発起人というわけでもない。したがって、彼が経営のトップに推された理由は、差し当たり彼の経営手腕を見込んでのことと考えるほかないであろう。それ以外の取締役の持ち株数を見ておくと、中野、太田、小林は上位三名の大株主であり、出資額の大きさ＝大資産家という点から取締役に選出されたものと思われる。[62]つまり、彼ら三名は筑前参宮鉄道を資金的にバックアップすることが期待されていたのであろう。さらに前掲表4－4に示した役員の職業を見ると、河内を含めて、彼らはいずれも多くの企業や団体に関係する、いわば福岡財界の中心に位置する人物でもある。それ以外の取締役は発起人の中から選出されており、先にも述べたように、沿線地域の利害を代表するものであったろう。次に、監査役について見ると発起人から参加しているのは鈴木のみである。その他の監査役は、一つは河内や太田が役員を務めている博多遠洋漁業の関係者である荒津と大野、もう一つは糟屋郡を代表する藤野と神武の二グループから構成されている。したがって、前者は河内や太田との人的関係から監査役に就任したものと見ることができようし、後者は発起人に含まれていなかった糟屋郡関係者を役員として迎えたと考えられよう。つまるところ、創立時の役員は一つは企業経営の経験や資金的基盤を理由として選出された人物と、もう一つは地域利害を代表する人物との組み合わせによって成立していたのである。

### （2）大正七年以降

創立期以降の役員の動向は表4－8に示しているが、大正七（一九一八）年には、取締役の中野徳次郎と監査役の鈴木小太郎、大野徳太郎の三名の役員が退任している。この内、中野と鈴木は死亡退任であるが、大野は辞任による退任となっている[63]。大野の辞任理由は不明だが、彼が関係していた博多遠洋漁業の経営を巡るトラブルに伴うものかもしれない。この三名の補充人事であるが、これは「法定人員ヲ欠ズ且ツ業務上差支ナキヲ以テ当分ノ間補欠ヲナサヾル事ニ決セリ[64]」として見送られている。さらに、翌八年には社長職が新設され、河内卯兵衛が従来の専務取締役から横滑りする形で社長に選出された[65]。また、この社長職の新設に伴って専務取締役は廃止されたと思われる[66]。

それ以降、昭和初期までの同社役員の異動は、表4－8に示したように極めて限られている。すなわち、昭和二（一九二七）年までに新たに役員に選出されたのは、野瀬源太郎と井上正美の二名だけである。まず、野瀬の取締役就任事情について見ておこう。野瀬は三井電気軌道工務部に勤めていた経歴を持っており、河内から「鶴田ヨリ

表4-8 筑前参宮鉄道役員

| 年月日 | 社長 | 専務 | 取締役 | 監査役 |
|---|---|---|---|---|
| 大正五年十二月二十五日 | | 河内卯兵衛 | 小林作五郎 中野徳次郎 太田清蔵 半田大軒 武末富次郎 光安国松 | 荒津長七 大野徳太郎 神武健一郎 鈴木小太郎 藤野権太郎 |
| 大正七年十一月三十日 | | 河内卯兵衛 | 小林作五郎 太田清蔵 半田大軒 武末富次郎 光安国松 | 荒津長七 神武健一郎 藤野権太郎 |
| 大正八年十一月三十日 | 河内卯兵衛 | | 小林作五郎 太田清蔵 半田大軒 武末富次郎 光安国松 | 荒津長七 神武健一郎 藤野権太郎 |
| 大正十一年五月三十一日 | 河内卯兵衛 | | 小林作五郎 太田清蔵 半田大軒 武末富次郎 光安国松 野瀬源太郎 | 荒津長七 神武健一郎 藤野権太郎 |
| 大正十一年十一月三十日 | 河内卯兵衛 | | 小林作五郎 太田清蔵 半田大軒 武末富次郎 光安国松 | 荒津長七 神武健一郎 藤野権太郎 |
| 大正十四年十一月三十日 | 河内卯兵衛 | | 小林作五郎 太田清蔵 半田大軒 武末富次郎 光安国松 | 荒津長七 神武健一郎 藤野権太郎 |
| 昭和二年十一月三十日 | | 井上正美 | 小林作五郎 太田清蔵 半田大軒 武末富次郎 光安国松 | 藤野権太郎 岩崎金重 |
| 昭和三年十一月三十日 | 小林作五郎 | | 井上正美 太田清蔵 | 藤野権太郎 藤　正太郎 |
| 昭和四年十一月三十日 | 小林作五郎 | | 井上正美 太田清蔵 岸田恒太郎 富安重行 | 藤野権太郎 藤　正太郎 |
| 昭和八年十一月三十日 | 小林作五郎 | | 太田清蔵 岸田恒太郎 富安重行 山内範造 | 藤　正太郎 大神熊次郎 |

出典：筑前参宮鉄道、各期『営業報告書』。

預リタル貴下（野瀬を指す：引用者注）」と言われており、筑前参宮鉄道には河内との人的関係もあって入社したと思われる[67]。同社では支配人として勤務していたが[68]、大正十年十二月になって、「爾来ハ独立ノ紳士トシテ行カレタシ……今回ノ参宮総会ニテ取締役ニ登用ス蓋シ社員一般代表ノ意トモスル」[69]と言われ取締役に選出される運びとなったものである。ところが、野瀬は取締役就任から一年を経ない大正十一年十一月には辞任してしまうのである[70]。この辞任の理由もよく分からないが、野瀬は辞任の直前に「行方不明」になったりしているので、取締役としての責任や職務に不安を抱えていたのかもしれない。この野瀬の取締役就任人事は、河内が独断で積極的に推し進めたようにも思われることから、野瀬が取締役の職責を放り出したということは、河内のトップとしての手腕に懸念を生じさせる事件であったと言えよう。ただ、支配人の職は取締役辞任後も「小林ヨリ野瀬改心告白ノ事ヲ聴ク」[71]ということで、野瀬が継続して務めることになっている。ところが、大正十三年十二月になって再び野瀬は出社しないことが続き、遂に「野瀬尚ホ欠席ス、断然処置スルコトニ定ム」[72]ということになり、野瀬は十二月二十三日付をもって支配人を辞職させられ[73]、庶務課主任であった赤司重太が支配人代理に就任したのである[74]。この結果、野瀬は完全に筑前参宮鉄道から身を引くことになったわけであり、これによって野瀬を支配人に登用したことまでもが、河内にとってはトップとしての資質を問われる要因になってしまったのである。

次に井上正美の取締役就任事情であるが、これは後述するところの河内の筑前参宮鉄道からの「追放劇」の一環をなしているので、その経緯の詳細はそちらに譲るとして、要するに河内に代わるトップへの就任を前提として、元鉄道省職員の井上[75]が大正十五年二月に筑前参宮鉄道に入社し、同時に支配人に就任し[76]、さらに昭和元年十二月の総会において、専務取締役の新設に関する定款の変更を経て、専務取締役に選出されたということである[77]。さらに、井上の専務就任を待って、河内は株主総会を控えた昭和二年十一月に社長を辞任し[78]、創立以来経営のトップを占め続けた筑前参宮鉄道から去ることになったのである。

### (3) 昭和初期

昭和二(一九二七)年下期に河内が社長を退き、代わって井上正美が専務に就任して以降、前掲表4－8に示したように、同四年にかけて役員は大きく変動する。すなわち、昭和三年には井上が取締役を降格すると共に小林作五郎が社長に就任し、大正期以来の取締役は小林、太田を除いて全員退任した。監査役も藤野を除いて荒津、神武が退任、藤正太郎が新たに就任している。さらに、昭和四年には太田清蔵と密接な関係にあると思われる岸田恒太郎[79]と富安重行が取締役に就任して、筑前参宮鉄道の役員陣は一新されたのである。

## 五 決算

ここでは表4－9によりながら、筑前参宮鉄道の決算状況を簡単に見ておくことにしたいが、それに先だって同社の営業開始時期に触れておこう。同社はまず「終点筑前勝田駅所在勝田炭坑ハ鉄道院用炭トシテ本年度ニ於テ数萬噸ヲ納炭スルコト、ナリ其他博多湾築港会社ノ需用炭約壱万噸ヲ加フルトキハ差シ当リ少ナクトモ一日約弐百噸運炭ノ必要ニ迫レルヲ以テ当会社ニ対シ勝田駅宇美間約壱哩半ノ速成ヲ促セリ[80]」、といった状況を受けて勝田・宇美間の工事を急ぎ、同区間に関して大正七(一九一八)年九月十七日に開業免許を受けて、同二十日に貨物輸送営業を開始することになった[81]。さらに、翌八年五月十九日には全線にわたる開業許可を得て、二十日に全線営業開始の運びとなっている[82]。

さて決算の状況であるが、払込未済株金を除く資産・負債合計額は、本線建設が完成を見た大正八年下期時点で、約一〇〇万円となり、以降、建設費の増加と共に徐々に増加して、昭和二（一九二七）年下期に一五〇万円に達する。また、主要資産費目である建設費は同期間に、九三万円から一二五万円に増加しているが、特に全線開通直後の時期と大正末期から昭和初期にかけての時期に増加傾向が著しい。前者においては、車輌費と用地費、土工費、橋梁費といった路線の整備に関する費用の伸びが大きい。開業直後とあって車輌と路線の整備に費用が掛かっているということ、換言すれば、前述のような沿線炭鉱の出炭増加に対して、「会社モ其旨ヲ了シ専ラ此区間ノ工事ニ全力ヲ注キ之カ速成ニ努メタル[83]」といった文言に見られるように、それらが十分整備されないままに開業したという状況を暗示している。後者においては、車輛費と連絡設備費の増加が大きく寄与している。これは、後に見るような沿線炭鉱の開発が進捗したことに伴う石炭輸送量の増大に対応したものと言えよう。総じて、輸送量の増大に対して車輛の整備と付帯設備の改良とを以て対応し、軌道費の増加が停滞的であることに示されるように、線路そのものの改良や増設（複線化）といったような、本格的な輸送力増強策は採用されていないと思われる。

一方、このような建設費の調達に関して見ておけば、その増大に払込株金を中心とする自己資金は追い付いておらず、常に三〇〜五〇万円の不足が生じている。同社は設立当初から「事業資金ハ金参拾七萬円ニシテ全額株式出資ノ予定ニ之有候処会社成立当時ノ事情ハ株式ノ募集頗ル困難ヲ極メ到底全額株式出資ヲ許サス之カ為メ金参拾萬円ハ株式ヲ以テ募集スルコトトシ不足金ハ一時借款ヲ以テ充当シ……[84]」とか、「事業資金総額ハ金四拾五萬円ニシテ其出資ノ方法ハ本年三月六日申請セル通リ金参拾萬円ハ株式ニ依リ不足金ハ一時借款ヲ以テ充当シ……爾来時局ノ為メ軌条其他各種ノ材料ヲ首メ人夫賃等ニ至ル迄頗ル暴騰致候ニ付到底当初ノ資本額ニテハ遂行致難ク……[85]」というように、第一次大戦期の好況による建設予算の高騰と資金不足に悩んでおり、その不足分は借入金や社債によっ

単位：円（未満切捨）

| 10・上 | 11・下 | 12・下 | 13・下 | 14・下 | 15・下 | 昭和 2・下 | 5・下 |
|---|---|---|---|---|---|---|---|
| 1,500,000 | 1,500,000 | 1,500,000 | 1,500,000 | 1,500,000 | 1,500,000 | 1,500,000 | 1,500,000 |
| | | | | | | | |
| 2,397 | 4,245 | 4,724 | 5,637 | 5,072 | 4,554 | 4,978 | 8,070 |
| 4,000 | 13,000 | 17,500 | 21,000 | 25,000 | 27,600 | 28,000 | 39,000 |
| 4,000 | 13,000 | 17,500 | 21,000 | 25,000 | 27,600 | 28,000 | |
| | 7,000 | 12,000 | 12,000 | 12,000 | 12,000 | 12,000 | |
| | | | | | | | 5,142 |
| | | | | | | | 3,600 |
| 2,030 | 1,114 | 1,148 | 1,065 | 21,454 | 395 | | 1,120 |
| 400,000 | 400,000 | 400,000 | 400,000 | 400,000 | 400,000 | 400,000 | |
| | | | | | | | 300,000 |
| | | | | | | | |
| 26,942 | 47,715 | 111,804 | 88,448 | 34,721 | 26,376 | 73,387 | 22,151 |
| 331 | 332 | 505 | 502 | 1,075 | 449 | 69 | 1,029 |
| 50,926 | 44,224 | 29,937 | 33,485 | 30,859 | 1,448 | 8,218 | 42,852 |
| 10,734 | 20,367 | 7,125 | 3,365 | 1,277 | 597 | 1,873 | 9,861 |
| 785,017 | 784,700 | 784,512 | 784,497 | 664,327 | 561,829 | 545,757 | 540,000 |
| 51,382 | 51,408 | 69,592 | 30,332 | 698 | 10,615 | 72,727 | 37,557 |
| 12,420 | 4,020 | 1,499 | 2,562 | 36,567 | 43,716 | 753 | 28,506 |
| 4,067 | 4,067 | 4,067 | 4,067 | 4,067 | 20,866 | 20,866 | 20,866 |
| 6,621 | 9,730 | 15,289 | 20,759 | 29,983 | 17,017 | 13,267 | 5,579 |
| 4,135 | 1,560 | 483 | 236 | | 77 | | 6,629 |
| 28,112 | 63,050 | 82,941 | 68,273 | 82,960 | 78,089 | 81,015 | 2,436 |
| 9,185 | 9,060 | 6,980 | 31,805 | 39,761 | 50,871 | 65,521 | 12,725 |
| | | | | | | 6,556 | 14,955 |
| 1,100,419 | 1,123,402 | 1,136,881 | 1,143,969 | 1,198,093 | 1,217,937 | 1,250,062 | 1,263,570 |
| 3,000 | 3,000 | 3,000 | 3,000 | 3,000 | 3,000 | 3,000 | 3,000 |
| 6,400 | 6,400 | 7,650 | 7,650 | 7,650 | 7,650 | 7,650 | 7,650 |
| 58,630 | 58,798 | 58,798 | 58,798 | 58,798 | 60,530 | 60,530 | 60,530 |
| 100,199 | 102,461 | 104,470 | 106,136 | 106,326 | 106,684 | 106,684 | 106,694 |
| 15,107 | 15,107 | 15,107 | 15,107 | 15,107 | 15,107 | 15,107 | 15,107 |
| 103,749 | 104,598 | 104,598 | 104,782 | 104,782 | 105,174 | 105,174 | 105,174 |
| 106,150 | 106,169 | 106,169 | 106,169 | 106,169 | 106,169 | 106,169 | 108,902 |
| 6,845 | 6,845 | 6,845 | 7,023 | 7,023 | 7,023 | 7,023 | 7,023 |
| 339,334 | 341,080 | 342,667 | 343,183 | 343,183 | 352,019 | 352,019 | 354,303 |
| 32,577 | 33,069 | 33,476 | 33,758 | 34,277 | 36,303 | 36,303 | 36,459 |
| | | | 2,023 | 2,023 | 2,023 | 2,023 | 2,023 |
| 259,603 | 271,594 | 279,461 | 281,594 | 287,964 | 281,294 | 310,366 | 313,312 |
| 12,987 | 13,985 | 14,053 | 14,161 | 14,161 | 12,133 | 13,853 | 19,233 |
| 2,404 | 2,404 | 2,693 | 2,693 | 2,693 | 2,693 | 2,693 | 2,693 |
| 5,098 | 5,098 | 5,098 | 5,098 | 5,098 | 5,098 | 5,098 | 5,098 |
| 1,424 | 1,424 | 1,424 | 1,424 | 1,424 | 1,424 | 1,424 | 1,424 |
| 532 | 532 | 532 | 532 | 586 | 676 | 676 | 676 |
| 4,620 | 4,620 | 4,620 | 4,620 | 4,852 | 5,168 | 5,168 | 5,168 |
| 41,751 | 41,751 | 41,751 | 41,751 | 88,509 | 103,302 | 103,302 | 103,302 |
| | 4,460 | 4,460 | 4,460 | 4,460 | 4,460 | 4,460 | 4,460 |
| | | | | | | 1,332 | 1,332 |
| 2,001,362 | 2,051,001 | 2,102,246 | 2,086,504 | 2,056,460 | 2,001,022 | 2,056,528 | 1,932,827 |

表4－9　筑前参宮鉄道決算

| | 大正5・下 | 7・上 | 7・下 | 8・下 | 9・下 |
|---|---|---|---|---|---|
| 株金 | 300,000 | 300,000 | 300,000 | 750,000 | 1,500,000 |
| 雑収入 | 146 | 2,247 | 2,801 | | |
| 社員積立金 | 11 | 159 | 301 | 912 | 1,835 |
| 法定積立金 | | | | | 2,500 |
| 別途積立金 | | | | | 2,500 |
| 改良準備積立金 | | | | | |
| 自動車資産償却積立金 | | | | | |
| 社員退職慰労積立金 | | | | | |
| 仮受金 | | 272 | 272 | 867 | 880 |
| 社債 | | | | | 400,000 |
| 借入金 | | 50,000 | 250,000 | 400,000 | |
| 当座借越 | | | | 96,979 | |
| 未払金 | | | | 21,987 | 27,833 |
| 未払配当金 | | | | | 233 |
| 当期利益金 | | | | 18,808 | 28,616 |
| 前期繰越金 | | | | 6,477 | 10,022 |
| 増資新株申込証拠金 | | | 24,770 | | |
| 払込未済株金 | 259,020 | 54,872 | | 337,860 | 788,890 |
| 銀行預金 | 31,724 | 7,383 | 47,074 | 988 | 49,186 |
| 仮出金 | 2,000 | | 2,000 | | 12,420 |
| 連帯運輸保証金 | | | | 4,067 | 4,067 |
| 貯蔵物品 | | | | 1,921 | 5,726 |
| 現金 | | | | 439 | 123 |
| 未収入金 | | | | 21,631 | 24,709 |
| 受取手形 | | | | | |
| 自動車興業費 | | | | | |
| 建設費 | 7,413 | 290,422 | 529,070 | 929,125 | 1,089,296 |
| 創立費 | 3,000 | 3,000 | 3,000 | 3,000 | 3,000 |
| 測量費 | 2,339 | 5,668 | 6,021 | 6,329 | 6,400 |
| 総係費 | 2,022 | 15,839 | 24,823 | 53,427 | 58,362 |
| 用地費 | 50 | 62,132 | 67,419 | 85,198 | 99,767 |
| 工事監督費 | | 1,976 | 4,931 | 10,257 | 13,248 |
| 土工費 | | 21,600 | 72,206 | 87,446 | 102,782 |
| 橋梁費 | | 4,001 | 4,543 | 89,637 | 106,150 |
| 伏樋費 | | | | 5,492 | 6,845 |
| 軌道費 | | 105,276 | 260,737 | 321,965 | 339,009 |
| 停車場費 | | 2,011 | 7,786 | 23,552 | 31,762 |
| 桟橋架設費 | | | | | |
| 車輌費 | | 65,038 | 69,606 | 188,309 | 253,867 |
| 諸建物費 | | | | 861 | 12,284 |
| 運送費 | | | 187 | 1,948 | 2,404 |
| 建築用汽車費 | | | 53 | 5,098 | 5,098 |
| 建築用具費 | | 1,107 | 1,107 | 1,107 | 1,407 |
| 柵垣及境界杭費 | | | | 532 | 532 |
| 電話架設費 | | 2,771 | 2,983 | 3,686 | 4,620 |
| 連絡設備費 | | | 3,663 | 41,276 | 41,751 |
| 工場費 | | | | | |
| 建設営業関連費分担額 | | | | | |
| 資産・負債合計 | 300,157 | 352,678 | 578,144 | 1,296,033 | 1,974,420 |

出典：筑前参宮鉄道，各期『事業報告書』,『営業報告書』。

て賄われている。その内、借入金は「本期間ニ於テ所要材料購入其他急ヲ要スル資金ニ不足ヲ告ゲタルヲ以テ一時福岡銀行ヨリ金五萬円ノ借入ヲナシタリ」[86]、「本期間ニ於テ所要材料其他急ヲ要スル資金ニ不足ヲ告ゲタルヲ以テ一時福岡銀行ヨリ金弐拾五萬円ノ借入ヲナシタリ」[87]、「本期間ニ於テ建設ニ要スル資金不足ヲ告ゲタルヲ以テ福岡銀行ヨリ尚金拾五萬円ノ借入ヲナシタリ」[88]というように、福岡銀行から借り入れている。設立期の建設費用の調達という点から見ると、太田系金融機関であった福岡銀行の果たした役割、つまりは大株主としての太田清蔵が有していた意義は極めて大きいものがあったと言えるだろう。また、社債に関しては「借入金償還ノ目的ヲ以テ五月三十一日社債金四拾萬円ノ募集ヲ了シタリ」[89]ということで、借入金に代わる資金調達方法として募集されたことが分かるが、どのような人物や機関が応募したのかは判明しない。ただ、「野瀬ト福銀行、――社債ノ件協議」[90]とあり、さらに福岡銀行は大正八年以降貸し出しに代わって債券を中心とする有価証券所有を積極化させたと言われていることから[91]、同行が引き受けた可能性が強い。とすれば、福岡銀行側の営業上の事情により借入金を社債に振り替えたと考えることもできる。さらにこの社債は、大正十三年に至って「徴兵保険ニ赴キ太田新吉、麻田農夫也ニ就キ、筑参社債問題相談、直チニ協定書ヲ作ル、蓬莱生命ニ赴キ武末ニ就キ同上協定」[92]、「勧業会社ニ太清ヲ往訪、筑参社債ノ件ヲ全部解決ス」[93]となって、太田系の徴兵保険と蓬莱生命保険に引き受けられたようである。これは、前年に福岡銀行が十七銀行に合併されたことに伴って、筑前参宮鉄道社債の取り扱いが問題になり、太田系金融機関が引き受けることになったものであろう。この点から考えても、社債発行時には福岡銀行が引き受けていたと推測できるだろう。ところで、この社債は全く償還されることなく、昭和三年に至って「現在社債償還ノ目的ヲ以テ金参拾五萬円以内ノ借入金ヲナスタメ鉄道抵当法ニ依ル鉄道財団ヲ組成シ右財団ニ抵当権ヲ設定スル件（原案可決　但利率八年八朱以内トシ時期、償還方法及期間其他本件ニ関シ必要ナル事項ハ凡テ之ヲ取締役ニ一任ス）」[94]として、借

**表4－10　資金源泉・運用**

単位：円

| | 大正6～9年 | | 大正10～13年 | | 大正14～昭和2年 | |
|---|---|---|---|---|---|---|
| | 源泉 | 運用 | 源泉 | 運用 | 源泉 | 運用 |
| 払込株金 | 670,130 | | 4,393 | | 238,740 | |
| 雑収入 | | 146 | | | | |
| 社員積立金 | 1,824 | | 3,802 | | | 659 |
| 法定積立金 | 2,500 | | 18,500 | | 7,000 | |
| 別途積立金 | 2,500 | | 18,500 | | 7,000 | |
| 改良準備積立金 | | | 12,000 | | | |
| 仮受金 | 880 | | 185 | | | 1,065 |
| 社債 | 400,000 | | | | | |
| 未払金 | 27,833 | | 60,615 | | | 15,061 |
| 未払配当金 | 233 | | 269 | | | 433 |
| 当期利益金 | 28,616 | | 4,869 | | | 25,267 |
| 前期繰越金 | 10,022 | | | 6,657 | | 1,492 |
| 銀行預金 | | 17,462 | 18,854 | | | 42,395 |
| 仮出金 | | 10,420 | 9,858 | | 1,809 | |
| 連帯運輸保証金 | | 4,067 | | | | 16,799 |
| 貯蔵物品 | | 5,726 | | 15,033 | 7,492 | |
| 現金 | | 123 | | 113 | 236 | |
| 未収入金 | | 24,709 | | 43,564 | | 12,742 |
| 受取手形 | | | | 31,805 | | 33,716 |
| 自動車興業費 | | | | | | 6,556 |
| 建設費 | | 1,081,883 | | 54,673 | | 106,093 |
| 合計 | 1,144,538 | 1,144,536 | 151,845 | 151,845 | 262,277 | 262,278 |

出典：表4－9より算出。

入金に振り替えられることとなり、四年中に全額償還されているのである。この時の借り入れ先は判明しないが、太田系金融機関たる徴兵保険の可能性も高い。他方、昭和初期には資本金の払い込みが若干ではあるが進行して、それにつれて建設費に対する自己資本の不足額も二〇万円台に低下している。

ここで、以上の経過を表4－10に示した資金の源泉と運用という点から、以下の三期に分けて再度同社の決算状況を確認しておこう。第一期は大正六年から九年にかけての建設が進行していた時期である。この期における資金の運用先は圧倒的に建設費であって、同費目は一〇〇万円以上の増加を見せている。それに対して、資金源泉は払込資本金の六七万円と社債の四〇万円ということになるが、この社債は前述したように大正九年になって借入金を振り替えたものである。また、大正九年下期に払込資本金を二二万円徴収して同年上期には一四万円に上っていた当座借越を償却している結果、借越が表示されていないことを斟酌すれば、建設費の急増を資本金によって賄うことができなかった様子が典型的に現れている時期ということになろう。第二期は大正十年から十三年までの四年間で、一応の建設が終了していた時期である。この時期には建設費は五万円強しか増加しておらず、これは各種積立金の増加分（内部資金）によってほぼ賄えている。建設が一段落する一方で、利益が着実に上がって内部留保が進行していた時期である。また、資金源泉として額が大きいのは未払金の六万円であるが、これは銀行預金の減額分と合わせて未収入金や受取手形に運用されていたと見てよいだろう。最後に大正十四年から昭和二年にかけての第三期であるが、この時期は利益が停滞的に推移するなかで、再び建設費が増加傾向を見せる時期である。建設費の増加額は三年間で一〇万円に達しており、第二期と比較すると年平均で二万円の増加となるが、この建設費の増加を賄ったのは払込資本金の増加分二四万円である。さらにこの払込資本金の増加は、未払い金の減少や当期利益金の減少を埋め合わせるのみならず、未収入金、受取手形、銀行預金といった流動資産の増加にも運用されているということになる。すなわち、第三期においては払込資本金の徴収をほぼ唯一の資金源として、固定資産、流動資産双方の増加分を賄っていた時期ということになるのである。ただ、払込資本金の増加は社債の償還には回されていない点に留意しなければならないのであろうが、これは建設費の増加や当期利益金の減少によって目処がつかなかったということなのだろう。

## 六　収支損益

ここでは、表4－11に見られる収支の状況に触れておきたい。まず、収入全体の推移は大正八（一九一九）年以降十一年にかけて概ね増加傾向にあるものの、それ以降は減少傾向を免れていない。ピークは大正十一年上期の一四万三千円で、ボトムは大正十五年上期の九万円弱である。そこで、収入動向を旅客と貨車に分けて見ておくと、以下の通りである。旅客収入（手小荷物含む）は大正十年上期がピークで七万二千円、ボトムは十五年下期の四万七千円となっている。旅客数について見れば、ピークは大正九年上期の四三万七千人、ボトムは十五年下期の一七万八千人で、その差は二五万人にも達する。総じて、開業時期において運賃収入も旅客数もピークを迎え、その後は減少傾向をたどりつつあったと言ってよい。すなわち、開業当初は「客車収入ニ於テ数倍スル収入ヲ示シタル」[95]、「旅客ノ輸送ハ益好況ナリシ」[96]といったごとくであるが、その後は「旅客ニ於テハ予想ニ数倍スル収入ヲ示シタル経済界不況ノ結果ト福岡市ニ於ケル虎疫流行ノ為メ若干ノ減少ヲ見タル」[97]、「乗客減少ヨリ来レルモノニシテ全ク不景気ノ然ラシムル所」[98]といったような状況で、不況の影響で旅客数が伸びず、運賃収入も減少しているということである。次に貨車収入であるが、図4－1に示されるように、一般貨物と石炭とに分けると後者の比率が圧倒的で貨物運賃収入全体の九十％前後を占めており、したがって貨車収入の動向は石炭運賃収入の動向に規定されると言ってよい。さて、貨車収入のピークは大正十一年下期で八万七千円（石炭、八万一千円）、ボトムは十五年上期で三万六千円（石炭、三万三千円）となる。開業以降、大正十一年下期のピークに向かってほぼ一貫して増加した後に、十二年上期に大きく落ち込み、その後徐々に減少傾向を示し、十四年下期から十五年上期にかけてもう一度急減するという動向を示

表4－11　筑前参宮鉄道収支・利益金処分

単位：円（未満切捨）

| | 大正8・上 | 8・下 | 9・下 | 10・下 | 11・下 | 12・下 | 13・下 | 14・下 | 15・下 | 昭和2・下 | 5・下 |
|---|---|---|---|---|---|---|---|---|---|---|---|
| 損益計算 | | | | | | | | | | | |
| 鉄道業 | | | | | | | | | | | |
| 客車収入 | 2,564 | 45,873 | 63,762 | 59,100 | 54,050 | 58,193 | 55,507 | 52,306 | 47,207 | 48,363 | 37,233 |
| 貨車収入 | 3,511 | 36,673 | 56,498 | 72,847 | 87,319 | 57,394 | 51,035 | 52,054 | 46,414 | 49,586 | 68,765 |
| 運輸雑収入 | | 280 | 345 | 329 | 387 | 619 | 1,742 | 1,104 | 567 | 699 | 385 |
| 雑収入 | 2,814 | 133 | 1,942 | 4,561 | 908 | 514 | 1,769 | 5,266 | 851 | 2,370 | 169 |
| 各事業関連営業収入分当額 | | | | | | | | | | | 733 |
| 自動車業 | | | | | | | | | | 3,257 | |
| 乗客収入 | | | | | | | | | | | 9,512 |
| 雑収入 | | | | | | | | | | | 174 |
| 各事業関連営業収入分当額 | | | | | | | | | | | 63 |
| 収入合計 | 8,890 | 82,961 | 122,548 | 136,838 | 142,666 | 116,722 | 110,054 | 110,732 | 95,041 | 104,278 | 117,035 |
| 鉄道業 | | | | | | | | | | | |
| 保存費 | | 4,375 | 7,986 | 11,945 | 17,362 | 13,808 | 12,409 | 11,467 | 17,289 | 38,790 | 12,783 |
| 汽車費 | 560 | 18,184 | 25,011 | 18,770 | 27,294 | 19,164 | 15,131 | 18,477 | 17,743 | 12,258 | 19,119 |
| 運輸費 | 1,779 | 14,823 | 17,368 | 18,442 | 20,832 | 19,568 | 16,446 | 14,767 | 14,631 | 12,856 | 16,674 |
| 総係費 | 72 | 8,418 | 12,633 | 14,171 | 12,275 | 12,432 | 8,385 | 9,420 | 14,379 | 10,508 | 5,655 |
| 諸税 | | 122 | 3,794 | 3,963 | 3,677 | 4,812 | 4,195 | 5,497 | 8,664 | 77 | 230 |
| 利息 | | 18,228 | 27,136 | 17,000 | 17,000 | 17,000 | 20,000 | 20,242 | 21,735 | 20,000 | 11,354 |
| 各事業関連営業収入分担額 | | | | | | | | | | | 3,636 |
| 自動車業 | | | | | | | | | | | |
| 自動車業営業費 | | | | | | | | | | 1,568 | 8,183 |
| 各事業関連営業収入分担額 | | | | | | | | | | | 543 |
| 支出合計 | 2,411 | 64,152 | 93,932 | 84,293 | 98,442 | 86,785 | 76,569 | 79,872 | 94,443 | 96,059 | 78,182 |
| 純益金 | 6,477 | 18,808 | 28,616 | 52,544 | 44,224 | 29,937 | 33,485 | 30,859 | 597 | 8,218 | 42,852 |
| 前期繰越金 | | 6,477 | 10,022 | 15,260 | 20,367 | 7,125 | 3,365 | 1,277 | 1,448 | 1,873 | 9,861 |
| 法定積立金 | | 1,500 | 1,500 | 3,000 | 3,000 | 1,500 | 2,000 | 1,600 | 200 | 500 | 2,500 |
| 別途積立金 | | 1,500 | 1,500 | 3,000 | 3,000 | 1,500 | 2,000 | 1,600 | 200 | 500 | |
| 改良準備積立金 | | | | | 5,000 | | | | | | |
| 減損償却積立金 | | | | | | | | | | 4,000 | |
| 社員退職慰労積立金 | | | | | | | | | | 1,000 | 500 |
| 自動車資産償却積立金 | | | | | | | | | | 2,000 | |
| 配当金 | | 9,328 | 22,404 | 36,000 | 32,400 | 28,800 | 28,800 | 25,200 | | | 24,000 |
| 役員賞与金 | | 1,500 | 2,500 | 5,000 | 3,500 | 2,000 | 2,500 | 1,500 | | | 2,400 |
| 重役退職慰労金 | | | | | | | | | | | 20,000 |
| 後期繰越金 | 6,477 | 11,458 | 10,734 | 20,805 | 17,692 | 3,262 | 1,550 | 2,236 | 1,646 | 2,092 | 3,314 |

出典：筑前参宮鉄道，各期『事業報告書』，『営業報告書』。

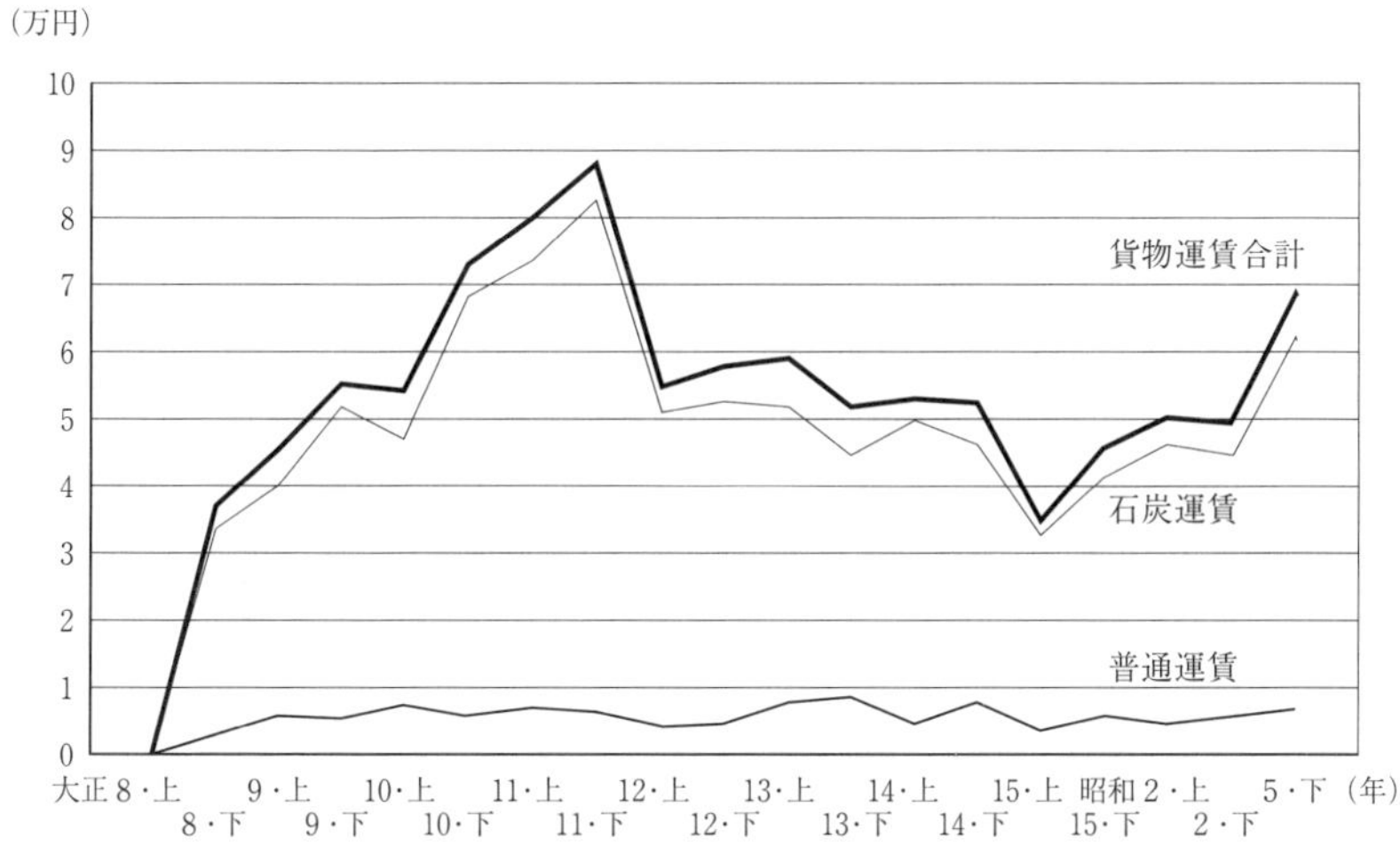


出典：筑前参宮鉄道，各期『事業報告書』。

図4－1　貨物収入内訳

している。開業当初は「貨車収入ニ於テハ沿線炭礦ノ積込準備開通ニ遅レタルカ為メ充分ノ成績ヲ挙ケ得ルニ至ラサリシ[99]」、「沿線二三炭礦ノ積込準備予定ノ通リ進捗セズ為メニ石炭ノ輸送意ノ如クナラザリシ[100]」といった状況で、設備の整備が遅れたために予定通りの収入を実現できなかったようであるが、その後は「沿線各坑出炭増加セルト当期ヨリ新タニ送炭ヲ開始セルモノアリテ貨物収入ハ著シク増加セリ[101]」、「沿線各炭礦ハ一斉ニ事業ノ縮小ヲ図リシモ一面貯炭ノ販路ニ努メタル為メ寧ロ予期以上ノ搬出ヲ見[102]」、「沿線炭礦ノ堅実ナル経営ニ依リ出炭益々増加シ[103]」、「石炭輸送ハ夏期ニモ不拘良好ノ成績ヲ示セル[104]」といった具合で、沿線所在炭鉱の出送炭が順調に推移したこともあって貨車収入は増加の一途をたどった。しかし、その後は「石炭ハ需要期ニモ不拘経済界不振ノ結果ト満洲方面ノ炭価ト内地ノ炭価ニ著シク相違ヲ来シ満洲炭ヨリ圧倒ノ傾アリ[105]」、「一般財界ハ愈々不況ノ深刻ヲ極メ本社ノ収入財源タル礦業界ノ不振ハ又直接吾社線ニ影響ヲ及ホシ[106]」というように、不況の影響による炭鉱経営の悪化が貨車収入の停滞、減少を結果すると見ている。さらに、「昨年末ニ於ケル勝田炭坑ノ閉鎖ハ本社収入ニ多大ノ影響ヲ及ボシ[107]」という事態が、大正十五年上期における貨車収入（石炭収入）の急減と、それに伴う同年のボトムの原因だったのである。次いで、旅客収入と貨車収入の関係を見ておけば、開業以来、大正十年上期までは前者が後者を上回っているが、その後十一年下期（貨車収入のピーク時）までは逆転し、それから後は再び前者が後者を僅かながら上回るという関係が昭和初期まで継続することになる。つまるところ、当該時期を通じてみれば同社の収入は旅客と貨車のどちらか一方に大きく偏することなく推移したということになろう。

次に同じ表4－11によって支出（営業費）動向を確認しておこう。総額は主として汽車費の動向に規定されつつ、大正十一年下期に九万八千円でピークを迎え、その後大正末期にかけて、総係費（本社費）、運輸費、諸税の低下傾向によって減少傾向を見せて、十五年上期に七万七千円にまで減少する。しかし、大正十五年下期には運輸費と利息を除く諸費目の増加によって九万四千円に増加し、さらに昭和二（一九二七）年になって上期には汽車費、下期には保存費の急増によって高水準を維持したまま推移する。そこで、大正末期から昭和初期にかけての保存費と汽車費の内訳を見ておくと、大正十五年下期は保存費の内の修繕費が、昭和二年上期では汽車費、下期では保存費の、ともに修繕費が大きく増大していることが分かる。すなわち、この間、修繕費の増大が支出全体の増額を支えていたことになる。

さてそこで以上の収支動向を念頭に置きつつ、基本的には収支差額である当期利益動向に触れておくと、同費目は反動恐慌期においても減少することなく、大正十年には半期で五万円を確保している。これは、石炭収入の伸びに支えられた収入の増加によってもたらされたものと言えよう。その後はやや減少傾向にあるが、三万円前後で推移しており、この傾向は収入の減少傾向が続くなかで、支出も同時に減少しつつあったことによるものと言えよう。

ところが、大正末期＝昭和初期には当期利益の急激な減少を見ている。これは、収入が若干増加しつつあるものの、主として修繕費の増加による支出の増大がそれを上回って増加したことによるものであろう。すなわち、とりわけ昭和初期における同社は、利益を犠牲にする形（無配に転落）で設備の修繕に多額の費用をかけるという経営方針を採用したということになろう。この方針が社内（株主内）でどのように評価されたのかは不明であるが、先にも見たように、この時期に河内の社長退任をはじめとする役員の大幅な交代があったことを考慮すれば、経営陣や大株主の中に何らかの軋轢があったことが予想されるのである。

## 七　石炭輸送

ここでは、同社の重要な収入源であった石炭輸送に関して改めて触れておこう。石炭輸送収入は前述のように大正十二（一九二三）年上期に大きく減少した後に停滞的になるが、輸送量は開業後十三年上期まではほぼ順調に増加している。また、駅別の石炭輸送量（貨物輸送量）は、大正十四年までは上亀山、新志免、筑前勝田に集中している。この三駅の内で上亀山と筑前勝田は他社路線（博多湾鉄道線）と位置的には大きく離れており、石炭荷を巡って直接の競合関係にはないものと思われる。そこでまず表4－12によって、その両駅から積み込まれたと思われる、沿線主要炭鉱の採掘量を見ておけば、亀山炭鉱が大正八年の八万トンをピークに十年の五万トンまで急減し、その後十二年にかけて急回復した後に八万トン水準で推移している。大正十年以降の亀山炭鉱の状況は、十年から十一年にかけては「今期ハ予定ノ出炭ヲ見ス先期末相当ニ持越セル貯炭ヲ一掃シ尽シテ尚契約数量ヲ充タス能ハス」[108]、「各方面ヨリ引アリタルモ之レニ応ズル余裕ナク単ニ従来ノ得意先キニ送炭セルニ過ギズ」[109]といったように、需要

**表4－12　沿線炭鉱採掘量**

単位：トン

| | 亀山炭鉱 | 勝田炭鉱 | 海軍炭鉱 |
|---|---|---|---|
| 大正7年 | 70,610 | 46,986 | 386,525 |
| 8年 | 80,126 | 65,825 | 353,392 |
| 9年 | 57,767 | 74,944 | 394,188 |
| 10年 | 48,926 | 75,965 | 398,004 |
| 11年 | 53,505 | 77,088 | 441,447 |
| 12年 | 82,305 | 61,399 | 447,332 |
| 13年 | 82,305 | 61,399 | 447,332 |
| 14年 | 90,537 | 41,502 | 391,620 |
| 15年 | 95,337 | 0 | 428,825 |
| 昭和2年 | 99,198 | 0 | 447,125 |
| 3年 | 107,642 | 20,319 | 426,707 |

出典：各年『福岡県統計書』による。

増に対して増産体制が追い付いていないが、十二年になると「一三四月ニ亘リ坑夫ノ入籍数及稼働率漸増シ各月共予算以上出炭シ[110]」、「当期ハ坑夫ノ移動少ク能率亦順調ニシテ出炭予算ヲ超エ[111]」と増産体制も整って出炭量は確保されている。その後、大正十三年から十四年にかけては「亀山弥生共貯炭激減シタル[112]」、「亀山ハ幸ニ貯炭減少ノ方ナル[113]」と順調に推移しているが、翌十五年にかけては、「今期モ依然トシテ不振ヲ続ケ[114]」、「無味平凡裡ニ底迷シ本期ヲ終レリ[115]」といった具合で出炭は伸び悩みの状態である。その後、昭和二（一九二七）年には「需要旺盛トナリ強持合ヲ以テ当期ヲ終レリ[116]」と多少持ち直したようであるが、表出したように大正十三年以降の出炭は停滞的であったと思われる。

それに対して、勝田炭鉱は大正七年の四万六千トンから九年の七万五千トンに増加し、その後十一年までは同一水準を維持しているものの、その後は急減して十四年には四万トンにまで落ち込んだ後に、前述のように翌十五年には一時閉山することになる。同炭鉱の場合は、大正七年時点では「当期末ニ於テハ一ヶ月六千噸ノ採掘準備全ク整ヒタルモ運搬機関未ダ整備ニ至ラザル為四千噸内外ノ出炭ニ止メタリ[117]」、「勝田炭礦ノ事業ハ前期ニ比シ多少ノ進展ヲ見タリ然レドモ運搬機関ノ整備予定ノ期日ニ後レ[118]」といったように、運搬手段の不足、すなわち、筑前参宮鉄道の未通がネックになって出炭増が思うに任せない状況であったが、八年に入ると「勝田炭礦ハ諸般ノ設備成リ前期ニ比スレハ採炭高ノ増加六割以上ニ達シタリ[119]」となって、鉄道の開通と並んで設備が整備されたことが出炭量増

表4－13　筑前参宮鉄道貨物駅別輸送

単位：トン，円

| | 貨物量 | | | | | 運賃 | | | | |
|---|---|---|---|---|---|---|---|---|---|---|
| | 上亀山 | 新志免 | 上宇美 | 筑前勝田 | その他共合計 | 上亀山 | 新志免 | 上宇美 | 筑前勝田 | その他共合計 |
| 大正9年 | 43,796 | 76,644 | 1,824 | 54,746 | 182,485 | 27,420 | 47,985 | 1,142 | 34,275 | 114,249 |
| 10年 | 41,021 | 105,820 | 322 | 77,944 | 234,430 | 17,785 | 53,068 | 297 | 47,003 | 121,343 |
| 11年 | 42,025 | 106,870 | 352 | 78,844 | 238,443 | 18,248 | 54,006 | 307 | 48,012 | 123,824 |
| 12年 | 28,497 | 118,737 | 14,249 | 66,493 | 237,475 | 17,084 | 71,183 | 8,542 | 39,861 | 142,365 |
| 13年 | 54,000 | 114,162 | 12,500 | 42,500 | 288,462 | 23,804 | 64,012 | 7,923 | 27,817 | 124,493 |
| 14年 | 55,141 | 101,234 | 3,020 | 38,374 | 197,769 | 25,962 | 28,888 | 19,212 | 8,037 | 82,099 |
| 15年 | 72,704 | 96,903 | 18,294 | 693 | 189,381 | 28,914 | 48,332 | 12,183 | 546 | 90,603 |
| 昭和2年 | 79,048 | 97,535 | 22,762 | 907 | 207,965 | 31,761 | 45,842 | 13,534 | 704 | 97,468 |
| 3年 | 82,434 | 89,644 | 19,178 | 11,673 | 212,070 | 35,539 | 45,158 | 11,180 | 9,822 | 110,062 |

出典：各年『福岡県統計書』。
備考：大正13年の合計は不一致。

加の要因として挙げられている。その後は、設備の整備や掘進作業の進捗がある一方で、作業能率の低下や物価上昇に悩まされ、予想ほどには出炭量は伸びず、かつ、収益の低下を招き、さらに大正十年になると炭況の不振から出炭量は停滞したと思われる。[120]

また、駅別の一般貨物を含む貨物輸送量[121]を示した表4－13で見ると、亀山炭鉱の採掘量ほどには落ち込んでいないものの、上亀山駅の輸送量が大正十二年まで停滞し、その後大きく増加するのに対して、筑前勝田駅の輸送量は十一年まで増加した後に急減していることが分かる。すなわち、各炭鉱の採掘量から見ても駅別の輸送量から判断しても、大正十三年までの同社線の輸送量の増加は十一年までは勝田炭鉱の採掘量増加に、十三年以降は亀山炭鉱の採掘量増加に支えられていたと考えることができよう。その端境期たる十二年は新志免駅における輸送量増加に支えられているのであるが、その点に関しては後に触れることにする。さらに、大正十四年下期からの輸送量の急激な減少は勝田炭鉱の縮小・閉山によるものである。また、この筑前勝田駅における輸送量の減少に代わって上宇美駅の貨物輸送量が増加しているが、この増加がどのような要因によるものかは推測できなかった。ただ、ここで問題なのは駅別の貨物輸送において首位を占める新志免駅の存在である。同駅から積み込まれた石炭は海軍炭鉱が採掘したものである可能性が大きいが、第一次大戦後における同炭鉱の石炭輸送を担った鉄道会社の内訳は不明である。ただし、海上輸送路は西戸崎から積み出したとみられ、海運輸送に関しては大正九年以降、博多湾鉄道汽船の占める比率が急速に大きくなったものと思われる。[122]石炭を西戸崎に送るとすれば博多湾鉄道線を利用するのが便利であることは間違いなく、輸送能力等の問題から参宮鉄道線を利用したとしても博多湾鉄道の補助的存在である可能性が高いと言えよう。他方、前掲表4－12にあるように海軍炭鉱の採掘量は四〇万トン水準で前述の勝田、亀山両鉱に比すれば圧倒的に大きく、相対的に安定していると言える。したがって、たとえ博多湾鉄道の補助的存在であったとしても、駅別輸送量からも窺えるように筑前参宮鉄道にとっては輸送量確保に関して重要な意義を有していたのであろう。

最後に、並行路線たる博多湾鉄道線との関係に触れておこう。両会社線が競争関係にあったかどうかの確証を得ることはできないが、石炭輸送に関して「筑前参宮鉄道ノ為メ旅客ニハ多少ノ影響アルモ主要貨物タル石炭及通常貨物ニ在リテハ年々増進ヲ見ル事確実ナリトス」[123]と、石炭輸送における両社の競争関係を否定するような見方がある一方で、大正十三年には筑前参宮鉄道側から「石炭ノ減少ハ田富炭坑ガ西戸崎ニ直送シタルニ依ル」[124]といった報告もなされており、他方博多湾鉄道側では「旅石側線竣工シ粕屋坑出炭激増ノ結果一層良好ノ成績ヲ挙クルヲ得タリ」[125]とされ、ここで触れられている「粕屋坑」が粕屋炭鉱田富坑を指していれば、両社の競争関係をより一層明瞭に示すものであろう。したがって、両者が一定の競争関係にあったことを一概に否定はできないように思われるのである。そこで、表4－14によって両者の石炭輸送量を見れば、[126]参宮鉄道の開業以降、大正十年までは参宮鉄道の石炭輸送量が増大しているのに対して、博多湾鉄道のそれは低下傾向にあり、量的には前者が後者の石炭輸送を浸食しているように見える。しかし、その後大正十二年までは両者ともに輸送量を増加させており、格別の競争関係にあるようには思われない。しかし、大正十三年以降は博多湾鉄道の輸送量が増加しているのに対して参宮鉄道は減少傾向にある。そして、まさにこの時期に先に述べたような参宮鉄道から博多湾鉄道への輸送経路の変更を実施した炭鉱があるというのは、両者の競争が再び活発化したことを暗示している。さらにこの点を図４－２によって、両線の鉄道駅が隣接する志免駅（湾鉄）・新志免駅（参鉄）及び宇美駅（湾鉄）・上宇美駅（参鉄）について見ておこう。ただ、この場合も石炭輸送量ではなく貨物輸送量での比較になるため、得られた結論に多少の留保が必要

**表４－14　筑前参宮鉄道・博多湾鉄道石炭輸送量**

単位：トン，円

| | 筑前参宮鉄道 | | 博多湾鉄道 | |
|---|---|---|---|---|
| | 数量 | 運賃額 | 数量 | 運賃額 |
| 大正 7・下 | | | 266,934 | 181,325 |
| 8・上 | 1,635 | 799 | 271,326 | 188,370 |
| 8・下 | 58,653 | 34,186 | 277,857 | 224,310 |
| 9・上 | 72,944 | 39,918 | 235,606 | 190,694 |
| 9・下 | 80,462 | 52,645 | 254,363 | 231,064 |
| 10・上 | 89,546 | 47,619 | 217,633 | 227,478 |
| 10・下 | 106,852 | 68,662 | 250,567 | 269,935 |
| 11・上 | 115,173 | 73,444 | 243,828 | 264,962 |
| 11・下 | 109,534 | 81,776 | 247,507 | 265,711 |
| 12・上 | 115,014 | 50,704 | 254,275 | 268,221 |
| 12・下 | 113,115 | 53,407 | 272,920 | 292,263 |
| 13・上 | 130,788 | 51,535 | 291,987 | 309,776 |
| 13・下 | 100,724 | 44,435 | 276,986 | 293,931 |
| 14・上 | 108,548 | 49,947 | 281,739 | 296,452 |
| 14・下 | 97,805 | 45,530 | 334,228 | 354,550 |
| 15・上 | 81,849 | 33,151 | 288,138 | 309,595 |
| 15・下 | 84,751 | 40,870 | 296,612 | 311,890 |
| 昭和 2・上 | 94,224 | 46,523 | | |

出典：筑前参宮鉄道，博多湾鉄道，博多湾鉄道汽船，各期『事業報告書』，『営業報告書』。
備考：決算期は参宮鉄道が５，11月，博多湾鉄道が９，翌３月。

になるかもしれないが、両線とも貨物輸送量中に占める石炭比率は圧倒的であり、特に志免、新志免の両駅に関しては貨物輸送のほとんど全ては石炭輸送であろうから、貨物輸送量同士の比較でも十分有効であると思われる。そこで同図によって各駅を比べると、大正九年（以下暦年）から十年にかけては新志免駅の輸送量増加に伴って志免駅の輸送量はわずかに減少している。その後両駅共に輸送量を増大させるが、大正十二年から十四年にかけては逆に志免駅の輸送量が増加しているのに対して新志免駅のそれは減少して

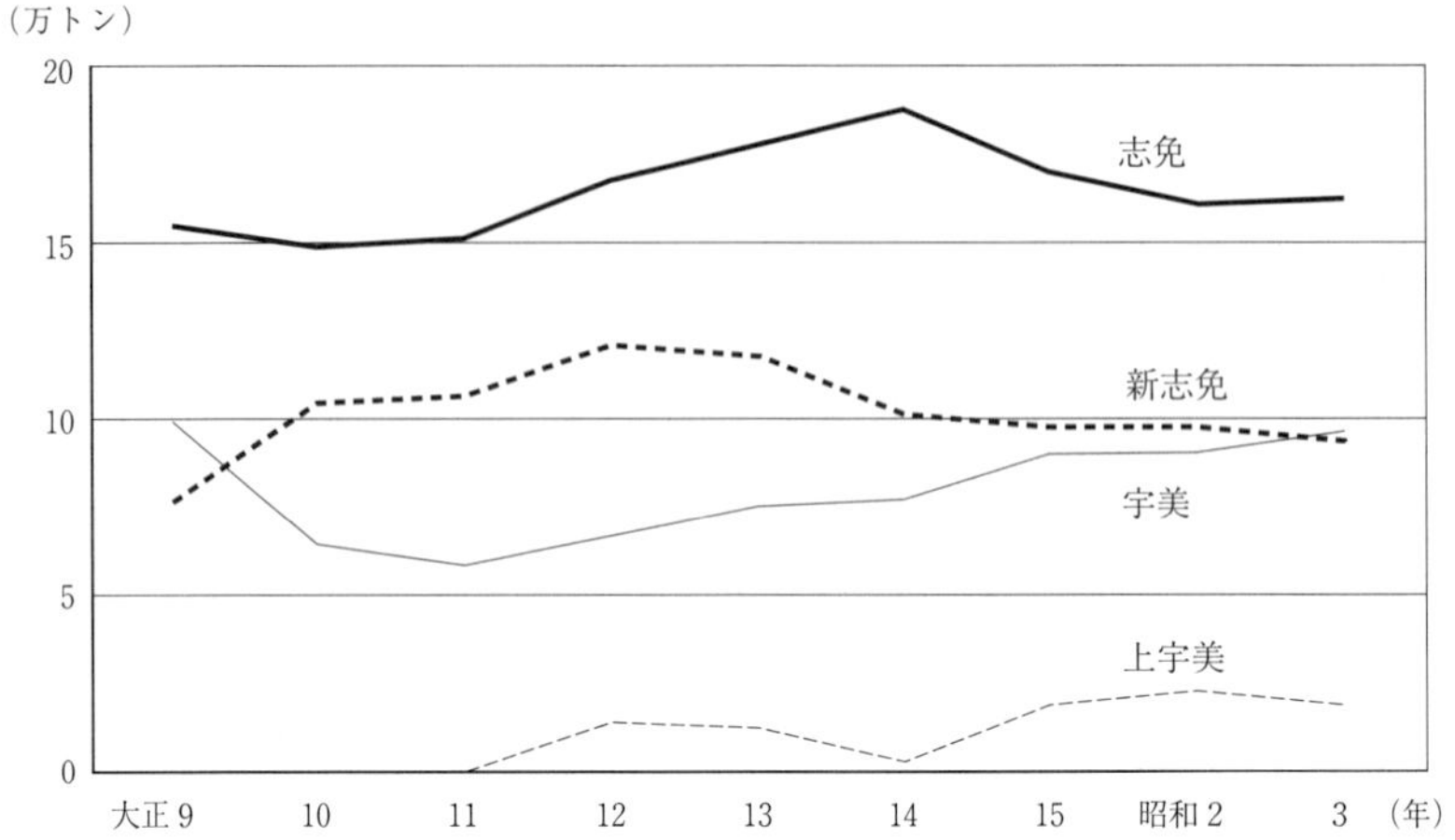


出典：各年『福岡県統計書』。

図4－2　駅別貨物輸送量

いる。ことに、海軍炭鉱の採掘量が急減する大正十四年において、「石炭ハ海軍炭減少セルモ民炭ノ発送劇増ニ因リ噸数ニ於テ一分五厘、収入六厘ヲ増加シ良好ノ成績ヲ挙グルヲ得タリ[127]」、「石炭ハ民炭ノ数量漸増ノ趨勢ニアリシモ海軍炭ノ輸送減少[128]」、「炭界景気好調ノ為メ民炭ノ出荷激増シ海軍炭ニ於テモ数度輸送デーヲ設ケ輸送奨励[129]」といったように、博多湾鉄道の志免駅の輸送量が増加しているのに対して、先に見たように田富炭鉱の輸送経路の変更によって、筑前参宮鉄道の新志免駅の輸送量は逆に減少しており、主として民営炭鉱の石炭をめぐって両線の間で競争が繰り広げられた可能性を指摘できよう。したがって、この両駅に関する限りでは両鉄道輸送量全体から推測され得るような競争関係を多少とも予想できるだろう。それに対して、宇美駅と上宇美駅との間では後者の輸送量が顕著に増大する大正十五年以降においても宇美駅の輸送量が影響を受けた形跡は確認できず、この両駅においては競争関係はあっても極めて限られたものであったと言えよう。

かくて、不況それ自体の影響に加えて、その不況下における競争関係の激化に対応する輸送力の増強を目的とする「修繕費」の増加が参宮鉄道の経営に負担となって、大正末期から昭和初頭にかけての「業績不振」を招き、河内の退陣を促したものとの可能性が考えられる。加えて博多湾鉄道のトップが太田であり、しかも河内退陣後の参宮鉄道の実権が太田に大きく傾斜したとすれば、太田による粕屋炭田南部における石炭輸送独占を目指した河内退陣であったのかもしれない。

## 八　河内卯兵衛の退陣経過 ―― 結びに代えて ――

ここでは、河内卯兵衛の「日記」を材料として、決算資料等では窺うことのできない、河内の退陣に至る社内事情を多少詳しく見ておくことにしたい。河内が筑前参宮鉄道の社長を退陣するに至った社内的な理由は、大きく分けて二つあるように思われる。すなわち、一つは従業員の不祥事が続発する事実に見られるような、河内の人事管理能力に対する不信感であり、もう一つは河内自身の社長としての資質を疑わせるような行動である。そこで、この二点に関して、彼自身の「日記」中の記述を追っていくことによって、その間の事情に触れておきたい。

### （1）　社内の不祥事

社内の不祥事は、「日記」による限り、大正十（一九二一）年以降で二回確認することができる。一度目は大正十年四月に起きている。このとき、河内は「本社ヨリ電話来リ、星野末吉大金遣ヒ込ミノ件警察ヨリ発覚ノ報来ル」(130)と、本社からの連絡があって事件が起きたことを知ることになる。この事件は、運輸課書記であった星野が、大正九年一月から十年四月にかけて本社及び支社に届けるべき新志免駅の収入金五、八〇〇円を窃取していたというものであった[131]。事件は表沙汰になり、地元新聞にも採り上げられることになったが、社内的には発覚から二ヶ月ほどで「星野事件善後策結了ス[132]」として、一応の処理が終わっている。二度目の不祥事は大正十二年九月に「安河内ヨリ同人ニ使ヒ込ミ自白ヲ聞キ驚ク、――月末迄保留スルコトトス[133]」として発覚している。このときの当事者である安河内茂一郎は経理課主任の要職にあったのであるから[134]、河内の驚きも大きかったものと思われるし、また、社内に与える影響も深刻なものになるだろうと考えたであろう。ただ、河内自身は事件が発覚する直前に「会計ノ不整理ニ驚キ支配人等ニ戒告[135]」しており、会計の乱脈さにある程度は気付いていたものと思われる。さてこの事件の処理は、先の星野の事件ほどには急転直下に進行してはいない。すなわち、ようやく翌十三年五月になってから「安河内事件ノ報告ヲ聞ク[136]」と、社内調査が一段落したもののようである。さらに、それから一年後に「新ニ安河内問題湧出[137]」と、同問題が初めて重役会で採り上げられ、その後「未払込株金取調、安河内事件益々重大ニ陥ルニ驚ク[138]」こととなり、さらに七月の重役会では「此日安河内問題、殊ニ未払株ノ件報告スベキノ処、猶調査中ト申立テ延期[139]」とあって、河内が重役達に対して説明がし難いほどに問題は深刻化している。これに対し、河内は「安河内不始末金ノ残額全部自分責任ヲ以テ弁償スルノ案ヲ定メ[140]」て事態の乗り切りを図ろうとし、十月の重役会で「株金未払込取調べ報告、会計不始末問題報告、其整理経過、其ニ対スル社長ノ決心[141]」を披瀝し、結局「――安河内問題内容説明ノ要求切ナリ、漸クニシテ議事進行、――重役報酬一ヶ年分提供其他ハ河内負担ノ事ニ決定[142]」ということで、一応の決着を見ることになる。河内が不正経理の事実を知ってから、実に二年以上が経過しており、このような河内の事件に対する態度が他重役の不信をかったであろうことは容易に想像できよう。また、その間に河内は社内人事の刷新を図るべく社員の異動を実行するが、これも一時は「帰宅スレバ四十九名連判状ヲ携ヘテ来訪セル筑参社員ト応接[143]」といった社員間の混乱を招くことになる。この混乱は「社員連判総代ヨリ申出書撤回ヲ申出来リ且ツ其軽挙ヲ謝罪ス、即チ申出書ヲ還付[144]」となってほどなく治まるのであるが、河内の社長としての人事管理の手腕に不安を抱かせる要因となったであろう。そのようなゴタゴタが続いた後に、十一月になって「九時ヨリ鰻屋ニテ余ヲ除ク重役会開会サレアリ……他重役ノ意見トシテ安河内事件ハ一段落ヲ告ゲタレドモ将来ノ威信ヲ内外ニ立ツル為メ、又其他ノ理由ノ為メ新ニ支配人任用如何トノ説出ヅ、――余敢テ逆ラハズ良ク考慮スベシト答フ[145]」として、支配人の交代を突きつけられることになる。いわば経営上の相談役であり実行者とも言える支配人人事が、社長の意のままにならないというのは、社長である河内にとって、痛烈な経営批判であると言ってよいだろう。

さらに河内の筑前参宮鉄道経営に対する批判は大正十五年の春にはいよいよ深刻なものとなっていく。すなわち、同年一月には「昨日我ヲ除キタル重役会合シ、重役中ヨリ委員四名ヲ選ミ会社ヲ調査スルコトトナリタルト[146]」として、河内の経営に関する重役による調査委員会の設置が決定され、その後「藤野、武末、来社、十一頁ノ質問状ヲ□附セラル[147]」事態となる。それに対して河内は腹心で前年に野瀬支配人に代わって支配人代理になっていた赤司重太と協議を重ね、「赤司ト答弁書ヲ作ル、三時漸クニシテ局面ヲ糊塗スベキ草案ヲ得タリ[148]」と、一応の対応策を整えている。それからも委員会の協議と河内側の対応策の模索は続いたようであるが、結局は委員会の設置からおよそ一ヶ月を経て「応酬頗ル索然タルモノアリ、――自分モ多少ノ皮肉ヲ語ル、――結局経費節約ノ為メニ高給者三名馘首ヲ提案ヲ為シ評決、――人件費削減ヨリ他ニ考案ナカリシモノト思ハル[149]」という結論を得ている。この人員整理では、赤司が退職を余儀なくされ、河内にとっては社内の相談役を失うこととなったのである。

他方、前述の支配人交代に関する決定に従って、先にも触れたように新支配人として井上正美（元鉄道省門司鉄道局熊本運輸事務所長）が入社することになるが、この人事は大正十四年の末以来、「井上正美来談、――門管局交渉ニ付語ル[150]」、「門鉄局ニ吉田局長ト会談、井上招聘ノ件ニ付懇談[151]」として進行しており、井上は大正十五年一月十六日の重役会で各重役に紹介され、「井上ト会談、――廿六日重役会後直チニ入社ノ件[152]」として、前述のように河内の経営に関する調査の結論が出た二月二十六日の重役会が済んで入社という段取りになったのである[153]。この井上は先にも見たように、同年末の株主総会において取締役に選出され、さらにその場で専務に選出されて昭和二（一九二七）年以降経営の実権を掌握するに至るが、その前年から河内を経営のトップから排斥する計画は進行していたとも推測できよう。

### （2）河内卯兵衛の資金的行き詰まり

さらに、河内卯兵衛自身の資金的な行き詰まりに起因して[154]、河内の退陣論が公然と唱えられるようになったのは、大正十五（一九二六）年の秋頃からであると思われる。そこで、同時期の「日記」を追っていくと、七月の記事に「此日、赤司ト協議、来ル十五日ヲ以テ破滅カ否カヲ定ムルコトトス、蓋シ、筑参ハ八月十日ノ払込ニヨリ資金不足ノ理由消滅スルヲ以テ槍操（ママ）不能トナル、……[155]」という記述を見出すことができる。ここから推測できるのは、河内が筑前参宮鉄道の資金不足を理由にして何らかの会計上の操作をして、自らが関係している事業の資金的な「槍操《やりくり》」に利用しているという点である。そこで、これに関連すると思われる記事を順次拾っていくと、「赤司出社、金策不能、筑参返附出来ズ[156]」、「赤司ト語ル、茲ニ児玉ニ係ル巨額ノ筑参手形アルヲ聞キ驚駭ス、赤司涕泣シテ其不始末ヲ詫ブ、善後策ニ困惑[157]」、「仮出金ノ説明ヲ求メラレ、遂ニ会計不始末金逆転ノ旨説明[158]」、「若シ社長ヲ罷メサルヘカラサルニ至ラバ直チニ四万円弱ノ必要ヲ生ズベシ、到底、今ノ処、困難ナレバ、破綻ノ外ナク、急ニ大借款成立セサル限リ断末魔ニ近カツキツ、アル心地ス[159]」と続いていく。これらの記事からさらに推測すれば、筑前参宮鉄道の資金不足を理由として、同社の手形を乱発して自らの事業資金に回していたところ、その返済が困難になり、さらに手形の振り出しに見合う形で仮出金を水増ししていたことが重役会で問題とされたということであろう。さらに、社長を罷免されると経理操作の穴埋めに直ちに四万円を調達する必要に迫られ、「断末魔」という心情まで吐露せざるを得ないところまで追い詰められていたのである。このような経理操作に関して、他の重役連中は前述のごとく九月十六日にはそれを公然と問題とするに至っているが、それ以前にも大株主たる久世庸夫が「聞ク処ニヨレバ（九日井上ヨリ、十四日荒津ヨリ、今日太清ヨリ）久世筑参ニ考案アル様子モアリ、旁々事態漸次面倒ニ赴クガ如シ[160]」として、問題視していることを窺わせる記事もある。

さらに、河内が抱えていた困難は未払込株金の徴収である。すなわち、「日記」にも見える通り筑前参宮鉄道は八月十日に未払込株金の徴収を実行しているが、河内は「未払込金ニ付重役ノ立場トシテノ詰責アリ（河内サヘ未払込ノ理由ハ聞キマシタカ、竹末《（ママ）》サンハ欠席デスガ、之ハ来テ貰ツテ其理由ヲ聞クベシ重役ガ払込マズシテ株主ニ請求スル訳ニハ行クマイト思フガ云々 —— 小林説）空気険悪化シツ、アルノ模様ナリ[161]」という記事から分かるように、社長の身でありながら払い込みに応じられないままに過ぎており、その後も「十七本店行、筑参払込ノ事ヲ相談ス難渋ナリ[162]」、「十七本店ニ筑参払込ノ件相談、尚不得要領[163]」と十七銀行に資金の融通を掛け合っているようだが、不調に終わっているように思われるのである。ちなみに重役でありながら未払い込みであった武末は九月二十三日に「武末来社、払込完了」とあって、払い込みを済ませているものと思われる。

かくて、不正経理と株金未払い込みの二点から、河内の経営者としての資質が問題とされることになる。すなわち、前述のように九月十六日の重役会でその問題が採り上げられた後に、十月四日には重役懇談会が開催されているが、「此日可楽ニ於テ筑参重役懇談会開催サレ、我ニハ参会ヲ通知シ来ラズ、唯ダ其会合ヲスル旨小林ヨリ知照シ来ル……此日ノ重役懇談会ヨリハ遂ニ参会ノ旨通知シ来ラズ……井上ヨリ重役ノ会談ノ模様及、其応答ヲ聞キ、険悪ニ赴キツ、アルヲ知ル」[164]というように河内はその席には呼ばれず、井上から間接的にその内容を聞かざるを得ない立場に追い込まれている。さらに翌日には「藤野来訪、形勢不穏、河内不信任、太清ト協議辞表其儘憤慨、等ノ話ヲ聞ク」[165]と、その席上で自らの進退までもが採り上げられたことを知るのである。このような事態に対して、河内がとった策は、「門司駅ニテ太清ト会シ、九時四十分急行ニテ門司発、車中ニテ太清ト語ル、六千円ノ件、未払込ノ件、筑参経営困難ニ付重役一同自覚ノ件、神武辞表ノ件、而シテ、太田ヨリ筑参払込ニ付一筆ヲ得タリ……九勧会社ニ太清来訪、半田ノ言葉ニ（河内カ使ヒ込ミガ出来テ、茶々苦茶□、今度ハ処置ヲ頼ム云々）テ朝ヨリハ尻込ミナリ」[166]、「太清往訪、重ネテ当分社長ノ椅子支持ヲ頼ム」[167]といったように、ひたすら太田清蔵に泣き付くことでしかなかった。それに対して太田は、「圭助ヘノ指図其他極メテ同情アル致方ナリ……九勧ニ太清往訪、重役会危険希薄トナレリ、太清同情アリ」[168]と河内に支持を寄せているようにも思われ、河内も危機を乗り切りつつあるかのように感じている。そういった状況の中で重役会が開催され、河内自身は「此日重役会モ無事」[169]と考えていたが、しかし実際には「太清ヨリ電話ニテ商業会議処ニ太清往訪、廿六日重役会ノ席上、光安ヨリ筑参評判刷新ノ為メ現社長ヲ廃シ小林太田ノ内ヨリ新任スルノ説出テ小林ヨリ河内面目保持ノ為メ実務ヲ携ルヲ止メシメ現職ヲ其儘トシ井上ヲ専務取締役トシテ全職能ヲ司ラシムルコトトスルノ案出テ太田賛成シ決議セシ由、聞ク」[170]というように、河内が席上にいないところで、河内を社長のままに置いておくものの、実際上の経営からは外していくという重大な決議が、太田の賛成を得てなされているのである。そして再度重役会が開催されて「取締役一名補欠ノ件、定款改正専務ヲ置クノ件、今期重役ノ報酬仕払ノ件、其他決議」[171]専務取締役の設置（すなわち、河内外し）が正式に決定されるというように事態は急速に進行したのである。その後の重役会の空気は「此日、重役会モ思ヒシヨリ良好ナリ」[172]であったり、「筑参ニアリ重役会、決算、其他ニツキ誠ニ残念ナル応酬ニテ不快痛烈ナリ」[173]であったり、河内にとっては気の休まる暇もないといったようなものであったろう。

このような経過を辿って、十二月二十五日には株主総会が開催された。この総会に先立って河内は、「荒戸町ニ古井往訪、筑参新株引抜ノ件、相談」[174]、「十七蔵支行、筑参新株無価引抜承諾回答ヲ聞ク、即チ赤司差遣千九百九十二株ヲ受取ル」[175]と、十七銀行に担保として差し入れていた自己の持ち株を取り戻して総会に備えている。総会そのものは「二時筑参総会開始、先ツ起立弔意ヲ表シ、開始、神武、久世、等、八釜敷問答ヲ初ム、大体異見少ク、調査委員設置説、専務ヲ置カザル説、減資説、等皆成立セズ、計算及無配当ニ付テハ大シタ質問ナク、唯未払込株ニ大数ノ株主アルベシト云ハレシ時ニ赤面シタリ、一五時終了」[176]と、かなりの時間にわたって議論があったようであるが、重役会の決定が承認され、その場で、既に何度も触れたとおり取締役の補欠選挙が行われて井上正美が取締役に選出され、その後彼は専務取締役に選ばれたのである。

かくて、河内は自己の事業の失敗に起因する資金繰りの悪化によって、筑前参宮鉄道の経理操作をせざるを得ず、さらには株金の新規払い込みにも応ずることができなかったために、社長の身分は維持したものの、経営の実権を剝奪されることを余儀なくされたのである。[177]

ところで、河内が頼みの綱としていた太田清蔵であるが、経理操作の発覚や株金の未払い込みといった問題が生じた後も、一時は河内を支持していたようにも思われるが、結局は河内からの経営権の剝奪に賛成しており、さらには「太清ノ湾鉄へ委任経営論ハ当分保留スルコトト定ム」[178]といった記述に見られるように、太田が筑前参宮鉄道を博多湾鉄道に吸収して粕屋炭田南部の石炭輸送を独占する意図を持っていたとすれば、会社経営に関して多くの問題を抱えている河内を支え続けることにそれほど執着する必要を感じなかったのも当然であろう。[179]その他、筑前参宮鉄道創業以来の役員からもトップとしての資質を問われるような態度を見せられて、筑前参宮鉄道における失敗は、河内の経営者としての信用を失墜させ、ひいては人間関係をも大きく損なう結果になったと言うことができるだろう。

つまるところ、大正末期における家業の衰頽と資金的困難が河内を筑前参宮鉄道のトップに執着させる原因となり、それが同時に彼の経営者としての没落を招いたのであった、と言うことができるだろう。ただ、河内の人望が筑前参宮鉄道からの追放劇によって完全に失われたわけではないことは、彼が昭和十六（一九四一）年に至って福岡市長に就任したことからも窺い知ることができるだろう。

（1）主要な研究を挙げておけば以下の通りである。九州鉄道に関しては、東條正「九州鉄道会社の成立」、同「九州鉄道会社の展開」（『福岡県史　通史編近代　産業経済（一）』福岡県、平成十五年）、及びその他の一連の研究、中村尚史『日本鉄道業の形成』（日本経済評論社、平成十年）等。筑豊興業鉄道については山田秀「明治中期、産業鉄道会社経営の一分析」（『福岡大学大学院論集』第一一巻第一号、昭和五十四年）、同「筑豊興業鉄道の成立と展開」（前掲『福岡県史　通史編近代　産業経済（一）』）、東條正「株主名簿に見る明治二十年代前半における筑豊興業鉄道会社の大株主」（長崎大学『経営と経済』第六九巻第一号、平成元年）等である。また、明治期筑豊地域の運炭鉄道に関しては、前記の個別鉄道会社に関する経営分析以外に、中村尚史「炭鉱業の発展と鉄道企業」（高村直助『明治の産業発展と社会資本』ミネルヴァ書房、平成九年）、同「明治期における鉄道の発達と石炭輸送——筑豊地域を中心として——」（『歴史と地理』第四七五号、平成七年）等がある。

（2）東條正「西日本鉄道」（宇田正・浅香勝輔・武知京三『民鉄経営の歴史と文化　西日本編』古今書院、平成七年）。

（3）明治期に設立された九州鉄道ではなくて、大正三年に出願された筑紫電気軌道を直接の前身とする電気鉄道会社である。

（4）中島昭「博多湾鉄道株式会社の成立」（西南地域史研究会『西南地域史研究』第六輯、昭和六十三年）。なお、博多湾鉄道は大正九年四月一日に商号を博多湾鉄道汽船と変更するが、本章では煩雑さを避けるため、原則として博多湾鉄道と統一して表記した。

（5）喜多恵「大分鉄道の経営計画についての一考察——博多湾築港との関連にみる——」（『福岡大学大学院論集』第一九巻第一号、昭和六十二年）。これは開業に至らなかった大分鉄道を考察の中心に据えた研究である。

（6）岡本幸雄「博多絹綿紡績会社の経営刷新と合併」（同『地方紡績企業の成立と展開――明治期九州地方紡績の経営史的研究――』、九州大学出版会、平成五年）、迎由理男「近代博多商人の企業活動」（北九州市立大学『商経論集』第三七巻第一号、平成十三年）。

（7）河内卯兵衛の家業である河内糸店の経営状況に関しては、拙稿「明治・大正期における地方都市商工業者の家業経営と企業者活動――河内糸店と河内卯兵衛の事例」（福岡大学『経済学論叢』第四九巻第三・四号、平成十七年）を参照。

（8）なお、大正期における河内卯兵衛の役員就任状況に関しても、同前参照。

（9）「工作処関係者、白藤ニ夕食、――中定脱退、犬塚、土屋新加、組織変更、犬塚新任、自分退任」（河内卯兵衛「日記」（大正十二年「河内資料」五三六四、福岡県立図書館架蔵）八月二十四日）。

（10）「席田軌道敷設願」（『鉄道省文書　宗像軌道　宇美軌道（元席田軌道）羽後電力　巻一』、以下『宇美軌道』と略、国立公文書館所蔵）。

（11）「席田軌道敷設願追申書」大正二年十月十三日（『宇美軌道』）。

（12）「社名変更届」大正三年六月三十日（『宇美軌道』）。

（13）「宇美軌道延長敷設願ノ件ニ付副申」大正三年十一月二十一日（『宇美軌道』）。なお、勝田炭鉱の所有者は後に筑前参宮鉄道へ大株主として参加することになる清水利貞であるが、この間の経緯に関しては後に触れたい。

（14）「宇美軌道線路変更陳情書」大正三年十二月十七日（『宇美軌道』）。

（15）「宇美参宮軽便鉄道敷設免許ノ件」大正四年三月十日受領、四月九日達済（『鉄道省文書　筑前参宮鉄道　巻一』、以下『巻一』と略、国立公文書館所蔵）。

（16）「宇美参宮軽便鉄道敷設免許申請書」大正四年一月二十日（『巻一』）。

（17）「福岡県下ニ於ケル筑紫電気軌道、筑糟軌道、宇美軌道ノ実地調査ヲ遂ゲ謹デ復命候也　大正三年十二月二十一日　鉄道員技師　加賀山照□」（『巻一』）。以下「加賀山技師復命」と略。

（18）「企業目論見書」（『巻一』）。なお、前掲「加賀山技師復命」においても「宇美軌道ニシテ三呎六吋軌間ニ変更シ更ニ機関車ノ重量ヲ増シ軌道ノ重量ヲ増サント欲スルナラバ九州水力会社線トノ連絡ハ寧ロ院線吉塚駅ニ於テスルモ一策ナランカ」とされており、福岡側起点の変更はこの報告書を参考にしたものであろう。なお、新路線の沿線上には筑前参宮鉄道へ大株主として参加することになる中野徳次郎が所有する亀山炭鉱がある。また、支線の建設は路線変更に伴って計画路線から外れることになる月隈地域所在の炭鉱へ配慮したものと思われる。

（19）「社名変更届」大正四年四月二十七日（『巻一』）。

(20) 「筑前参宮鉄道株式会社創立趣旨、他」(「清水資料」三九－一、九州大学附属図書館付設記録資料館産業経済部門所蔵)。
(21) 「宇美軌道延長敷設願ノ件ニ付副申」大正三年十二月二十一日(『宇美軌道』)。
(22) 「筑前参宮鉄道延長線敷設願却下ノ件」(『巻二』)。
(23) 「線路廃止願」大正六年十二月二十五日(『巻二』)。
(24) 同社は宇美参宮軽便鉄道時代から、志免村から席田村下月隈までの支線建設を計画していたが(前掲「企業目論見書」)、この支線は、沿線炭鉱の廃鉱によって建設されないままに終わっている(「線路廃止願」『巻二』)。
(25) 「席田軌道敷設願ノ件ニ付上申」明治四十五年六月二十五日(『宇美軌道』)。
(26) 前掲「宇美軌道延長敷設願ノ件ニ付副申」大正三年十一月二十一日。
(27) 前掲「宇美軌道延長敷設願ノ件ニ付副申」大正三年十二月二十一日。
(28) 前掲「加賀山技師復命」。なお、同様のことが「三月十一日付御書面ニ対スル答申」(『巻一』)の中で再度確認されている。
(29) 以下の設立経過に関しては、筑前参宮鉄道株式会社『第一回事業報告書』による。
(30) 「軽便鉄道法第三条ニ依ル認可申請期限延長願」(『巻一』)。
(31) 「参宮鉄道創立総会」『福岡日日新聞』大正五年六月六日。
(32) 崎山の所有鉱区については鉱産高の記載がないので、操業はしていないものと思われる(『鉱区一覧』各年)。
(33) 月隈炭鉱の大正二年の鉱産高は約一万トンである(『鉱区一覧』大正三年)。
(34) 宇美参宮軽便鉄道の免許申請は大正四年一月二十日付で提出されており(前掲「宇美参宮軽便鉄道敷設免許申請書」)、宇美軌道の発起人変更の願は、大正三年十二月二十六日と四年一月六日に提出されている(「宇美軌道発起人除名願ノ件副申」及び「宇美軌道株式会社発起人加名願ノ件ニ付副申」、共に『宇美軌道』)。
(35) 「席田軌道敷設願追申書」(『宇美軌道』)、及び、(前掲「宇美参宮軽便鉄道布設免許申請ニ付副申」、「宇美参宮軽便鉄道敷設願書却下願ノ件ニ付副申」(『巻一』)。
(36) 筑前参宮鉄道株式会社創立事務所「株式申込書」(「清水資料」三九－一二)。
(37) 同前。
(38) 前掲「加賀山技師復命」。
(39) 宇美軌道の発起人の一人である鶴田多聞が、九州水力電気に発起人として参加している(『九州水力電気会社　趣意書　起業目論見書』)。

(40) 勝田炭鉱は明治四十三年三月に、山門郡瀬高町の野田松次郎から田川郡伊田村の清水勝治に譲渡され（「売渡証書」「清水資料」三二）、さらに、大正二年十月に清水勝治から合資会社勝田炭鉱（無限責任社員清水勝治）に譲渡される（「譲渡証書」「清水資料」三―一～三）。同社は社員間の対立によって、本格的な採掘に至らなかったものと思われる（「意見書」「清水資料」九）。その後、大正四年十二月には炭鉱周辺地の名義人が清水勝治から清水利貞に変更されており（「土地登記名義人表示ノ変更ニ付登記申請」「清水資料」一九）、さらに、大正五年十二月には清水利貞所有の勝田炭鉱々区における共同経営契約が、清水利貞と田中省三との間で交わされている（「仮契約書」「清水資料」一八）。このような経緯から見て、大正四年から五年にかけて、清水利貞が勝田炭鉱の所有者になったものと思われる。

(41) 堀も麻生も採掘には至っていないものの、粕屋炭田に鉱区を所有している。しかし、堀の所有鉱区は一三〇万坪を超える大規模なものであるが、筑前参宮鉄道の計画路線沿線ではなく、麻生の所有鉱区も沿線上にはない（『鉱区一覧』大正四年）。なお、筑豊鉱業家の粕屋炭田進出に関してみておくと、貝島が既に明治期において津波黒炭鉱を経営している（東定宣昌「中小炭田の石炭鉱業」前掲『福岡県史　通史編近代　産業経済（一）』七六七～七六九頁）が、その他の鉱業家に関しては詳細は不明である。

(42) 小林は「醸造家小林作五郎氏アリ専ラ博多ニ搬出シ年額二千五百石ナリ」（前掲「加賀山技師復命」）と言われており、製品の輸送機関として筑前参宮鉄道に期待していたものであろう。また、内田は職業が「請負業」となっており、鉄道建設工事に大きな利害を有していたものと思われる。

(43) 太田も太田大次郎名義で粕屋炭田に鉱区を所有しているが、所在地が須恵・志免両村となっているので（『鉱区一覧』大正七年）、筑前参宮鉄道計画路線よりも博多湾鉄道路線の沿線にあったと思われる。したがって、太田の筑前参宮鉄道への参加は鉱区所有者としての利害からではないと考えるのが妥当だろう。

(44) 「起業目論見書変更認可申請書」大正六年三月六日（『巻一』）。

(45) おそらく大正六年上期から下期にかけて変動があったものと推測されるが、六年下期の株主表が不完全なので確認できない。ちなみに「当期間ニ於テ株式ノ名義書換ヲナシタルモノハ弐拾四件此株式千百九拾七株……」（筑前参宮鉄道株式会社『第三回事業報告書』）である。

(46) 釧勝興業は大正六年一月に勝田炭鉱を入手している（釧勝興業株式会社『第拾壱回営業報告書』）。また、博多工作所監査役である木島武司が常務取締役を務めており（同前）、彼が主として筑前参宮鉄道との折衝役となっていたようである（河内卯兵衛「日記」各年）。

(47) 商業興信所『諸会社役員録』(大正七年)及び帝国興信所『帝国銀行会社要録』(大正七年)による。
(48) 釧勝興業株式会社、各期『営業報告書』による。ちなみに、金額は七、〇二〇円である。
(49) 筑前参宮鉄道の「株主名簿」(大正八年上期)には、株主名として「釧勝興業常務取締役木島武司」と記されており、個人名義にはなっていないし、前期の「株主名簿」にも同様の記載が見られ、しかも「セ」の部に分類されており、これらの点からみれば、当該株式は釧勝興業名義のものと考えることもできる。
(50) 釧勝興業は勝田炭鉱の操業を継続しており、しかも、大正八年の決算は利益を計上している(同社、各期『営業報告書』)。
(51) 太田がいつ頃から筑前参宮鉄道と博多湾鉄道の合併を考えていたのかは分からないが、大正十二年には「太清往訪、——筑参社債、野瀬事情、土肥仲裁、湾参合併、入沢事情、——」(前掲「日記」(大正十二年)一月二十二日)という記事を見ることができる。
(52) 『福岡県統計書』(大正八年)及び『鉱区一覧』(大正八、九年)による。
(53) 森崎欣太郎は、不二石製造取締役、東洋電気雷管取締役(前掲『帝国銀行会社要録』大正七年)、富安重行、富安猪三郎は共に、大地主・酒造家である(上野雅生『九州紳士録』第二版、九州集報社、大正五年)、及び農商務省「大正十三年六月調査五十町歩以上ノ大地主」(渋谷隆一編『大正昭和日本全国資産家・地主資料集成』柏書房、昭和六十年)。
(54) なお、河内卯兵衛の株式投資と資金調達に関しては、拙稿「大正期地方中小資産家の投資(投機)資金調達——福岡市の河内卯兵衛を事例として——」(西日本文化協会『福岡県地域史研究』第二四号、平成十九年)を参照のこと。
(55) 野瀬源太郎は、三井郡郡会議員、三井電気軌道工務部長(前掲『九州紳士録』第二版)を歴任した人物で地方有力者であるとともに、鉄道事業の経験者でもある。
(56) 後述するように、野瀬源太郎は筑前参宮鉄道内では支配人を務めた(『大正九年七月二十日現在 筑前参宮鉄道株式会社職員録』「河内資料」五三〇五)後に、大正十年十二月の総会において取締役に選出されている(筑前参宮鉄道株式会社『第十二回営業報告書』)。
(57) 河内卯兵衛「日記」(大正十三年、「河内資料」五三六五)五月二十四日。
(58) 「商業登記届 大正十一年十二月十三日」(『鉄道省文書 筑前参宮鉄道 別冊』、以下『別冊』と略)。
(59) 荒津は大正十三年に荒津会社名義に書き換えた株式に関して、十五年に河内に対して「筑参株名義換ヘニ付請求頗ル急ナリ」(河内卯兵衛「日記」(大正十五年、「河内資料」五三六七)五月十二日)と、株式の名義書換を要求し、その結果「筑参旧株五百九十□株ヲ博多興業ヘ名義書換ヲ為ス」(同前、六月三日)ことになるのであって、大正十四年から昭和二年にかけての河内の持ち株数増加は株式を新たに購入した結果ではない。
(60) 宮原義輔は開業医であったようだが（前掲『九州紳士録』第二版）、それ以外の人物については職業等は不明である。
(61) 河内卯兵衛「卓上備忘暦」（大正五年、「河内資料」五三五三）二月二十九日。
(62) 多少時期がずれるが、大正十一年時点での資産額は、太田清蔵一、三〇〇万円、中野昇（徳次郎は死去）一五〇万円、小林作五郎一〇〇万円で、河内は一五万円となっている（帝国実業奨励会『福岡県壱萬円以上実業家資産名鑑』若越書院、大正十一年）。
(63) 筑前参宮鉄道株式会社『第五回事業報告書』。
(64) 「第五回定時株主総会決議録・臨時株主総会決議録」。
(65) 筑前参宮鉄道株式会社『第七回営業報告書』。
(66) 以後、同社の『営業報告書』に専務取締役の記載がなくなる。
(67) 河内卯兵衛「日記」（大正十年十一月一日～十二月三十一日、「河内資料」五三六一）十二月二十一日。
(68) 前掲『筑前参宮鉄道株式会社職員録』。野瀬がいつから支配人に就任したのかは不明であるが、創立時の筑前参宮鉄道には「支配人」ではなく、「事務長」という役職が置かれていたようである（筑前参宮鉄道株式会社『定款・社則』「河内資料」三四六〇）。
(69) 前掲「日記」（大正十年十一月一日～十二月三十一日）十二月二十一日。
(70) 前掲「商業登記届　大正十一年十二月十三日」。
(71) 前掲「日記」（大正十二年）一月五日。
(72) 前掲「日記」（大正十三年）十二月十二日。
(73) 「商業登記届　大正十四年一月七日」（『別冊』）。
(74) 前掲「日記」（大正十三年）十二月二十日及び二十三日。
(75) 大蔵省印刷局『職員録』大正十三年七月一日。なお、井上正美は大正十二年三月八日付で門司鉄道局勤務から同熊本運輸事務所長へ転任し、大正十三年十二月三日付で退職している（『官報』第三二七九号及び第三六八七号）。
(76) 前掲「日記」（大正十五年）二月二十六・二十七日。
(77) 筑前参宮鉄道株式会社『第二十二回営業報告書』。また、「商業登記届　昭和二年一月一九日」（『別冊』）によれば、井上は「会社ヲ代表スヘキ取締役」とされている。
(78) 筑前参宮鉄道株式会社『第二十三回営業報告書』及び「商業登記届　昭和二年十二月六日」（『別冊』）。

(79) 岸田は十七銀行監査役、福岡肥料取締役、九州勧業専務取締役に就任しており（『銀行会社要録』大正十五年）、特に太田新吉（清蔵の長男）が社長を務め、役員に太田一族が名を連ねる九州勧業の専務取締役であることからも、太田清蔵と密接な関係を有していることが窺われる。
(80) 筑前参宮鉄道株式会社『第五回事業報告書』。
(81) 同前。
(82) 筑前参宮鉄道株式会社『第六回事業報告書』。
(83) 前掲『第五回事業報告書』。
(84) 「起業目論見書変更認可申請書　大正六年三月六日」（『巻一』）。
(85) 「線路変更及事業資金総額変更願　大正六年五月三十日」（『巻一』）。
(86) 筑前参宮鉄道株式会社『第四回事業報告書』。
(87) 同前『第五回事業報告書』。
(88) 同前『第六回事業報告書』。
(89) 同前『第八回営業報告書』。
(90) 河内卯兵衛「日記」（大正九年一月一日～六月二十日、「河内資料」五三五七）五月三日。
(91) 迎由理男「太田清蔵と太田系企業」（『福岡県史　近代研究編　各論（二）』福岡県、平成八年）一一五頁。
(92) 前掲「日記」（大正十三年）八月二十二日。
(93) 同前、八月二十八日。
(94) 筑前参宮鉄道株式会社『第二十五回営業報告書』。
(95) 同前『第七回事業報告書』。
(96) 同前『第八回事業報告書』。
(97) 同前『第十三回営業報告書』。
(98) 同前『第十八回営業報告書』。
(99) 同前『第七回事業報告書』。
(100) 同前『第八回事業報告書』。
(101) 同前『第九回事業報告書』。

(102) 同前『第十回事業報告書』。
(103) 同前『第十二回営業報告書』。
(104) 同前『第十三回営業報告書』。
(105) 同前『第十四回営業報告書』。
(106) 同前『第十九回営業報告書』。
(107) 同前『第二十回営業報告書』。
(108) 東邦炭礦株式会社『第五回営業報告書』(大正十年六～十一月)。
(109) 同前『第六回営業報告書』。
(110) 同前『第八回営業報告書』。
(111) 同前『第九回営業報告書』。
(112) 同前『第十回営業報告書』。
(113) 同前『第十一回営業報告書』。
(114) 同前『第十三回営業報告書』。
(115) 同前『第十四回営業報告書』。
(116) 同前『第十七回営業報告書』。
(117) 釧勝興業株式会社『第拾参回(自大正六年十二月至大正七年五月)決算報告書』。
(118) 同前『第拾四回(自大正七年六月至同年十一月)決算報告書』。
(119) 同前『第拾五回(自大正七年十二月至大正八年五月)決算報告書』。ただし、「当期ノ大半ハ坑夫ノ募集ニ苦心シタルト又鉱夫納屋ノ火災ニ因リテ欠稼多カリシ為メ遂ニ予期ノ出炭ヲ見ルニ至ラズ」(同前)というのだから、予想よりは出炭量の増加は小さかったようである。
(120) 同前、各回『決算報告書』。
(121) 前述のように筑前参宮鉄道の貨物輸送の圧倒的部分は石炭によって占められているのだから、ここでの貨物輸送量を石炭輸送量の代替指標としても問題はないと考えられる。
(122) 第四海軍燃料廠『海軍炭鉱五十年史(復刻)』文献出版、昭和五十一年、六八～六九頁。
(123) 博多湾鉄道株式会社『大正八年度下半期事業報告』。

(124) 筑前参宮鉄道株式会社『第十七回営業報告書』。
(125) 博多湾鉄道汽船株式会社『大正十三年度上半期　第四十八回営業報告書』。
(126) 両社の決算期が異なることから正確な比較ができないが、その影響を多少とも除くため博多湾鉄道の数値を半期ずらして、以下年次及び上・下期に関しては、参宮鉄道の決算期を基準に記述することにする。
(127) 博多湾鉄道汽船株式会社『大正十三年度下半期　第四十九回営業報告書』。
(128) 同前『大正十四年度上半期　第五十回営業報告書』。
(129) 同前『大正十四年度下半期　第五十一回営業報告書』。
(130) 河内卯兵衛「日記」(大正十年一月一日～六月三十日、「河内資料」五三五九) 四月十六日。
(131) 『福岡日日新聞』大正十年四月十九日。
(132) 前掲「日記」(大正十年) 六月四日。善後策の内容は不明だが、市川という星野の代理人との交渉の結果、「市川星野トノ協定書成ル」(四月二十二日) となっている。その後、「市川補償免除計画」が検討されているようであるから (前掲「日記」(大正十三年) 五月十五日)、星野が窃取した金員を市川が補償することになっていたものと思われる。
(133) 前掲「日記」(大正十二年) 九月二十六日。
(134) 前掲『筑前参宮鉄道株式会社　職員録』。
(135) 前掲「日記」(大正十二年) 九月十九日。
(136) 前掲「日記」(大正十三年) 五月二十八日。
(137) 河内卯兵衛「日記」(大正十四年、「河内資料」五三六六) 六月五日。
(138) 同前、七月十五日。
(139) 同前、七月十六日。この時の河内の様子を見ると、先にした調査が極めて不十分だったことが窺われる。
(140) 同前、九月二十四日。
(141) 同前、十月六日。
(142) 同前、十月二十六日。
(143) 同前、八月二十六日。
(144) 同前、八月二十九日。
(145) 同前、十一月十六日。

(146) 前掲「日記」(大正十五年) 一月二十七日。
(147) 同前、一月二十九日。
(148) 同前、一月三十一日。
(149) 同前、二月二十六日。
(150) 前掲「日記」(大正十四年) 十二月二十三日。
(151) 前掲「日記」(大正十五年) 一月七日。
(152) 同前、二月二十日。
(153) 「日記」によれば、井上は支配人に就任する話が出る以前から、鉄道官吏として河内と親交があったものと思われる。また、河内が重役会の席上で井上を他の重役に紹介するという手順を踏んでいることからも、新支配人の決定に関して河内の意向が全く無視されたということではないように思われる。
(154) 第一次大戦後における河内卯兵衛の銀行からの資金調達に関する概略は、前掲拙稿「大正期地方都市中小資産家の投資(投機)資金調達」一四頁以下を参照されたい。
(155) 前掲「日記」(大正十五年) 七月五日。
(156) 同前、八月二十日。
(157) 同前、九月十四日。
(158) 同前、九月十六日。
(159) 同前、十月五日。
(160) 同前、八月十六日。
(161) 同前、九月十六日。
(162) 同前、十月十二日。
(163) 同前、十月十六日。
(164) 同前、十月四日。
(165) 同前、十月五日。
(166) 同前、十月十二日。
(167) 同前、十月十三日。

(168) 同前。
(169) 前掲「日記」（大正十五年）十月二十六日。
(170) 同前、十月二十八日。
(171) 同前、十月二十九日。
(172) 同前、十一月二十二日。
(173) 同前、十二月八日。
(174) 同前、十二月二十日。
(175) 同前、十二月二十三日。
(176) 同前、十二月二十五日。
(177) 失敗した自己の事業として「日記」の記述から推測されるのは、一つは家業である糸店であり、もう一つは博多興業である。大正末期の糸店の営業規模に関しては極めて不十分ながらも既に触れたところであるが、後者に関しては、「大借款成立ニ盲目的ナルヲ避ケ、大小借款共ニ途々トシテ進ムコトトシ、而シテ興業会社ヲ開キ、少クモ開始以来ノ整理ヲ為シ、出来得ベクンバ多少ノ営業ニモ進ムコトトスベク」（大正十五年七月三十日）とあるから、同社の整理資金の調達に腐心していたものと見えるのである。
(178) 前掲「日記」（大正十五年）十月二十八日。
(179) 太田は大正十三年以降、河内の十七銀行に対する手形割引債務の処理を引き受けた（個人保証）可能性もあり、（前掲拙稿「大正期地方都市中小資産家の投資（投機）資金調達」一八頁参照）、その点からも河内との関係に見切りを付けざるを得なかったとも考えられる。

# 第五章　福博の企業家と水産業

## はじめに

明治末期から昭和戦前期に至る時期は、日本における資本制水産業の生成・発展期であった。資本制水産業として発展した代表的なものは汽船トロール漁業である。トロール漁業はイギリスで発達した漁法であって、袋状の底曳網を海底に沿って汽船で引曳し、海底近くに棲息する魚類を捕獲するものである。日本では、政府および大日本水産会がトロール漁業の有利さを認めて、明治期以来その導入に努めた。

明治三十八（一九〇五）年、政府は「遠洋漁業奨励法」に基づいて奨励金を交付し、船舶の建造を奨励する一方、漁場に制限を設けずに自由な操業を認めたため、一ヶ月に七、八回の航海が可能であって、そのことが遠洋漁業への参入を刺激した。初めは木造船舶が用いられたが、明治四十年代に入ると国産の鋼製トロール汽船を建造してトロール漁業に乗り出す者が現れた。

初期のトロール船は小型であったうえにトロール漁業の禁止区域が設定されていなかったがゆえに近海で操業した。そのため沿岸漁業者らは自らの生業を脅かすものとして反対運動を起こした。そこで政府はその緩和策として明治四十二年四月、「汽船トロール漁業取締規則」を制定して担当大臣による許可制を実施するとともに、農商務省告示によって禁漁区を設けて厳重に取り締まることとし、加えて奨励金の交付を廃止した。これによって、トロール業者は沿岸から遠洋へと漁場を移し、朝鮮半島南海へ進出するようになった。

当時、政府は沿岸漁業の販路または小魚市場などへの圧迫を避けるため、トロール漁獲物の陸揚げ地として、下関、博多、唐津、伊万里、長崎の五港を指定した。トロール漁船総数の七割は下関を選び、長崎・博多がこれに続き、唐津・伊万里はほとんど陸揚げを見なかった。したがって、トロール漁業の本拠地は事実上、博多、下関、長崎の三港に限られた。

明治四十二年から四十五年までは新たなトロール漁業の発展期にあたり、その刺激を受けて、漁業に経験のない者までがトロール漁業に進出した。そのため明治四十五年には新造船が急増し、翌大正二（一九一三）年にはトロール船の総数は一三九隻に達した。そうしたなか、業者間の競争が激化して禁止区域を侵す者も現れ、濫獲や海底電線の損傷などの被害が問題となった。そこで政府は禁止区域を拡張する必要を認め、大正元年八月の「汽船トロール漁業取締規則」改正により、一八〇トン未満の船舶は許可しない、トロール船の操業区域を東経一三〇度以西および朝鮮総督府の定めた禁止区域外の海面に限定するなどの措置をとった。これによってトロール業者の活動海域は黄海や東シナ海に移っていった[1]。

こうしたトロール漁業界の発展期に、福岡県においても水産企業が誕生している。とはいえ、大正期を通じて福岡県の漁業が全国に占める割合は、漁家数、漁船数、漁獲金額などにおいて約一～二％に過ぎず、相対的に未発達であったこと、福岡県には有力な水産企業が現れなかったことなどが指摘されている[2]。このような事情のためか、福博の水産企業についてはなお充分に解明されていないように思われる。本章では、福博企業家の資本制水産業への関わりについて、今後の解明に向けて予備的考察を行うべく、大正～昭和初期を通観してみよう。

## 一　福博における水産企業の創設

まず全国のトロール漁業の趨勢を見ておきたい。トロール船総数は表5－1のように明治末期から急速に増加し、大正二（一九一三）年には一三九隻となっている。所有船舶数において、博多汽船漁業株式会社は一〇隻で一位、福博遠洋漁業株式会社は七隻で二位の大手企業であった。これら二社のほかに、ほぼ同時期に日鮮機船漁業合名会社、西海漁業株式会社、白石友吉が操業していた。こうして、博多港は下関・長崎に次ぐトロール漁業の根拠地となった。ただし、福岡市は長崎や下関に比べて魚価が高く、石炭の供給が容易であるという点では恵まれていたが、博多港は狭くて水深が浅いため船舶が接岸しにくい、荷揚げ設備が整っていない、岸壁と魚市場あるいは鉄道が離れているといった不利な条件もかかえていた。したがって、博多港への水揚げ高は船舶数の割には多くはなかった。(3)

福博で最初の本格的な水産企業は博多汽船漁業である。同社は明治四十三（一九一〇）年十一月、福岡市内北浜町に本社を置いて成立した。表5－2によってその経営陣を見ると、福博財界の重要人物である四代目太田清蔵が相談役となっている。取締役社長の太田大次郎は太田清蔵の次男で、合資会社太田屋代表社員である。常務取締役の津田幾次郎は海産物商和白屋の九代目津田孫右衛門の三男で、共同製氷株式会社専務取締役、博多海陸運輸株式会社相談役、博多魚類商組合理事などを歴任した。取締役の荒津長七は貸家業、米穀仲買業、株式売買業などで蓄積、博多工作所・荒津商事株式会社などを設立し、共同製氷、博多相互貯金会社の役員を歴任している。同じく取

表5－1　全国トロール漁業の推移

| | 船舶総数(隻) | トロール漁獲量(貫) | トロール漁獲高(円) | 1隻平均漁獲量(貫) | 1隻平均売上高(円) | 1隻平均経費(円) | 魚価(円) |
|---|---|---|---|---|---|---|---|
| 明治38年 | 1 | － | － | － | － | － | － |
| 39年 | 2 | － | － | － | － | － | － |
| 40年 | 3 | － | － | － | － | － | － |
| 41年 | 7 | － | － | － | － | － | － |
| 42年 | 13 | － | － | － | － | － | － |
| 43年 | 18 | － | 492,436 | － | － | － | － |
| 44年 | 73 | － | 1,728,655 | － | － | － | － |
| 45年 | 131 | － | 3,832,481 | － | － | － | － |
| 大正 2 年 | 139 | － | 4,738,451 | － | － | － | － |
| 3 年 | 131 | － | 4,089,109 | 140,433 | 52,854 | 45,000 | － |
| 4 年 | 125 | － | 3,899,717 | 148,199 | 52,439 | 45,000 | － |
| 5 年 | 56 | 7,043,618 | 3,272,843 | 121,557 | 53,379 | 46,608 | 4.65 |
| 6 年 | 7 | 1,655,688 | 1,357,081 | 152,785 | 124,272 | 76,884 | 8.20 |
| 7 年 | 6 | 885,098 | 949,114 | 166,103 | 170,878 | 78,600 | 10.72 |
| 8 年 | 10 | 944,367 | 1,231,421 | 174,336 | 215,096 | 116,400 | 13.04 |
| 9 年 | 48 | 3,816,866 | 4,815,618 | 145,752 | 202,443 | 164,189 | 12.62 |
| 10年 | 57 | 7,754,538 | 8,015,788 | 144,785 | 149,465 | 146,206 | 10.34 |
| 11年 | 67 | 9,145,738 | 10,215,058 | 155,984 | 172,492 | 133,379 | 11.47 |
| 12年 | 70 | 9,985,027 | 10,058,406 | 150,085 | 146,919 | 127,609 | 10.07 |
| 13年 | 70 | 10,134,629 | 9,786,586 | 146,898 | 140,154 | 122,584 | 9.66 |
| 14年 | 70 | 10,541,528 | 9,097,466 | 148,507 | 127,985 | 111,984 | 8.63 |
| 15年 | 69 | 12,149,207 | 9,077,099 | 149,270 | 110,694 | － | 7.47 |
| 昭和 2 年 | 70 | 13,361,029 | 9,457,257 | 168,780 | 118,642 | － | 7.08 |
| 3 年 | 67 | 15,526,996 | 10,158,999 | 198,120 | 118,818 | 106,188 | 6.54 |
| 4 年 | 70 | 16,626,145 | 9,761,060 | 207,559 | 121,338 | 119,513 | 5.87 |
| 5 年 | 75 | 16,969,869 | 7,998,774 | 226,264 | 106,650 | 104,369 | 4.71 |
| 6 年 | 70 | 15,747,232 | 6,288,388 | － | － | － | 3.99 |
| 7 年 | 70 | 15,145,129 | 5,607,787 | － | － | － | 3.70 |

出典：吉田秀一『トロール漁業』（楽水会，昭和10年）50頁，農林省水産局『汽船トロール漁業ノ沿革及概況』（発行年不詳）。
備考：－部分は資料に記載なし。魚価は漁獲量と漁獲金額から10貫当たりの金額を算出した。

**表5－2　博多汽船漁業・福博遠洋漁業・博多遠洋漁業株式会社の役員**

| 博多汽船漁業株式会社 | | 福博遠洋漁業株式会社 | | 博多遠洋漁業株式会社 | |
|---|---|---|---|---|---|
| 役　職 | 氏　名 | 役　職 | 氏　名 | 役　職 | 氏　名 |
| 取締役社長 | ▲太田大次郎 | 社長 | 石村虎吉 | 取締役 | ▽吉田増太郎 |
| 常務取締役 | ▲津田幾次郎 | 専務取締役 | ▽吉田増太郎 | 取締役 | ▽河内卯兵衛 |
| 取締役 | ▲荒津長七 | 取締役 | ▽渡辺綱三郎 | 取締役 | ▲太田大次郎 |
| 取締役 | 針貝虎太郎 | 取締役 | ▽河内卯兵衛 | 取締役 | ▲津田幾次郎 |
| 取締役 | 西頭宗太郎 | 取締役 | 矢野卯兵衛 | 取締役 | ▲荒津長七 |
| 取締役 | 吉原敬介 | 取締役 | 三苫寛一郎 | 取締役 | 谷　慶介(祐) |
| 取締役 | 長野嘉久寿 | 監査役 | 原　三信 | 取締役 | 伊藤公甫 |
| 監査役 | ▲師岡金吉 | 監査役 | 河原田平助 | 監査役 | ▲諸(師)岡金吉 |
| 監査役 | 太田太兵衛 | 監査役 | 津田延次郎 | 監査役 | ▽渡辺綱三郎 |
| 監査役 | 林　信行 | | | 監査役 | 大野徳太郎 |
| 監査役 | 高梨東太 | | | | |
| 相談役 | 大野仁平 | | | | |
| 相談役 | 太田清蔵 | | | | |
| 相談役 | 三好光三郎 | | | | |

出典：「博多汽船漁業株式会社第５回決算報告」,「福博遠洋漁業株式会社第４回営業報告書」（以上,『福岡日日新聞』大正２年２月３日),「博多遠洋漁業株式会社決算報告」(同前, 大正３年６月４日)。
備考：▲▽の印はそれぞれ合併前と合併後の会社双方で役員となっているもの。

締役の針貝虎太郎と西頭宗太郎はいずれも後述の共同製氷の監査役である。

博多汽船漁業の成立からやや遅れて、明治四十四年五月、福博遠洋漁業が福岡市内海岸通りに設立された。同社社長の石村虎吉は煙草・楽器商で、明治三十五年末から同四十三年末まで、太田清蔵が博多商業会議所会頭の地位にあった同じ時代に副会頭を務めた人物である。吉田増太郎は明治四十二年、吉田遠洋漁業部を創業したが、同四十四年に渡辺与八郎らとともに福博遠洋漁業を創設し、これに吉田遠洋漁業部を合併して専務取締役となった。渡辺綱三郎は渡辺家の一員であって、多数の事業に関与していた。そのほかに、河内卯兵衛、三苫寛一郎など、福博の著名な企業家が同社の経営陣を構成している。これら企業および企業家については本書の他の章で詳説されているのでここでは省略する。(4)

大正初期の払込株金・漁獲高を比較した表5－3によって福博のトロール業者の規模を見ると、博多汽船漁業が漁獲高において半分近くを占め、福博遠洋漁業がこれに

表5－3　福博のトロール業者の比較（大正2年）

単位：円，（%）

| 業者名 | 払込株金 | 漁獲高 |
|---|---|---|
| 博多汽船漁業株式会社 | 660,000 | 391,206（ 45.7） |
| 福博遠洋漁業株式会社 | 700,000 | 328,649（ 38.4） |
| 西海漁業株式会社 | 90,000 | 71,382（ 8.3） |
| 白石友吉 | － | 37,751（ 4.4） |
| 日鮮汽(機)船漁業合名会社 | － | 27,563（ 3.2） |
| 合計 | | 856,551（100.0） |

出典：漁獲高は『福岡日日新聞』大正3年2月22日，払込株金は同前，大正2年8月2日・8月6日。
備考：円未満は四捨五入した。

次いでいる。これら両社は資金面でも他を引き離していて、福博の二大水産企業であったと言える。

大正二年を頂点として、日本のトロール漁業は衰退に向かった。それは、大正元年八月に海底電線保護区域が設定されたことによって操業禁止区域が広まったため漁場が遠くなり、また供給過剰によって魚価が低落したことが原因である。加えて、一般経済界の不景気は魚価の暴落を促した。にもかかわらず、大正二年初めに九隻のトロール船が進水しており、それは「一部ノ当業者中ニハ船型大ニシテ速力並ニ航続力充分ナル優秀船ヲ以テセバ斯業ノ前途ハ敢テ悲観ノ要ナシト認メタルモノアル」ためであった。その後、第一次世界大戦初期まではトロール業者は一部を除いて「最モ惨憺タル悲境」に陥った。そこで、この窮地を脱するにはトロール船主を糾合して、「新ナル人材ト資本トヲ加ヘテ一大組織トナシ、経営方法ヲ根本的ニ刷新シ、出入船ノ按配ヲ為シ、漁獲物ノ販売ヲ有利ナラシメ、一方経費ノ節約ヲ図ルノ他ナシ」と考えられた。こうして大正三年頃から水産業の分野で企業合同が見られるようになった(5)。

こうした背景のもと、福博では博多汽船漁業と福博遠洋漁業の二社が合同して博多遠洋漁業株式会社が成立した。これら二社の合同については以前にも計画されたことがあったが、その当時は進捗せず、大正三年春になって再び合同計画がもちあがっている。両社の合同に関して博多汽船漁業側の重役中に反対する者もあったが、大勢は合同に賛成し、福博遠洋漁業側も特に異論はなく、早期に成立するものとみられた(6)。

両社の合同条件の主な内容は、①大正二年十二月末の貸借対照表を合併計算の基礎とする。②博多汽船漁業は定款を改正して一三六万円に増資し、この増加にかかる株式一万四、〇〇〇株、五〇円全額払い込み済みを福博遠洋漁業の株主に交付して同社を合併する。③博多汽船漁業はその財産中より四万五、〇〇〇円を任意処分し得る。④大正三年二月一日を以て事実上の合併期日とする。⑤大正三年一月一日から三月末までの利益金は各社の所得とする。⑥合併成立後、共同製氷株式会社を合併する。⑦合併遂行に要する費用は各社五、〇〇〇円を限って支出し得る。⑧博多汽船漁業は合併成立後の総会でその商号を変更する。⑨博多汽船漁業の取締役・監査役は合併成立と同時に退任し、その後の株主総会で改選する、というものである。[7] この合同計画は、重役による仮契約調印を終え、大株主の賛成を得て三月末に両社とも株主総会に付議した結果、いずれも仮契約の内容を満場一致で可決した。[8]

九州ではこのほかに、大正二年十二月に肥前漁業株式会社と西海漁業株式会社の合同が行われ、肥前漁業が存続会社となって、本拠を佐賀県唐津港に置き、二隻のトロール船で操業している。[9]

九州以外では、大正三年十一月、大阪・神戸の船主が合同し、星野錫が社長となって、資本金二〇〇万円の（旧）共同漁業株式会社が東京に本社を置いて成立し、大阪、下関、長崎に支店を設置して二五隻のトロール船で操業を始めている。[10] その際、星野は福博のトロール会社をも包含する希望を持っていたが、「種々の事情調査の結果、不可能」であるとしている。星野は合同の成立に協力を得るため博多汽船漁業社長の太田大次郎と会見したが、太田は「目下福博に於けるトロール漁業は整理の時代にありて漸く合同も成立したる際なれば、従来トロール漁業に対する投資家の警戒と危惧心を解くに全力を傾注す可き時期にして、今や其第一段に着手したるに過ぎざるに、新に之が新設とも見る可き同業に参与するは世人の誤解を招き、折角の整理事業に齟齬を生ずるが如き事なきを保せず」として辞退している。[11]

こうして成立した博多遠洋漁業は共同製氷を買収することになる。共同製氷は明治四十四年十二月、福岡市千歳町に資本金三〇万円で設立された、漁獲物保存用の氷を供給する会社であって、一日の製氷能力六〇トンを有した。その大株主・重役の多くは市内または近隣の資本家で、博多遠洋漁業の関係者であった。取締役には津田幾次郎、荒津長七、吉田増太郎、監査役には津田延次郎、針貝虎太郎、西頭宗太郎らが就任しており、もともと両社は密接な関係にあった。同社は博多港を根拠とするトロール船一八隻の船主たちがその株主であったため、その営業は頗る順調であった。

この買収は、共同製氷の払込済み額を二四万円とし、買収の対価は博多遠洋漁業の額面四〇円の債券を交付することとして、償還の方法は発行の日より三年据え置き、以後四年間に毎年二回、八分の一以上を償還するもので、利子は年六分であった。つまり、共同製氷の株主は従来の配当の代わりに償還期間中六分の利子を受け取ることになるのである。株主の中には、これではあまりに低率過ぎるとし、とくに当時、下関の製氷業界では東洋製氷株式会社と関門製氷株式会社との合同計画が進捗しつつあるときにあたり、各製氷会社の販売協定が実施されれば利潤も増加するものと予想して、これに反対する者もあった。しかし、共同製氷の六、〇〇〇株のうち三、〇五〇株は博多遠洋漁業の持ち株であって、そのほかに同社重役の持ち株を加えれば五、〇〇〇株以上に達するので、一部の株主の反対は奏効しないと見られ、結局、買収は成立することとなった。合同の仮契約の内容は上記に加え、①博多遠洋漁業は共同製氷を大正三年五月末の貸借対照表の状態を以て買収し、同表に表示されたすべての資産と負債を継承する。②大正三年五月末までの共同製氷の利益金は同社において処分することができる。③共同製氷は解散費用として大正三年五月末の貸借対照表中より三、〇〇〇万円を任意利得することができる、というものである。

この仮契約は大正三年六月五日に取り交わされ、双方の臨時総会が同月二十一日に開催されて同議案が可決した。

これをもって合併が成立し、博多遠洋漁業は製氷を兼営する企業となった[12]。

博多遠洋漁業の成立の頃は一般の不景気によって魚価が低落気味であったが、同社の費用のかなりの部分を占める石炭価格が下落したため、その業績は比較的好調であったとされる[13]。ところが、博多港におけるトロール漁業の水揚げ量は減少傾向にあった。禁漁区の拡大と監視の厳格化によって、九州沿岸のトロール漁船一二〇隻のうち就業しているものは八〇隻で、他は休業中であった。就業中のものもトロール禁止区域の拡大によって上海や台湾近海まで出漁するようになったため、かつては一ヶ月に四回の航海が可能であったが、大正三年末頃には一、二回程度となり、また、石炭・氷の消費量の増加が経営を圧迫した[14]。博多遠洋漁業の経営状況の詳細は不明であるが、大正四年の漁獲高は六七万円余で、漁獲物の三分の二は九州各地へ、一部は遠く京阪神へも陸送されたという[15]。

## 二　福博における水産企業の消滅

大正期においてトロール業界に最も大きな影響を与えたのは第一次世界大戦である。前掲表5－1によれば、大正三（一九一四）年の大戦勃発後、やや遅れてトロール汽船数が激減すると同時に一隻当たり平均売上高が急増している。大正五年頃、大戦の影響によって船舶が不足気味となり、トロール船が単なる輸送船に改造・転用されたり、ヨーロッパへ売却される傾向が生じ、漁獲物の供給が減少したことによるものである。下関では、一時六〇隻に達していたトロール船は五〇隻に減少した。博多遠洋漁業も大正五年二月、第十博多丸の貨物船への改造に着手している[16]。さらに同社は同年春の株主総会の決議により、所有船一九隻のうち七隻を売却することを決定した。これらのトロール船の一部は掃海用としてヨーロッパ諸国に売却されたが、多くは貨物船に改造されて内地用船腹の補充用とされた[17]。

大戦ブームによって総じて物価は上昇し、一隻当たり平均漁獲量には大差ないものの、平均売上高は急上昇した。そのため大戦中には供給過剰のトロール船が自然に淘汰される過程が進行した。博多遠洋漁業ではこうしたトロール船売却の結果、減資の必要が生じたため、大正五年九月、大株主会において資本金一三六万円のうち三六万円、七、二〇〇株を減資することが決定した[18]。

福博では大正五年秋に魚価の高騰が著しくなっている。例年に比べて約三割も高騰しており、これは大戦景気のために工業地帯や炭鉱地帯で一般に需要が拡大したことに加えて、トロール船が改造あるいは売却されて、その供給力が減退したことによる[19]。

こうしたなかで、博多遠洋漁業は残りのトロール船一二隻について、イタリアから合計一五〇万円で売却の打診を受けた。この売却が成立すれば、売却代金から、製氷事業合同のための資金三〇万円のうちの二四万円と船舶原価を差し引いてもなお利益が得られるため、一般株主はこの機会を逃さず売り払うことを望んだ。結局、同社所有トロール船一二隻を一八〇万円で売却することになった。船舶を持たなくなった博多遠洋漁業は大正六年一月二十日付で解散することになった[20]。

共同製氷との合同によって手に入れた製氷工場については、博多遠洋漁業の解散決定と同時に東洋製氷株式会社が買収交渉を始めている。東洋製氷は明治四十四（一九一一）年十二月に下関、長崎、神戸などの資本家によって資本金一〇〇万円にて下関に設立されたもので、株主は主に漁業関係者であって、その漁獲物保存用の氷を供給する以外に、船舶用燃料石炭を一手に供給することを目的としていた。同社は明治四十五年には日産二六五トンの生産設備を備え、九州・山口地方の製氷会社の中で最大規模となっている[21]。さらに同社は大正三年、関門製氷、長崎製氷、博多製氷の三社を併合、佐賀製氷所を買収して九州の製氷能力をほぼ独占し、大正五年には東京、大阪、神戸にも工場を有し、日産七〇〇トンの設備を擁する企業となった(22)。

この東洋製氷と博多遠洋漁業との間で大正六年一月十四日、工場および付属財産を二一万五、〇〇〇円で売却する契約が成立した。その後、共同製氷は清算され、大正六年七月十六日、最後の株主総会で一株当たりの分配額を七六円二三銭とする会社財産の分配案を満場一致で可決した(23)。

このように大戦中にトロール船の多くが売却された結果、大正六年末から翌七年初め頃には、全国のトロール船総数は六隻にまで減少した。長崎港を本拠地とするものは一隻、下関港は四隻となり、博多港から第一東洋丸が出帆したものの、「同船が何れの場所に陸揚げするかは不明」という状態であった(24)。

トロール船を保持していたのは、日本水産株式会社の源流にあたる個人企業の田村汽船漁業部である。大戦終了時に残っていた国内の六隻のトロール船のうち四隻が田村汽船のものであった。その創立者の田村市郎は久原房之助の実兄で、明治四十五年に下関で創業した。ほかの漁業者がトロール船を次々と手放していた時代に、田村だけは船舶を保持し、競争相手のいない漁場で有利な操業を続けたことが、大戦後に発展を遂げる基礎になった。この日本水産は後に共同漁業株式会社となり、次に述べる博多トロール株式会社を傘下におさめることになる(25)。

## 三　博多トロール株式会社の成立

大戦による船舶不足を機に、政府は大正六（一九一七）年一月、「汽船トロール漁業取締規則」を改正し、許可隻数を七〇に制限して過当競争や濫獲の弊害を防止するとともに、新造トロール船は総トン数二〇〇トン以上の鉄鋼船で、二、〇〇〇浬以上の航続能力を持ち、一一ノット以上の最高速力を持つものとした。

この時点で、許可枠七〇隻のうち前述の田村汽船漁業部が七隻、(旧) 共同漁業が一八隻、その他の業者が九隻で、合計三四隻が許可されていた。(旧) 共同漁業は大戦中に船舶のほとんどを売却し、その後、一八隻の操業認可申請権を持ったまま休業状態にあった。田村は大正六年に、この (旧) 共同漁業の株式の大半を買収して同社を傘下におさめた。その後、田村は大正八年に株式会社に改組し、資本金七〇万円で日本トロール株式会社に改称した。さらに傘下の (旧) 共同漁業に日本トロールを吸収合併させ、資本金五〇〇万円の共同漁業株式会社とした。[26]

大正七年、第一次世界大戦が終息すると、造船用鉄材価格は下落したが、魚価は反対に高騰したため、再びトロール船建造が勃興の気運に向かった。前掲表5－1によれば、大正八年からトロール船は少しずつ増え始め、同十二年にはトロール船総数は上限の七〇隻に達している。

福岡県では大正七～九年に会社数の対前年増加率がひとつのピークを形成した。[27] その頃、大正八年春に福岡から太田清蔵の五隻、吉田増太郎の三隻、岩崎元次郎の五隻がトロールの操業を出願している。しかし、政府は出願者の身元、信用、経営能力、船体の構造などについて厳格に調査し、簡単には許可しなかった。特に、トロール禁止区域の拡大によって長距離の航行が必要になったことから、木造船は許可しない方針であった。[28] 太田が農商務省に対して申請中であったトロール事業については、大正八年十二月十七日付で五隻のうち三隻が許可され、さらに二十五日付で一隻が許可された。一方、ほかの申請者はいずれも不許可となった。[29]

これを受けて、太田らは福岡市内対馬小路町の博多漁業組合事務所に仮事務所を設置して新会社の設立準備にとりかかった。この会社の資本金は二〇〇万円で、そのうち一万四、〇〇〇株は発起人が引き受け、残り六、〇〇〇株を公募する計画であった。[30]

この会社の創立委員長であった太田は大正九年二月に株式公募に乗り出した。その設立趣意書は次のように言う。

当博多港は古来漁港の歴史を有し、諸方より魚類の供給を仰き来るもの年々歳々其数を増加せり。故を以て十数年前トロール漁業株式会社の設立ありて其需要を円滑ならしめ大に貢献する所ありしも解散の已むなきに至り甚だ遺憾とする所なりき。然るに爾来魚類の需要増加し常に其供給に不足を告け、伴ふて魚価益騰貴し殆と底止する所を知らさるの実況なり。茲に於て悟等同志相謀り、昨年三月八日、汽船トロール漁業起業認可申請書を農商務大臣に提出せるに、昨年十二月十七日及同月二十五日付を以て全国に於けるトロール汽船制限数七十隻の内四隻に付認可の指令を得たるに依り、茲に資本金弐百万円を以て株式会社を組織し、トロール漁業を経営し大に魚類をして潤沢ならしむると同時に廉直ならしめ、近時喧しき食糧問題解決の一端に貢献し一面博多港の殷賑に資せんとするに際し、其事業の有望にして且国家的なるを翼賛せられ、株式の申込者多くして既に定数を超過せるも、独り発起人並に賛成人に於て其株式を壟断するに忍ひす、特に少数を割きて一般公募を行ふ所以なり。翼くは大方諸彦深く如上の趣旨を諒せられ奮て御賛同あらんことを。

この時の募集要項によれば、一株五〇円で、四万株のうち六、〇〇〇株を募集し、申込株数単位は一〇株以上、申込証拠金を一株に付き二円五〇銭としている。第一回の払込金は証拠金併算で一二円五〇銭で、大正九年二月一日から五日までに申し込むこととしていた[31]。

大正九年三月二十七日、創立総会が福岡市内の博多商業会議所で開催された。出席株主は委任状をあわせて五七九名、その持ち株数は二万四、八四二株であった。ここで、創立事務報告、創立費増加の承認、定款審議の決定、商法第三十四条による調査報告の承認、太田清蔵ほか一五名からトロール業の引き継ぎ条件の承認、創立委員が締

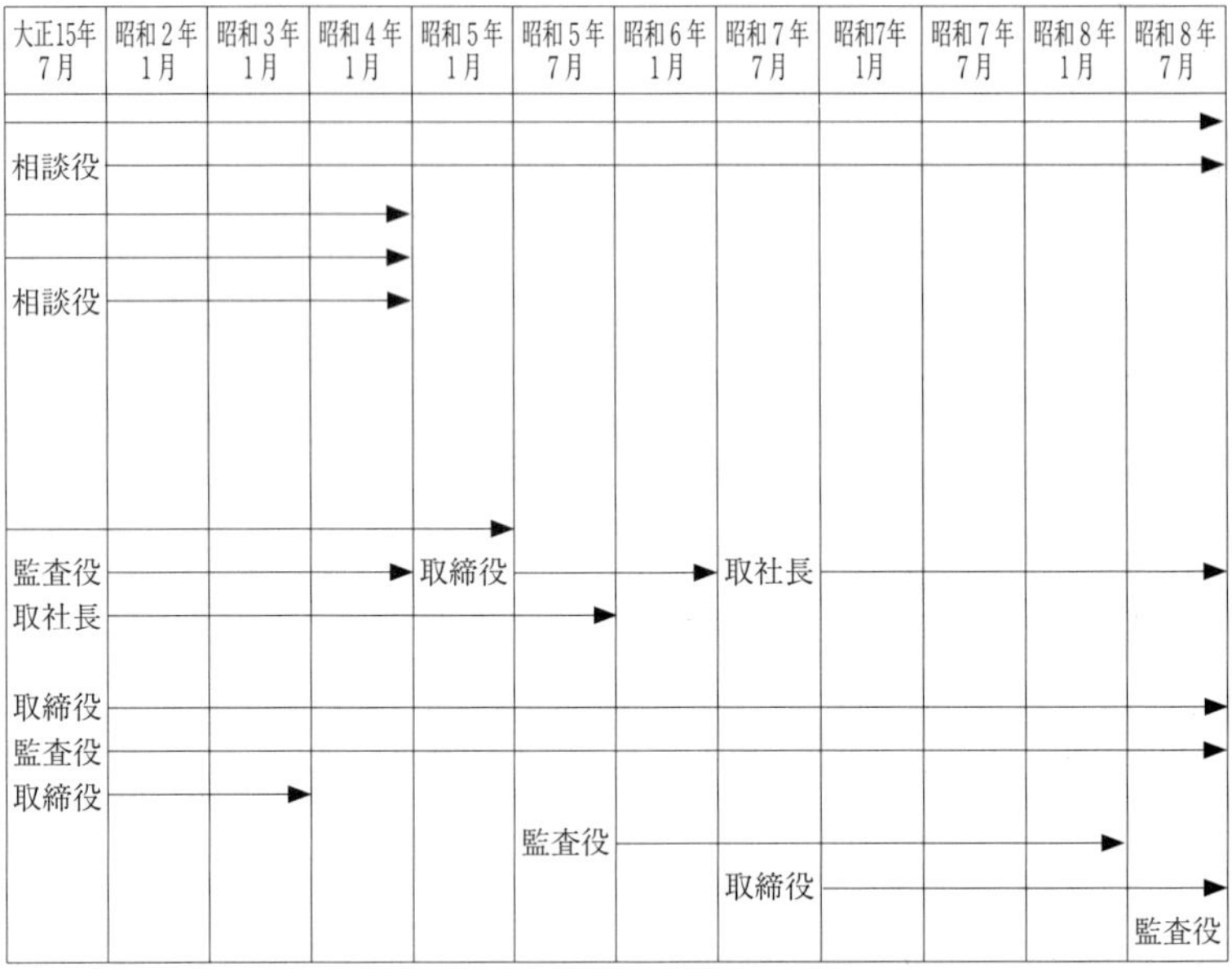


結した造船契約の承認などが行われた。相談役、取締役、監査役の選挙については、株主許斐友次郎から、相談役として太田清蔵を推薦する提案があり、そのほかは議長の指名に一任することとなった。その結果、相談役は太田清蔵、取締役は渡辺龍次郎、津田幾次郎、安増宝太郎、許斐友次郎、三浦覚一、監査役は荒津長七、針貝虎太郎、篠崎仁三郎に決定した。取締役の互選によって社長は許斐友次郎、専務取締役は安増宝太郎に決定した。(32)

博多トロールの設立から解散までの役員の変遷は表5－4に示されている。同社役員には太田清蔵、津田幾次郎およびそれらの同族、荒津長七、針貝虎太郎などの、かつての博多遠洋漁業時代の役員が含まれている。この中の主な人物をみると、同社設立の中心人物であった太田清蔵とかつて博多汽船漁業の専務であった津田幾次郎は同社の設立から解散まで一貫して相談役ないし取締役の職にあった。津田孫右衛門は海産物業と肥料問屋を

**表5－4　博多トロール株式会社役員の変遷**

| 氏　名 | 大正10年1月 | 大正10年7月 | 大正11年1月 | 大正11年6月 | 大正12年1月 | 大正12年7月 | 大正13年1月 | 大正13年6月 | 大正14年1月 | 大正14年7月 | 大正15年1月 |
|---|---|---|---|---|---|---|---|---|---|---|---|
| 太田清蔵 | 相談役 | ― | ― | ― | ― | ― | ― | ― | ― | ― | ― |
| 津田幾次郎 | 取締役 | ― | ― | ― | ― | ― | ― | → | 代表取 | 取社長 | → |
| 荒津長七 | 監査役 | ― | ― | ― | ― | ― | ― | ― | → | 取締役 | ― |
| 安増宝太郎 | 常務取 | ― | ― | → | 取締役 | ― | ― | ― | ― | ― | ― |
| 三浦覚一 | 取締役 | ― | ― | ― | ― | ― | ― | ― | ― | ― | → |
| 針貝虎太郎 | 監査役 | ― | ― | ― | ― | ― | ― | → | | | |
| 渡辺龍次郎 | 取締役 | ― | ― | → | 取社長 | ― | ― | → | | | |
| 許斐友次郎 | 取社長 | ― | ― | → | 取締役 | | | | | | |
| 篠崎仁三郎 | 監査役 | ― | ― | → | | | | | | | |
| 太田太兵衛 | | | | | | 監査役 | ― | ― | ― | ― | ― |
| 津田孫右衛門 | | | | | | 取締役 | ― | ― | ― | ― | → |
| 渡辺睦太郎 | | | | | | | | | | 監査役 | → |
| 柴田伝三郎 | | | | | | | | | | 監査役 | → |
| 樋口邦彦 | | | | | | | | | | | |
| 岸田恒太郎 | | | | | | | | | | | |
| 津田宇兵衛 | | | | | | | | | | | |
| 万代増次 | | | | | | | | | | | |
| 今井直城 | | | | | | | | | | | |
| 増井六郎 | | | | | | | | | | | |

備考：役職の表示は，取社長＝取締役社長，常務取＝常務取締役，代表取＝代表取締役。岸田恒太郎は昭和５年下期に一時取締役を担当。

兼営し、株式会社博多魚市場取締役、福岡市商業組合理事などを務めた。荒津長七も前述の博多汽船漁業の取締役であった。初期に社長の任にあった許斐友次郎は煙草商を営むほか、許斐工業株式会社取締役、博多土居銀行監査役であった。大正末期から同社解散まで取締役を務めた岸田恒太郎は、博多湾鉄道汽船・福岡肥料の各株式会社代表、筑前参宮鉄道株式会社取締役、福岡銀行取締役などを歴任している。所在が福博以外の役員として、三浦覚一は東京在住で、東北水産株式会社取締役、大分電気工業株式会社監査役など、地方の企業に関与していた人物である。

昭和六（一九三一）年から、後に博多トロールを買収することになる共同漁業の関係者が経営に関与するようになっている。昭和六年から八年まで取締役を務めた今井直城は共同漁業の常務であった。増井六郎は久原系企業数社を転じ、戸畑冷蔵会社取締役兼支配人、共同漁業・日本魚網船具会

表5－5　博多トロール株式会社株主の地域的分布

単位：株，(%)

| 府 県 | 大正9年12月 | 大正13年6月 | 昭和3年1月 | 昭和8年7月 |
|---|---|---|---|---|
| 福岡 | 37,351 ( 93.4) | 35,858 ( 89.6) | 35,451 ( 88.6) | 36,668 ( 91.7) |
| 佐賀 | 208 ( 0.5) | 430 ( 1.1) | 237 ( 0.6) | 5 ( 0.0) |
| 長崎 | 286 ( 0.7) | 440 ( 1.1) | 338 ( 0.8) | 338 ( 0.8) |
| 熊本 | 385 ( 1.0) | 263 ( 0.7) | 346 ( 0.9) | 63 ( 0.2) |
| 大分 | 99 ( 0.2) | 99 ( 0.2) | 349 ( 0.9) | 47 ( 0.1) |
| 鹿児島 | 2 ( 0.0) | 0 ( － ) | 0 ( － ) | 0 ( － ) |
| 宮崎 | 2 ( 0.0) | 2 ( 0.0) | 2 ( 0.0) | 2 ( 0.0) |
| 山口 | 0 ( － ) | 0 ( － ) | 56 ( 0.1) | 24 ( 0.1) |
| 広島 | 0 ( － ) | 0 ( － ) | 100 ( 0.3) | 100 ( 0.3) |
| 岡山 | 0 ( － ) | 2 ( 0.0) | 0 ( － ) | 0 ( － ) |
| 香川 | 0 ( － ) | 20 ( 0.1) | 0 ( － ) | 0 ( － ) |
| 兵庫 | 213 ( 0.5) | 113 ( 0.3) | 69 ( 0.2) | 0 ( － ) |
| 大阪 | 102 ( 0.3) | 2 ( 0.0) | 4 ( 0.0) | 104 ( 0.3) |
| 京都 | 0 ( － ) | 100 ( 0.3) | 100 ( 0.3) | 0 ( － ) |
| 三重 | 0 ( － ) | 0 ( － ) | 10 ( 0.0) | 0 ( － ) |
| 富山 | 0 ( － ) | 5 ( 0.0) | 0 ( － ) | 0 ( － ) |
| 愛知 | 50 ( 0.1) | 50 ( 0.1) | 50 ( 0.1) | 90 ( 0.2) |
| 静岡 | 0 ( － ) | 0 ( － ) | 755 ( 1.9) | 360 ( 0.9) |
| 東京 | 1,002 ( 2.5) | 2,616 ( 6.5) | 2,107 ( 5.3) | 2,177 ( 5.4) |
| 朝鮮 | 0 ( － ) | 0 ( － ) | 22 ( 0.1) | 22 ( 0.1) |
| 青島 | 300 ( 0.8) | 0 ( － ) | 0 ( － ) | 0 ( － ) |
| 大連 | 0 ( － ) | 0 ( － ) | 4 ( 0.0) | 0 ( － ) |
| 合計 | 40,000 (100.0) | 40,000 (100.0) | 40,000 (100.0) | 40,000 (100.0) |

出典：博多トロール株式会社『営業報告書』。

社のそれぞれ監査役を務めた。

表5－5によって博多トロールの株主の地域分布の変化を見ると、全体の約九割が地元福岡県の株主であり、そのほかに九州各地に多少分布している。この傾向は一貫してほぼ変わっていない。表5－6によって博多トロール創立当初の株主を見ると、津田孫右衛門、津田幾次郎、針貝虎太郎など、持ち株数で上位の株主が役職に就いている。また、博多汽船漁業の取締役であった西頭宗太郎と福博遠洋漁業の取締役であった矢野卯兵衛も上位株主となっている。博多トロールは福博の資本によって成立した企業であって、福博の実業界全般に深い関わりを持つ太田清蔵と海産物流通に携わってきた津田家の関与が強かったものと見られる。

**表5－6　博多トロール株式会社の大株主（大正9年）**

| 株　主　名 | 所 在 | 株 数 | 社内の役職 |
|---|---|---|---|
| 津田孫右衛門 | 福岡 | 1,500 | 取締役，監査役，取社長 |
| 津田幾次郎 | 福岡 | 1,500 | 取締役，代表取，取社長，相談役 |
| 針貝虎太郎 | 福岡 | 1,500 | 監査役 |
| 博鱗組代表者<br>竹若徳次郎 | 福岡 | 1,500 | |
| 太田清蔵 | 福岡 | 1,420 | 相談役 |
| 篠崎仁三郎 | 福岡 | 1,370 | 監査役 |
| 山本育英 | 福岡 | 1,300 | |
| 安浦儀七 | 福岡 | 1,200 | |
| 矢野卯兵衛 | 福岡 | 1,200 | |
| 奥村利助 | 福岡 | 1,200 | |
| 安増宝太郎 | 福岡 | 1,078 | 常務取，取締役 |
| 渡辺龍次郎 | 福岡 | 1,075 | 取締役，取社長 |
| 三浦覚一 | 東京 | 1,000 | 取締役，相談役 |
| 許斐友次郎 | 福岡 | 870 | 取社長，取締役 |
| 荒津殖産㈱取締役<br>荒津長七 | 福岡 | 718 | 監査役，取締役 |
| 柴田伝三郎 | 福岡 | 700 | 監査役 |
| 木道清市 | 福岡 | 700 | |
| 西頭宗太郎 | 福岡 | 690 | |
| 馬場藤三郎 | 福岡 | 650 | |
| 共愛会代表者<br>安増宝太郎 | 福岡 | 619 | |
| ㈱荒津商店支配人<br>南川豊次郎 | 福岡 | 567 | |
| 池見辰次郎 | 福岡 | 526 | |
| 山田荒太郎 | 福岡 | 510 | |
| 博多魚類商組合組長<br>太田太兵衛 | 福岡 | 500 | 監査役 |
| 渡辺与三郎 | 福岡 | 500 | |

出典：博多トロール株式会社『営業報告書』。
備考：500株以上の株主を載せた。役職名は，取締役社長＝取社長，常務取締役＝常務取，代表取締役＝代表取とし，一度でも役職に就いたことがあるものを載せた。

表5－7　博多トロール株式会社の大株主（昭和8年）

| 株　主　名 | 所 在 | 株 数 | 社内の役職 |
|---|---|---|---|
| 共同漁業㈱取締役社長<br>松崎寿三 | 福岡 | 18,826 | |
| ㈱博多魚市場取締役社長<br>津田孫右衛門 | 福岡 | 2,239 | |
| 津田孫右衛門 | 福岡 | 1,850 | 取締役，監査役，取社長 |
| 太田商事㈱取締役社長<br>太田新吉 | 東京 | 1,560 | |
| 安浦儀七 | 福岡 | 1,350 | |
| ㈱博多土居銀行取締役頭取<br>磯野七平 | 福岡 | 1,265 | |
| 末松亀生 | 福岡 | 1,116 | |
| 許斐友次郎 | 福岡 | 800 | 取社長，取締役 |
| 池見茂隆 | 福岡 | 526 | |
| 阿部柳吉 | 福岡 | 504 | |
| 第一徴兵保険㈱取締役社長<br>太田清蔵 | 東京 | 478 | 相談役 |
| 高橋　昇 | 福岡 | 370 | |
| 杉田金蔵 | 静岡 | 360 | |
| 石橋友次郎 | 福岡 | 342 | |
| 田中十太郎 | 福岡 | 323 | |
| 博多海陸運輸㈱取締役社長<br>太田太兵衛 | 福岡 | 320 | 監査役 |
| 竹若徳次郎 | 福岡 | 300 | |
| 樋口邦彦 | 福岡 | 300 | 取締役 |
| 稲部マス | 長崎 | 300 | |

出典：博多トロール株式会社『営業報告書』。
備考：300株以上の株主を載せた。社内の役職については前掲表5－6と同じ。

表5－7によって売却される直前の昭和八年時点の大株主を見ると、上位大株主に持ち株数が集中しており、すでに共同漁業の社長松崎寿三によってかなりの部分が買い占められている。

博多トロールは大正九年四月五日に本社設立登記を、同六月一日に本社敷地買収登記を福岡区裁判所に申請した。そして本社営業所を福岡市海岸通りに新築し、十月十二日、これを本社とした。同時に十月から十二月にかけて船舶の所有権保存登記を長崎区あるいは神戸区の裁判所に申請した。こうして同社は同年末までに農商務省から四隻の船舶でトロール業を許可された。

# 四　博多トロール株式会社の経営状態

博多トロールの経営状況の推移を示した表5－8によれば、一期あたり五十回前後の出漁航海が実施されている。一航海当たりの漁獲金額は大正十四（一九二五）年下期を頂点にして次第に縮小していることがわかる。これは、漁獲量は増えつつも漁獲金額が伸びず、したがって単位重量当たりの魚価が低下するという全国の傾向と一致しており、景気の後退を反映している。

表5－8　博多トロール株式会社の経営状況

| 年・期 | 出漁航海数 | 1航海当たり漁獲高(円) | 払込資本金利益率(%) | 配当率(%) |
|---|---|---|---|---|
| 大正9年 | — | — | 2.17 | 16.90 |
| 10年上 | 14 | 4,820 | 17.08 | 12.00 |
| 10年下 | 14余《ママ》 | 5,421 | 17.08 | 12.00 |
| 11年上 | 53 | 6,450 | 11.63 | 12.00 |
| 11年下 | 48 | 4,942 | 0.00 | 0.00 |
| 12年上 | 50 | 5,307 | 14.68 | 0.00 |
| 12年下 | 53 | 5,589 | 12.01 | 8.00 |
| 13年上 | 56 | 7,042 | 17.89 | 7.53 |
| 13年下 | 52 | 7,486 | 13.94 | 8.01 |
| 14年上 | 57 | 6,380 | 12.20 | 8.00 |
| 14年下 | 48 | 8,720 | 15.39 | 8.00 |
| 15年上 | 50 | 5,970 | 9.17 | 8.00 |
| 15年下 | 53 | 6,245 | 12.00 | 8.00 |
| 昭和2年 | 101 | 5,879 | 5.25 | 4.00 |
| 3年 | 108 | 6,405 | 6.14 | 4.00 |
| 4年 | 120 | 5,998 | 8.83 | 5.00 |
| 5年上 | 52 | 5,185 | 0.87 | 0.00 |
| 5年下 | 63 | 4,589 | 1.73 | 0.00 |
| 6年上 | 41 | 4,589 | 2.71 | 0.00 |
| 6年下 | 60 | 3,607 | 1.35 | 0.00 |
| 7年上 | 43 | 3,951 | 0.80 | 0.00 |
| 7年下 | 53 | 3,734 | 0.88 | 0.00 |
| 8年上 | 45 | 3,752 | 2.72 | 2.00 |

出典：博多トロール株式会社『営業報告書』。
備考：大正9年は3月27日から12月31日までの分。

表5－9に示された博多トロールの貸借対照表を見ると、資産の合計が大正十二年下期を頂点に漸減しており、昭和期に入ると事業は縮小に向かったことがわかる。とはいえ、創業当初は比較的良好な成績であった。大正九年の第一期は設備を整える時期であって、松尾鉄工場および

表5－9　博多トロール株式会社の貸借対照表

単位：円

| | 科目 | 大正9年 | 大正10年上 | 大正10年下 | 大正11年上 | 大正11年下 | 大正12年上 | 大正12年下 | 大正13年上 | 大正13年下 | 大正14年上 | 大正14年下 | 大正15年上 |
|---|---|---|---|---|---|---|---|---|---|---|---|---|---|
| 借方 | 未払込株金 | 1,008,673 | 1,000,000 | 1,000,000 | 1,000,000 | 940,000 | 940,000 | 940,000 | 810,479 | 801,628 | 800,088 | 800,088 | 800,088 |
| | 土地建物 | 44,770 | 49,182 | 51,303 | 51,303 | 51,303 | 51,367 | 51,384 | 51,416 | 51,416 | 51,416 | 51,416 | 51,416 |
| | 船舶 | 1,269,161 | 1,282,206 | 1,268,249 | 1,253,284 | 1,233,001 | 1,233,053 | 1,438,230 | 1,423,531 | 1,373,471 | 1,343,471 | 1,328,272 | 1,288,272 |
| | 漁具 | 1,830 | 20,022 | 20,584 | 21,199 | 15,057 | 15,028 | 15,022 | 16,867 | 15,992 | 15,365 | 22,377 | 29,289 |
| | 貯蔵品 | 10,677 | 30,317 | 11,400 | 6,500 | 8,014 | 10,860 | 5,540 | 6,124 | 11,416 | 11,419 | 7,765 | 7,899 |
| | 什器 | 0 | 0 | 0 | 0 | 0 | 9,221 | 9,333 | 11,287 | 12,871 | 0 | 0 | 0 |
| | 預金及び現金 | 8,577 | 1,526 | 5,281 | 2,079 | 549 | 15,461 | 22,306 | 57,037 | 41,507 | 43,233 | 55,133 | 48,421 |
| | 振替貯金 | 10 | 10 | 10 | 10 | 133 | 0 | 0 | 0 | 0 | 0 | 0 | 0 |
| | 仕切金勘定 | 0 | 0 | 0 | 0 | 0 | 0 | 56,901 | 14,161 | 23,029 | 21,941 | 16,578 | 14,308 |
| | 未収入金 | 27,514 | 23,059 | 62,120 | 9,139 | 50,227 | 2,030 | 0 | 0 | 0 | 0 | 0 | 0 |
| | 受取手形 | 0 | 0 | 0 | 19,398 | 4,459 | 38,029 | 40,023 | 49,007 | 46,828 | 44,362 | 43,152 | 0 |
| | 預ヶ金 | 0 | 0 | 0 | 0 | 0 | 0 | 0 | 0 | 0 | 0 | 0 | 0 |
| | 備品 | 7,771 | 7,200 | 7,442 | 7,450 | 7,503 | 0 | 0 | 0 | 0 | 13,115 | 13,377 | 13,544 |
| | 仮払金 | 32,692 | 12,526 | 7,188 | 3,744 | 6,846 | 7,988 | 8,330 | 11,993 | 11,833 | 19,611 | 15,726 | 8,245 |
| | 売掛金 | 0 | 0 | 0 | o | 0 | 12,912 | 0 | 0 | 0 | 0 | 0 | 0 |
| | 創立費 | 15,000 | 13,500 | 10,000 | 5,000 | 0 | 0 | 0 | 0 | 0 | 0 | 0 | 0 |
| | 保証金 | 50 | 407 | 407 | 407 | 407 | 407 | 457 | 457 | 457 | 457 | 457 | 457 |
| | 未経過保険料 | 3,448 | 4,068 | 1,942 | 2,297 | 2,755 | 2,692 | 4,117 | 4,055 | 4,060 | 4,655 | 4,556 | 4,556 |
| | 保険供託(留保)金 | 0 | 0 | 0 | 0 | 0 | 0 | 0 | 0 | 0 | 0 | 0 | 0 |
| | 第六博多丸建造費 | 0 | 0 | 0 | 57,200 | 0 | 0 | 0 | 0 | 0 | 0 | 0 | 0 |
| | 共同漁業勘定 | 0 | 0 | 0 | 0 | 0 | 0 | 0 | 0 | 0 | 0 | 0 | 0 |
| | 貸付金 | 0 | 0 | 0 | 15,510 | 33,939 | 0 | 0 | 0 | 0 | 0 | 0 | 0 |
| | 前期繰越損失金 | 0 | 0 | 0 | 0 | 0 | 77,492 | 0 | 0 | 0 | 0 | 0 | 0 |
| | 当期損失金 | 0 | 0 | 0 | 0 | 83,616 | 0 | 0 | 0 | 0 | 0 | 0 | 0 |
| | 合計 | 2,430,172 | 2,444,024 | 2,474,542 | 2,454,520 | 2,437,808 | 2,416,540 | 2,591,641 | 2,456,415 | 2,394,507 | 2,369,133 | 2,358,897 | 2,266,496 |
| 貸方 | 株金 | 2,000,000 | 2,000,000 | 2,000,000 | 2,000,000 | 2,000,000 | 2,000,000 | 2,000,000 | 2,000,000 | 2,000,000 | 2,000,000 | 2,000,000 | 2,000,000 |
| | 法定積立金 | 0 | 1,100 | 4,445 | 7,720 | 12,000 | 12,000 | 12,000 | 14,500 | 17,100 | 19,800 | 22,500 | 25,200 |
| | 社員積立金 | 0 | 0 | 0 | 551 | 730 | 812 | 899 | 1,132 | 1,402 | 1,583 | 1,886 | 445 |
| | 保険積立金 | 0 | 0 | 0 | 0 | 0 | 0 | 0 | 0 | 0 | 0 | 0 | 0 |
| | 船舶修繕準備金 | 0 | 0 | 0 | 0 | 3,000 | 0 | 0 | 0 | 0 | 0 | 0 | 0 |
| | 借入金 | 188,750 | 333,750 | 353,750 | 300,000 | 303,834 | 165,000 | 167,500 | 142,500 | 125,000 | 197,500 | 157,500 | 150,000 |
| | 支払手形 | 219,415 | 3,900 | 8,315 | 0 | 82,016 | 123,334 | 323,483 | 184,671 | 133,205 | 58,000 | 78,265 | 18,000 |
| | 未払金 | 0 | 18,870 | 20,897 | 27,787 | 31,667 | 36,354 | 22,432 | 2,630 | 29,702 | 14,862 | 0 | 14,575 |
| | 仮受金 | 510 | 416 | 278 | 795 | 700 | 708 | 752 | 1,558 | 236 | 236 | 199 | 0 |
| | 共同漁業勘定 | 0 | 0 | 0 | 0 | 0 | 0 | 0 | 0 | 0 | 0 | 0 | 0 |
| | 未払配当金 | 0 | 305 | 573 | 880 | 738 | 623 | 596 | 745 | 1,579 | 1,362 | 3,602 | 1,991 |
| | 前期繰越金 | 0 | 297 | 838 | 510 | 3,124 | 0 | 319 | 2,278 | 2,780 | 2,583 | 2,589 | 1,245 |
| | 当期利益金 | 21,497 | 85,385 | 85,447 | 116,277 | 0 | 77,811 | 63,659 | 106,402 | 83,503 | 73,207 | 92,356 | 55,040 |
| | 合計 | 2,430,172 | 2,444,024 | 2,474,542 | 2,454,520 | 2,437,808 | 2,416,540 | 2,591,641 | 2,456,415 | 2,394,507 | 2,369,133 | 2,358,897 | 2,266,496 |

| | 科目 | 大正15年下 | 昭和2年 | 昭和3年 | 昭和4年 | 昭和5年上 | 昭和5年下 | 昭和6年上 | 昭和6年下 | 昭和7年上 | 昭和7年下 | 昭和8年上 |
|---|---|---|---|---|---|---|---|---|---|---|---|---|
| 借方 | 未払込株金 | 800,081 | 800,081 | 800,067 | 800,000 | 800,000 | 800,000 | 800,000 | 800,000 | 800,000 | 800,000 | 800,000 |
| | 土地建物 | 51,416 | 51,416 | 51,416 | 51,416 | 51,416 | 51,416 | 51,416 | 51,416 | 51,416 | 51,416 | 51,416 |
| | 船舶 | 1,288,272 | 1,268,272 | 1,276,272 | 1,256,272 | 1,226,272 | 1,226,272 | 1,216,272 | 1,202,272 | 1,192,272 | 1,187,272 | 1,182,272 |
| | 漁具 | 31,692 | 29,036 | 21,935 | 21,935 | 21,935 | 21,935 | 21,935 | 21,935 | 21,935 | 21,935 | 21,935 |
| | 貯蔵品 | 9,774 | 6,544 | 0 | 0 | 0 | 0 | 347 | 343 | 342 | 342 | 342 |
| | 什器 | 0 | 0 | 0 | 0 | 0 | 0 | 0 | 0 | 0 | 0 | 0 |
| | 預金及び現金 | 11,586 | 6,239 | 3,504 | 2,951 | 2,990 | 2,992 | 2,691 | 2,567 | 2,763 | 2,836 | 2,955 |
| | 振替貯金 | 0 | 0 | 0 | 0 | 0 | 0 | 0 | 0 | 0 | 0 | 0 |
| | 仕切金勘定 | 39,111 | 37,858 | 70 | 0 | 0 | 0 | 7,772 | 33,057 | 2,116 | 23,458 | 0 |
| | 未収入金 | 0 | 0 | 0 | 0 | 0 | 33,666 | 0 | 0 | 0 | 0 | 0 |
| | 受取手形 | 0 | 12,250 | 12,250 | 0 | 0 | 0 | 0 | 0 | 0 | 0 | 0 |
| | 預ヶ金 | 0 | 0 | 0 | 0 | 0 | 0 | 0 | 0 | 0 | 0 | 30,000 |
| | 備品 | 13,606 | 10,386 | 10,354 | 10,313 | 4,313 | 4,313 | 3,313 | 3,313 | 3,313 | 3,313 | 3,313 |
| | 仮払金 | 7,902 | 4,849 | 4,939 | 5,106 | 9,153 | 7,338 | 6,159 | 5,461 | 5,461 | 4,190 | 2,046 |
| | 売掛金 | 0 | 0 | 0 | 0 | 0 | 0 | 0 | 0 | 0 | 0 | 0 |
| | 創立費 | 0 | 0 | 0 | 0 | 0 | 0 | 0 | 0 | 0 | 0 | 0 |
| | 保証金 | 457 | 457 | 457 | 457 | 457 | 457 | 457 | 300 | 300 | 300 | 300 |
| | 未経過保険料 | 3,645 | 1,500 | 0 | 0 | 0 | 0 | 0 | 0 | 0 | 0 | 0 |
| | 保険供託(留保)金 | 0 | 0 | 4,371 | 2,500 | 2,500 | 2,500 | 2,500 | 0 | 0 | 0 | 0 |
| | 第六博多丸建造費 | 0 | 0 | 0 | 0 | 0 | 0 | 0 | 0 | 0 | 0 | 0 |
| | 共同漁業勘定 | 0 | 0 | 31,160 | 5,568 | 0 | 2,128 | 0 | 6,358 | 0 | 2,625 | 0 |
| | 貸付金 | 0 | 0 | 0 | 0 | 0 | 0 | 0 | 0 | 0 | 0 | 0 |
| | 前期繰越損失金 | 0 | 0 | 0 | 0 | 0 | 0 | 0 | 0 | 0 | 0 | 0 |
| | 当期損失金 | 0 | 0 | 0 | 0 | 0 | 0 | 0 | 0 | 0 | 0 | 0 |
| | 合計 | 2,257,542 | 2,228,882 | 2,216,793 | 2,156,517 | 2,119,035 | 2,153,016 | 2,112,861 | 2,127,078 | 2,079,917 | 2,097,686 | 2,094,578 |
| 貸方 | 株金 | 2,000,000 | 2,000,000 | 2,000,000 | 2,000,000 | 2,000,000 | 2,000,000 | 2,000,000 | 2,000,000 | 2,000,000 | 2,000,000 | 2,000,000 |
| | 法定積立金 | 28,000 | 30,800 | 33,550 | 36,300 | 39,800 | 39,800 | 39,800 | 39,800 | 39,800 | 39,800 | 39,800 |
| | 社員積立金 | 673 | 1,197 | 1,260 | 1,963 | 793 | 51 | 81,390 | 116 | 141 | 171 | 0 |
| | 保険積立金 | 0 | 0 | 4,371 | 4,031 | 1,991 | 0 | 0 | 0 | 0 | 0 | 0 |
| | 船舶修繕準備金 | 0 | 0 | 0 | 0 | 0 | 0 | 0 | 0 | 0 | 0 | 0 |
| | 借入金 | 120,000 | 85,000 | 95,000 | 0 | 50,000 | 90,000 | 20,000 | 40,000 | 0 | 20,000 | 0 |
| | 支払手形 | 12,000 | 34,729 | 0 | 0 | 0 | 0 | 0 | 0 | 0 | 0 | 0 |
| | 未払金 | 20,350 | 10,053 | 6,000 | 6,000 | 3,000 | 2,413 | 19,336 | 28,170 | 16,895 | 23,645 | 18,480 |
| | 仮受金 | 0 | 1,111 | 489 | 205 | 205 | 205 | 1,206 | 283 | 843 | 323 | 1,628 |
| | 共同漁業勘定 | 0 | 0 | 0 | 0 | 12,951 | 0 | 5,708 | 0 | 8,770 | 0 | 9,667 |
| | 未払配当金 | 1,730 | 1,766 | 1,682 | 1,131 | 1,189 | 1,040 | 959 | 959 | 923 | 913 | 886 |
| | 前期繰越金 | 2,735 | 1,239 | 725 | 942 | 3,887 | 9,105 | 9,507 | 9,622 | 7,749 | 7,545 | 7,835 |
| | 当期利益金 | 72,054 | 62,985 | 73,717 | 105,945 | 5,218 | 10,402 | 16,263 | 8,127 | 4,796 | 5,290 | 16,282 |
| | 合計 | 2,257,542 | 2,228,882 | 2,216,793 | 2,156,517 | 2,119,035 | 2,153,016 | 2,112,861 | 2,127,078 | 2,079,917 | 2,097,686 | 2,094,578 |

出典：博多トロール株式会社『営業報告書』。
備考：円未満を四捨五入したため，合計値は必ずしも一致しない。

帝国汽船株式会社に発注したトロール船がすべて竣成し、第一・第二・第三・第五博多丸が初めて出漁して好成績をおさめた。同年十二月には台湾や長崎県の五島方面で操業した。各船は「一箇月平均二回乃至三回の出漁を行ひ、十一日目毎には概して約五百箱の獲物を博多に陸揚げし」、漁獲物は「平均一箱雑魚交りにて十二、三円の価格にて約六割は福博地方にて消費し、約四割は大阪方面に輸送」された。(33) 第一期の漁獲金額は約六万三、四〇〇円で、各船の出漁延べ日数は一五二日間、これを四隻に換算すると漁業従事日数は一隻当たり約一ヶ月の操業であった。その結果、最初の配当は一万六、八〇〇円で、営業二ヶ月で年一割に相当した。

大正十年頃から全国の魚価は低下に向かうが、博多トロールはここから活動を本格化させている。大正十年二月には、前年十二月に申請していたトロール船五隻のうち一隻が農商務省より操業を許可された。同年上期の出漁航海数は「十四回余《ママ》」で、漁獲金額約二八万円を得た。これを各船一航海に換算すると、約四、八二〇円に相当した。漁業界は一般に五、六月は「夏枯れ期」に属したが、この年の同期は「近年稀に見るの魚価を維持しつつあ」り、漁獲がかなりの好成績をおさめたうえに経費の主たる部分を占める石炭価格の下落に恵まれた。その結果、配当六万円、配当率一割二分を実現した。この状況は同年下期にも続き、約三一万円の漁獲を得て、各船一航海あたり約五、四二一円に相当した。前期以来引き続き石炭価格下落は同社の経営に好影響を与えている。

福博の水産物市場は希望の持てるものであった。博多港の魚類集散高は二ヶ所の市場および捕鯨会社などを合算して年間一、〇〇〇万円の取引があり、しかもなお需要を満たすに至っておらず、長崎や下関方面から年に一、〇〇〇万円以上の移入を仰いでいた。大正十年頃には福岡県の炭鉱地帯における不況のため鮮魚の需要が減退したが、京阪をはじめ、宮崎や鹿児島へも盛んに移出されて、年間の取引額は減少していなかったとされる。(34)

また、表5－10と表5－11に示された大正十二年末の農商務省の調査によって各トロール業者の経費を比較する

**表 5－10**　トロール業者別年間経費の比較（大正 12 年末）

単位：円，隻

| 業　者　名 | 経費合計 | 所有船数 | 1 隻当たり経費 |
|---|---|---|---|
| 共同漁業株式会社 | 3,454,024 | 28 | 123,358 |
| 日本トロール株式会社 | 1,310,000 | 10 | 131,000 |
| 第一水産株式会社 | 701,220 | 4 | 175,306 |
| 樺太漁業株式会社 | 638,305 | 5 | 127,661 |
| 博多トロール株式会社 | 544,215 | 5 | 108,843 |
| 日本水産株式会社 | 490,032 | 4 | 122,508 |
| 奥田亀蔵 | 272,664 | 2 | 136,332 |
| 中部幾次郎 | 190,740 | 2 | 95,370 |

出典：前掲『トロール漁業』付録参考表。

**表 5－11**　博多トロール株式会社のトロール船 1 隻あたり年間所要経費の比較（大正 12 年末）

単位：円

| 費　　目 | 博多トロール | 全国平均 |
|---|---|---|
| 石炭費 | 37,260 | 39,145 |
| 凍水費 | 8,544 | 7,590 |
| 魚函費 | 10,920 | 9,705 |
| 給水費 | 594 | 691 |
| 消耗品費 | 5,400 | 4,707 |
| 漁具費 | 9,500 | 6,433 |
| 船員給料 | 9,648 | 10,879 |
| 船員食料 | 3,240 | 3,390 |
| 船内雑費 | 252 | 840 |
| 船舶修繕費 | 3,600 | 7,746 |
| 漁獲物処理費 | 1,680 | 1,866 |
| 漁獲物輸送費 | 2,441 | 7,118 |
| 船員歩合金 | 2,160 | 4,419 |
| 船舶保険費 | 3,450 | 3,913 |
| 船舶償却金 | － | 16,667 |
| 諸税金負担額 | 144 | 1,963 |
| 陸上経費負担額 | 10,000 | 5,407 |
| その他 | － | 933 |
| 合　計 | 108,843 | 127,547 |
| 全所有船に対する経費 | 544,215 | |

出典：前掲『トロール漁業』付録参考表。

と、博多トロールは同業他社と比較して、トロール船一隻あたりの経費が相対的に低廉であった。博多トロールの場合、石炭費、漁獲物輸送費、船舶修繕費などの費用が安いため有利であった。

こうした好条件に恵まれて博多トロールの経営は軌道に乗った。表5－12によって同社の損益を見ると、昭和四（一九二九）年まで、利益は多少の増減はあるものの、増加傾向にあった。

博多トロールが操業する第一・第二・第三・第五博多丸の四隻は、従来、太田清蔵名義の所有船であったが、大正十一年上期にこれらは会社名義に変更登記された。加えてトロール船一隻の新造が発注されている。神戸製鋼所に発注されて同社播磨造船所で建造中であった第六博多丸は、大正十一年八月に竣成、九月三日に農商務省からトロール業の許可を得て十月四日から就業した。同時期には漁獲金額三三万円強、各船一航海当たり六、四五〇円にまで伸張した。こうして、「社業の益々安定鞏固なるを期し得へし」と期待された。

大正十一年、博多トロールを悲劇が襲った。七月六日、博多港を出帆した第五博多丸は翌七日、長崎県五島大瀬崎付近で台風に遭い、船体はすべて沈没、乗務員は全員殉職した。この事故によって出漁航海数を減じたうえに、コレラが流行したために魚価の低落が著しく、「前期に比し通常利益金の減少したるは勿論、会社の資産に多大の損失を及ぼ」す結果となった。同期には八万三、六一六円の損失が生じ、七万七、四九二円が損失金として次期へ繰り越されている。

大正十二年一月十三日、かつて博多トロールが農商務省へ認可申請していた第六博多丸の操業認可が下付された。この年は不景気で魚価が低迷したため、期待したほどの収益をあげることはできなかったが、どうにか前期の損失を補塡することができた。なおかつ、同年七月、総トン数二五七トンの第七博多丸の建造を神戸製鋼所に発注している。これは十一月に完成、農商務大臣よりトロール業を許可され、再び五隻で操業できるようになった。

大正十二年下期には引き続き魚価が軟弱傾向にあったのに加え、漁獲量にも減少をきたし、「斯界稀に見るの不況を呈」した。この状況に対し、「漁獲高の増加に対する奨励及漁獲物品位の精良を督励し、販売・漁獲・品位改善に於て極力奮励努力」したが、九月の関東大震災に続いて、朝鮮海における鯖・鰯の長期にわたる豊漁のため魚価の低落が著しく、十二月中旬に入ってようやく例年と同水準の価額に達したに過ぎなかった。こうした状況のため、配当はかつての六万円に比べて約七割程度にとどまった。

大正十三年六月に入って、京阪地方における水産物相場の下落が下関そのほかの各地の魚価に影響し、未曾有の安値となった。とはいえ、博多トロールの漁獲状況は他社に比べて良好であって、漁獲高は四十万円近く、各船一航海平均約七千円が得られた。配当は四万四、八〇〇円で、年八分、一株につき一円一二銭に相当した。

博多トロールは比較的良好な経営状態を背景に、大正十三年十月、下関市岬町に新たに出張所を設置し、同港に出入りする同社船舶の監督および販売事務にあたらせることとした。同出張所は昭和二（一九二七）年七月まで存続した。

これ以降も、景気の停滞は鮮魚の購買力に影響し、大正末期に魚価の低落は「数年来嘗て見ざるの不況裡に推移し」た。不景気による鮮魚需要の減退に加えて、海上が静穏なときには、沿岸漁業やそのほかの漁法による大量の漁獲物が市場に流入して全国的に相場の上昇を抑えた。すなわち、漁業経営は経済状況だけでなく、自然条件に左右されていた。

大正後期の長期不況を背景として、博多トロールは大正十五年に「鋭意内外の整理、経費の節減に努力した」が、「却て整理の為めに費用を要したるものさへ尠からず、未だ緊縮の充分なる能」わなかった。ちょうどその頃、第一・第二・第三博多丸の特別検査期にあたったために例年よりも航海数を減じ、鮮魚市況は不況の進行につれて一

表5－12　博多トロール株式会社の損益計算書と利益処分

単位：円

| | | 大正9年 | 大正10年上 | 大正10年下 | 大正11年上 | 大正11年下 | 大正12年上 | 大正12年下 | 大正13年上 | 大正13年下 | 大正14年上 | 大正14年下 | 大正15年上 |
|---|---|---|---|---|---|---|---|---|---|---|---|---|---|
| 収入 | 漁獲物 | 63,433 | 279,581 | 310,969 | 335,392 | 237,216 | 265,370 | 291,973 | 394,347 | 389,268 | 363,708 | 397,005 | 298,489 |
| | 雑収入 | 9,757 | 3,919 | 3,685 | 11,499 | 4,454 | 4,926 | 524 | 2,526 | 4,391 | 1,026 | 3,042 | 6,709 |
| | 第五博多丸保険金 | 0 | 0 | 0 | 0 | 100,000 | 0 | 0 | 0 | 0 | 0 | 0 | 0 |
| | 当期損失金 | 0 | 0 | 0 | 0 | 83,616 | 0 | 0 | 0 | 0 | 0 | 0 | 0 |
| | 合計 | 73,191 | 283,500 | 314,654 | 346,892 | 425,286 | 270,297 | 292,498 | 396,873 | 393,659 | 364,734 | 400,047 | 305,198 |
| 支出 | 営業費 | 29,909 | 32,448 | 16,199 | 21,331 | 20,379 | 19,481 | 40,630 | 28,736 | 39,790 | 38,025 | 35,424 | 34,388 |
| | 船舶総掛費 | 21,785 | 165,667 | 192,146 | 186,803 | 166,706 | 173,004 | 188,209 | 261,736 | 270,366 | 253,501 | 272,268 | 215,771 |
| | 委託経営料 | 0 | 0 | 0 | 0 | 0 | 0 | 0 | 0 | 0 | 0 | 0 | 0 |
| | 遺族扶助料 | 0 | 0 | 0 | 0 | 19,700 | 0 | 0 | 0 | 0 | 0 | 0 | 0 |
| | 第五博多丸損失金 | 0 | 0 | 0 | 0 | 200,000 | 0 | 0 | 0 | 0 | 0 | 0 | 0 |
| | 雑損 | 0 | 0 | 0 | 0 | 0 | 0 | 0 | 0 | 0 | 0 | 0 | 0 |
| | 当期利益金 | 21,497 | 85,385 | 85,447 | 116,277 | 0 | 77,811 | 63,659 | 106,402 | 83,503 | 73,207 | 92,356 | 55,040 |
| | 合計 | 73,191 | 283,500 | 314,654 | 346,892 | 425,286 | 270,297 | 292,498 | 396,873 | 393,659 | 364,734 | 400,047 | 305,198 |
| 利益処分 | 利益金（損失金） | 21,497 | 85,385 | 85,447 | 116,277 | ▲83,616 | 77,811 | 63,659 | 106,402 | 83,503 | 73,207 | 92,356 | 55,040 |
| | 各種償却 | 1,500 | 18,500 | 20,000 | 41,384 | 0 | 0 | 15,000 | 55,000 | 30,000 | 20,000 | 40,000 | 0 |
| | 差引 | 19,997 | 66,885 | 65,447 | 74,894 | ▲83,616 | 0 | 48,659 | 51,402 | 53,503 | 53,207 | 52,356 | 56,285 |
| | 前期繰越金 | 0 | 297 | 838 | 510 | 3,124 | ▲77,492 | 319 | 2,278 | 2,780 | 2,583 | 2,589 | 1,245 |
| | 合計 | 19,997 | 67,183 | 66,285 | 75,404 | ▲80,492 | 319 | 48,978 | 53,680 | 56,283 | 55,789 | 54,945 | 56,285 |
| | 法定積立金 | 1,100 | 3,345 | 3,275 | 4,280 | 0 | 0 | 2,500 | 2,600 | 2,700 | 2,700 | 2,700 | 2,800 |
| | 船舶修繕準備金 | 0 | 0 | 0 | 3,000 | ▽3,000 | 0 | 0 | 0 | 0 | 0 | 0 | 0 |
| | 役員賞与金 | 1,800 | 3,000 | 2,500 | 5,000 | 0 | 0 | 1,800 | 3,500 | 3,000 | 2,500 | 3,000 | 2,750 |
| | 株主配当金 | 16,800 | 60,000 | 60,000 | 60,000 | 0 | 0 | 42,400 | 44,800 | 48,000 | 48,000 | 48,000 | 48,000 |
| | 次期繰越金 | 297 | 838 | 510 | 3,124 | ▲77,492 | 319 | 2,278 | 2,780 | 2,583 | 2,589 | 2,245 | 2,735 |

| | | 大正15年下 | 昭和２年 | 昭和３年 | 昭和４年 | 昭和５年上 | 昭和５年下 | 昭和６年上 | 昭和６年下 | 昭和７年上 | 昭和７年下 | 昭和８年上 |
|---|---|---|---|---|---|---|---|---|---|---|---|---|
| 収入 | 漁獲物 | 330,993 | 593,776 | 691,688 | 719,721 | 269,621 | 275,760 | 188,145 | 216,397 | 169,896 | 197,892 | 168,837 |
| | 雑収入 | 823 | 1,532 | 6,970 | 17,502 | 1,171 | 3,279 | 1,578 | 1,783 | 2,860 | 1,121 | 950 |
| | 第五博多丸保険金 | 0 | 0 | 0 | 0 | 0 | 0 | 0 | 0 | 0 | 0 | 0 |
| | 当期損失金 | 0 | 0 | 0 | 0 | 0 | 0 | 0 | 0 | 0 | 0 | 0 |
| | 合計 | 331,816 | 595,308 | 697,658 | 737,224 | 270,793 | 278,939 | 189,724 | 218,180 | 172,755 | 199,013 | 169,787 |
| 支出 | 営業費 | 28,627 | 54,535 | 47,613 | 33,774 | 17,567 | 14,208 | 9,748 | 7,247 | 6,951 | 7,898 | 6,549 |
| | 船舶総掛費 | 231,135 | 476,216 | 561,958 | 577,872 | 237,097 | 244,507 | 156,307 | 194,117 | 152,158 | 179,935 | 141,896 |
| | 委託経営料 | 0 | 0 | 14,098 | 18,830 | 9,054 | 7,360 | 5,584 | 5,678 | 6,192 | 5,590 | 5,060 |
| | 遺族扶助料 | 0 | 0 | 0 | 0 | 0 | 0 | 0 | 0 | 0 | 0 | 0 |
| | 第五博多丸損失金 | 0 | 0 | 0 | 0 | 0 | 0 | 0 | 0 | 0 | 0 | 0 |
| | 雑損 | 0 | 1,572 | 274 | 803 | 1,856 | 2,462 | 1,822 | 3,012 | 2,658 | 301 | 0 |
| | 当期利益金 | 72,054 | 62,985 | 73,717 | 105,945 | 5,218 | 10,402 | 16,263 | 8,127 | 4,796 | 5,290 | 16,282 |
| | 合計 | 331,816 | 595,308 | 697,658 | 737,224 | 270,793 | 278,939 | 189,724 | 218,180 | 172,755 | 199,013 | 169,787 |
| 利益処分 | 利益金（損失金） | 72,054 | 62,985 | 73,717 | 105,945 | 5,218 | 10,402 | 16,263 | 8,127 | 4,796 | 5,290 | 16,282 |
| | 各種償却 | 20,000 | 10,000 | 20,000 | 36,000 | 0 | 10,000 | 16,148 | 10,000 | 5,000 | 5,000 | 5,000 |
| | 差引 | 52,054 | 52,985 | 53,717 | 69,945 | 5,218 | 402 | 114 | ▲1,873 | ▲204 | 290 | 11,282 |
| | 前期繰越金 | 2,735 | 1,239 | 725 | 942 | 3,887 | 9,105 | 9,507 | 9,622 | 7,749 | 7,545 | 7,835 |
| | 合計 | 54,789 | 54,225 | 54,442 | 70,887 | 9,105 | 9,507 | 9,622 | 7,749 | 7,545 | 7,835 | 19,117 |
| | 法定積立金 | 2,800 | 2,750 | 1,750 | 3,500 | 0 | 0 | 0 | 0 | 0 | 0 | 600 |
| | 船舶修繕準備金 | 0 | 0 | 0 | 0 | 0 | 0 | 0 | 0 | 0 | 0 | 0 |
| | 役員賞与金 | 2,750 | 2,750 | 1,750 | 3,500 | 0 | 0 | 0 | 0 | 0 | 0 | 0 |
| | 株主配当金 | 48,000 | 48,000 | 48,000 | 60,000 | 0 | 0 | 0 | 0 | 0 | 0 | 12,000 |
| | 次期繰越金 | 1,239 | 725 | 942 | 3,887 | 9,105 | 9,507 | 9,622 | 7,749 | 7,545 | 7,835 | 6,517 |

出典：博多トロール株式会社『営業報告書』。
備考：円未満を四捨五入したため，合計値は必ずしも一致しない。営業費には諸税金，利子，割引料などが含まれる。各種償却には創立償却，船価償却，漁具漁箱・備品償却が含まれる。▲印は損失またはマイナスを，▽印は加算したことを示す。

層悪化した。特に大正十五年末、大正天皇の死去によって一般市況は空前の大暴落をきたした。それでも博多トロールは資金の低利借り換え、保険料の引き下げなど、緊縮に努めた効果がようやく現れ、総経費を減じて、市況不振による収入減の過半を償うことができた。

博多トロールの船舶五隻の保険契約はそれまで東京海上火災保険会社と締結していたが、昭和二年、更新に際して各船とも保険金額を一六万円とし、半額の八万円は博多トロール、共同漁業、日本トロール、長崎海運の四社によって組織された船舶相互保険団に加盟し、残り八万円分は大阪海上火災保険会社と契約した[35]。

昭和二年春、いわゆる「金融恐慌」が生じ、経済界の混乱から、そのまま漁業界は夏枯れ期に入り、秋冬には好天が続いたため豊漁となって魚価はまったく振るわず、ついに極端な不況のまま一年を終えた。一方、博多トロールの経費節減は再び困難に直面した。石炭価格の高騰、魚網改良の研究費、船舶の事故など、多額の支出があったため、結局、利益は従来の半年分にもおよばなかった。

こうしたなか、昭和三年、博多トロールはひとつの転換点を迎えた。同年四月、「トロール業界の大勢に鑑みて多数のトロール船互に連絡して能率を増進し、共存共栄の目的を達す」るため、共同漁業との間に委任経営の契約を結び、同時に資金融通に関する覚書を交換した。資金融通については、二〇万円を限度とする金銭貸借根抵当契約を締結し、この契約に基づいて第六・第七博多丸に根抵当権設定の仮登記を行った。博多トロールは業績低迷に対処するため、その経営を共同漁業に委託する形をとることになったのである。一方、共同漁業は博多トロール以外に、日本トロール株式会社、大海トロール漁業合資会社の委託トロール船を含めて五一隻で共同作業を行うようになった[36]。

その開始後、十ヶ月の成績については、水揚げ金額は前年比約九万八千円増加して約六九万円、出漁航海数は七航海を増して一〇八航海、各船一航海当たり六、四〇五円で前年比約五二五円の増加となった。ただし、まだ充分に共同作業に慣れず、かつ諸般の設備を共同漁業の方式に改善するために更新費用を必要とし、結局期待された利益を得ることはできなかった。それでも昭和四年三月、共同漁業に対する委任経営をさらに一年間継続し、その結果、水揚げ額が前年より約二万八千円を増して七二万円、出漁航海数は一二航海増して一二〇航海となった。この委託契約は毎年更新されて継続した。

この頃はまさに昭和恐慌の影響が深刻化しようとする時期であって、昭和四年から引き続き魚価の下落が止まらなかった。博多トロールは総水揚げ金額において二割四分の減少となり、操業の合理化に努めて得た一割九分の経費節減もおよばず、ようやく欠損を免れたに過ぎなかった。こうした結果、昭和五年上期から再び無配を続けた。その後も水揚げ金額、一航海あたり平均水揚げ金額は減少傾向をたどっている。

昭和六年、引き続き合理化が進められ、経費の節減に見るべきものがあったが、一般経済の不景気のため魚価の低落が顕著となった。これ以降、総水揚げ金額は減少の一途をたどったが、経費節減によってようやく欠損を免れていた。

一般経済界に回復の兆しが見え始めたのは昭和七年になってからのことである。ただし、漁業界に限れば、近海物が豊富であったため魚価は依然として不振であった。とりわけ博多トロールにとって不幸であったのは、第二博多丸が昭和七年九月三日、暴風避難の際、佐賀県呼子港内で座礁し、続いて十二月四日、漁場より帰港の途中、朝鮮半島南西岸において再び座礁事故に遭ったため、再度にわたる船体修理などに約一万円の費用を要したことである。

博多トロールが再び配当をなし得たのは昭和八年上期である。初夏の頃に一般市況は好転し、かつ近海物の出回りが少なかったため鮮魚市場はかなりの活況を呈した。同社は経費節減に努めた結果、相当の緊縮を実現し、成績は比較的良好であって、一万二、〇〇〇円を配当し得た。

## おわりに

博多トロールは共同漁業への委託の形で経営を続けていたが、昭和九（一九三四）年春、共同漁業はしだいに博多トロール株を買い集めるようになり、その割合がほぼ半分に達した。その結果、博多トロールの地元株主の中には、この際一切を売却するかまたは合併すべきであると主張する者も現れた。そこで、津田孫右衛門が仲介役となり、大株主の太田清蔵、博多トロール社長の田村啓三らと折衝した結果、トロール船と付属品一切を六〇万円で共同漁業に売却することに決まった。この売却案は昭和九年四月二十一日、博多トロールの臨時株主総会で可決、決定した。[37]こうして博多トロールは大資本に包摂されることになった。買収側の共同漁業は博多トロール以外にも経営不振に悩む小規模なトロール業者を吸収し、トロール船六五隻、手繰り発動船四〇隻をもって漁労に専従することになった。[38]

こうしてみると、大正・昭和初期に福博の資本制水産業に流入した資本は、単に有利な投資対象の一つとしてトロール漁業を選んだのであって、生業的性格を持つものではなかったように思われる。それゆえ、大戦ブームによって船価が上がればトロール船を売却し、業績が悪化すると委任経営を行うという行動に出たのである。

結局、トロール漁業とその関連産業の中心が、共同漁業が根拠地を置いた戸畑港へと移るにしたがって、福博のトロール漁業は相対的に後退し、福博の水産企業は最終的には中央資本に包摂されざるを得なかった。[39]しかし、福博の企業家がどの程度水産業に関心を持っていたかについては明らかにできなかった。この点は今後の問題点としたい。

（1）吉田秀一『トロール漁業』（楽水会、昭和十年）三五～四〇頁。以下、日本のトロール漁業全体の流れに関する記述は特に断らない限り同書による。
（2）『福岡県史　通史編近代　産業経済(二)』（福岡県、平成十二年）二八六頁。
（3）同前、三一三～三一四頁。
（4）人物データは、猪野三郎『大衆人事録』（各年度、帝国秘密探偵社）による。
（5）農林省水産局『汽船トロール漁業ノ沿革及概況』（発行年不詳）四頁。
（6）『福岡日日新聞』大正三年三月十三日。
（7）同前、大正三年三月十四・十五日。
（8）同前、大正三年四月一日。
（9）同前、大正二年十二月六日。
（10）共同漁業株式会社『共同漁業株式会社の事業』（共同漁業株式会社、昭和四年）一三頁。
（11）『福岡日日新聞』大正三年四月二十二日。引用文中の句読点は筆者による。以下同じ。
（12）同前、大正三年六月十六・二十二日。
（13）同前、大正三年十二月十六日。
（14）同前、大正三年十二月二十二日。この頃、博多、下関、長崎を根拠地とするトロール船一二〇隻の内訳は、博多二〇隻、下関六〇隻、長崎四〇隻の割合であった（同前、大正五年一月十八日）。
（15）前掲『福岡県史　通史編近代　産業経済（二）』三一五頁。
（16）『福岡日日新聞』大正五年二月十八日。
（17）同前、大正五年七月十五日。
（18）同前、大正五年九月二十三日、同十月四日。
（19）同前、大正五年十一月九日。
（20）同前、大正五年十一月二十三日、同十二月二十七日。

(21)『門司新報』明治四十五年六月二十三日。
(22)同前、大正三年八月五日、同五年六月三十日。
(23)『福岡日日新聞』大正六年二月四日、同七月十七日。
(24)同前、大正七年一月十三日。
(25)本章で対象とする時期の田村汽船漁業部および日本水産については、山口和雄監修『日本水産五〇年史』(日本水産株式会社、昭和三十六年)二五七～二九六頁に詳しい。
(26)同前、二七四頁。
(27)前掲『福岡県史　通史編近代　産業経済(二)』一〇七八頁。
(28)『福岡日日新聞』大正八年五月二十一日。
(29)同前、大正八年十二月二十九日、同九年一月八日。
(30)同前、大正九年一月二十七日。
(31)同前、大正九年二月一日。
(32)博多トロール株式会社『営業報告書』。以下、特に断らない限り、同報告書による。同資料は昭和八年上期分まで収録されている。なお、同社の会計年度は当初、一月一日～六月三十日を上期、七月一日～十二月三十一日を下期としていたが、大正十三年から、二月一日～七月三十一日を上期、八月一日～翌年一月三十一日を下期とした。さらに昭和二年から、二月一日～翌年一月三十一日を一期とした後、昭和五年度から、再び二月一日～七月三十一日を上期、八月一日～翌年一月三十一日を下期とした。
(33)『福岡日日新聞』大正九年十二月十七日。
(34)同前、大正十年六月二十四日。
(35)昭和三年十二月二十四日から保険のすべてを船舶相互保険団に付した。同保険団は昭和七年十二月に解散した。
(36)前掲『共同漁業株式会社の事業』二二頁。
(37)『福岡日日新聞』昭和九年四月十一・二十二日。
(38)同前、昭和九年六月十六日。
(39)前掲『日本水産五〇年史』二八二～二八四頁によれば、共同漁業は昭和恐慌の頃に本拠地を下関から燃料石炭供給に有利な戸畑(現在は北九州市戸畑区)に移し、諸設備を整えて合理化を進めた。

# 第六章　明治期渡辺家の企業者活動

## はじめに

本章においては、福博商人による企業者活動について、福博の有力商人であった渡辺家の場合を取り上げ、若干の考察を与えようとするものである。

ところで、ここでは明治期を中心に渡辺家二代目与助（のち与三郎・与一と改名）から特に三代目与三郎（のち与八郎と改名）に至る企業者活動についてまず論じ、かつ、渡辺本家の事業展開と本家の維持・発展の上で一定の意味を有した渡辺家の「イエ」制度と分・別家同族集団の存在形態についてもこれを明らかにしたい。

## 一　渡辺家三代の系譜

渡辺家の系譜を明らかにし得る資料に、二代目与助が記した「元祖生骸伝書」（明治十四（一八八一）年十一月）、

「生骸伝書」・「子孫并ニ店之人ニ書伝書」（十五年一月）および分家への「譲渡伝書」（十五年一月）がある。以下は主にこれらのいわば由緒書に依拠しながら、渡辺家三代にわたる系譜をまず簡単に見ておこう。(1)

### （1）初代渡辺与助（寛政六（一七九四）～安政元（一八五四）年、幼名与之助）

初代与助は、文化四（一八〇七）年父伝吉に連れられ博多に出て、博多須崎町の「紙屋」（漆器荒物履物商）楢崎次郎吉のもとで九年間年季奉公を勤めた。二三歳で年季を明け、その時主人から貰った金二両で「自身商い」を営んだが思わしくない折、主家の奉公人不足で再び「紙屋」に奉公、番頭与助として三二歳まで勤めた。この年に主家より暇をもらい九年間にわたって唐津・呼子・平戸・長崎方面に「旅商い」を行い、正金三七貫九八七匁九分四厘の利益を得たとされている。与助は天保六（一八三五）年四二歳で「絞り商売」を営み、商売繁盛のこの年に博多上西町に居を定めた。このときに主家「紙屋」の屋号の分譲を受けて「紙屋与助」（「紙与」）として事業を営むこととなる。天保十三年長女の婿養子渡辺藤助と相談して「太ト物古手」を商い、これも繁盛したとある。弘化二（一八四五）年に藤助を分家させている。こうして繊維関係事業に成功した与助は嘉永四（一八五一）年の棚卸には総計二、八〇四両を蓄財しており、この蓄財のうち一、〇〇〇両を藤助に、一、八〇四両を二代目与助に譲っている。分家渡辺藤助家はのち代々藤吉を襲名し金物業の経営を通して一代を築き上げていったが、一方初代与助の跡を相続した二代目与助は、繊維関係事業を本業としながら渡辺家発展の基礎を築いていくこととなる。

### （2）二代目渡辺与助（天保元（一八三〇）～明治四十（一九〇七）年、のち与三郎、与一と改名）

二代目与助が二五歳の時初代が没し、家業である呉服太物商を引き継ぐこととなる。彼は二〇歳より三八歳までの間に年両三度呉服太物仕入れのために上方（京都・大坂）に登ったとあり、なかでも慶応元（一八六五）年三六歳の時、番頭浅田儀七を伴い登坂、船一杯の呉服反物を仕入れ博多に積み下ろしたとあり、家業を積極的に展開していった。またその一方で安政六（一八五九）年に小倉・下関にて「一歩銀」小判を千枚ほど買い集めて莫大な利益を上げたとされている。翌年に徳川幕府は小判・一分判・二分判・二朱判を改鋳していることから得た差益であろうか。渡辺本家に明治半ばまで多数の古金銀が残され、これを分家たちに分与している事実は、徳川末期における古金銀取引のあったことを確かに示すものであろう。この古金銀の分与に関しては後に触れるところである。このように二代目与助の代に事業は繁栄し財を成したものであろう。慶応三年の記録によれば、黒田藩への献金などによって博多商人の上位格式である「大賀次」に渡辺与助の名が挙げられており、分家の渡辺藤助も「年行司格」に名をとどめている(2)。

近代明治期に入ってからの渡辺家は、家業本来の呉服太物商を営む傍ら明治六年に博多社家町に四七四坪余の土地を購入して、ここに醬油醸造業を営んだり、あるいは地主小作経営を行ったり、また、炭鉱にも関心を持ち糟屋郡炭焼村の舟石炭鉱の経営にも関与している。なお、醬油醸造業は十五年に分家の渡辺勘次郎（長女・琴の婿養子）に譲渡したが、地主経営は本家の事業の一つとして三代目与三郎に引き継がれていった。

かくして、二代目与助は、家業の繁栄を見るなかで渡辺家一族の戒めとし、また一族各自の家業への精励を鼓舞するためか、明治十四年一月五二歳の時「元祖生骸伝書」、翌年一月に「生骸伝書」を記し、また、十八年五月に分・別家、番頭ら一統中を集めて「定約書」なるものを示したり、さらに晩年の三十五年十二月渡辺一族を集めて家憲とも言うべき「遺言」を残している。これら定約書、遺書などの内容については、これまた後に詳論することとしたい。

なお、以下において二代目与助（与三郎）の名を与一に統一する。

### （3）三代目渡辺与三郎（慶応二（一八六六）〜明治四十四（一九一一）年、幼名房吉・明治二十二年与三郎襲名・三十三年与八郎と改名）

三代目与三郎は、父二代目与一が明治二十二年七月還暦を迎えた時に家督を相続した。二三歳のときである。父与三郎はこれを機に与一を名乗ることとなる。渡辺本家当主となった三代目与三郎は、本業である呉服太物等の繊維関係事業は勿論のことだが、その一方で積極的な株式投資活動を行い、また不動産経営と地域開発にも乗り出していった。これら諸事業の展開については以下において明らかにする。また、三代目は、先代と同様に渡辺一族・一統中の同族集団の結束にも意を払い「渡辺一統共有財産組合」を組織しており、この点も後に述べよう。なお、三代目は明治三十三年与八郎と改名するが、与三郎名を用いる。

## 二　渡辺家の企業者活動の展開

ここでは渡辺家二代目、三代目にわたる企業者活動の展開を中心に、本業である呉服太物商等繊維関係事業、株式投資と不動産経営、地主・小作経営と炭鉱経営などの活動について、それぞれ項を分かち明らかにしていこう。

### （1）呉服太物商等繊維関係事業の展開

すでに触れておいたように、二代目与一が記した「元祖生骸伝書」によれば、初代与助が天保六（一八三五）年博多上西町に居を定め、奉公先であった「紙屋」楢崎家から屋号を貰って「紙屋与助」（「紙与」）と称し、「絞り商」を営むこととなり、また、天保十三年に「太卜物古手」も商うこととなった。渡辺家の繊維関係事業の始まりはここに発する。こうした家業を引き継いだ与一はさらに事業を積極的に推進していったようである。「元祖生骸伝書」では二〇歳から三八歳の一八年間にわたって度々呉服反物仕入れのために上方（京都・大坂）に登ったとされ、慶応元（一八六五）年三六歳のとき番頭浅田儀七を伴い、船一杯の呉服反物を仕入れ、幕末の世情動揺の最中困難を乗り越えてようやく博多に積み下ろした様子が詳細に記されている。この頃までに与一は博多の呉服商人として相当の蓄財をなしていたものと思われる。この点は先に触れておいたが、黒田藩に献金し、博多商人の上位格式を示す「大賀次」（慶応三年現在）に名をとどめていることによって知られる。かくて近世末期渡辺家の博多における商人としての地位の高さを窺えるのである。近代明治期に入ると与一は、明治十年代末頃より綿糸卸商も営むに至っている。

渡辺家の綿糸卸取引について見ておくと、取引先として岡山地方の玉島紡績所（明治十五（一八八二）年一月開業）、岡山紡績所（十四年七月開業）を挙げ得る。(3)渡辺家は、この両紡績所のうち玉島紡績との間で、同じ博多の呉服綿糸商河内卯兵衛・奥村利助と共に明治十八年「売捌定約」を結び、綿糸特約販売店として綿糸の卸販売を行っていたことが知られる。(4)ただし、この綿糸取引といい、呉服太物取引といいいずれも、それらの数量がどの程度のものであったか明らかにはできない。以上二代目与一の繊維関係事業について概観した。この事業を継承した三代目与三郎時代について次に見よう。

三代目与三郎も先代からの事業を積極的に進めていったようである。まず、綿糸卸商について見ると、明治二十年代に倉敷紡績会社（二十二年十月開業）との間でも特約販売契約を結び綿糸取引を行うに至っている。倉敷紡績会社にとっては、九州地方の市場開拓において渡辺家は最も主要な取引先であったのであろう。これは同社が主要特約販売店のなかで渡辺与三郎名を第一位に位置付けていることによって知り得る[5]。玉島紡績、岡山紡績、倉敷紡績等から仕入れた綿糸は、おもに久留米地方の絣織の原糸に用いられたようであり、久留米絣の在地有力卸商である秋山松次郎、岡茂平、本村庄平、国武喜次郎らから「紙与」・与三郎宛に寄せられた綿糸注文書が若干残されている。ただし、第一次企業熱のとき、久留米に絣織原糸の供給を目的に設立された久留米紡績会社（明治二十四年七月開業）の登場により、渡辺家の当地における綿糸卸商としての役割は次第に縮小していったようである。

次に、呉服太物卸商について見よう。明治二十年代初め頃の書簡によれば、上述の綿糸取引も併せ呉服太物等の仕入れには、二代目与一や三代目与三郎自身が大阪、京都方面等の上方に出向き、あるいは与三郎の弟龍次郎、分家の渡三郎や番頭である牟田口宗七・井上政助・古川保平たちもしばしば上方に出張して取引を行うと共に、当地における商況調査や全般的な景気動向に関する報告書簡を逐次本店に寄せており、渡辺家では事業に関する詳しい情報をこうした形で得ていたものである。ただし、仕入れ・販売に関する充分な資料は残されておらず[6]、当事業の全容を明らかにすることはできない。しかし、明治三十九年とやや後になるが、この単年度の呉服太物取引の状況について表6－1を得ることができ、これによって当時の渡辺家のおおよその経営規模を知ることを得よう。

表6－1によれば、仕入れ先は大阪を中心に三府一二県に跨っており、その仕入れ総額は四、五七〇個、価格五六万四、三六〇円、このうち大阪が仕入れ総個数の約四四％、総価格の約四三％も占めていて、仕入れの主力市場であった。その他の仕入れ先についてもそれぞれその地方特産の反物・布地を仕入れており、京都の絹染物、滋賀の麻布、東北各県の絹交織その他である。こうして仕入れた呉服反物類の販売先は長崎を中心に佐賀、熊本、大分、宮崎とほぼ九州一円に及び、僅かながら朝鮮、支那の海外にも輸出している。この九州各県等への販売個数は仕入

れの約四八％であり、残りは福岡県内での販売および在庫であろうが、当時、渡辺家は少なからぬ規模で経営していたことが分かる。

また、繊維関係事業として、明治二十四年四月の記録によれば、渡辺家では足袋底を福岡監獄所で製造させていたことが記されている。この委託事業は渡辺家東店（二十一年九月出店）の分家渡三郎が担当しており、少なくとも四十一年まで継続していたようである。[7] さらに、地元新聞によれば、東店の分家渡三郎が、二十三年一月千代町に機織器械を据付け「木綿・フラ子ル類を織り出す由にて目下工場の建築に着手中なり」とあり、渡辺家では足袋に併せ織物の製造も行っていたことも窺わせる。[8]

表6－1　明治39年中輸出入調

| | 仕入れ先 | 品　名 | 個　数 | 価格(円) |
|---|---|---|---|---|
| 輸入之部 | 山　口 | 綿布 | 330 | 26,400 |
| | 岡　山 | 綿布 | 140 | 11,200 |
| | 徳　島 | 綿布 | 120 | 8,400 |
| | 愛　媛 | 綿布 | 375 | 22,500 |
| | 和歌山 | 綿布 | 600 | 48,000 |
| | 大　阪 | 綿布・洋反物 | 2,015 | 241,800 |
| | 京　都 | 染物・絹布 | 253 | 63,200 |
| | 愛　知 | 交織 | 75 | 11,250 |
| | 奈　良 | 絹布 | 40 | 5,000 |
| | 滋　賀 | 麻布 | 20 | 4,000 |
| | 東　京 | 交織 | 250 | 37,510 |
| | 埼　玉 | 白木綿 | 50 | 8,000 |
| | 群　馬 | 絹綿・交織 | 45 | 9,000 |
| | 栃　木 | 絹綿・交織 | 250 | 62,500 |
| | 山　梨 | 絹布 | 7 | 5,600 |
| | 合　計 | | 4,570 | 564,360 |
| | 販売先 | 品　名 | 個　数 | 価格(円) |
| 輸出之部 | 熊　本 | — | 635 | 95,300 |
| | 長　崎 | — | 725 | 123,200 |
| | 佐　賀 | — | 675 | 101,300 |
| | 宮　崎 | — | 20 | 3,000 |
| | 大　分 | — | 120 | 18,000 |
| | 朝　鮮 | — | 15 | 2,200 |
| | 支　那 | — | 10 | 1,500 |
| | 合　計 | | 2,150 | 344,500 |

出典：「内務諸事控帳」（明治39年起，渡辺本家所蔵）。

### （2）　株式投資活動

渡辺家は、以上に述べてきた本業以外に、明治期に続々と設立された株式会社への投資活動にも積極的であった。それは、当時新しく勃興した綿糸紡績、鉄道・港湾等の運輸関係、銀行等の金融関係、その他に石油・

瓦斯の燃料関係、製油・麦酒の食品関係など多くの産業にわたっている。また、おそらく明治三十年代後半頃から土地売買等の不動産経営にも積極的に乗り出していった。これら事業活動について、それぞれ項を分かち述べていこう。

① 綿糸紡績関係投資

渡辺家では本業である繊維関係事業に関連して早くから各地の綿糸紡績会社への投資を行っていた。以下に表6－2に基づいて投資状況を見ていこう。

渡辺家の紡績投資先として最も古くは岡山地方の玉島・岡山両紡績会社である。玉島紡績会社（明治十五（一八八二）年一月開業）、岡山紡績会社（十四年七月開業）は和綛をもって最も早くから九州地方を主力市場としていたことから、二社と取引関係にある博多、久留米、熊本の有力綿糸商たちの多くが株主となっていたものである。まず、玉島紡績会社について見ると、同社が明治二十二年上期に増資した際、福岡県内、とりわけ博多、久留米商人の投資が目立っているが、その中にあって新株の上位（四位）株主として渡辺与三郎（一五〇株）の名が見られる。さらに、明治二十三年上期に大幅に増資したときには、渡辺本家と一族合わせて四〇三株を出資している。こうした玉島紡績株の所有関係は玉島紡績が買収され吉備紡績会社（明治三十二年九月設立）となるまで続けられたようである。

岡山紡績会社について見ると、士族授産事業として設立された同社は明治二十年七月に定款を改正して士族外の一般投資家からの資本導入の道を開いた。当時、玉島紡績と同じく九州地方を主力市場としていた関係から、岡山紡績も久留米、博多商人を中心に多くの出資を得たものである。渡辺家について見れば、明治二十二年末の株主表

表6－2　綿糸紡績関係投資

| 紡績会社 | 渡辺本家持ち株数 | 関　　連 |
|---|---|---|
| 玉島紡績 | 明治22年150株，23年187株，31年100株 | 23年一族合わせ403株 |
| 岡山紡績 | 22年44株，28年158株，30年176株，39年228株 | 41年配当金1,032円，22年一族合わせ407株 |
| 倉敷紡績 | 41年30株，42年45株，大正3年90株 | 41年配当金338円 |
| 久留米紡績 | 明治26年198株，29年424株，32年483株 | 29年筆頭株主，一族合わせ575株 |
| 三池紡績 | 25・26年25株 | |
| 小豆島紡績 | 28年200株 | |
| 博多絹綿紡績 | 29年530株，30年300株 | 29年一族合わせ1,280株 |
| 鐘淵紡績 | 35年248株，40年700株，41年1,052株，44年1,000株 | 41年配当金3,515円，売却289株・代価59,657円 |
| 絹糸紡績 | 41年177株 | 41年配当金435円 |

出典：各紡績会社株主表『営業報告書』および前掲「内務諸事控帳」より作成。持ち株の年度には上期，下期いずれかを表示していない。

では、渡辺家四四株に始まり、その後三十年末の一七六株へと増加している。なお、久留米、博多商人らの岡山紡績に対する投資活動の詳細に関しては、玉島紡績の場合と併せ拙著に譲ることとする。(9)

次に、倉敷紡績会社について触れておこう。同社は、前記の玉島・岡山両紡績とは異なり、株式の調達は明治期を通してほとんど倉敷およびその周辺の地元に依存していた。たとえば、明治四十四年六月現在の倉紡株主二一八名のうち他府県株主は七名（大阪三・福岡二・広島一・東京一）に過ぎないことによって分かる。こうしたなかで明治四十四年の福岡の株主二名五〇株のうち、渡辺与三郎は四五株を所有している。これは先に触れておいたように、渡辺家は倉敷紡績の九州における第一位の有力な綿糸特約販売店であったことによるものであろう。大正三（一九一四）年渡辺家所有の倉紡株は九〇株とある。

以上に岡山地方紡績に対する渡辺家の株式投資状況について簡単に見てきた。こうした渡辺家の株式投資は、久留米・博多の他の商人もあるいは同様であったと思われるが、主として綿糸特約販売店としての取引関係によるものである。また、後述のごとく、渡辺家にとって上記三紡績会社は石炭取引の相手先でもあったことから、配当や株の売買利益などを主たる目的とした一般的な投資活動とはやや趣を異にしていたと言える。なお、紡績関係では四国の小豆島紡績会社（明治二十二年九月設立）の株式を所有しているが、これは同社の設立者難波二郎三郎（元玉島紡績社長）の勧めによるものと思われる。当時は、取引関係以外にこうした人的関係を動機とした出資がなされることもしばしばであった。

渡辺家の紡績に対するその他の投資活動についてさらに見ておこう。第一次企業熱下で福岡地方では久留米紡績会社（明治二十二年四月創立、二十四年七月開業）、三池紡績会社（二十二年五月創立、二十四年十月開業）の二社が設立されたが、渡辺家に関して、三池紡績会社『営業報告書』で知る限り、明治二十五年末・二十六年末共に二五株を所有していたが、三十二年の株主表からは名が消えている。同家は取引上最も関係の深かった久留米地方に設立された久留米紡績に投資を集中していったようである。二十六年末に一九八株、二十九年六月に四二四株へと持ち株を増やしており、渡辺与三郎はこの時久留米紡績の筆頭株主となっている。その後持ち株に少しく変動はあるものの、九州紡績会社として久留米紡績が合併した三十二年七月には四八三株となっている。渡辺家のその後の紡績業に対する関係は以上にとどまらず、本書の第二章において明らかなように、博多商人の大同団結によって設立された博多絹綿紡績会社（明治二十九年八月創立、三十年九月開業）の設立に主導的な役割を果たした一人である。同社の資本金六〇万円（一万二、〇〇〇株）のうち、渡辺本家は五三〇株、一族（四名）七五〇株と渡辺家全体で全株式の一〇%余の多数を所有していたことに注目される。この博多絹綿紡績会社が、九州紡績会社、中津紡績会社と共に鐘淵紡績会社に合併された明治三十五年九月以降は、渡辺家の鐘紡株は、同年末の二四八株に始まり、四十一年末の一、〇五二株、四十四年六月の一、〇〇〇株へと増加している。渡辺家の紡績関係への投資としては、この他に絹糸紡績会社（明治三十五年七月設立）の一七七株（四十三年六月現在）がある。

以上に渡辺家の紡績関係への投資状況について見てきたが、これらの投資は、どちらかと言えば、先に触れていたように、主として呉服太物綿糸卸商としての本業に関わる取引関係上によるものであったと思われる。とは言え、鐘紡株に関してみれば、明治四十一年末に配当金三、五一五円、売却二八三株・売却代価五万九、六五七円とあり、紡績株の積極的な取引も一方で行われていたことが窺える。

## ②　鉄道・港湾等運輸関係投資

次に、渡辺家の鉄道等への投資活動について見ることとしよう。ただここに鉄道会社株の所有の時期および規模等についてすべてを明らかにすることは資料的に困難であり、この点は以下に述べる金融・燃料・食品関係等への投資についても同様だが、明治期末の投資状況について記録されている「内務諸事控帳」を整理し、表示すれば表6－3のごとくになる。この時期の投資は言うまでもなく配当・売買利益を目的にしたいわゆる投資活動であって、先述の主として取引関係上あるいは人的関係上に生じた紡績会社への投資とはその趣きを異にしている。

表6－3は、明治四十・四十一年各下期の鉄道・運輸関係の株式投資状況を示したものである。これによれば、渡辺家では、後述の他の産業に対する投資に比べて、鉄道および運輸関係会社への投資活動が最も活発に行われていたことが知られる。表示の限りにおいて、鉄道では少なくとも一〇社を数え、その中でも九州鉄道[10]、地元の博多湾鉄道、東京鉄道、山陽鉄道に対する投資が目立っており、これらの鉄道から得た配当益は一万八、一四八円であり、九州・山陽・博多湾鉄道株の売却（合計一、二〇〇株）によって合計八万六、七二二円もの収入を得ている。た

表6－3　鉄道・運輸関係株式投資

| 会社名 | 40年下期（株） | 41年下期（株） | 配当金額（円） | 売却株数（株） | 売却代価（円） |
|---|---|---|---|---|---|
| 九州鉄道 | 1,653 | 1,653 | 6,617 | 520 | 37,328 |
| 山陽鉄道 | 600 | 600 | 3,172 | 600 | 47,970 |
| 東京鉄道 | 1,003 | 1,003 | 3,642 | | |
| 南海鉄道 | 128 | 143 | 535 | | |
| 京釜鉄道 | | 130 | 82 | | |
| 南満州鉄道 | 83 | 83 | 139 | | |
| 九州電気鉄道 | | 700 | | | |
| 博多湾鉄道 | 1,336 | 1,346 | 4,717 | 80 | 1,424 |
| 太宰府馬車鉄道 | 50 | 50 | | 50 | 1,697 |
| 門司八幡電気鉄道 | | 600 | | | |
| 冷泉汽船 | | 10 | | | |
| 博多築港 | 1,052 | 1,389 | 3,917 | | |
| 鎮西倉庫 | | 5 | | | |
| 計 | 5,905 | 7,712 | 22,821 | 1,250 | 88,419 |

出典：前掲「内務諸事控帳」より作成。
備考：円未満四捨五入。

だし、いずれも購入時価が不明なのでどれだけの売却益を得たかは明らかではない。なお、九州・山陽両鉄道株の売却は、明治三十九年十月施行の鉄道国有法、四十年八月に決定した国有化による株式の国債への代替問題にも関係していようか。その他に表示のごとく南海鉄道、京釜鉄道、南満州鉄道、地元福岡の電気鉄道等への投資も見られる。表示の時期以降のことであるが、明治四十三年三月に設立の博多電気軌道（資本金一五〇万円・三万株、四十四年五月二五〇万円・五万株に増資）について、同社の設立は三代目渡辺与三郎が中心となり、その前身の博多馬車軌道（明治四十一年七月特許）の譲渡を受け設立されたものである。しかし、与三郎が同社の社長事務取扱に就任直後に惜しくも志半ばにして急逝（四十四年十月）してしまい、博多電気軌道は約一年後に九州水力電気（四十四年四月設立）に合併されることとなったが、渡辺本家および一族は同社の上位株主として存続していった。[11] なお、表には挙げていないが、以上のほかに船越鉄道（二十八年九月設立）の発起人株主（一五〇株）、あるいは朝倉軌道（三十九年設立）の株主（一一〇株）として名をとどめている。

以上のように、渡辺家は、積極的に多くの鉄道投資を行い、かつ博多電気軌道に見るごとく、自ら鉄道の設立に主導的役割を果たすというように、鉄道投資に寄せる並々ならぬ関心の強さを知るのである。

鉄道に関連して渡辺家は、博多築港に比較的多くの投資を行っており、その他冷泉汽船、鎮西倉庫にほんのわずかながら投資している。とくに、博多築港設立（明治三十一年八月）の発起人・創立委員の一人であり、六五株の所有に始まり、その後表示に見るごとくその約二十倍に増やしており、そこから配当益を得ていることがわかる。なお、明治四十三年の博多通運の設立発起人の一人として五〇株の出資を行っているが、その後の状況は不明である。

**表6－4　金融関係株式投資**

| 会社名 | 40年下期（株） | 41年下期（株） | 配当金額（円） |
|---|---|---|---|
| 日本興業銀行 | 500 | 700 | 3,740 |
| 近江銀行 | 60 | 60 | 594 |
| 十七銀行 | | 30 | 5 |
| 横浜正金銀行 | | 10 | 120 |
| 大阪株式取引所 | 1,194 | ? | 5,044 |

出典：表6－3と同じ。

### ③　金融関係投資

渡辺家は、表6－4に見るごとく、日本興業銀行（明治三十五年三月設立）を筆頭に、近江銀行（二十七年五月設立）、十七銀行（十年設立）、横浜正金銀行（二十七年七月設立）の四銀行株と共に大阪株式取引所（十一年八月開業）への投資を行っていた。それぞれ銀行等への持ち株は表示のとおりであり、銀行株等の中で日本興業銀行株と大阪株式取引所株の所有と配当収入は比較的多い。ただ、渡辺家の事業取引上の主力銀行であった住友銀行（三十六年博多支店開設）、百三十銀行（三十三年博多支店開設）との間では、表に見る限り、株式所有関係は見られない。とくに、住友銀行との間では金融取引が頻繁に行われており、たとえば、「内務諸事控帳」によれば、四十一年十月現在住銀から二一万三、一〇〇円の借り入れがあり、これに九鉄株等売却金七万七、八四七円余をもって返済したり、またすぐに借り増しを行い、返済したりと極めて日常的な金融取引が行われていた。渡辺家の事業と住友銀行との関係の深さは、四十三年博多支店次席の北崎久之丞なる人物を渡辺家の主として内務（株式、土地建物の不動産）関係の管理に当たる支配人に招聘していることによっても肯ける。[12]

表6－5　燃料関係株式投資

| 会社名 | 40年下期（株） | 41年下期（株） | 配当金額（円） |
|---|---|---|---|
| 博多瓦斯 | 100 | 100 | 420 |
| 神戸瓦斯 | | 30 | 90 |
| 東京瓦斯 | 20 | 20 | 141 |
| 南北製油 | 50 | 50 | 180 |

出典：表6－3と同じ。

### ④ 燃料関係（石油・瓦斯）投資

渡辺家の株式取引においてそう比重をもつものではないが、この時代の新しい産業である瓦斯・石油業への投資も行われていた。表6－5に見るように、東京瓦斯（明治二十六年七月設立）、神戸瓦斯（三十一年七月設立）、博多瓦斯（三十七年設立）、南北製油（三十九年創立）これである。なお、新潟高岡の石油共同販売所の株一枚への払い込み記事も残されている。

### ⑤ 食品関係投資

食品関係にも若干の株式投資が行われており、明治四十一年東洋麦酒に五〇〇株、同年大日本水産の五株が見られ、地元の九州製油（二十九年七月設立）に対して渡辺家および一族の積極的な投資が行われたようであり、三十三年二月時点で本家は上位株主として二三〇株を、一族（五名）は合計四〇五株を所有していることが知られる。

以上において渡辺家の株式の投資行動について述べてきたが、「内務諸事控帳」に記載の所有株式、配当金、売却株式とその代価を試算すれば、総計として、明治四十一年時点における持ち株数は八、七五八株、配当金額は三万八、四七五円、売却株数は一、五三九株・代価一四万八、〇七六円を数えることができ、渡辺家の諸事業の中で株式投資は比較的大きな比重を占めていたと言うことができる。後述のごとく、二代目渡辺与一により株取引は厳しく戒められていたものの、三代目与三郎は株式投資を行い、明治三十年代とりわけ三十七・八年の日露戦争後の一般的な株価上昇気運の下で積極的に行っていったものと思われる。

以上の株式取引のほかに「内務諸事控帳」には、明治四十・四十一年に国庫債券、整理公債、勧業債券、大阪市水道公債、神戸市水道公債について記録されており、これら所有額面総額は約一万九、〇〇〇円となり、若干の利子収入も記されている。

### （3）　不動産経営

#### ①　土地取引

渡辺家の諸事業の中でも、明治・大正・戦前昭和・戦後昭和・現在へと最も長く継続されてきたのは、土地の売買・開発等の不動産経営であった。ここでは明治期に限りその経営実態について見ておこう。渡辺家では二代目与一によって定められた家憲とも言うべき「遺言」の中に「土地の見込み買い致すべからず」（第五条）とあり、先代より土地取引への慎重さを求められていたが、三代目与三郎は土地の見込み買いであったか否かは別として、極めて積極的な土地取引を展開していったことは周知されている。

こうした不動産経営に関して限定的だが、これまでと同様に明治三十九（一九〇六）年から四十一年の三ヶ年間の土地取引状況を記す「内務諸事控帳」の記録を整理して見れば、まず土地買い入れについては、三十九年十月から四十二年一月までの間に一三万二、八三七円余をもって七、八七七坪（ただし、買い入れ金額の表示があっても土地面積の表示がないものが数件あり、したがってこの面積以上となる）を買い入れており、そのうち遠賀郡八幡町尾倉方面の地域に集中している。すなわち、投入資金の約八〇％、買い入れ土地の約六〇％である。あとは投入資金約二〇％、買い入れ土地約四〇％が博多およびその周辺地域となっている。また、売却土地について見れば、三十九年十二月から四十二年二月までの間に売却坪数一万三、五二九坪四合（ただし、売却件数三〇筆のうち三筆の坪数記載漏れあり）、その売却代金七万九、七五八円余となる。これらの土地売却の地域は、買い入れ土地と同様に博多およびその周辺各村に及んでおり、この他に遠賀郡八幡尾倉、二日市道路敷・天山土地道路敷、鹿児島地所が記されているが、前記購入土地で最も多かった遠賀郡八幡町尾倉の地所売却の方はまだ少なく、坪数一、二三七坪・代価五、〇八八円に過ぎない。当地の所有地の幾らかは貸与されていて、その地代として二年数ヶ月の間八、〇三九円の収入が見られる。この八幡地区の土地取引は、八幡製鉄所（明治三十年八月八幡の地に建設開始）の事業や地域の拡張につれ、また人口の増加に伴い、その後一層積極的に進められていったものと思われる[13]。

② 貸家経営

渡辺家では、以上の土地取引と共に明治期において当然に貸家経営も行っていたであろう。この点は、昭和初期の資料（ただし、本家のものか分家のものかが判然としない面も残されているが）から推察することができる。すなわち、後の昭和八（一九三三）年には貸家五〇軒（敷地合計約七、三〇二坪）を所有しており、その所在地は博多を中心にした近傍地域であり、賃貸価格一万一、七〇四円の収入を得ていたものである。[14]

以上において渡辺家の不動産経営について一応これを明らかにしてきたが、三代目渡辺与三郎は、不動産取引を通して多くの利益を得ていったと思われるが、他方、彼は人々の協力も得ながらも、資金を投じ、地域開発の上で社会的貢献も行っていたことは周知のごとくである。たとえば、博多駅から祇園町に通ずる馬場新道を開き、博多桟橋建設の際に大浜新道を設けたり、川端土居新道（寿通り）、小山町から社家町に至る櫛田参詣道を設けるなど、博多の開発に貢献すること極めて大きかったとされている。[15]与三郎は不動産事業と地域開発というビジネスと社会的貢献のバランスの上に立って企業者活動を積極的に行っていったことに注目されよう。

## （4）　渡辺家地主・小作経営と炭鉱経営

渡辺家の諸事業の中で必ずしも大きな比重を持つものではないが、明治期を通じ農業経営、特に地主・小作経営を行っており、また、渡辺一族と共に短期間ではあるが炭鉱経営にも携わっていたものである。これらの事業について次に見ておきたい。

### ①　渡辺家の地主・小作経営

渡辺家において農業経営、特に地主小作経営がいつごろから始められたかは不明である。しかし、明治八（一八七五）年十一月の「田土買入覚帳」が残されていて田地造成が行われていたと考えられることからすれば、[16]この頃からのことであろうか。しかして、当家の地主小作経営を明確にできるのは、明治十四年からであり、またある程度の経営規模を知ることができる。すなわち、十四年十一月の「小作証写」によれば[17]、武蔵村、上古賀村、塔原村、下月隈村の小作人二三名に合計一〇町五反七畝七歩の田地（一部畑を含む）を耕作させており、「口米」として合計一一三俵と三七石二斗五合余、「余米」取り立てとして八九俵半の収納のあったことが知られる。さらに、年代不詳だが前者とほぼ同年代のものと思われる「小作証之写」によれば[18]、平尾村、青木村、比恵村、堅粕村、御供所村、出来村の小作人一五名に九町三反六歩を小作に出しており、小作米二五一俵三石五斗余を収納したことになっている。以上の二件を合わせれば、渡辺家では小作地約二〇町歩、小作米四五三俵と四〇石七斗五合余（一俵＝四斗換算で一〇二俵）、合計約五五五俵収納の地主経営を行っていたこととなる。こうした地主経営のその後の展開については、資料を欠くので明確ではないが、約二十数年後の三十九年六月二十二日の記録によれば[19]、渡辺家が当時博多の有力な米穀（兼肥料）商人であった社家間善次郎に三十八年度分小作米五六二俵二斗一升二合を預け、その代金二、六五五円八一銭（一俵四円七三銭替）を受け取り百三十銀行当座預けにしている。このことから推測すれば、渡辺家は二代目から三代目へとほぼ明治期を通して、二〇町歩・小作米五百数十俵規模の地主小作経営を続けてきたと見ることができよう。

### ② 渡辺一族の炭鉱経営

渡辺家では二代目与一（与三郎）のとき、明治七年七月鞍手郡勝野村字竹薮外一字において二、九二〇坪の借区許可を得たことが「鉱山借区一覧表」に記されている[20]。この炭鉱経営が実際に行われたか否かは明らかではないが、二代目与一は博多商人として最も早く炭鉱経営に着目していたことに注目される。その後博多に関係する商人の炭鉱主としては渡辺与一以外に下沢善右衛門、井上友次郎、中尾卯兵衛、磯野七平、牟田万次郎、大山与四郎らの名を見ることができ、当時博多商人の炭鉱経営に寄せる関心の少なくなかったことが知られる。

ところで、渡辺家一族による炭鉱経営を明確に知りうるのは、明治二十二年の糟屋郡宇美村大字炭焼における舟石炭鉱の経営についてである。当炭鉱一万余坪の開業は十五年十二月とされており、借区人瓦田甚三郎・卓太、山崎春英から二十二年譲渡を受けた古賀幾多郎、渡辺本家与三郎、分家渡辺勘次郎、同渡辺次平の四名は、二十二年六月から共同で経営することとなった。

この共同経営を行うにあたって、四名の間で「古渡組」なる組合を組織し、「炭坑連合規約」（全二十三ヶ条、明治二十二年十二月調印）を定めている。この規約の主要な点を記しておけば次のとおりである。[21]

当連合規約前文によれば、「四名茲に連合規約をもって糟屋郡炭焼村字舟石・小川・寺浦に於て炭田借区壱万六坪四合を瓦田卓太より買入採炭事業に着手すること」と記し、続けて「最も都合に依り当分古賀幾太郎の所有に書換営業上も表向丈け同人の名義に致置く事」と記されていて、表向き炭鉱の所有名義、営業名義共に古賀幾太郎とすること、また、当組合の本店を炭焼村舟石に、同支店を博多大浜三丁目に設置すること（第一・二条）、四名各々一、〇〇〇円の出資をもって組合資本金四、〇〇〇円とすること（第九条）、組合の役員として組長、取締一名を設けること（第三条）と規定されている。組長には名義上舟石炭鉱の所有・営業者たる古賀幾太郎が、取締には渡辺一族を代表して渡辺勘次郎が就任している。連合規約には、以上のほか組長、取締、組員それぞれの権限と役割、組長、取締の不正行為に対する処分、諸帳簿の整備、組合の定式・臨時総会、年半期決算と利益分配その他の条文が定められている。なおこの規約の有効期限に関して「此規約は新借区出願の時迄とす、依て許可の上は一応解約し更に規約を調製する事」（第二十三条）とある。ちなみに、古賀幾太郎名義による四万六千余坪の新たな「石炭

表6－6　舟石炭鉱出炭・販売・代価

| | 22年7～12月 | 23年1～6月 | 23年7～12月 | 24年1～6月 |
|---|---|---|---|---|
| 越　高（斤） | — | 1,066,486 | 99,221 | 81,631 |
| 堀立高（斤） | 2,096,535 | 1,306,931 | 1,735,742 | 45,000 |
| 売　高（斤） | 1,030,049 | 2,276,181 | 1,753,332 | 126,631 |
| 代　価（円） | 823.498 | 1,395.410 | 1,078.866 | 88.641 |
| 残　高（斤） | 1,066,486 | 97,236 | 81,631 | — |

出典：「借区坑業明細書」（「渡辺文書」2064）。
備考：明治23年度（1～12月）堀立高合計304万斤余となるが，宇美村役場届には23年度出炭高413万斤（同2065）とある。

借区開坑願」の申請が行われたのは明治二十三年七月であり、採掘特許を得たのは二十六年七月のことである[22]。

以上のごとく、明治二十二年六月より四名の共同によって舟石炭鉱の経営が行われるに至った。この経営実態の全貌を明らかにすることは資料上困難であるが、その経営状況の一端について見れば以下のとおりである。表6－6は舟石炭鉱の出炭・販売・代価等を、表6－7は石炭の販売先を示したものである。

まず、表6－6によれば、借区譲渡を受けた直後の明治二十二年七月より十二月まで半年間の堀立高（出炭高）、売高（販売高）、代価は表示のごとくであるが、二十三年一月七～十二月を合算して二十三年度一ヶ年度分としてみれば、出炭高三〇四万斤余と越高（繰越高）一、一〇六万斤余に対して売高約四〇三万斤、その代価二、四七〇円余となり、舟石炭鉱の当時のおおよその経営規模を窺うことができよう。

次に、表6－7について見ると、舟石炭鉱は明治二十三年に、岡山地方所在の玉島紡績・岡山紡績・倉敷紡績会社の三社に向けて舟石石炭を販売したことを示している。二十三年度ほぼ前半期において三社に対して切込・塊炭約七二万斤（代価約一、三三四円）を販売しており、この販売数量は、同時期の舟石石炭全販売数量約二二八万斤の約三分の一に当たり、舟石炭鉱にとっては紡績工場が有力な市場となっていたことが知られる。岡山地方の三紡績については既に触れてお

**表6－7**　舟石石炭販売先・種類・数量・代価等（明治23年）

| 月日 | 販売先 | 種類 | 数量（斤） | 代価（円） |
|---|---|---|---|---|
| 2月27日 | 玉島紡績 | 切込 | 81,836 | 147.657 |
| 3月3日 | 岡山紡績 | 切込 | 165,000 | 294.999 |
| 3月14日 | 玉島紡績 | 切込 | 96,000 | 177.600 |
| 3月20日 | 神戸山田 | 塊炭 | 65,000 | 134.480 |
| 4月15日 | 倉敷紡績 | 塊切 | 110,000 | 210.054 |
| 5月1日 | 岡山紡績 | 塊切 | 75,000 | 131.580 |
| 7月12日 | 倉敷紡績 | — | 125,000 | 238.075 |
| 計 | | | 717,836 | 1,334.445 |

出典：「輸出荷物控」（「渡辺文書」2166・2169，福岡市総合図書館所蔵）。
備考：神戸山田とあるのは神戸の石炭卸商人山田豊七を指す。これらの石炭は博多請合問屋山田甚右衛門を介して搬送された。

いたが、舟石炭鉱では、これら紡績会社に向けた市場活動を積極的に行っていたものである。この点二十三年三月に記された「旅行日記」（三月十二～二十七日、渡辺勘次郎手記）によって知ることができる[23]。

当日記には、二十三年三月十六日に岡山紡績の社長谷川達海、事務長山本半次郎、工務係長虫明一太郎、機関係秋山孫太郎ほか、三月十七日に倉敷紡績の取締支配人木村利太郎、機関工務掛加藤知信（不対面）、三月十八日に玉島紡績の社長川口潤造（不在）、取締田辺為三郎、工務掛機関長難波麗次（病気中）、石炭買入掛児島貞作らに面会、三月十九日に再び倉敷紡績を訪れ石炭見本を渡すなど、舟石石炭売り込みの詳細な記事が見られる。また、日記の末尾には、神戸の石炭卸商山田豊七とも会い石炭価格などに関する記事をとどめており、岡山地方における紡績会社の主要な人々と直接に面談し、また、神戸の石炭卸商人にも会うというように、舟石石炭の販売活動を積極的に行っていたことが分かるのである。

しかし、こうした舟石石炭の積極的な販売活動にもかかわらず、その経営成果は必ずしも良好とは言えなかったようである。この点、明治二十三年後半期か二十四年前半期頃か定かではないが、この頃の記録に「出金四千円」をもって起業したが、この「金額ニテハ到底出炭目的無之ニ付、又々左ノ通出金致ス」として、渡辺一族、古賀の四名が合計約四、三五五円をさらに出資したものの、「右之通資本金ニテ就業出炭売買候処、多額ノ入費ニテ不引合ニ付、再度協議ヲ遂ケ改革、出炭相致ト雖モ、到底不引合見込不相立」とあることによって分かる。[24] こうした舟石炭鉱の経営の悪化は、一般的に二十三年恐慌の影響による石炭需要の停滞、価格の下落等による経済不況によるものであろう。先出の表6-6に見るごとく二十四年に入っての舟石炭鉱の出炭高、販売高は激減している。こうした石炭不況は二十五～六年になりどん底状態に陥ることとなったことは周知のごとくである。

かくして、舟石炭鉱（一万六坪余）は「不得止事、廃業ノ上、今般他ニ売買又ハ貸与をするに決定致し」云々とあるごとく、起業から営業期間わずかにして明治二十四年三月に、肥前国西松浦郡楠久村の借区借受営業人・多々良長七なる人物との間で貸与の約定を結ぶに至っている。[25] ただし、この約定通り舟石炭鉱の貸与が実際に行われたものかどうかは明言できないが、石炭不況を契機に渡辺一族は直接の炭鉱経営から離れていったようである。また、二十六年七月に古賀幾太郎名義で採掘特許を得た増借区分四万六、八六五坪も久田全ほか三名に譲渡している。[26]

なお、渡辺本家および一族の石炭業への関わりについて触れておけば、田川炭田を借区して石炭会社を起こす運動のために、明治二十一年十月博多の有力者を中心に「筑前鉱業会社」（資本金三五万円）の創設が計画されたが、この会社創設発起株主総代一三人の一人に渡辺与三郎の名が見られる。[27] しかし、こうした地元の運動も結果的には、渋沢栄一、大倉喜八郎らの中央からの田川採炭運動と合体して、二十三年三月「田川採炭会社」（資本金五〇万円）の設立となったことは周知のとおりである。[28] しかし、渡辺与三郎名義の田川採炭株所有（八七株、勘次郎六一株、治平六一株）は、二十六年十月の株主表からは見られなくなっており、渡辺家は、この頃から先述のごとき炭鉱経営や炭鉱会社への投資など、石炭に関わる事業からは全く遠ざかっていったようである。

以上において、渡辺家の本業である呉服太物綿糸卸等繊維関係事業の展開をはじめ、紡績・鉄道・金融その他諸会社への積極的な株式投資活動と土地取引等の不動産経営ならびに地主・小作経営と舟石炭鉱の経営について、それぞれ叙述に精粗の差はあれ一応これらを明らかにしてきた。しかして、以上の渡辺家の諸事業の展開の上で一定の意味を有していたのが、渡辺本家を中心にした分・別家の同族集団の結成と結合であった。この渡辺家同族集団の結成は、江戸末期～明治初頭に博多の有力商人の地位を築いた渡辺家二代目与一の手によって、さらに渡辺家の事業の基礎をより強固なものとし発展させた三代目与三郎によって進められた。渡辺家の「イエ」制度と同族集団の問題について、節を改めこれを考察することとしよう。

## 三　渡辺家の「イエ」制度と同族集団

この課題を考えるに当たって、近世商人における「イエ」制度の問題を念頭に置きながら述べていこう。[29]

ところで、渡辺家三代の系譜の中で二代目与一が記した明治十四（一八八一）年の「元祖生骸伝書」、翌年の「生骸伝書」について触れておいた。それらの内容は、初代および二代にわたる家業への取り組み、努力の跡を顧みながら、後進に対してある種の戒めを説いたものとなっている。この伝書に続いて、明治十八年に渡辺家一統中に示した「定約書」、さらに、三十五年に渡辺家一族に示した渡辺家の家憲・家訓とも言われている「遺言」がある。以下においてこれら「定約書」、「遺言」、その他に「御記念譲受保存契約書」、「渡辺一統共有財産組合」、「譲渡伝書」等の関連資料に基づいて、課題を検討していきたい。

## （1）渡辺家の「イエ」制度について

二代目与一の記した明治十八（一八八五）年の「定約書」の検討から始めよう。[30] これは、正しくは「米商洋銀相場ニ立入不申様規則相設ケ定約書」とある。与一は、当時博多米商会所の仲買人ら八十余名が空米相場の嫌疑で警察署に摘発され留置されるという事件が発生した状況の中で、空米相場の危険性を説き、併せて洋銀相場にも手を出すことを禁じるために渡辺家「一統中」の誓約を求めたものである。この定約書の内容について概略すれば、「一統中是迄譲リ受タル商業ヲ相営、贔屓ヲ以テ家名相続致」してきたのである。しかし、「折柄米商ヒ洋銀相場実ニ荒々敷利益之風聞ニ迷ヒ、仲買ヲ以テ売買ヲ致シ、一両度ハ利益ヲ得ル者モ有之ト言エトモ、続テ右等ノ商ヒシテ終ニ家名目出度相続スル者決テ之無、証ニ其家ハ無論、親子兄弟親類ニ至ル迄不用意成迷惑ヲ掛ル者罷在候故ニ、之レハ甚恐ルベキ商業ナリ」と記し、したがって、この際に規則を設けて一統中の間で投機取引あるいは類似の商業に立ち入らぬよう禁止したい、としている。また、もし万一これらの商業に手を出す者があれば、厳重に意見を加え、直ちに取り止めさせることは勿論、その意見を聞き入れない者は、やむをえず「親族ノ義務ヲ廃止シ、義絶ヲ取計可申」、と厳しい申し合わせをもって、一統中二四名の署名捺印を求めた内容となっている。以上の内容について注目すべきことは、何よりも譲り受けた商業＝家業を大切にし「家名相続」を図るという、日本の近世来の伝統的な「イエ」制度的思考に立脚し、家業ひいては家名を傷つけるような投機的事業に手を出すことを厳しく戒めている点、また今一つ注目すべきは、二代目与一の代に至って渡辺家は親類、別家、番頭も含めて、これを「一統中」と捉えている点である。これは渡辺家の血縁者はもとより、非血縁の別家・番頭をも「一統中」つまり同族とみなして、一種の同族的集団を形成していたことを意味していよう。「定約書」に署名のある二四名のうち渡辺姓の者一〇名、与一の娘たちの嫁ぎ先（姻戚）の者二名、残る一二名のものは先代以来の別家・番頭たちであり（この中に先代奉公先の主家楢橋も含む）、二代目与一の代になり益々事業の発展をみるなかで、初めて「一統中」の名の下に同族の結束を図ったものであろう。

こうした渡辺家「一統中」に関していま少し付言すれば、三代目与三郎によって「渡辺一統共有財産組合」（明治二十七年四月）が組織されている。この組織は、渡辺本家、分・別家、番頭等店員をもって組合を組織し、組合員の相互扶助に役立たしめようとしたものである。組合規則は未見であるが、組合財産は本家が不動産を供出し、組合員は毎月掛け金を出し合って積み立て、これをもって相互扶助の基金とするものである。この組合は明治四十年三月まで一三年間継続している。組合掛け金の実際についてみると、分家の「毎月持寄金間通」によれば[31]、掛け金額は一三年間に累計一、〇二七円を積み立てている。組合組織当時の組合員三〇名にはその後移動はあろうが、基金とその利子は一三年間で相当な額に達していたであろう。このような組織と基金をもって渡辺家一統の相互扶助を図り、結束を固めていたことに注目される。

次に、二代目与一による明治三十五年十二月の「遺言」について検討する前に「御記念譲受保存契約書」（明治二十六年十月）について見ておこう[32]。これは、二代目与一の子供一〇名のうち長男与三郎および他家に嫁いだ三人の女子を除く、次男龍次郎、三男綱三郎、長女の婿養子勘次郎、次女の婿養子常太、三女の婿養子伊助、六女の婿養子渡三郎の六名に対して、表6－8のごとく、二代目与一所有の江戸時代の古金銀を分配譲与されたときに、六名が互いに交わした契約書である。二代目が幕末期古金銀の取引を行い莫大な利益を上げたとする点については、先述したところであるが、同表に記載の多数の古金銀はその後も長く蓄財されていたものであろうか。しかして、当契約書の第一条に「御父為記念金銀田地拝領分」は、「各自永世ノ基本財産ト為シ、不動産トスル事」、第五条に

表6－8　江戸古金銀分与表

| | | | | |
|---|---|---|---|---|
| 渡辺龍次郎 | 保判金 50枚 | 平尾村田地9反8畝26歩 | 文政弐朱金100両 | 1歩銀150両 |
| 渡辺綱三郎 | 保判金 60枚 | 文政弐朱　　— | 文政弐朱金100両 | 1歩銀400両 |
| 渡辺勘次郎 | 保判金 50枚 | 文政弐朱金100両 | 安政弐歩金300両 | 1歩銀100両 |
| 渡辺常太 | 保判金 50枚 | 徳弐歩金500両 | 文政弐朱金100両 | 1歩銀100両 |
| 渡辺伊助 | 保判金 50枚 | 徳弐歩金500両 | 文政弐朱金100両 | 1歩銀100両 |
| 渡辺渡三郎 | 保判金 50枚 | 徳弐歩金500両 | 文政弐朱金100両 | 1歩銀100両 |

出典：「御記念譲受保存契約書」（「渡辺文書」2692）。

この基本財産は「売却又ハ其他物品ト買換ル事ヲ得ス」、第六条に基本財産を「質入・書入レヲ為ス事ヲ得ス」、ただし不幸にも営業資金に困るか、非常出金を要する場合には、兄弟中の承諾を必要とするとうたっている。さらに、兄弟六名の申し合わせとして、第三条に「見真大師様御教ノ真俗二諦ノ御宗教ヲ、深ク信仰可致事」、第四条「御仕付ノ商業相守、質素倹約、勤勉貯蓄ヲ為ス事」、第七条「毎年金ヲ別途積立ト為シ、右金員ヲ又ハ銀貨ヲ買入、基本財産ニ増備ヘスルモノトス」を挙げている。こうして分与された基本財産は一族の将来に備えたものであろうが、とりわけ本家中心の「イエ」制度の下では、本家を守護するためのものでもあった。事実、第二条に「御高恩ヲ永世ニ忘却背サル様永ク子孫ニ相伝ル事ヲ為シ置ク事、若シ、万々一本家不幸ニシテ令落ニ及場合アルトキハ、契約者ハ勿論、其相続者ニ於テ抜出各自力ヲ尽スヘキ事」と述べ、親の高恩を永世にわたって忘却せざることと共に、万が一本家が零落するような事がある場合は互いに先んじて尽力すべきであると誓い合っているのである。近世来の本家を中心とした同族集団の姿をここに見ることができる。なお、この契約書は、相続者にも継承されること、金銀等譲り受けた十月十日には「御父記念祭」を行うこと、毎年十月十日には基本財産の「立会検査」を行うこと（第八～十一条）も申し合わせている。以上の契約内容は、要するに、渡辺家三代目与三郎の兄弟が親から譲り受けた基本財産を増やしこそすれ減らすことなく、そのためには、父与一の意を戴して信仰・家業大切・質素倹約・勤勉貯蓄等に励み、渡辺本家を中心にした一族の経済的安泰を図ることを誓い合っているのである。

次に、二代目与一が七三歳のときに記した「遺言」（明治三十五年十二月）について検討しよう。[33] この遺書の表題は、「家名永続之為規則ヲ設ケ遺言ス」とあり、渡辺家の家名をいかにして永続させるかを図るために、渡辺家の一族に対して守るべき家憲を「遺言」の形をもって述べたものである。それは全八ヶ条および各条文の説明と条外付属から成っている。八ヶ条の条文のみを記しておけば、次の通りである。

第壱条　親類及倅共ニ於テ、金銭又ハ物品借入並ニ条件事ニ付、連帯人及ビ弁済保証人之加判ヲ堅ク禁ズル事

第弐条　約束手形振出ス事無用、並ニ裏書スル事ヲ禁ズル也

第参条　実印ヲ大切ニ保護可致事

第四条　米商並ニ諸株式其他、定期ニ係ル売買一切禁ズル事

第五条　土地ノ見込買等致スベカラズ事

第六条　諸事業ヲ起スハ無論、他ヨリ加入之相談有ル共決テ立入事ヲ禁ズ

第七条　我宋見直大師様之御教ヲ知識ニ依テ懇ニ聴聞蒙リ、信心堅固成ル事宜敷ク、並ニ世事ニ立入ルハ宜カラズ事

第八条　火難盗難悪病等起ラサル様ニ注意ノ事

右八ヶ条遺言致置候間堅相守可申事　尤モ家事ニ付大切ナル処ダケ記ス也、余ハ是ニ順テ心得ベシ（以下略）

上記の「遺言」は、当面渡辺家一族に対して家事・家業を営む上で大切と思われる点のみを書き上げたとされており、二代目与一が経験し、あるいは知見した知識を列挙したものであろう。要するに、金銭等の借り入れ・保証

人・加判の禁止、約束手形の振り出し・裏書の禁止、実印大切、米商・諸株式等売買の禁止、土地見込み買い等の禁止、諸事業等への立ち入り禁止を一族に求めており、さらに信心堅固、世事への立ち入り、火難・盗難・悪病への注意を挙げている。

ところで、こうした「遺言」を二代目与一が記した事情について、橋詰武生氏によれば、「船越鉄道の失敗、博多絹紡の鐘紡との合併など、憂慮すべき出来事も続いている。そのうえ後継ぎの与八郎は支店を出すやら大学誘致運動などに関係するやらして、運動資本も出しているらしい。任せて置くとどんなことをしでかすか知れたものではない。今のうちに歯止めの目安ともなる書きものでも遺しておこうと思い立った」ことにあるとされている。(34) この点について、確かに三代目与三郎（与八郎）は、遺言が記された明治三十五年頃には、既述のごとく、家業である呉服太物綿糸等の繊維関係事業を活発に行ってはいたが、その一方で博多を中心に近郊の土地売買の不動産業や多くの株式投資も積極的に行っており、さらには三十五年四月に大学誘致の運動に関わり寄付（五、〇〇〇円）をするなど、少なくとも「遺言」の条文に抵触する行動を取っていたことは明らかである。このように見れば、二代目は守成の精神をもって代々の家業に専念し、家名永続を願ういわば保守主義であるのに対して、三代目は当時勃興した企業熱の下でむしろ積極主義に立っていたと言える。しかし、三代目とて渡辺家の「イエ」制度を守る立場には、二代目とはいささかも異なることはなかった。その点、先述の明治二十七年「渡辺一統共有財産組合」の結成からも読み取ることができよう。三代目が渡辺本家を中心とした一族・一統の結束を常に意識していたことは、本家の年中行事としてほぼ毎年、正月の鏡開き、三月の棚卸、桃の節句、五月の菖蒲の節句等には分・別家の人たちを時には家内同伴にて招待し、一族・一統の交流と結束を図っていたことによっても知り得る。(35) このように交流を常にしていた分・別家の問題について、項を改め考察しよう。

## （2）渡辺家の分・別家制度と同族集団

### ①　分家制度

日本の分・別家制度は近世の商家において多くみられた。当時、一般的に分・別家の創出は当該商家の「家格」を表すばかりではなく、本家（主家）を中心にした同族集団組織の強化に役立つと考えられていたものである[36]。

ところで、分・別家制度とは、兄弟等血縁者が本家から財産分与によって、あるいは奉公人が主家から元手金や暖簾などの分与によって、それぞれ一応独立することを言う。この分・別家制度の概念について、『守貞漫稿』によれば「庶子兄弟の別れたるを分家と云、手代奴僕の別ちたる家を別家と云ふ」とあり、分家、別家の呼称は血縁か非血縁かの類別によって両者を区別されているが、こうした区別は現実にはそう厳密に用いられていたわけではなく、混同され用いられていることがしばしばであった。しかし、ここでは一応区別して考えることとする。また分・別家制度にとって養子制度は重要な意味を有していた。この養子制度も取り上げながら、まず、渡辺家の分家について述べよう。

近世においてはもちろんそうであったが、近代に入っても有力商人においては原則的には嫡子が本家の家督を相続する。それ以外の庶子では男子は暖簾分けをもって分家させ、女子の場合は他家に嫁がせるのが通例だが、女子に婿養子を迎えて分家させる場合も少なくはなかった。養子制度は養子という非血縁者を同族のなかに組み入れることによって「イエ」制度を補強するとともに、家業経営に活力を与え、成功の可能性も高めようとしたものである。いまここに渡辺家についてみれば、初代与助のとき嫡子である二代目与一の姉ソノに養子を迎えている。この養子が分家独立して渡辺藤吉家となる。二代目与一の時には、子供一〇人（男三・女七人）のうち、長男房吉（三代目与三郎）には本家を相続させ、次男龍次郎、三男綱三郎をそれぞれ分家させているが、女子七人のうち四人、すなわち、長女コト（琴）には勘次郎、次女トモには常太、三女ヤエには伊助、六女シマに渡三郎を養子に迎えいれ、それぞれ暖簾分けをして分家独立させていることに注目される。こうして渡辺家は三代目与三郎本家を中心に、分家六軒、先代からの渡辺藤吉家をもって一族を構成していた。

ところで、渡辺本家から分家する場合に、いわゆる暖簾分けとして「紙屋」の屋号と共に資金・店等を分与されるが、ここに、その一例として長女コトの婿養子に迎えられた渡辺勘次郎（与作）の場合について取り上げてみよう。

渡辺勘次郎が分家を許されたのは明治十五（一八八二）年一月のことである。このとき二代目与一は「譲渡伝書」ならびに「譲渡物件」を勘次郎に与えており、これに対して勘次郎から養父与一宛に差し出した「譲受証」がある。[37]

養父与一の「譲渡伝書」には、父である初代与助が博多の楢崎家へ奉公、その後博多西町で「絞り商」を営んだこと、自分は二一歳で唐人町池田定次郎次女キヨと結婚して一〇人の子供をもうけたこと、父与助より一、八〇四両の資本を譲り受け絞り商・呉服太物商を営み、数十年間商売に辛苦を尽くしたこと、そして明治六年五月に社家町の宅地四七四坪余を買い求め、翌年までに土蔵の新築、醬油製造を始めたこと、その頃長女コト二六歳となり、明治七年十月糟屋郡尾中村の井上仁市郎弟勘次郎を婿に貰い、勘次郎に居宅・土蔵を新築致し出店のつもりであったが、自分も老年になったので、今般醬油製造事業を譲り渡す。ついては、今後商売の上で勉強出精致し、さらに本家永続のために毎年一月限り金五〇円の「冥加金」を永世差し入れるようにと記し、「譲渡伝書」を結んでいる。

なお、当伝書には「附リ」として親類および別家一統中に金銭借用について代償・弁済・証人等決して致してはならないと記している。この「附リ」文は先述の明治三十五年の「遺言」第一条の条文にも生かされている。

以上の養父与一からの譲渡証に対して、譲り受け人勘次郎は次のような「譲受証」を差し出している。その内容は、譲渡された宅地四七四坪余をはじめ建家、家財道具、醬油室味、その他豆・麦・塩・薪、養父の肖像画などを列記し、そして「前記之通リ一切、不束之私エ御譲リ渡被仰付冥加至極身ニ余難有仕合ニ奉存侯」とまず謝意を述べ、「然ル上ハ、向後御譲リ渡御仕居被下候商業上ハ無論、其他萬事ニ心魂ヲ尽、一入勉強可致ハ勿論、御仕居へ之醬油商営業子孫迄相守、決而商業替等仕間敷候、唯御伝被下候商業而已一心ニ相守、万々出精可仕ハ素ヨリ、元祖生骸伝書御趣意深勘弁仕、家名永続ヲ宗トシ、猶商業盛大ニ相成候様勉強可仕候」と、譲り受けた醬油醸造に精励し、その家業を替えることなく子孫まで守っていきたい。また、家名永続を旨として家業が盛大になるように励むと誓っている。さらに注意すべきは、分家にとって万が一本家が零落するようなときには、「抜出我身代ヲカエリミズ、尽力可仕ハ当然之事ニ候」と、本家に対する分家の立場を明らかにしている。この点、分家全員が自らに課していたことは、前述の「御記念譲受保存契約書」第二条によって明らかである。また、勘次郎「譲受証」には、以上の誓約に加え養父から指示された毎年一月に「冥加金」五〇円を差し出すこと、渡辺家が深く信仰していた浄土真宗の「御宗」を守り、「先祖祭リ」も大切に守ること、金銭に関して弁償・代償・証人とならないことなど、養父から申し付けられた事項の厳守を誓約している。なお、本家から分家独立して事業を営むときは本家の事業と競合しない形で、それぞれ新しい事業を営むことが当時の一般的な商習慣であったが、この点渡辺一族について見れば、本家は呉服太物商を、本家以外の分家で渡辺藤吉家は金物商兼鉄工業、渡辺治平は生糸兼荒物商、渡辺勘次郎は醬油醸造、渡辺伊助は古着商金銭貸付、渡辺渡三郎は本家東店で絞り・足袋・博多織等、渡辺龍次郎は紙商、渡辺綱三郎は材木商兼煙草製造卸商をそれぞれ営んでいたことによって知られる。

次に、ここに隠居制度について触れておきたい。近世においては相続者としての資質・能力等に欠けるときは、一旦相続している者でも、この者を隠居させ、名前切替・家督譲替などと言われる、いわゆる「立替相続」が行われたが、[38]渡辺家でもこれと類似の隠居制度がとられていたようである。それは先の二代目与一の「遺言」の「条外付属」において、「親類及兄弟の内不幸不取締ニシテ零落致ス者」に対しては「ソノ亭主ハ隠居為致、家族ノ借家ヲ求メテ居住サスヘシ」とあり、要するに親類・兄弟の一族の中で取り締まりなく零落する者は「隠居」させ、借家を求めて居住させるべきだとあることに窺える。そして、隠居させられた当主の後は、その子供男女のうち見込みのある者に家業見習いを行わせ、一人前になったとき親類会議を開き、資本を募集してこれを遣わすこと、これは全親類の義務として「家名再興」の名誉なことであるとされているのである。渡辺家ではこうした隠居問題のみならず、一族中の若者で不謹慎な者があれば、一族中の適当な人がこの者を預かり、数年間の奉公勤めを通して改心させ、一族の模範となるように再教育してその後に別家を許するという事例も存在する。この「預かり奉公」に際しては奉公人は預かり主に「誓約書」を出さねばならなかった。[39]以上の隠居制度といい、預かり奉公といい、いずれも渡辺家本家を中心に一族それぞれの「イエ」の永続的維持・発展を期してのことであった。

② 別家制度

渡辺家の事業に奉公人として永年勤め上げ、主家より暖簾分けをもって独立した別家について最後に見よう。先述した渡辺家の「一統中」として、あるいは本家の年中行事に毎年招待された人々の中には、親族・姻戚関係者は勿論、渡辺家で永年勤め別家を許された者も含まれている。渡辺家の別家と思われる人達のうち横大路善七、浅田儀七、花村幸吉、岡松太助の四名は、既述の明治十八年五月の「定約書」で一統中に加えられており、四十一年五月の本家からの贈り物先人名控に記載されている人々である。これらの人々は渡辺家と最も古く、長年にわたる関係を保った別家筋のものである。この四名のうち浅田儀七は、「生骸伝書」によれば二代目与一に従い上方方面への商いに従事した人物であることは先に触れておいた通りである。さらに、二十七年の「渡辺一統共有財産組合」の一統に挙げられている人名としてはこの他に、高井善四郎、牟田口宗七、古川保平も四十一年五月の贈り物先人名控に挙げられており、渡辺家と深い関係にある別家筋のものである。その他に三十九年正月の鏡開きに招待されている人名には新たに森友助、三苫和吉、大塚弥七の名が見られ、四十一年の棚卸・桃の節句に招かれた人名に山田藤七の名も見られる。『大福岡今昔人物誌』には、「彼（三代目与三郎：引用者注）は数ある奉公人中、信頼し得る良材を取立てて肉親その他を娶わせ分家、暖簾分けをやって勢力を増殖したが、中にも山田藤七、牟田口宗七、森友助、大塚弥七等々の成功者を生み」云々とあり、[40]また、『渡辺与八郎伝』の「紙与の暖簾分け」の項に山田藤七、森友助、大塚弥七、大久保小平の名を挙げているが、[41]いずれも別家筋の者であることが明らかにされる。かくして、渡辺家では分家創出と共に別家の創出にも関心を払い、渡辺本家を中心にした分・別家の一族・一統の結束と繁栄を期していったことが知られるのである。なお、これら別家筋の者もまた、先述の分家たちの場合と同様に、互いにできるだけ競合を避けて職業を選んでいたことが分かる。たとえば、小間物商の浅田儀七、荒物商の花村幸吉、古物商の岸田七次郎、下足傘石油俵綿商の岡松太助、呉服太物商の秋枝正四郎、砂糖麦粉商の薄善次郎、履物卸商の牟田口宗七、建具家具卸商の古川保平、布団商の森友助、洋物商の井上和三次、志まや足袋代理店の山田藤七というがごとくである。

## おわりに

博多商人の代表的な渡辺家の企業者活動について、明治期における活動を主たる対象にして若干の考察を与えてきた。累説するまでもないが、渡辺家事業の基軸を成したものは初代与助以来の家業である呉服太物等繊維関係事業であったことは既述の通りである。二代目与助（与三郎・与一）の代では初代からの本業である呉服太物業の基盤を固め、幕末期博多商人の格式である大賀次に列せられるようになり、明治期の早い段階から地主・小作経営も行い、また明治十年代末頃から岡山地方の紡績から綿糸を仕入れ九州における綿糸特約販売店を営む一方で、炭鉱経営にも関わっていた。さらに、三代目与三郎（与八郎）の代においては、二代目が築いた経済的基盤を基礎に本業の家業たる呉服太物等の繊維関係事業は勿論のこと、明治二十年代、三十年代に新しく創設された近代産業・企業への株式投資や不動産事業も積極的に行い、福岡における有力商人としての地位を一層築き上げていったものである。渡辺家の大正・昭和に至るその後の事業はどちらかと言えば、不動産事業に傾斜していったようであるが、この不動産事業は単なる利益追求に終わることなく、本論において触れておいたように、福岡・博多の地域開発といった社会的貢献とのバランスの上で事業を展開していったことに注目しておきたい。今日福岡市内の南北を縦断するメインストリートの一つに渡辺の名を冠し「渡辺通り」、あるいは町名に渡辺とあるのは、渡辺家三代目与三郎の地域開発への功績を称え付けられた名称である。以上のごとく明治期において渡辺家の事業の隆盛を支えてきたのは、本家の積極的な企業者活動にあったことは言うまでもないが、一方で本家を中心にした分・別家の同族集団の結束と互助・協力関係の存続にもあったと言えなくはない。こうした渡辺家の「イエ」制度、同族集団結成の内容を検討するとき、近世商人の「イエ」制度的思考と同族集団の形態がほぼ踏襲されていた点に注目される。近代という新しい明治の代に移っても近世的なものを継承する傾向がなお明治期商人の間に存したことに、歴史の連続性を垣間見るのである。

（1）「元祖生骸伝書」（「渡辺文書」二六八）、「生骸伝書」（同七〇〇）、「子孫併ニ店之人ニ書伝書」（同二六八七）、「譲渡伝書」（同二六八六）、なお、以下「渡辺文書」とあるのは、福岡市総合図書館所蔵のマイクロフィルム資料による。
（2）山崎藤四郎編『石城遺聞』下巻（名著出版、昭和四十八年）一一七頁。
（3）拙編『明治期紡績関係史料』（九州大学出版会、平成八年）一四九頁以下および二三五頁以下参照。
（4）「河内資料」（前掲『明治期紡績関係史料』三〇五〜三〇七頁）。
（5）「得意先住所氏名一覧表」（倉敷紡績株式会社編輯『回顧六十五年』昭和二十八年）五五頁。
（6）「渡辺文書」に仕入れ、販売に関わる参考資料として、「入日記」（一三五五〜六一ほか）、「売立帳」（一七六六）、「登坂持金併諸用控」（一三五六）、「東京及京阪注文帳」（三四二三）、「紀州行注文併持行金帳」（一三二六）、「大坂紀州注文控」（三三八〇）、「人名数量品名書上」（一三五六〜六一ほか）が残されているが、記録内容は部分的、間歇的であり、各年次にわたる時系列的な記録を得ることは困難である。
（7）「書状」（「渡辺文書」三四一六。福岡県監獄署より渡辺与三郎宛、明治二十四年四月十九日付、「足袋底織立之件に付至急協議致度」云々）、機械囚人庸役「廃業願」（「内務諸事控帳」明治四十一年八月）。なお、足袋底製造は、久留米の石橋徳次郎が経営する「志まやたび」（後のブリヂストン・タイヤ）との取引のためであろうか。渡辺与三郎は、石橋徳次郎とはごく親しい間柄であったようであり、このことは別家山田藤七が「志まやたび」の販売代理店となるために石橋に紹介状を出していることから窺える（「内務諸事控帳」明治四十一年九月）。
（8）「機織器械据付」『福陵新報』明治二十三年一月十九日。
（9）「岡山地方紡績の展開」（拙著『地方紡績企業の成立と展開――明治期九州地方紡績の経営史的研究――』九州大学出版会、平成五年）三二〇〜三三三頁参照。
（10）「書状」（「渡辺文書」三三七七）によれば、渡辺家では九州鉄道創設時期前後から九鉄株への関心を寄せていたようであり、例えば、久留米・三根佐市より渡辺与三郎宛に「九州鉄道株御買入相成度由」云々、瀬尾喜兵衛より同人宛に「九州鉄道株五拾株下店名義仕度」云々とあるがごとくである。

(11) 博多電気軌道株式会社の設立計画・設立趣意書・起業目論見書等、および経緯の詳細に関しては、橋詰武生『渡辺与八郎伝』(渡辺与八郎伝刊行会、昭和五十一年)一三四〜一四九・一六五〜一六九頁、「博多電気軌道株式会社株主表」(博多電気軌道『営業報告書』明治四十四年上半期)参照。なお、博多電気軌道資本金二五〇万円(五万株)のうち、渡辺本家四、二五七株、その他一族一、九〇〇株、合計六、一五七株(総株式の一二・三%)を所有する。また、博多電気軌道に合併された博多電灯株式会社(明治二十九年設立)の株式を渡辺本家・分家で八〇株を所有していた(同社『営業報告書』三十三年上期)。さらに、博多電気軌道が九州水力株式会社へ合併したのちも、渡辺家関係で九水株二三万のうち上位株主として約九、〇〇〇株を所有し、渡辺綱三郎が監査役に就いていた(九州水力株式会社『第十三回報告書』大正六年上期)。

(12) 前掲『渡辺与八郎伝』八三頁。

(13) 買い入れ土地には冷泉、石城、恵比寿、土居町、下西町、瓦町、住吉、春吉、海岸通、西公園、御笠村、堅粕村等の地域、売却土地には塔原村、堅粕村、席田村、住吉村、警固村、香椎村、千歳町、幾世町、石城町等の地域が記されている。

(14) 「土地台帳」(「渡辺文書」二三七七)。貸家の所在地には、社家町、馬場、瓦町、川口、東領、敷町、新大工町、島場、千代松原、石城町、藤田、千代町の地名が記されている。

(15) 前掲『渡辺与八郎伝』一一八〜一二〇頁参照。

(16) 「田土買入覚帳」(明治八年、「渡辺文書」二四〇三)。

(17) 「小作証写」(明治十四年十一月、「渡辺文書」四九一)。

(18) 「小作証之写」(明治十四年か、「渡辺文書」五一一)。

(19) 「内務諸事控帳」(明治三十九年一月起、渡辺本家所蔵)。

(20) 工部省鉱山課「鉱山借区一覧表」(明治十六年十二月調、九州大学石炭研究資料センター『石炭研究資料叢書No.一一』平成二年)一八二・二七五頁。

(21) 「炭坑連合規約」(明治二十二年十二月、「渡辺文書」二〇八四)。

(22) 「石炭借区開坑願」(明治二十三年七月、「渡辺文書」二一〇四)、福岡鉱山監督署「管内試掘採掘採取一覧表」明治二十七年二月調、九州大学石炭研究資料センター『石炭研究資料叢書No.一八』平成九年)一四五頁。

(23) 「旅行日記」(明治二十三年三月十二〜二十七日、「渡辺文書」二〇九一)。

(24)、(25)「定約書」(明治二十三もしくは二十四年、「渡辺文書」二一〇三・二〇五六・二〇五八)。「定約書」には貸与期間五ヶ年、期間中出炭一万斤に付き坑主に金五〇銭、村方に二〇銭それぞれ「斤先」として入金すること、その他に信認金、帳簿の監督、坑区税・営業税の負担等の定めがなされている。
(26)「久田全他三名へ機械売却」(「渡辺文書」二〇九一)。農商務省鉱山局「特許採掘一覧」(明治二十八年四月)。ただし、当採掘一覧では坪数四万六、八九五とある。
(27)「筑前鉱業会社創立大意」(明治二十一年十月、「渡辺文書」二九八)。発起株主総代一三名は、渡辺のほか中尾卯兵衛・下沢善四郎・大山与四郎・磯野七平・中尾伊作・許斐儀平・奥村利助・奥村利平・波多江嘉平・深沢伊三郎・門司軌・平岡則孝である。
(28)「三井田川炭山沿革誌」(前掲『石炭研究資料叢書№一一』)一一頁以下、『田川採炭会社第二回報告』参照。
(29) 拙稿「日本の近代化と「イエ」制度」(宮本又次・中川敬一郎監修『江戸時代の企業者活動』日本経営史講座一、日本経済新聞社、昭和五十二年)参照。
(30) 前掲『渡辺与八郎伝』四一～四四頁。
(31)「毎月持寄金間通」(明治二十七年四月起、「渡辺文書」二六九九)。
(32)「御記念譲受保存契約書」(明治二十六年十月、「渡辺文書」二六九二)。
(33) 前掲『渡辺与八郎伝』七三～七九頁。
(34) 前掲「渡辺与八郎伝」七二頁。
(35) 前掲「内務諸事控帳」(明治三十九年一月起)。
(36) 前掲「日本の近代化と「イエ」制度」参照。
(37)「譲渡伝書」・「譲受証」(明治十五年一月、「渡辺文書」二六八六・二六九〇～二六九一)。
(38) 前掲「日本の近代化と「イエ」制度」参照。
(39)「誓約書」(明治期年代不詳、「渡辺文書」四九七・一三九〇)。
(40) 永野民次郎『大福岡今昔人物誌』(大福岡発展研究会、昭和二十八年)二一四頁。
(41) 前掲『渡辺与八郎伝』一七五～一七六頁。
備考：本論中の各企業の創設・開業年月については、おもに神戸大学経営研究所経営分析文献センター・矢倉信太郎・生島芳郎編『主要企業の系譜図』(雄松堂、昭和六十一年)によっており、その他関係企業の『営業報告書』、『福岡県統計書』などによる。

# 第七章　太田清蔵の企業者活動

## はじめに

四代太田清蔵（以下、太田清蔵）が博多商人出身の代表的事業家の一人であり、東邦生命保険相互会社の前身である徴兵保険株式会社（第一徴兵保険会社）の経営者であったことはよく知られている。太田をはじめ福博の商工業者は資本主義の急速な発展に対応して、家業で蓄積していた資金を様々な分野に投資して北部九州の企業勃興の担い手となり、自らの蓄積基盤を次第に近代的企業に移していった。なかでも太田は徴兵保険や福岡銀行などの金融業を軸にして様々な企業に関連し、大戦期には地方企業家・資産家の域を脱して、財閥資本とともに日本鋼管などの起業活動の主要メンバーになるほどまで成長しているのである。太田はこれら企業の活動を通じて急速に資産を蓄積した。

しかし、地方資産家の研究が盛んに行われ、福岡でも地方炭鉱資本の形成発展過程については研究が進展しているにもかかわらず、他の福博の商工業者の企業者活動同様、こうした彼の事業活動や蓄積過程についてはほとんど明らかにされていないといっていい。資料的な制約に加えて、彼の蓄積基盤が徴兵保険という極めて特異な分野であったこと、太田系企業の多角化が限定されていて地方財閥研究の対象からもはずされていたこと、などがその理由として挙げられようが[1]、太田は太田商事と九州勧業という同族的な持ち株会社、保全会社と徴兵保険、蓬萊生命保険、福岡銀行という金融機関を軸にして、複数の企業を部分的ではあれ支配し、一方で資産の保全と拡大のために優良株を中心とした有価証券投資を展開した。本章はこうした太田清蔵の事業活動を、福岡銀行及び徴兵保険の資金運用分析を中心に明らかにしようとするものである。もっとも、資料上の制約から太田系企業とくに持ち株会社の太田商事および九州勧業の活動についてはほとんど明らかにしえなかったことをあらかじめ断っておかなければならない。

## 一　太田清蔵の事業活動

### （1）明治期の事業活動

太田清蔵の事業活動は大きくいって二つの時期に区分できよう。地元博多で、有力商人の一人として様々な企業活動に携わった時期と、活動の拠点を東京に移して、徴兵保険の経営を軸にする明治末期以降の時期である。ここでは、徴兵保険経営までの事業活動をみてみたい。

太田清蔵は、博多で三代にわたって油の生産と問屋を営む太田家の二代清蔵の外孫として生まれ、三代清蔵の養子となった。義弟（三代清蔵実子）の大次郎の他、一族に、醬油醸造を家業として営む勘太郎（従弟）、生白蠟商の儀平（実兄）がおり、この三人が清蔵を補佐し、清蔵が活動の拠点を東京に移してからは、主として九州の太田系企業を経営していたといわれている。家族は長男新吉以下四男三女で、養子の圭助（長女の夫）を含め長男新吉（五代清蔵）、次男弁次郎、三男凱夫、四男清之助はいずれも家業に携わっている。また、次女の夫西原蓮三も太田商事や徴兵保険の経営に参与した。本章で太田一族という場合、これら清蔵、大次郎、勘太郎、儀平とその家族を指している(2)（以上の一族の血縁、姻戚関係については図7－1を参照されたい）。

さて、太田清蔵は、一七歳の時に三代目が亡くなったため、若くして家業を引き継いだ。祖父の監督のもとで家業に専念したが、当時、太田家では製油業の他、貸し金業を手広く営んでいたといわれている(3)。

新進の事業家として、太田清蔵は企業勃興ブームが地方に波及する明治二、三十年代以降、さまざまな企業者活動を行っている。表7－1は太田の関係事業年表であり、表7－2はその関係企業である。同表によって太田の事業活動の特徴を見てみると、第一に、太田が銀行、紡績、電灯、石炭、製油、鉄道など多岐にわたる事業に関係していることが読み取れよう。第二に、事業が多岐にわたりながらも、筑紫銀行、十七銀行、福岡銀行など常に金融業が太田の事業経営の中核にあったことがわかる。生命保険業とも早くから関わっていた。経営には加わらなかったが、営業報告書によれば、九州生命保険の創立委員となり、また安田系の共済生命保険の代理店も引き受けていたのである。第三に、これらの起業は磯野七平、下沢善右衛門、小河久四郎、是松右三郎、中尾卯兵衛などの福博有力商工業者と共同でなされ、そのほとんどの起業に中心的役割を担っていること、いわば福博商工業者のリーダー的な役割を担っていることである。この福博商工業者のリーダーという点では、太田は事業家として活躍する一方で、明治二十二（一八八九）年二七歳で市会議員に、二十四年には博多商業会議所議員に当選するなど、早くから地方政財界で活躍していたし、三十五年には博多商業会議所会頭に就任し、名実ともに福博商工業者の代表としての地位を獲得している（表7－1参照）。

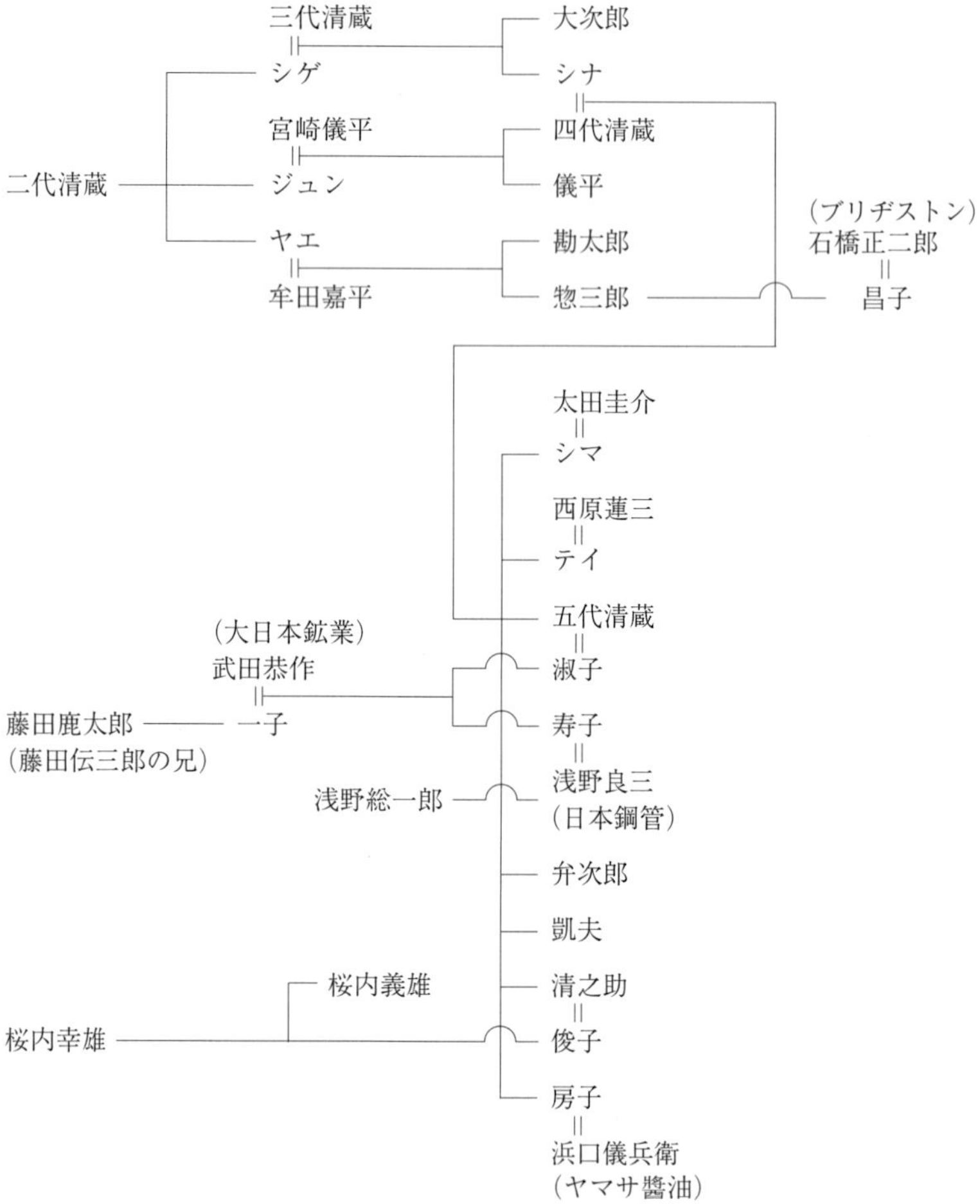


出典：花田衛『五代太田清蔵伝』(東邦生命保険相互会社八十年史編纂委員会, 昭和54年) 286 頁により作成。

図 7－1　太田家の系譜

表7－1　太田清蔵年譜

| 年次 | 関係企業 |
|---|---|
| 明治22年（27歳） | 太田清蔵を襲名。市会議員当選。筑紫銀行取締役に就任。 |
| 23年 | 筑紫銀行副頭取に就任。 |
| 24年 | 博多商業会議所議員に当選。田川採炭取締役に就任。 |
| 25年 | 岡山紡績取締役に就任。 |
| 26年 | 博多商業会議所副会頭に就任。筑紫銀行頭取に就任。博多電灯発起人となる。 |
| 28年 | 九州製油設立，同取締役に就任。博多絹綿紡績設立，取締役に就任。 |
| 29年 | 博多電灯取締役に就任。筑紫銀行，九州商業銀行と合併。 |
| 30年 | 博多電灯取締役会長に就任。 |
| 33年 | 田川採炭退職。博多湾鉄道設立。 |
| 34年 | 博多土木設立，社長に就任。安田系の共済生命及び東京火災保険代理店引き受け。 |
| 35年（40歳） | 太田兄弟合名設立。博多商業会議所会頭に就任。十七銀行監査役就任。立憲政友会入会。 |
| 36年 | 九州鉄道監査役。十七銀行救済のため安田と交渉。十七銀行取締役・鐘紡監査役に就任。 |
| 39年 | 博多商業会議所会頭重任，福岡貯蓄銀行頭取に就任，博多絹綿紡績，鐘紡に合併。 |
| 40年 | 博多電灯社長辞任，取締役に就任。 |
| 41年 | 衆議院議員に当選。博多商業会議所会頭重任。博多電灯取締役退任。 |
| 42年 | 徴兵保険専務，福博電軌監査役に就任。 |
| 43年 | 福博電軌監査役辞任。 |
| 44年 | 九州瓦斯社長，渡辺鉄工所相談役に就任。 |
| 大正元年 | 日本鋼管設立，同社取締役に就任。 |
| 2年 | 九州中央自動車発起人となる。 |
| 3年 | 長崎電灯瓦斯取締役，東京湾埋立取締役に就任。 |
| 4年 | 蓬莱生命保険社長に就任。 |
| 5年 | 長崎電灯瓦斯取締役辞任。筑前参宮鉄道創立，取締役に就任。 |
| 6年 | 北海道拓殖設立，取締役に就任。 |
| 7年 | 九州中央自動車創立，社長に就任。博多湾鉄道社長，北九州鉄道取締役，雨龍炭鉱取締役に就任。 |
| 8年 | 北門銀行相談役に就任。 |
| 9年 | 九州中央自動車を田原健三郎に譲渡。東京湾土地取締役に就任。 |
| 12年 | 福岡銀行，十七銀行と合併。 |

出典：阿部暢太郎『太田清蔵翁伝』（東邦生命保険相互会社五十年史編纂会，昭和27年）などにより作成。

表7－2　明治期の太田清蔵関係事業

| 会社名 | 設立または関係年次 | 関係事項（役員，引受・所有株式など） | その他関係者（役員，発起人） |
|---|---|---|---|
| 筑紫銀行 | 明治14年 | 取締役（後，頭取） | 磯野七平(頭)，下沢善四郎(取)，奥村利助(取)，吉田又吉 |
| 田川採炭 | 24年 | 発起人，取締役 | 小河久四郎(発)，下沢善右衛門(発)，中尾卯兵衛(発)，渋沢栄一（発，相)，大倉喜八郎(発) |
| 岡山紡績 | 25年 | 取締役 | 谷川龍海(専)，香川眞一(取)，水野元靖(取) |
| 九州製油 | 28年 | 発起人，取締役，150株 | 富安保次郎，社家間善次郎，野田卯太郎 |
| 博多絹綿紡績 | 28年 | 発起人，取締役（後，社長)，300株 | 是松右三郎(取)，渡辺渡三郎(取)，奥村利助(取) |
| 船越鉄道 | 29年 | 発起人，取締役，500株 | 小河久四郎，土居通夫，石野寛平，津田守彦 |
| 博多電灯 | 29年 | 発起人，取締役（後，社長) | 磯野七平(社)，小河久四郎(取)，中尾卯兵衛(取)，是松右三郎(取) |
| 九州倉庫 | 29年 | 発起人，200株 | 渡辺至(社)，上羽勝衛(取) 小河久四郎(取)，守永勝助(取) |
| 博多土地建物 | 31年 | 取締役 | 柴田治三(社)，下沢善右衛門(取)，許斐儀七(取)，伊藤伝右衛門(相) |
| 太田兄弟合名 | 35年 | 監督 | 太田大次郎（代表社員社長)，太田儀平（業務執行社員) |
| 十七銀行 | 36年 | 取締役 | 安田善三郎(取)，岡田三吾(頭)，伊藤伝右衛門(取)，小磯進(取) |
| 福岡貯蓄銀行 | 39年 | 頭取 | 太田勘太郎(取)，太田大次郎(取)，船津禾(取)，山中立木(監)，岡田三吾(監) |

出典：『門司新報』，『福岡日日新聞』，鈴木喜八・関伊太郎『明治年間全国商工人名通鑑　四国九州沖縄篇』（明治31年），前掲『太田清蔵翁伝』などにより作成。
備考：（社）は社長，（頭）は頭取，（専）は専務取締役，（取）取締役，（相）相談役，（監）は監査役，（発）は発起人を示す。

第四に、これらのうち筑紫銀行、田川採炭、博多絹綿紡績、九州製油など比較的初期の事業活動は、経営的には必ずしも成功したとはいえず、経営権を他社に委譲するか合併することを余儀なくされている。すなわち、筑紫銀行は「一時は十七銀行の壘に迫るくらい発展したが、いつとはなしに不況に陥った」[4]。そこで、九州商業銀行の上羽勝衛を頭取に迎えて再建を図ったが果たせず、結局同行は明治三十一年三月解散した。資本金一〇〇万円で設立された田川採炭は開削に失敗し、安川敬一郎を介して三井に譲渡することを余儀なくされた。また、博多絹綿紡績も明治三十四年恐慌の打撃を受け、鐘紡に吸収された。九州製油も中国産菜種の輸入に押されて、経営はじり貧をたどり、結局解散している。しかし、いずれも大きく破綻することなく委譲あるいは合併がなされており、関係事業の停滞にもかかわらず、大きな損失を被っていないことは注目していい。

以上のごとく、太田は油商としての蓄積をもとに明治期から多彩な事業活動を展開しているが、当該期の蓄積基盤と蓄積過程については現在のところ明らかではない。

## (2) 明治末大正期の関係事業

日露戦後、博多財界の代表として、商業会議所会頭と衆議院議員を務めた太田は、事業活動を福岡地域に加えて、東京や北海道に広げている。大正中期の太田清蔵らの関係企業を整理すると表7－3のようになる。同表から明らかなように、彼の関係事業は、金融業、鉄鋼業、鉄道業、東京湾埋立事業、北海道の拓殖業など、明治期同様さまざまな産業にわたっている。その中心をなしたのは金融業と鉄道業であったことは同表から容易に窺えようが、関係企業の中でまず注目すべきは、第一に、この時期に太田商事、九州勧業という持ち株会社、投資会社を設立していることである。太田商事は「不動産有価証券取扱建築土木請負」[5]を目的として大正八（一九一九）年九月、資本

表7－3　大正中期における太田清蔵の関係企業（大正9年頃）

単位：万円

| 関係企業名 | 設立年次 | 資本金 | 役職 | その他主要関係者 |
|---|---|---|---|---|
| 徴兵保険 | 明治31年 | 150 | 専務 | 小沢武雄(取)，伊豆凡夫(取)，太田大次郎(取) |
| 日本鋼管 | 明治45年 | 2,100 | 取締役 | 白石元治郎(社)，大川平三郎(取)，大倉喜三郎(取) |
| 博多湾鉄道汽船 | 明治33年 | 153 | 社長 | 山口恒太郎(取)，丹野茂正(専) |
| 鶴見埋築 | 明治43年 | 350 | 取締役 | 浅野総一郎(社)，大川平三郎(専)，白石元次郎(取)，安田善三郎(取) |
| 東京湾土地 | 大正9年 | 500 | 取締役 | 門野重九郎(社)，松下久次郎(取)，大倉粂馬(監) |
| 九州勧業 | 大正元年 | 10 | 取締役 | 太田勘太郎(取)，太田圭助(取)，太田新吉(監) |
| 北門銀行 | 明治29年 | 50 | － | 長友比佐吉(社)，正富照治(取)，大野秀和(取) 杉崎静夫(監)，鷲見邦司(監) |
| 渡辺鉄工所 | 大正8年 | 150 | 相談役 | 渡辺藤吉(代)，渡辺福雄(取)，藤金作(取) |
| 台湾塩業 | 明治42年 | 300 | 監査役 | 藤田兼一(社)，花井畠三郎(取)，三輪喜兵衛(取) |
| 大野瓦斯マントル | | | 監査役 | |
| 蓬莱生命保険 | 明治43年 | 基金50 | 社長 | 宮本幸五郎(取)，正富照治(取)，太田大次郎(監)，西原蓮三(監) |
| 北海道拓殖 | 大正7年 | 200 | 取締役 | 安楽兼道(社)，田中清輔(取)，木下成太郎(取) |
| 日本澱粉 | 大正6年 | 100 | 取締役 | 大倉喜三郎(社)，門野重九郎(取)，白石元次郎(取) |
| 日本耐火煉瓦 | 大正5年 | 100 | 取締役 | 豊島秀吉(取)，大倉発身(取)，益田種三郎(取)，永見寛二(取) |
| 大村湾真珠 | 大正2年 | 50 | 取締役 | 横山寅一郎(社)，児玉和平(常)，黒板伝作(取)，安部幸之助(取)，永見寛二(取) |
| 九州中央自動車 | 大正7年 | 10 | 監査役 | 大熊浅次郎(取)，岩倉音熊(取)，太田圭助(取) |
| 博多土地建物 | 明治31年 | 20 | 取締役 | 柴田治三(社)，下沢善右衛門(取)，許斐儀七(取) |
| 日本共立火災保険 | 明治43年 | 370 | 取締役 | 原錦吾(社)，門野重九郎(取) |
| 十七銀行 | 明治10年 | 500 | 取締役 | 安田善三郎(頭)，古井由之(常)，伊藤伝右衛門(取) |
| 福岡銀行 | 明治31年 | 500 | 頭取 | 太田勘太郎(専)，太田圭助(常)，納富陳平(取) |
| 筑前参宮鉄道 | 大正5年 | 75 | 取締役 | 小林作五郎(取)，河内卯兵衛(取)，荒津長七(監) |
| 太田商事信託 | 大正8年 | 200 | 代表取締役 | 杉崎静夫(取)，正富照治(取)，西原蓮三(取) |
| 北九州鉄道 | 大正8年 | 500 | 取締役 | 草場猪之吉(社)，宮島徳太郎(取) |
| 東筑軌道 | 大正4年 | 28 | 代表取締役 | 三苫寛一郎(取)，河内卯兵衛(取) |

| 関係企業名 | 設立年次 | 資本金 | 役職 | その他主要関係者 |
|---|---|---|---|---|
| 長崎電気瓦斯 | 大正 3 年 | 216 | 取締役 | 古賀春一(社), 橋本辰次郎(取), 馬場卓一(取) |
| 斉藤製作所 | 大正 4 年 | 50 | 監査役 | 斉藤一(社), 杉崎静夫(専), 正富照治(取) |
| 東京銑鉄 | 大正 6 年 | 75 | 取締役 | 根岸錬次郎(取), 多田豊吉(取), 北条勝磨(監) |
| 博多トロール | 大正 9 年 | 200 | 相談役 | 太田大次郎(社), 津田幾次郎(取), 河内卯兵衛(監), 荒津長七(監) |
| 浪速火災保険 | 明治 43 年 | 100 | 取締役 | |
| 東洋黒鉛 | 大正 8 年 | | 取締役 | 大倉喜三郎(社), 黒板伝作(取) |
| 雨龍炭鉱 | 大正 7 年 | 100 | 取締役 | 星野錫(社), 中山為三郎(取), 伊達良達(監), 岡村左右松(監) |
| 雨龍炭鉱鉄道 | 大正 7 年 | 55 | 取締役 | 星野錫(取), 木下成太郎(取), 中山為三郎(監), 工藤治助(監) |
| 大正紙器 | 大正 7 年 | 100 | 取締役 | 大井卜新(社), 津村重舎(専), 箕輪治三郎(取) |
| 大日本塩業 | 明治 36 年 | 400 | 監査役 | 井田亦吉(取), 山本節次郎(取), 今西林三郎(取), 濱田正穂(取) |
| エビス研磨 | 大正 8 年 | 50 | 監査役 | 正富照治(取), 松崎静雄(取), 大西多典(取) |
| 安田信託 | 大正 14 年 | 3,000 | 監査役 | 安田善次郎(社) |

出典：(1) 帝国興信所『帝国銀行会社要録』第 9 版（大正 9 年), 商業興信所『日本全国諸会社役員録』第 28 回（大正 9 年), 東京証券商会『東京法人要録』(大正 5 年) などにより作成。
(2) 資本金, 役職などは安田信託以外原則として大正 9 年のものを採ったが, 同年に確認できない企業については, 前後の年度で補った。

備考：(社)は社長, (専)は専務取締役, (常)は常務取締役, (取)は取締役, (監)は監査役を示す。

金三〇〇万一、〇〇〇円で東京に設立された。太田父子のほか、太田の腹心ともいうべき正富照治、杉崎静夫が同社役員に入っている。一方、九州勧業は大正元年十二月に香椎海面埋築株式会社として博多で設立された。「土地建物貸付及売買住宅地経営」[6]が同社の事業内容であるが、『五代太田清蔵伝』によれば「太田家の土地と株券の管理を業務としている」[7]とあるように、有価証券投資も行っていたようである。同社には太田一族のほか島田浅太郎、浦田勇太郎が役員に名を連ねているが、勘太郎と儀平が経営の軸になっている。これら企業の活動については現在のところ十分に知ることができないけれども、太田はこれら企業を活用してさまざまな投資活動を行ったと思われる[8]。

第二に、関係企業が京浜や北海道の企業

にまで及んでいることである。ことに、日本鋼管の起業活動や東京湾土地、台湾塩業、安田信託などへの役員就任は、太田が地方企業家あるいは地方資本家の枠を脱しつつあることを示しているといえよう。とくに、日本鋼管については八、六五七株（大正八年末、全株数の二〇・六％、徴兵保険分を含めると一万三〇七株、二四・九％）を所有し、大川とともに群を抜く大株主となっている。

第三に、こうした中央企業への投資や経営参加は主として浅野、安田、大倉とともになされることが多かったことである。日本鋼管の他、鶴見埋築（後東京湾埋立、筆頭株主浅野七万株、第二位株主安田五万三、〇〇〇株、第九位太田六、〇〇〇株）、東京湾土地（太田三万株、松下チヨ二万株、大倉一万五、〇〇〇株）、日本澱粉（大倉）、十七銀行（安田）、安田信託（安田）、東洋黒煙（大倉）、雨龍炭鉱（浅野）、日本共立火災（大倉）、留萌鉄道（浅野九、一五〇株、明治鉱業四、〇二〇株、大倉、太田各一、五〇〇株）などがそれである。[9]こうした共同投資では、太田あるいは太田系企業の持ち株比率は日本鋼管や東京湾土地では筆頭、あるいは第二位の大株主ではあったものの全体としてそれほど高くなく、大倉や浅野に次ぐ地位を占めていたと考えられる。共同投資者として、彼らの補完的役割を果たしていたといえよう。

第四に、太田商事などの投資、持ち株会社の活動を可能にし、中央企業への役員就任を可能にしたのは、徴兵保険や福岡銀行の資金供給や有価証券投資であったと考えられるという意味で、関係企業のなかで要の企業となったのは、金融業や保険業であったことである。表7－3に明らかなように、太田はこの両社のほか十七銀行、拓殖貯金（北門銀行）、蓬莱生命保険、浪速火災保険、日本共立火災保険などの金融機関や保険会社に関わりを持っているのである。

この時期の太田の投資活動でいま一つ注目すべきは、九州と北海道における土地投資を盛んに行い、とくに福岡では小作人四五三戸を抱える屈指の大地主になっていることである。大正十三年の五〇町歩以上大地主調査によれば、太田は林田春次郎（六三七・七町）、大藪房次郎（二二八・八町）、吉村理一郎（二〇二・三町）、陣山新太郎（一六九・九町）、土斐崎三右衛門（一六七・六町）に次ぐ、県内第六位の大地主（一五九・三町所有）であった[10]。いつ頃から土地投資を行ったかは確認できないが、大正七年の多額納税者資料によれば、すでに彼の地租負担額が立花寛治、土斐崎三右衛門、陣山律蔵など県内大地主のそれを上回っており、大戦期ないしはそれ以前に土地投資がなされたことが明らかである[11]。明治四十四年の同種の調査では、前記大地主ほどの納税額に達していないし、明治三十一年九月調の地主調査でも、太田の名前は掲載されていないから、福岡での土地投資は明治末期以降大正初期になされたと思われる。北海道については、土地投資が太田商事、北海道拓殖によってなされていることから考えると、太田商事設立後、早くても北海道視察後の北海道拓殖設立以降になされたのであろう。

さてこれら関係企業の内、太田一族が支配権をもつ企業を確認しておこう。関係企業の株主名簿の多くが確認できないために、正確に所有関係を明らかにすることができないが、一族で役員を事実上独占している太田商事、九州勧業、徴兵保険、福岡銀行が太田系企業の中核をなし、太田一族が社長を務め、太田一族あるいは太田商事などの持ち株比率が高い蓬莱生命保険、博多湾鉄道汽船、筑前参宮鉄道、北九州鉄道、北門銀行（拓殖貯金）などをも太田系企業としてあげることができよう。ただ、太田が経営権を掌握していたと思われる企業でも、その持ち株比率は必ずしもそれほど高くない。徴兵保険を別にすれば、太田がその経営に最も勢力を傾けたと言われる博多湾鉄道汽船にしても、徴兵保険、九州勧業、太田商事信託、蓬莱生命保険が、昭和三（一九二八）年時点であわせて四万六、五二一株、全株数の三六・七％を所有していたにすぎない。また北門銀行（拓殖貯金）は一時発行株式の過半数（七、六五〇株中、四、二一五株）を所有していたが、昭和期には一八％を支配するにとどまっている[12]。その他の企業にしても、株式所有の他、太田系金融機関による貸し出しや社債投資によって太田の経営権が支えられていたという程度のものであったように思われる。

### （3）県下資産家の推移と太田

さて、以上の事業活動を通じて、太田は急速に資産を増大させている。ここで、太田の資産家としての地位を確認しておこう。太田の資産に関する資料が現在のところ手に入らないため、多額納税者名簿や資産家一覧などを手がかりに検討することにしたい。第一章の表1－8（一五頁）によれば、太田は明治中期に福博有数の商工業者となっているのがわかるが、決して抜きんでた存在ではない。土方新太郎『福岡県一円富豪家一覧表』によれば、明治三十三（一九〇〇）年、太田は福岡市では平岡浩太郎（六万円）、野村久次（二万五、〇〇〇円）、山本豊吉（九、八〇〇円）、許斐儀七（八、三〇〇円）に次ぐ六、三〇〇円の所得を得ており、福岡市では有数の高額所得者であった。しかし、同年福岡県では炭鉱業者の安川敬一郎、松本潜、麻生太吉、さらには地主の上野作太郎、土斐崎三衛門、草野文治、柏木勘八郎、林田守隆の所得がいずれも二万五、〇〇〇円に達していた。県内の有力炭鉱業者や大地主に比べると、太田の所得水準は明治中期にはかなり低かったといえよう。

本書第一章の表1－6（一二頁）によって、多額納税者の推移をみると、明治期には地主、大正期には鉱工業者、昭和期には商業（金融業）が優位を占めることを確認できるが、これは大正期には、産業資本的蓄積が地主的蓄積を上回り、さらに大正末期以降には、商業あるいは有価証券投資を軸にした蓄積が産業資本的蓄積を上回ったことを明快に示しているといってよい。

太田は大正七（一九一八）年の多額納税者名簿にはじめて顔を出し、以後上位を占めているが、大正七年の名簿登場は、すでに述べたようにこの時期以前になされた土地投資によってもたらされた地代取得の結果（納税額の過半が地租）であって、その限りでは地主的蓄積の所産である。しかし、もともと地主ではない彼の土地投資資金は銀行借入金（有価証券担保）や有価証券投資によってもたらされた配当やキャピタルゲインで賄われたと考えられるから、彼の致富の源泉は有価証券投資にあったと考えていいだろう。実際大正五年には、彼の所有株式資産は市価換算で六九万円に達しており、これは福岡県では安川敬一郎（三三四万円）、貝島鉱業（一六九万円）、貝島太市（一六五万円）、荒津長七（一四五万円）、伊藤伝右衛門（一三三万円）、原庫郎（八三万円）に次ぐ株式所有者であった。もっとも、『時事新報』の同年の調査によれば、福岡県の五〇万円以上資産家は四三名に達しているにもかかわらず、太田はこの中に含まれていない。この段階ではまだ県下の上位資産家の資産水準と比べると、太田の資産規模は大きな隔たりがあったのである。しかし、昭和八（一九三三）年になると、太田は多額納税者であると同時に県下屈指の資産家となっている。すなわち、その資産額は六〇〇万円に達し、県下では貝島栄四郎（一、〇〇〇万円）、麻生太吉（一、〇〇〇万円）、安川清三郎（九〇〇万円）、立花鑑徳（八〇〇万円）、野村久次（八〇〇万円）に次ぐ地位であった[13]。この中で、大正五年段階で五〇万円以下の資産家は彼だけであったことを考えると、太田がいかに急速に資産を蓄積したかを窺えよう。

以上から明らかなように、太田は急速に資産を蓄積しているが、それは太田系企業の発展によってもたらされたものであったといっていい。では、太田系企業はどのように発展していったのであろうか。以下では、太田系企業の中心的な企業であった福岡銀行（福岡貯蓄銀行）と徴兵保険株式会社の発展過程を、資金運用を中心に検討し、太田系企業の資金調達と運用構造の一端を明らかにしたい。

## 二　福岡銀行と太田系企業

### （1）十七銀行の破綻と太田清蔵

福岡銀行[14]の前身である福岡貯蓄銀行（大正五（一九一六）年に福岡銀行と改称）は明治二十九（一八九六）年八月、第十七国立銀行（明治三十年、十七銀行と改称）の役員八名によって資本金三万円で設立された[15]。店舗は第十七国立銀行の本支店内に設けられ、資金運用の過半が預け金となるなど、典型的な第十七国立銀行の子銀行であった。同行は、設立後数年間は順調に発展したが、明治三十四年恐慌で親銀行の十七銀行とともに休業を余儀なくされ、破綻している。太田清蔵が十七銀行や福岡貯蓄銀行と関わりを持つようになったのはこの時であった。福博商工業者を代表して、明治三十五年末、監査役に就任したのである。十七銀行の破綻は、多額の炭鉱投資が焦げ付いたためであり、その額は一〇〇万円に達したと報道されている[16]。福岡県最大の金融機関であった同行の破綻は地元商工業者に大打撃を与え、地元財界によって十七銀行再建のための金融救済委員会が設立されるなど、福博財界挙げてその再建案が論議され、結局、安田善次郎に再建を委ねることになった。長期にわたる安田との交渉に直接携わったのは、頭取の小河久四郎と福博財界を代表して監査役に就任したばかりの太田であった。再建案は、資本金一〇〇万円中の未払い資本金二八万円を払い込んだうえ、さらに優先株二万株（一〇〇万円）を新たに発行して倍額増資し、そのうち一万株を安田が引き受け、残り一万株を旧株主と一般から募集した後、残余すべてを黒田家で引き受ける、というものであった[17]。以後、十七銀行は安田によって経営されることになるが、太田は地元財界を代表してこの時以降取締役に納まっている。

十七銀行と並行して福岡貯蓄銀行の再建も進められたが、安田は福岡貯蓄銀行の引き受けには極めて消極的であった。彼は十七銀行の再建のために来福したおり、普通銀行の貯蓄銀行兼営について次のように述べたのである。「普通銀行が貯蓄銀行を兼ぬるは余は飽迄不可なるを信ず此利害に就ては各種の説あるも余は其害あるを知るも其利を見出す能わず故に余は屡々奨められたることあるも断じて実行せざる也」[18]。こうした安田善次郎の意向を容れて、福岡貯蓄銀行は明治三十九年に十七銀行から分離されて、太田の経営に委ねられることになった。『太田清蔵翁伝』は太田が同行を引き受けた事情を次のように記している。

安田家が十七銀行の経営を引受けると共に、この貯蓄部兼営を廃止することに決定した。けだし、余り成績が香《ママ》んばしくなく、小口の貯金が多くて事務も煩雑なので、この方針となったのである。ところが、貯蓄機関については、博多の人達の要望もあるので、翁（太田清蔵：引用者注）は熱心にその存続方を進言し、黒田家からも助言があったが、安田家ではかえって翁自身に貯蓄銀行をやる様に勧めた。

かくて翁は、十七銀行と協定して、貯蓄銀行を一手に引受けることになり、母行と同じく休業中のところ、六月五日から同じく再開した。株式の大部分を、太田一家でもったが、世間の信用をつけるため、黒田家からも重役を出してもらうことにし……た[19]。

こうして、福岡貯蓄銀行は十七銀行から独立し、太田の積極的拡大策のもとで急速な発展を遂げていくことになる。以下では、同行の発展過程を概括しよう。

表7－4　福岡県の預金上位銀行

単位：千円，％

| 銀行名 | 明治40年(A) | 大正2年(B) | 大正8年(C) | B／A＊100 | C／A＊100 |
|---|---|---|---|---|---|
| 福岡銀行 | 550 | 2,577 | 30,426 | 469 | 5,532 |
| 住友銀行 | 4,345 | 7,081 | 25,403 | 163 | 585 |
| 三井銀行 | 3,491 | 3,501 | 21,707 | 100 | 623 |
| 百三十銀行 | 1,647 | 3,311 | 18,224 | 196 | 1,078 |
| 嘉穂銀行 | 862 | 907 | 15,205 | 105 | 1,766 |
| 十七銀行 | 2,972 | 3,128 | 12,457 | 105 | 419 |
| 第一銀行 | — | — | 10,495 | — | — |
| 鞍手銀行 | 183 | 585 | 7,343 | 320 | 4,012 |
| 三池銀行 | 699 | 806 | 4,142 | 115 | 593 |
| 田川銀行 | 74 | 421 | 3,761 | 566 | 5,053 |
| 浪速銀行 | — | — | 3,005 | — | — |
| 京和銀行 | — | — | 2,698 | — | — |
| 柳河銀行 | 355 | 558 | 2,673 | 157 | 753 |
| 壱岐銀行 | 103 | 68 | 2,613 | 66 | 2,537 |
| 三潴銀行 | 333 | 680 | 2,879 | 213 | 865 |
| 報徳銀行 | — | — | 2,431 | — | — |
| 農工銀行 | 365 | 1,344 | 2,425 | 368 | 664 |
| 古賀銀行 | — | 515 | 2,226 | — | — |
| 山口銀行 | — | — | 2,170 | — | — |
| 小計(D) | 16,015 | 25,482 | 172,283 | 159 | 1,076 |
| 銀行計(E) | 22,445 | 36,685 | 854,973 | 163 | 3,809 |
| D／E＊100 | 71 | 69 | 20 | | |

出典：『福岡県統計書』により作成。
備考：大正8年の住友銀行については，一部支店の数値を修正して集計。

## (2)　福岡銀行の資金運用

福岡銀行は大正七（一九一八）年、新聞に「同行は近来異常の大発展を遂げ[20]」と評されるほど、大戦期に急速に資金量を増大させている。同行の急成長ぶりを確認するために、福岡県内の預金上位銀行の預金高の推移を見たのが表7－4である。これによれば、明治末期同行は都市銀行県内支店の八分の一、管内銀行最大の十七銀行の五分の一程度の預金規模であった。しかし、大正八年には、この十七銀行の二倍の預金高となっており、住友銀行を凌駕して県下最大の預金高を誇っている。大戦期に銀行預金は大きく伸長したが、その伸び率は銀行間に著しい格差があり、福岡銀行は安田系の十七、嘉穂、鞍手、田川、三池などとともに管内銀行預金増加額の七三%を占めていた。

こうした急速な成長にはいくつかの要因が考えられるが、一つには同行の積極的な店舗展開と定期積金の取り扱いが挙げられよう。店舗展開についてみると、明治四十（一九〇七）年末にはわずか二支店しかなかった同行支店は、大正四年には九、同八年末には福岡、北九州を中心に一四を数えるに至っている。この時期県内銀行の平均支店数は一行当たりわずか〇・八七、同行に次ぐ店舗を持つ十七銀行や筑紫銀行も支店数五を数えるにすぎなかった。店舗数の上で福岡銀行は県内で圧倒的な優位を占めていたのである。定期積金について言えば、同行の特色は「五三年貯金」という定期積金にあったといわれている。大戦期、不動貯金銀行をはじめ共栄、京和、報徳といった定期積金や据置貯金を主力とする銀行が大戦景気で賑わう北九州の門司や小倉、福岡、久留米などに進出し、外務員や代理店制度などによってかなりの預貯金を吸収していたが、福岡銀行でも同じような方法で比較的零細な貯金を吸収していたものと考えられる。同行の貯蓄預金は大正三年末の八七万円から、大正九年末には六二〇万円（約七倍）に増大したのである（表7－5参照）。

いま一つの要因は徴兵保険会社の大口預金の受け入れである。時系列的には確認できないが、大正十二年の資料には、「八月十五日現在ニ於テ……同保険会社（徴兵保険会社：引用者注）預金ハ全部ヲ通ジ……金四、六二三、一〇二円」[21]と記されているから、同社の大口預金はこの時同行預金総額のおよそ一六・五%を占めていたことになる。関係企業の営業性預金をも加えると、太田関係企業の預金が同行総預金に占める比重はさらに高まるものと思われる。

さて、大戦期に急増した預金も大戦後は停滞した。貯蓄預金は増大しているから、この停滞は貯蓄預金以外の預

**表7－5**　福岡銀行の主要勘定

単位：千円

| 年　次 | 預貯金 | 貯蓄預金 | 借入金 | 貸出金 | 預け金 | 有価証券 | 資産総額 |
|---|---|---|---|---|---|---|---|
| 明治29年 | 95 | － | － | 0 | 78 | 24 | 125 |
| 31年 | 301 | － | － | 61 | 156 | 90 | 337 |
| 33年 | 496 | － | － | 82 | 273 | 129 | 534 |
| 35年 | － | － | － | － | － | － | － |
| 37年 | 176 | － | 62 | 47 | 0 | 155 | 273 |
| 39年 | 378 | 290 | － | 110 | 33 | 252 | 538 |
| 41年 | 541 | 399 | － | 407 | － | 168 | 724 |
| 43年 | 721 | 485 | 55 | 645 | 4 | 210 | 1,001 |
| 大正元年 | 1,079 | 450 | 34 | 882 | － | 389 | 1,394 |
| 3年 | 2,765 | 871 | － | 2,232 | － | 499 | 3,442 |
| 5年 | 7,052 | － | － | 5,583 | － | 1,624 | 9,086 |
| 7年 | 20,577 | 3,615 | － | 18,344 | 2,921 | 2,786 | 27,810 |
| 9年 | 31,170 | 6,202 | － | 21,626 | 7,290 | 4,362 | 39,808 |
| 11年 | 31,246 | － | 2,350 | 22,869 | 6,177 | 8,552 | 42,515 |

出典：『福岡日日新聞』決算公告により作成。

金の停滞のためであった。

次に同行の資金運用を見てみよう。表7－5の主要勘定によれば、同行の貸出高は大正八年まで預金の増大を背景に年々著しく増大した。同年以降貸出高は停滞し、預け金や有価証券所有が急増している。この有価証券所有は九州に本店を持つ銀行のなかでは群を抜いて多くなっている。例えば、大正八、一〇年の同行有価証券投資を十七銀行と比較してみると、十七銀行は大正八年で資産総額の四・二％（七二万七、〇〇〇円）、大正十年で七・八％（一七〇万八、〇〇〇円）を占めるにすぎないのに、福岡銀行は大正八年七・七％（三〇四万六、〇〇〇円）、大正十年で一九％（八〇三万四、〇〇〇円）にも達しているのである。このうち、株式は七九万円（大正八年）、九五万円（大正十年）で、他の銀行に比べると巨額だが、比率で言えば、公債と社債への運用が大部分を占めている。とくに、大正十年には公債と社債所有が急増している。こうした巨額の有価証券所有の事情は定かではないが、同行の投資銀行的な性格に加えて、大戦期までの関係企業の旺盛な資金需要が反動恐慌によって途絶えたためではないかと考えられる。

同行の資金運用のなかでいま一つ注目すべきは、十七銀行と比べると、為替業務が極端に少ない点である。大正五年時点で為替手形、荷為替手形、代金取立手形の取組高、及び支払高、取立高を十七銀行と比較すると、同行は為替手形の取組高、支払高で十七銀行のそれぞれわずか一七％と一四％しかなく、代金取立手形の取組高、取立高はそれぞれ四六・七％、三％にしか達しないのである[22]。こうした事実は、同行が商業取引とあまり関わらず、産業金融を中心とした資金運用を行っていたことを示唆しているものと考えられる。以下では同行の貸し出し動向をもう少し立ち入って検討しよう。

同行の貸し出しを担保別に見ると、有価証券担保が一、一〇六万円（貸出高の四九％、大正八年時点―以下同様）で最も多い。これは県内銀行有価証券担保貸し出し三、六五〇万円の三分の一近くを占めている。しかし、同行の担保別貸し出しの特徴は無担保貸し出しの多さにあった。同行貸し出しの三五％、七九四万円が無担保貸し出しで、福岡県の無担保貸出額の二七％を占めていた。十七銀行（有価証券担保八六％、無担保八％）や三池銀行（有価証券担保七四％、無担保六％）とは大きく異なっていたのである[23]。

表7－6は同行の主要支店別の預金・貸出高である。これによれば、大正八年には本店の他、主として東京と長崎で貸し出しがなされていることがわかる。大戦後になると、貸出額が減少するなかで東京支店の貸し出しだけが増大した結果、同支店の貸出高は本店をも上回り、同支店だけで運用総額の四四％を占めるに至っている。

東京支店を軸として同行はどのような貸し出しを行っていたのであろうか。表7－7の大口貸し出し先によれば、大口貸し出しのほとんどが太田系企業か太田が関係する企業とその共同投資者に向けられている。とりわけ巨額なのは東京支店の太田商事と本店による九州勧業への貸し出しで、この両者だけで大口貸し出しの六割を占めている

表7－6　本支店別預金・貸出高

単位：千円，％

| 店舗名 | 種別 | 大正8年 | 比率 | 大正10年 | 比率 | 大正12年 | 比率 |
|---|---|---|---|---|---|---|---|
| 本店 | 預金 | 10,137 | 33 | 13,203 | 41 | 14,112 | 50 |
| | 貸し出し | 9,613 | 35 | 7,899 | 34 | 8,396 | 37 |
| | 損益 | 110 | 39 | 158 | 61 | 117 | 61 |
| 東京 | 預金 | 6,216 | 21 | 3,999 | 12 | 4,111 | 15 |
| | 貸し出し | 7,156 | 26 | 8,865 | 38 | 9,966 | 44 |
| | 損益 | 57 | 20 | 64 | 25 | 85 | 45 |
| 長崎 | 預金 | 2,825 | 9 | 1,770 | 5 | 1,037 | 4 |
| | 貸し出し | 3,044 | 11 | 1,441 | 6 | 1,296 | 6 |
| | 損益 | 35 | 12 | 14 | 6 | 6 | 3 |
| 戸畑 | 預金 | 784 | 3 | 762 | 2 | 530 | 2 |
| | 貸し出し | 252 | 1 | 277 | 1 | 234 | 1 |
| | 損益 | 3 | 1 | 3 | 1 | －1 | －1 |
| 八幡 | 預金 | 1,674 | 6 | 1,688 | 5 | 1,156 | 4 |
| | 貸し出し | 1,562 | 6 | 962 | 4 | 738 | 3 |
| | 損益 | 25 | 9 | 10 | 4 | 9 | 5 |
| 本支店合計 | 預金 | 30,270 | 100 | 32,594 | 100 | 28,211 | 100 |
| | 貸し出し | 27,550 | 100 | 23,160 | 100 | 22,606 | 100 |
| | 損益 | 283 | 100 | 259 | 100 | 190 | 100 |

出典：「本支店諸計数」（「福岡銀行所蔵資料」）により作成。

のである。この両者に太田事務所と他の太田系企業貸し出しを加えると、一千万円強になり、これは総貸出額のおおよそ四〇％に匹敵する。しかもこれら大口貸し出しは大戦期以来固定化し、不良債権化していた。

福岡県の有力企業との取引関係を見てみると、大正五年時点で銀行を除いた資本金一〇万円以上の会社は七一社存在するが、このうち同行との取引関係を有するのは荒津殖産、博多トロール、博多通送株式会社の三社にすぎない[24]。太田系企業への大口貸しと日本鋼管への貸し出しを除くと、同行は県下最大の資金を擁する銀行でありながら、福岡の有力企業との取引関係を直接的にはあまりもっていなかったのである。

以上明らかなように、零細預金と系列企業の徴兵保険会社預金に依拠しながら、太田関係企業へ著しく傾斜した貸し出しを行ってきた同行は、典型的な「機関銀行」の一つであって、県

表7－7　福岡銀行の大口貸し出し先

単位：円，％

| 貸し出し店 | 貸し出し先 | 金額 | 比率 |
|---|---|---|---|
| 東京支店 | ＊太田商事 | 4,349,014 | 34 |
| 本店 | ＊九州勧業 | 2,810,000 | 22 |
| 東京支店 | ＊太田清蔵事務所 | 886,823 | 7 |
| 東京支店 | ＊日本鋼管 | 600,000 | 5 |
| 本店 | 河内卯兵衛（博多遠洋漁業，東筑軌道，博多電業各取締役） | 482,357 | 4 |
| 東京支店 | ＊斉藤製作所 | 402,231 | 3 |
| 本店 | 田主丸実業銀行 | 300,000 | 2 |
| 長崎支店 | 松尾孫八（鉄工場主，多額納税者） | 265,000 | 2 |
| 東京支店 | ＊北海道拓殖 | 230,000 | 2 |
| 東京支店 | 鷲見邦司（札幌水力電気取締役，拓殖貯金監査役） | 218,572 | 2 |
| 本店 | 田中丸治右衛門（有価証券売買） | 151,670 | 1 |
| 本店 | 荒津殖産 | 141,600 | 1 |
| 本店 | 山田協次郎他 | 120,000 | 1 |
| 東京支店 | 太田茂実 | 114,234 | 1 |
| 本店 | ＊博多トロール | 113,334 | 1 |
| 長崎支店 | 山下コークス | 100,000 | 1 |
| 本店 | 草場猪之吉（北九州鉄道社長） | 100,000 | 1 |
| 本店 | ＊太田勘太郎 | 93,888 | 1 |
| 本店 | 川北電気企業社 | 70,000 | 1 |
| 本店 | 深沢浩太郎 | 66,040 | 1 |
| 本店 | 宮崎寿一（米穀商） | 65,688 | 1 |
| 東京支店 | 増戸秀男 | 61,627 | 0 |
| 東京支店 | 木下成太郎（北海道拓殖取締役） | 56,000 | 0 |
| 本店 | 津田幾次郎（博多遠洋漁業，博多相互貯蓄ＫＫ） | 54,500 | 0 |
| 東京支店 | ＊東京湾土地 | 50,000 | 0 |
| 長崎支店 | 古賀春一（長崎電気瓦斯社長，川北電気取締役） | 45,000 | 0 |
| 八幡支店 | 門司合資会社 | 42,429 | 0 |
| 長崎支店 | 西岡伝司（長崎電気瓦斯） | 41,000 | 0 |
| 本店 | 大浦万吉他３名 | 39,000 | 0 |
| 八幡支店 | 酒井組合資会社 | 38,402 | 0 |
| 長崎支店 | 馬場卓一（長崎電気取締役） | 37,000 | 0 |
| 本店 | 安増宝太郎（博多トロール取締役） | 35,500 | 0 |
| 大牟田支店 | 舛田彦蔵 | 35,400 | 0 |
| 東京支店 | 高橋光威（衆議院議員） | 35,000 | 0 |
| 本店 | 中牟田茂 | 35,000 | 0 |
| 本店 | 塩川米吉 | 33,599 | 0 |
| 宮内支店 | 日高千代吉 | 32,191 | 0 |
| 箱崎支店 | 光安太平 | 31,350 | 0 |
| 東京支店 | ＊大村湾真珠 | 31,000 | 0 |
| 本店 | 田原健三郎 | 30,000 | 0 |
| 本店 | 森松仁七郎 | 29,713 | 0 |
| 長崎支店 | 大村物産 | 28,900 | 0 |
| 本店 | 高屋登 | 25,589 | 0 |
| 大牟田支店 | 大町俊夫 | 23,500 | 0 |
| 本店 | 針見虎太郎（博多遠洋漁業監査役） | 23,250 | 0 |
| 戸畑支店 | ＊日本耐火煉瓦 | 20,000 | 0 |
| 本店 | 堀川団吉（鉱業） | 20,000 | 0 |
| 本店 | 国分友幸 | 20,000 | 0 |
| 本店 | ＊日本澱粉 | 20,000 | 0 |
| 合計 | | 12,655,401 | 100 |

出典：迎由理男「太田清蔵と太田系企業」(『福岡県史　近代研究編(二)』福岡県，平成７年) 127頁による。

備考：＊は太田清蔵の関係企業及び親族。

内銀行としては格段の規模を誇った同行も、実体は極めて脆弱であったのである。大正十二年、同行は十七銀行とやや唐突ともみえる合併を行ったが、決して唐突ではなく、大戦期の急膨張を積極的な貸し出しで支え、新興企業群とともに急成長した新興産業銀行の当然の帰結であった。

『福岡日日新聞』によれば、井上準之助日銀総裁がこの合併を推し進めたとされている。[25] 太田は結城豊太郎（保善社専務理事）と交わした「覚書」（大正十二年三月三十日付）で次のような条件を受け入れることを余儀なくされるのである。

一　（略）

二　福岡銀行ノ諸勘定中債権ノ回収不能其他原因ノ何タルヲ問ハズ苟モ欠陥ヲ生ジ又ハ負担ヲ増スモノアルトキハ別段積立金壱百弐拾四万五千円及繰越金四拾六万五千円合計百七拾壱万四千円ノ内ヨリ之ヲ償却スルコト

三、四（略）

五　太田清蔵以下重役ノ債務ニ対シテハ太田清蔵所有有価証券ノ全部（四百七拾三万四千四百七拾六円八拾銭）及同人並ニ一門ノ所有ニ関ル福岡銀行株式ヲ挙テ提供シ尚不足スルトキハ所有不動産ヲ未登記ノ侭提供スルコト

六　前項債務ハ参箇年据置爾後七箇年以内ニ整理償還スルコト

七　合併後太田清蔵ハ前項債務額ヲ標準トシテ関係会社ヨリ安田関係銀行ニ預金ヲナスヘキニ付其預金総額ニ相当スルモノニ対シテハ前項債務利率ハ預金利率ヨリ日歩弐銭高トスルコト若シ太田関係会社ガ他銀行ニ寄託スル余裕アルトキハ能フ限リ安田関係銀行ニ定期預金ヲナスコト

八　合併後ノ銀行重役ノ選定ハ無条件ヲ以テ安田家ニ一任スルコト

九、十（略）

十一　福岡銀行ト姉妹銀行タル福岡貯蓄銀行ヲ安田貯蓄銀行ニ合併セシムルコトヲ付帯条件トシ且其大体ハ本覚書ニ基準スルコト[26]

十七銀行と福岡銀行との合併後、太田は十七銀行で筆頭株主となり、常務となった太田圭介とともに十七銀行の取締役に名を連ねたが、名目的なものに過ぎなかった。同行に対する巨額の債務は返済されないままであり、昭和五（一九三〇）年の大蔵省検査で「太田氏関係貸金ノ整理ハ銀行将来ニ重大ナル関係アリ大蔵省ハ斯様ノ放漫無謀ナル取扱ハ急速改善ノ必要ヲ認ムルヲ以テ」「之カ改善ニ付此際当地ニ於テ大蔵省ノ命令ニ基キ同氏ニ対シ厳重交渉ノ上其結果ヲ齎シテ出頭報告ス可シ[27]」とされたのである。このとき、十七銀行の太田関係貸し金は七〇八万円に達していた。預金は太田側から十七銀行に四一八万円、安田及び第三銀行に合わせて二九〇万円、合計七〇八万円あり、貸し金に見合っていたが、コールローン並みの低金利で太田系企業に運用されていたのである[28]。前掲の「覚書」に「太田清蔵ハ前項債務額ヲ標準トシテ関係会社ヨリ安田関係銀行ニ預金ヲナスヘキ」とあるように、この預金は太田の関係会社からなされたものであるが、その大部分は徴兵保険からの預金であった。太田は徴兵保険によってかろうじて破綻を免れるのである。

## 三　徴兵保険会社の発展と太田系企業

### (1) 徴兵保険会社の設立と経営権の移行

太田が徴兵保険会社を経営するに至ったいきさつについてまずみておこう。[29]

徴兵保険というのは、徴兵中の経済的負担を軽減することを目的として設けられた保険である。一歳から一五歳までの男子を被保険者とし、被保険者が満二〇歳に達し、くじに当選して服役した時には保険金を支払い、身体検査不合格、くじ落選等によって服役を免ぜられたときには、払込保険金を払い戻す、というのがその内容である。

徴兵保険会社はこうした徴兵保険を主たる営業種目として、明治三十一（一九五六）年五月、岡田治衛武（東京電気鉄道社長）、大野清敬（七十七銀行頭取、内国生命保険社長）、村田峰次郎らによって設立された。しかし、保険思想が一般に普及していなかったうえ、少数の外勤社員による募集ではそれほど契約も伸びず、経営の方は苦しかったようである。同社だけでなく、徴兵保険を主とする保険会社はいずれも契約が伸びなかったり、法的な不備に乗じて乱脈な運用を行ったりして、苦境に陥っていた。政府は保険事業の安定を図るために、当局による監督権の強化や他事業兼営の禁止、資金運用の制限などを規定した保険業法を公布し、不良生命保険会社の整理に乗りだした。この結果、大日本徴兵、帝国徴兵、山口徴兵などの徴兵保険を主とする保険会社も、次々に解散あるいは営業停止命令を受け、明治三十六年には徴兵保険を取り扱うのは同社と大阪保険だけとなっていた。

しかし、同社も「財産状態頗ル不整理ヲ極メ甚タ不都合」[30]と当局から指摘される状態に陥っており、明治四十年六月には会計担当の取締役の退任命令と改善命令が農商務省から出された。農商務省が問題としたのは、同社取締役天埜伊佐衛門が頭取を務める亀崎銀行（愛知）への預金の集中や同関係企業（者）への多額の貸し付けであった。保険業法の施行細則や指導方針では、同一人あるいは同一企業に対する貸し付けは会社財産の五分の一を超えてはならなかったし、預金も資本金一〇〇万円以上の銀行に預けることが望ましかったのである。重役関連企業への融資によって、同社は明治四十一年に責任準備不足額一六〇万円という大きな損失を被った。この額は、同社の責任準備金のほとんど全額に当たっている。

退任命令を受けて、筆頭株主の天埜と吉岡礼一が退任を余儀なくされ、彼らに代わって同社再建を監査役の浜地八郎（弁護士、福岡出身）から依頼されたのが太田清蔵であった。すでに述べたごとく、太田は九州生命保険会社の発起に関わったり、安田系の共済生命の代理店を引き受けたりしており、生命保険事業には少なからぬ興味を抱いていたといわれる。彼は、農商務省の同社存続の意向を確認し、徴兵保険の考案者である粟津清亮に相談した後、同社を引き受けるにいたった。

同社大株主の変遷によって、太田への支配権の移行を見ておこう（表7－8参照）。徴兵保険の主要株主と役員は明治四十二年に太田清蔵が筆頭株主になるまで著しく変動している。すなわち、設立時の中心メンバーであった岡田治衛武や大野清敬、村田峰次郎、渋谷嘉助（銃砲火薬木材販売業）らに代わって、明治三十七年には天埜が総持ち株の半数近くを所有する筆頭株主となり、取締役に就任した。しかし、明治四十年には岡本則録（成城学校教官）、三枝守富（東京府農工銀行取締役）、小沢武雄（陸軍中将）、和泉邦彦（衆議院議員）、松元剛吉（衆議院議員）らが上位株主として名を連ね、翌四十一年には太田と山中立木（黒田家家令、福岡貯蓄銀行監査役）が群を抜く大株主となっている。以上のようなめまぐるしい株主の変遷はとりもなおさず経営の不安定さを物語っており、その

表7－8　徴兵保険株式会社大株主の変遷

| 明治35年4月 | | 明治38年4月 | | 明治41年4月 | | 明治42年4月 | | 明治44年4月 | |
|---|---|---|---|---|---|---|---|---|---|
| 株主名 | 持ち株数 | 株主名 | 持ち株数 | 株主名 | 持ち株数 | 株主名 | 持ち株数 | 株主名 | 持ち株数 |
| 岡田治衛武 | 490 | 天埜伊佐衛門 | 2,775 | 岡本則録 | 500 | 太田清蔵 | 1,605 | 太田清蔵 | 1,605 |
| 大野清敬 | 400 | 小沢武雄 | 200 | 三枝守富 | 500 | 山中立木 | 1,000 | 尾崎朝景 | 1,000 |
| 村田峰次郎 | 400 | 岡田治衛武 | 170 | 小沢武雄 | 450 | 小沢武雄 | 200 | 山中立木 | 1,000 |
| 渋谷嘉助 | 250 | 根津嘉一郎 | 170 | 和泉邦彦 | 300 | 上田開馬 | 175 | 渡辺与八郎 | 785 |
| 小林治郎 | 247 | 間瀬昇太郎 | 155 | 松元剛吉 | 300 | 岡田治衛武 | 170 | 太田大次郎 | 300 |
| 根津嘉一郎 | 220 | 神原芳平 | 150 | 吉岡礼一 | 300 | 森田豊 | 170 | 森田豊 | 170 |
| 藤村士良 | 200 | 渋谷嘉助 | 100 | 三宅硯一 | 300 | 野村恒造 | 105 | 高橋光威 | 100 |
| 岡田制勝 | 200 | 大野清敬 | 100 | 大野英行 | 295 | 和泉邦彦 | 100 | 山田敬徳 | 100 |
| 秋山啓蔵 | 190 | 吉岡礼一 | 100 | 岡田治衛武 | 170 | 渋谷嘉助 | 100 | 渋谷嘉助 | 100 |
| 脇亦英次 | 190 | 河村隆実 | 100 | 根津嘉一郎 | 170 | 大野清敬 | 100 | 伊豆凡夫 | 100 |
| | | | | | | | | 小沢武雄 | 100 |
| 総株数 | 6,000 | 総株数 | 6,000 | 総株数 | 6,000 | 総株数 | 6,000 | 総株数 | 6,000 |

出典：各期『徴兵保険株式会社株主名簿』により作成。

原因でもあり、結果でもあった。

太田が筆頭株主となった翌年には、同社株式の大多数は太田兄弟や黒田家（株主の尾崎、山中は黒田家の家扶、家令）、博多の渡辺与八郎の手に移った。大正期の株主については現在のところ確認することはできないが、昭和七（一九三二）年には株主一三名で、発行株数五万株中、太田商事が四万六、七九五株（発行株式の九三％）を所有し、以下太田一族と太田が専務に就任以来の同社幹部によって占められている。明治四十二年度に五八名だった株主が次第に減少し、大正三（一九一四）年に二四名、そして大正九年に一三名になるから、ほぼ大戦期に太田（太田商事）を筆頭株主とする太田家の企業になったと考えられよう。

### （2）徴兵保険会社の資金運用

徴兵保険会社は太田が引き受けて以降、順調に契約高を伸ばし、徴兵保険種目では独占的に発展した。徴兵保険を取り扱う会社は明治四十四（一九一一）年に日本徴兵、大正末期にはさらに国華、富国の二社が設立され四社となったが、大正十四（一九二五）年で見ると、四社の契約高六、九七三万七千円のうち徴兵保険会社は四、二一〇万七千円（六〇・二％）を占めていたのである。とくに、大戦後に急速に資金量を増大させ、生命保険会社全体の中でも資産額で上位を占めている。すなわち、明治四十三年その資産額は二九三万二千円にすぎず、生命保険会社二九社中第九位、日本生命、明治生命、帝国生命の四分の一から三分の一の規模にすぎなかったが、大正十四年には資産四、二一〇万七千円で、生命保険会社四四社中、日本生命一億二、七四〇万三千円、明治生命七、五五二万九千円、帝国生命六、九七四万七千円、千代田生命五、八三八万九千円、共済生命四、三〇六万三千円、に次ぐ地位を占めたのである。[31]

同社の急速な発展の理由については今後の検討を要するが、さしあたり軍との関係を指摘することができるであろう。すなわち、同社は徴兵保険取扱会社が同社一社時代に、軍や在郷軍人団との密接な関係を作り上げ、各市町村に組織された在郷軍人団の分団を募集集金業務に活用していたのである。こうした関係を維持するために、同社は有力な退役軍人を取締役や顧問に迎えていた。[32] このように急増した資金がどのように運用されたかを次に検討しよう。

資金運用は銀行預金、貸付金、有価証券、不動産に区分できるが、その運用の推移を示したのが表7－9である。同表によって、資金運用の特徴をみると、まず第一に、運用資産額が急速に増大していることが確認できる。運用資産は基本的には責任準備金の多寡に規定され、責任準備金は契約金に規定されるから、この増大は徴兵保険加入者の増加によって支えられていたのである。第二に、資金運用は時期によってかなり変化している。すなわち、太田が経営権を掌握するまでは貸付金と銀行預金が圧倒的に多く、有価証券の比重は低い。しかし、明治四十三年頃から有価証券投資がやや増大し、大戦期の大正五年には運用資産の六一％にも達している。逆に、貸付金と銀行預金は二〇％台に低下した。さらに、大戦末期頃以降になると、有価証券投資の比重はかなり低下し、再び銀行預金

表７－９　徴兵保険の資産運用

単位：千円，％

| 年度 | 銀行預金 | | 貸付金 | | 有価証券 | | 不動産 | 運用資産合計 | 資産合計 |
|---|---|---|---|---|---|---|---|---|---|
| | | 比率 | | 比率 | | 比率 | | | |
| 明治34年 | 68 | 53 | 45 | 35 | 0 | 0 | 16 | 129 | 408 |
| 35年 | 47 | 32 | 82 | 57 | 0 | 0 | 16 | 145 | 424 |
| 37年 | 148 | 55 | 55 | 21 | 65 | 24 | 0 | 268 | 558 |
| 40年 | 317 | 29 | 475 | 44 | 215 | 20 | 75 | 1,082 | 1,494 |
| 41年 | 593 | 34 | 780 | 45 | 255 | 15 | 120 | 1,748 | 2,214 |
| 43年 | 567 | 17 | 802 | 24 | 1,721 | 52 | 244 | 3,334 | 3,518 |
| 大正元年 | 1,307 | 26 | 1,276 | 25 | 2,243 | 44 | 272 | 5,098 | 5,296 |
| 3年 | 2,003 | 27 | 1,792 | 24 | 3,243 | 44 | 331 | 7,369 | 7,614 |
| 5年 | 3,165 | 31 | 474 | 5 | 6,307 | 61 | 352 | 10,298 | 10,477 |
| 7年 | 8,491 | 60 | 1,548 | 11 | 3,569 | 25 | 527 | 14,135 | 14,427 |
| 9年 | 10,039 | 52 | 2,673 | 14 | 3,683 | 19 | 2,949 | 19,344 | 20,272 |
| 11年 | 11,799 | 43 | 5,737 | 21 | 7,503 | 27 | 2,555 | 27,594 | 29,982 |
| 13年 | 17,731 | 49 | 5,474 | 15 | 9,681 | 27 | 3,361 | 36,247 | 42,108 |
| 15年 | 20,701 | 39 | 5,639 | 11 | 19,154 | 36 | 7,817 | 53,311 | 56,341 |

出典：各期『徴兵保険事業報告書』。
備考：比率は運用資産合計に占める比率。

の比重が増大している。

以上のような運用動向の変化は、他の生命保険会社にも共通する次のような理由に基づいていたといってよい。すなわち、明治末期の有価証券投資の停滞、貸し付けと銀行預金の増大は、不況の深刻化にともなって有価証券価格が下落し、預金利子が相対的に有利になったからであり、大戦期の有価証券投資の激増は空前の好況に促された企業の拡張、新規投資が増大し、その資金調達が銀行貸し出しとともに証券市場を通じてもなされたからであった。そして、大戦後の反動恐慌とその後の不況は再び有価証券市場を不振に陥れ、生保の証券投資を停滞させたのである[33]。

太田系企業との関連をみるために、こうした資金運用のうち銀行預金と有価証券投資をもう少し詳細に検討しよう。

まず、銀行預金。生命保険会社の事業報告書には通常銀行預金の預け先とその金額が記載されているが、同社の場合預け先別の預金高は大正元年度までしか記載がなく、以後は預け先しか判明しない。表７－10はその預金先を示したものである。同表によってその特徴をあげると、次の点

表7－10　徴兵保険株式会社の銀行預金預け先

単位：円，％

| 銀行名 | 明治40年 | 明治41年 | 明治42年 | 明治43年 | 明治44年 | 明治45年 |
|---|---|---|---|---|---|---|
| 丁酉銀行 | 97,185 | 100,000 | － | － | － | － |
| 亀崎銀行 | 26,615 | 26,615 | － | － | － | － |
| 東海銀行 | 50,370 | 81,591 | 209,942 | 103,918 | 52,782 | 127,212 |
| 住友銀行 | 92,000 | 95,000 | 58,774 | 71,266 | 398,555 | 105,397 |
| 土佐銀行 | 42,469 | 30,000 | 35,819 | 30,287 | 23,941 | 1,578 |
| 第十銀行 | 8,500 | 9,915 | 7,951 | 77 | 4,642 | 3,263 |
| 第一銀行 | － | 100,000 | 100,000 | 52,012 | 102,378 | － |
| 浪速銀行 | － | 100,000 | 103,534 | 103,720 | 299,406 | 158,723 |
| 三井銀行 | － | 50,000 | 102,500 | 2,535 | 100,486 | 53,452 |
| 安田銀行 | － | － | 11,706 | 2,462 | 297,000 | 26,543 |
| 第三銀行 | － | － | 52,063 | 55,343 | 201,124 | 12,103 |
| 長野商業銀行 | － | － | 1,243 | 760 | 123 | 1,052 |
| 五十二銀行 | － | － | 193 | 419 | 3,698 | 6,995 |
| 八十四銀行 | － | － | － | 143,836 | 143,510 | 285,026 |
| 福岡貯蓄銀行 | － | － | － | － | 29,932 | 105,839 |
| 鴻池銀行 | － | － | － | － | 1,868 | 1,398 |
| 豊国銀行 | － | － | － | － | － | 50,000 |
| 山口銀行 | － | － | － | － | － | 50,000 |
| 村井銀行 | － | － | － | － | － | 265,786 |
| 十七銀行 | － | － | － | － | － | 52,771 |
| 計 | 317,139 | 593,121 | 683,725 | 566,635 | 1,659,445 | 1,307,138 |

出典：各期『事業報告書』により作成。

が指摘できるであろう。

第一は、年度によって預け先が大きく変化していることである。これは、預金利率を考慮したためではないかと考えられる。大正七年までは預金金利協定が機能していなかったから、大口預金は個別交渉によってかなり有利な利子で預金し得たのである。

第二に指摘できるのは、明治四十一年までは住友銀行を除けば、丁酉銀行、亀崎銀行、土佐銀行、第十銀行、東海銀行などの地方銀行に預金されていることである。これら銀行の多くは重役関係銀行（亀崎銀行）であったり、地方における契約金拡張のために、地方銀行の援助と引き換えに、「該地方ニ於ケル収入保険料ヲ預金シ不得止場合ノ外当分引出サザル事ヲ約シ(34)」た銀行（土佐銀行、第十銀行）であった。保険業の草創期には、弱小保険会社の多くが、「銀行の集金機関」的役割を果たしていたと言われている。初期の同社も特定の銀行の「集金機関」[35]として機能していたのであろう。農商務省は健全性の観点から、弱小銀行への預金の集中を危惧し、同社への立ち入り調査を行った後、一部重役の退任と運用の改善命令を出したことはすでに述べた通りである。

第三に、太田が専務に就任してからは都市銀行を中心に預金されているけれども、明治四十四年に三万円が福岡貯蓄銀行に定期預金されて以降、同行への預金が増大する兆しが窺えることである。残念ながら大正二年以後の明細が記載されていないため、徴兵保険側からはその後の預金高を確認しえないが、福岡銀行の資料によれば大正十二年八月の時点で四六二万円の徴兵保険会社預金が確認できる。およそ同社銀行預金の三分の一が福岡銀行に集中していたことになる。すでに述べたように、福岡銀行の預金の増大は他の県内銀行に比べかなり急激であったが、徴兵保険からの大口預金がその急増に貢献したのは間違いない。

次に有価証券投資の内容をみる。有価証券投資は公債、社債、株式に分けられるが、同社の場合大正十四年度まで『事業報告書』にはその明細は記載されていない。そこで、大正十四年度についてみてみると、表7－11のようになる。まず、社債について検討すると、業種別でみればその投資先は金融、電力、鉄道などが比較的多いが、電気、化学、製粉、鉄鋼などさまざまな分野にわたっており、いくつかの業種に集中すると言うよりはむしろ多業種に分散している点を特徴としてあげることができよう。関係企業について言えば、四社が太田系企業であり、総額九一万二千円で社債投資の二八・七％を占めている。株式投資をみると、業種別では電力、紡織、金融などの大型株が多く、全体として太田系企業を除くと大企業株が多い。これら大企業株の投資の性格は、その分散性からして、機関投資家として配当利回りの確保を目指したものであって、所有支配を意図したものではないのは明らかである。太田関係企業について言えば、関係企業株は博多湾鉄道、東京湾土地、筑前参宮鉄道、日本共立火災保険、東京湾

表7－11　徴兵保険の有価証券投資内訳（大正 14 年度）

| 種　　別 | 金額または株数 | 種　　別 | 金額または株数 |
|---|---|---|---|
| 公債 | 529 千円 | （株式続き） | |
| 社債 | 3,192 千円 | 東邦電力 | 5,101 |
| 日本製麻 | 400 | ＊安田信託 | 5,000 |
| ＊筑前参宮鉄道 | 300 | 浅野セメント | 5,000 |
| 日本製粉 | 300 | 王子製紙 | 4,950 |
| ＊博多湾鉄道 | 250 | ＊北九州鉄道 | 4,500 |
| ＊東京湾埋立 | 222 | 三重合同電気 | 4,083 |
| 富士水力電気 | 200 | 日本郵船 | 4,062 |
| 東信電気 | 200 | ＊北門銀行 | 4,000 |
| 日本活動写真 | 200 | 宇治川電気 | 4,000 |
| 電気化学工業 | 150 | 鬼怒川水電 | 3,700 |
| ＊北海道拓殖 | 147 | 大日本石油鉱業 | 3,500 |
| 興銀債 | 100 | 大同電力 | 3,000 |
| 北海道炭礦汽船 | 100 | 大日本麦酒 | 2,500 |
| 川北電気 | 100 | 日本興業銀行 | 2,360 |
| 浅野セメント | 100 | 北海道拓殖銀行 | 2,000 |
| 勧業債券 | 90 | 十五銀行 | 2,000 |
| 川崎造船所 | 75 | 南満州鉄道 | 2,000 |
| 日本製鋼所 | 60 | 中央毛糸 | 2,000 |
| 大日本人造肥料 | 50 | 日本窒素 | 2,000 |
| 九州電灯 | 49 | ＊日本鋼管 | 1,650 |
| 東洋捕鯨 | 41 | 帝国麦酒 | 1,440 |
| 東京製鋼所 | 40 | 大日本製糖 | 1,350 |
| 朝鮮殖産銀行 | 26 | 鐘淵紡績 | 1,339 |
| 東京府農工銀行 | 8 | 関西信託 | 1,000 |
| 群馬県農工銀行 | 3 | 久原鉱業 | 1,000 |
| 阿波農工銀行 | 1 | 安治川土地 | 1,000 |
| 株式 | 11,072 千円 | 第一銀行 | 900 |
| ＊博多湾鉄道 | 30,914 株 | 三井銀行 | 700 |
| 日本毛織 | 23,000 | 明治製糖 | 700 |
| ＊東京湾土地 | 20,000 | 南海鉄道 | 548 |
| 九州水電 | 16,344 | 三菱鉱業 | 500 |
| 日本絹綿紡績 | 12,840 | 日本無線 | 450 |
| ＊十七銀行 | 12,198 | 東洋製糖 | 375 |
| 横浜正金銀行 | 11,500 | 大阪商船 | 370 |
| ＊筑前参宮鉄道 | 8,776 | 長崎紡織 | 300 |
| 郡是製糸 | 7,050 | 台湾電力 | 160 |
| ＊日本共立火災保険 | 6,500 | 金沢電気軌道 | 150 |
| ＊東京湾埋立 | 6,017 | 日本生命保険 | 120 |
| 日本電力 | 5,967 | 内外綿 | 100 |
| | | 日本銀行 | 85 |
| | | 朝鮮殖産銀行 | 51 |

出典：『徴兵保険事業報告書』により作成。
備考：＊印は太田が役員をしている企業。

埋立、北九州鉄道、十七銀行、北門銀行、安田信託、日本鋼管の一〇社に及んでおり、日本鋼管以外すべて四、〇〇〇株以上の所有である。これらのうち、博多湾鉄道、筑前参宮鉄道、北九州鉄道などは総株数の過半、北門銀行、東京湾土地などは二〇%から四〇%に達し、筆頭株主、あるいは第二位の株主となっている。

こうした事実からすると、太田は同社の社債投資と株式所有を通して、持ち株会社的機能を果たしている太田商事や九州勧業などによる関連企業の支配を補強すると同時に、関連企業の資金調達を支えていたといえよう。(36)

## おわりに

以上太田清蔵とその関係企業の動向を見てきた。それによれば、太田は中軸企業の徴兵保険、福岡銀行と持ち株会社の太田商事、九州勧業を軸にして複数の地方企業を支配し、あるいは中央企業に経営参加した。その投資の仕組みは、徴兵保険、福岡銀行が資金調達を引き受け、太田商事、九州勧業は福岡銀行からの資金をもとに徴兵保険やその他関連企業の株式を所有し、また徴兵保険は福岡銀行や関連企業に預金あるいは株式所有の形で資金を供給する、というものであった。もっとも、太田は幾多の企業に関連し、大戦前後の時期に福岡銀行による積極的な貸し出しによって事業の多角化をはかったにもかかわらず、地方的企業といえども十分な支配権を持ち得なかったし、また事業の多くは大戦後に整理を余儀なくされている。中央企業への経営参加においては、太田は安田や大倉、浅野の補完的パートナーとして機能しえたにすぎなかった。結局のところ、太田は持ち株会社と金融機関を除けば、博多湾鉄道を例外として、いわゆる「太田系企業」を形成発展させることができなかったといってよい。

大正末期以降、福岡銀行を手放すことを余儀なくされ、十分な事業展開ができなかった太田家は、徴兵保険という限られた市場で独占的に発展した徴兵保険会社を基礎にして一定の事業展開は継続するものの、従来の九州勧業、太田商事などに加えて、東京起業株式会社（有価証券土地建物売買金銭貸付）、山叶商会（有価証券売買募集引受）、大蔵実業などを設立あるいは経営権を握る一方、戦友共済生命保険（昭和七（一九三二）年第一徴兵へ合併）、日本共立火災保険、鉄鋼証券、共同証券、生保証券など、もっぱら保険、証券を中心とする事業に集中していくことになるのである。

（1）森川英正氏に従えば「地方財閥」は「『本社』を中央四大都市以外の地域に置いて、家族支配下に多角的事業経営を行う企業もしくは企業グループ」（同『地方財閥』日本経済新聞社、昭和六十年、二一頁）ということになる。森川氏は同書で地方財閥を論じる際、本社もしくは主力事業会社の資本金が三〇〇万円を超える地方財閥に考察の範囲を限定するとして、昭和五年の三〇〇万円以上の全国の家族企業をリストアップしている。太田清蔵の九州勧業もこのリストに挙げられているものの、「多角的事業経営としての展開が見られないもの」（同書、二四頁）として、「地方財閥」から除外されている。

（2）清蔵の従兄弟の勘太郎は花田衛『五代太田清蔵伝』（東邦生命保険相互会社八十年史編纂委員会、昭和五十四年）の家系図によれば、二代清蔵の三女ヤエと牟田嘉平の長男となっているが、同書本文では、三代清蔵の弟与三郎の長男とされている。

（3）以上の彼の経歴に関しては、阿部暢太郎『太田清蔵翁伝』（東邦生命保険相互会社五十年史編纂会、昭和二十七年）三七頁以下を参照。

（4）同前、七一頁。

（5）帝国興信所『帝国銀行会社要録』第九版（大正九年）による。

（6）同前。

（7）前掲『五代太田清蔵伝』九八頁。

（8）九州勧業株式会社『第三三回営業報告書』（昭和十八年十月～十九年九月）によれば、同社総資産の四八％が有価証券であり、土地は二八％をしめるにすぎない。有価証券投資がいつごろからなされたか不明であるが、少なくとも戦時期には有価証券投資が主要な業務であったことはここから窺えよう。

（9）以上の持ち株数はダイヤモンド『銀行会社年鑑』（昭和三年）、北海道拓殖銀行『北海道及樺太株式会社集覧』（昭和八年）による。

（10）農林省農務局「五十町歩以上ノ大地主」（大正十三年）（『日本農業発達史』第七巻、中央公論社、昭和三十年）七六六頁。彼の所有地は筑紫郡、粕屋郡、朝倉郡、福岡市に及んでいる。北海道の土地投資は、太田商事名義でなされている。所有地面積は田二・五町、畑二〇〇・五町で、小作六八戸を擁していた。太田の関連会社である北海道拓殖も同じ頃土地投資を展開したとみえ、田三〇・六町、畑三六三・七町を所有し、小作八二戸を抱えていた（同書、一七四頁）。なお、昭和三年の『福岡県耕地三町歩以上所有者名簿』（福岡県）によれば、太田は昭和三年時点で、一三五・二町を福岡県内で所有している。ちなみに、「五十町歩以上ノ大地主」で県下最大規模の地主とされている林田春次郎は、明治三十四年の福岡県の大地主名簿に掲載されていないし、同書でも所有地はわずか五八・三町歩となっている。こうした事実からすると、大正十三年における大地主調査の林田の所有地六三七町歩は疑わしい。

（11）渋谷隆一編『大正昭和日本全国資産家地主資料集成Ⅳ』（柏書房、昭和六十年）七頁。

（12）以上は、前掲『銀行会社年鑑』四一〇～四一一頁、前掲『北海道及樺太株式会社集覧』八頁による。

（13）渋谷隆一編『大正昭和日本全国資産家地主資料集成Ⅴ』（柏書房、昭和六十年）一四八頁。帝国実業奨励会『福岡県壱万円以上実業家資産名鑑』（大正十一年）によれば、太田の資産は大正十一年八月現在で、一、三〇〇万円となっており、安川清三郎二、〇〇〇万円、貝島栄四郎一、八〇〇万円、麻生太吉、伊藤伝右衛門一、五〇〇万円に次いでいる。ただ同書では資産推計の方法などが明示されていない。

なお、原庫郎は、上野雅生『九州紳士録』（九州集報社、大正五年）では確認できないが、同書に掲載されている原庫次郎（九州電灯鉄道株式会社取締役）と同一人物であると考えられる。

（14）本章でとり上げている福岡銀行は現在の福岡銀行とは別の銀行である。誤解を避けるために、現福岡銀行や福岡貯蓄銀行との関係について述べておけば以下のようになる。

福岡銀行は十七銀行の子銀行であった福岡貯蓄銀行をその前身とし、大正五年に福岡銀行と改称した。その際、貯蓄銀行業を福岡貯蓄銀行として分離した。大正十二年に十七銀行と合併し、福岡銀行は消滅、同時に福岡貯蓄銀行も安田貯蓄銀行に吸収された。その後、昭和十六年に筑豊貯蓄銀行、嘉穂貯蓄銀行、三池貯蓄銀行の三貯蓄銀行が合併して、福岡貯蓄銀行（福岡）を設立した。

現在の福岡銀行は十七銀行を中心にこの福岡貯蓄銀行、嘉穂銀行（飯塚）、昭和十六年に筑後地域の銀行合同によって成立した筑邦銀行（久留米）の四行が昭和二十年三月に合併して誕生した。

(15) 八名の株主は小河久四郎、上野弥太郎（旧士族、元郡長）、中尾卯兵衛、許斐儀七、樋口吉蔵、村上眞三郎（黒田家家扶）、石橋勇三郎、高山卯右衛門で、それぞれ七五株を引き受けている（『福岡日日新聞』明治二十九年四月七日）。

(16) 『銀行通信録』第三二巻第一八四号（明治三十四年三月）。なお、炭鉱を中心とする同行の不良大口貸しの状況については、拙稿「北九州における『都市銀行』と地元銀行――明治三〇年代の石炭金融を中心に――（下）」（北九州大学『商経論集』第二五巻第一・二号、平成元年十二月）八七～九一頁を参照されたい。

(17) 「十七銀行臨時総会」『福岡日日新聞』明治三十六年四月二十六日。

(18) 『福岡日日新聞』明治三十六年六月三日。

(19) 前掲『太田清蔵翁伝』一三六～一三七頁。なお、同書では太田の同行引き受けを明治三十六年と記述しているが、これは誤りで正しくは明治三十九年である。

(20) 『門司新報』大正七年一月二十五日。

(21) 「保善社楼上ニ於ケル太田清蔵氏対当方会見要旨記録」（大正十二年八月、「福岡銀行所蔵資料」）。

(22) 比較数値は『福岡日日新聞』の決算公告及び「西部銀行集会所報告」（『大阪銀行通信録』第二三三号、大正六年一月）一七頁による。

(23) 以上の数値は『福岡県統計書』による。

(24) 会社数は『福岡県統計書』（大正五年）による。博多通送株式会社の大正十二年の貸出額は一万円（「福岡銀行合併ニ付貸金内容一覧表」大正十二年、「福岡銀行所蔵資料」）。

(25) 『福岡日日新聞』大正十二年六月十日。

(26) 以上、「覚書」「福岡銀行合併ニ関スル書類」（大正十二年、「福岡銀行所蔵資料」）による。

(27) 「十七銀行ノ事情　保善社理事ニ陳述」（昭和五年、「福岡銀行所蔵資料」）。

(28) 同前。

(29) 以下の経過に関する記述については、東邦生命保険相互会社『東邦生命八〇年史』（昭和五十五年）四二頁以下による。

(30) 生命保険会社協会『明治大正保険史料』第三巻（昭和十四年）六二八頁。

(31) 以上の数値は、農商務省商工局『保険年鑑』による。

(32) 前掲『東邦生命八〇年史』六七～六八頁による。

（33）生命保険会社の資金運用の動向については、山中宏『生命保険金融発達史』（有斐閣、昭和四十一年）一九六〜二一五頁、および麻島昭一『本邦生保資金運用史』（日本経済評論社、平成三年）二五〜四三頁参照。
（34）前掲『明治大正保険史料』第三巻、六三〇頁。
（35）前掲『生命保険金融発達史』一八七頁。
（36）徴兵保険会社とともに蓬莱生命保険相互会社も太田系企業への資金供給で一定の役割を果たしている。ここで『営業報告書』によって簡単に同社の資金運用を見ておこう。同社の基金拠出者は一一名（大正十三年現在）で、拠出額の九一％が太田商事と太田清蔵となっている。大正十四年の資産額は七九一万円で徴兵保険のおよそ二〇％に相当する。有価証券投資額は一九九万三、〇〇〇円で、このうち、博多湾鉄道汽船へ社債、株式合わせて六八万九、九五四円（運用総額の三四・六％—以下同様）、十七銀行株二八万七、〇〇〇円（一四％）、東京湾埋立へ二一万五、〇〇〇円（一〇・七％）、筑前参宮鉄道へ一〇万円（五％）、北門銀行株六万四、〇〇〇円（三％）、日本鋼管株四万六、〇〇〇円（二％）、となっており、有価証券運用の七〇％が太田が筆頭株主であるかそれに準ずる大株主である企業になされていることがわかる。こうした運用は明らかに、太田商事や徴兵保険による関連企業の支配権（あるいは発言権）を補強し、また資金調達を支えるものであったと見ていい。

# 第八章　田中丸家の企業者活動

## はじめに

田中丸家は現佐賀県小城市牛津町出身で、江戸末期から呉服店を経営し、大正から昭和初期にかけて長崎県（佐世保市、大正九（一九二〇）年）、福岡県（福岡市、大正十四年、八幡市、昭和五（一九三〇）年、小倉市、昭和十二年）、佐賀県（佐賀市、昭和八年）に百貨店玉屋を展開した一族である。

同一族は明治期から佐世保、久留米、門司等に進出して家業である呉服営業を行っており、大正期における、いわゆる百貨店の大衆化の時期にいきなり他県へ進出したのではない。

周知のごとく、百貨店はその起源を呉服商に求め、三越のいわゆる「デパートメントストア」宣言を嚆矢とするが、地方在住の呉服商が百貨店経営に至るまでの経営行動については資料的な制約のためか、『社史』を除くとあまり目にする機会はない。[1]

そこで、本章では、資料の制約はあるものの、博多における玉屋の存在は大きなものであったという意味から、[2]また、地方在住の呉服商人の百貨店経営に至る経営行動の一端を見るという意味から、田中丸一族が博多に百貨店を設立するまでの過程について見ておこうというものである[3]。

ところで、福岡県における百貨店設立状況は、現北九州市で百貨店として最初に誕生したのは兵庫屋商店（小倉市、井上寿一、資本金一〇万円、大正五年）であり、その後かね安（小倉市、米谷安次郎、資本金一〇万円、大正八年）、九州百貨店（八幡市、原田都美治、資本金二〇万円、昭和七年）、井筒屋（小倉市、住岡由太郎、資本金一〇〇万、昭和十一年）等が誕生した。福岡市では大正九年、東中洲に松葉屋（松居元右衛門、松居豊三郎、資本金一〇〇万円）が開店したのを始め、不二屋（許斐友次郎、資本金不明、昭和四年）、松屋（宮村吉蔵、資本金一〇〇万円、昭和十年）、岩田屋（中牟田喜兵衛、資本金一〇〇万円、昭和十一年）等が設立された[4]。このように、大正から昭和初期にかけて次々と百貨店が設立されるなか、玉屋はすでに複数の店舗を設立しつつあり、当時の玉屋の店舗展開がいかに積極的であったのかが知れよう。

## 一　田中丸家の家系

現（株）玉屋の前身は文化三（一八〇六）年、当時商港として栄えていた肥前国（佐賀県）牛津町に、田中丸善吉によって興された田中丸商店である。

当時牛津町には立町、西町、中町に三軒の田中丸家があった。立町は本家と呼ばれ、のちに西町の田中丸家に養子に入り田中丸商店を発展させた初代善蔵の生家である。

立町の詳しい系図は不明であるが、伊東祐治『牛津町史』によれば以下のように記されている（図8－1参照）。

初代善蔵は田中丸重助の三男として生まれ、西町の田中丸吉平の養子に入り、家督を譲り受け初代善蔵となり、また、治右衛門と初代善蔵とは従兄弟にあたるという。[5] 立町の家系図によれば、勘七が初代善蔵のことかと思われるが、この点については不明である。立町（本家）はこの時玉屋呉服店の名称を使用していたが、明治三十（一八九七）年頃、元三のときに呉服店を廃業したといわれる。[6]

西町は分家と呼ばれ、上述の田中丸商店を開業し、善吉―吉平（のち吉兵衛）を経て、立町の善蔵が養子に入り初代善蔵となる。善蔵一四歳のときであった。初代善蔵は嘉永五（一八五二）年二月生まれで、吉平の養子となり[7]、のちに田中丸家発展の基礎を築く（図8－2参照[8]）。

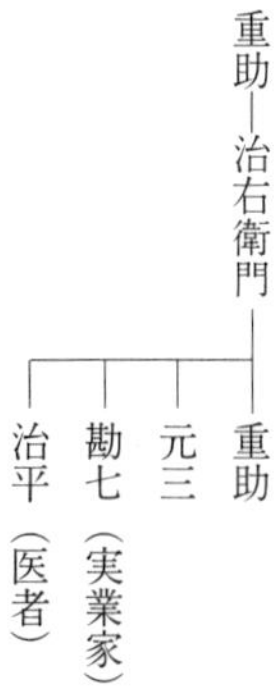


出典：伊東祐治『牛津町史』（牛津町役場，昭和33年）237頁より引用。

図8－1　立町（本家―初代善蔵生家）

中町では明治二十年頃には久右衛門が白・赤葡萄酒、青蜜柑酒、「紫蘇理球酒」、「菊花理球酒」などを製造・販売しており、妻女は初代善蔵の妹にあたるようである。[9] 中町の家系は不明であるが、明治三十二年の中町での火災で被害に遭い、自宅が全焼し、暫くして廃業したという。[10]

ところで、同家の特徴として、養子縁組を盛んに行っていることがあげられよう（図8－2参照）。また、後にリーダーシップをとっていく長男である善蔵（旧善吉）と長女の夫重蔵や二女の夫清次とは年齢もそれほど変わらない。田中丸家と養子縁組を行った生家とがどのような関係にあるのかは定かでないが、後にみるように彼らもその後トップマネジメントとして重要な役割を担い、経営に参画している。

善吉—吉平（後吉兵衛）—善蔵
＝エキ

長女　ユイ
＝夫　重蔵（田中丸久右衛門の長男）明治 12 年生まれ
長男　善蔵（旧善吉）明治 14 年 1 月生まれ
＝妻　タネ
二女　テイ
＝夫　清次（旧姓横尾，明治 36 年養子縁組）12 年 3 月生まれ
二男　善吉（旧吉平）
＝妻　フミ
三女　チエ
＝夫　政六（旧姓福島，大正 3 年養子縁組）
三男　重平
四女　セツ
四男　善八　明治 27 年 5 月生まれ
＝妻　友子
五男　善重（旧善十）明治 28 年 9 月生まれ
＝妻　稲子

出典：『田中丸家系譜』，『佐世保玉屋五十年のあゆみ』（佐世保玉屋，昭和 42 年），中尾庸次郎『佐賀実業大観』（佐賀新聞社，昭和 16 年）等による。

図 8－2　西町（分家—初代善蔵養子先）

## 二　明治期の活動

### (1) 店舗展開

初代善蔵は忠孝に厚く、学を好んでいたが、一二歳の時に「家事の止む可らざるもの」あって学を諦め、行商に入った。折しも養父はこの時期病に臥しており、善蔵の働きが唯一であった。一三歳頃より、肥後、筑後、日田、長崎などに出回っていたという。また、一家あげて仏教に信心深く、京都本願寺にたびたび参詣していた。(11)

この田中丸商店は当初荒物店であったが、善蔵が一九歳の時に京都へ上り、直接織元から大量仕入れを行い、これを機に、京阪から安値で大量に呉服類

や小間物を直接仕入れるようになった。[12]明治十（一八七七）年前後に呉服雑貨類の問屋「田中丸善蔵商店」となり、[13]その後、久留米絣、その他の地方物産を携えて上阪し、帰路多くの仕入れをなし、三〇歳前後には関東、北陸等の原産地と直接取引を行った。[14]なお、善蔵は一般に行われていた掛値商売の慣習を改め、「〝正札掛値なし、顧客の接待の待遇、薄利多売〟を店是[15]」として今日の玉屋の基礎を築いたといわれる。

明治二十七年の日清戦争の勃発で傷病軍人の包帯用晒木綿が注文されるようになり、これをきっかけとして佐世保に進出するが、田中丸は軍の要請もあり、明治二十八年、佐世保市松浦町に敷地一〇〇坪の平屋建店舗を構え、店員二〇名で木綿と呉服の卸売りを業務とした。[16]

当時、佐世保は急速に都市化の様相を示し始めており、明治十九年に鎮守府の設置、明治二十二年に鎮守府の開庁、明治三十一年には九州鉄道の佐世保線が開通、明治三十五年には市制を施行するに至った。

このように佐世保の都市化が急速に進むなかで、田中丸商店は、明治三十八年、佐世保に支店を設置、呉服部と海軍用達部（佐世保鎮守府衣糧科用達）を設けた。[17]また、明治四十年に海軍工廠従業員の購買組合として海軍共済組合購買会が発足したとき、田中丸商店がその供給を一手に引き受け、日用品部（食料品、日用品、諸物品を販売）と共済会購買組合本部を設置し、また、鎮守府高官婦人連への卸値販売を契機として松浦町に小売部を新設した。[18]

この日用品部設立のきっかけは、海軍工廠長の向山中将[19]が職工日用品を安い価格にて取り扱う商人を探しているという話を偶然に聞き及び、乗り出したといわれている。商品価格は市価より一割五分安で、佐世保市内に二〇の分配所を置き、金券を発行していた。[20]

この動きからみれば、田中丸商店は海軍と深い関係をもちながらその発展の基礎を築いたと言えるであろう。

また、明治三十六年には久留米羽犬塚にも支店を設置している。[21]

かように、同家は明治半ばから末期にかけて卸売りを中心としつつも、小売りも兼営し始めた呉服店経営のみならず、特定市場向けで商品ラインは少ないが、日用品をも取り扱っており、取扱商品部門別の組織を形成していたと言えよう。やや極端な言い方になるかもしれないが、この頃から商品別、地域別の経営指向が見られ、後に長崎、福岡、佐賀へと百貨店設立と呉服から百貨店への業態変化を遂げていく伏線ともなるべき展開を示し始めていると言えよう。

ところで、田中丸一族の福岡県への進出は、『福岡県統計書』によれば明治四十二年からみられるが、『門司新報』では明治四十年にはすでに田中丸元三経営の「田中丸呉服店」（下関に出張所も持つ）や田中丸治右衛門経営の「大阪田中丸呉服店」の営業も見受けられ、同年の冬物売り出し期間には一三日間で「約七千円の販売高にて同店開業後未曾有の好景気なりし」と報道されている。[22]売り出し期間中とは言え、同店の営業の順調さが窺えるが、しかし、その二ヶ月後にこの二つの呉服店が重大な危機に陥ったことが記されている。同紙の内容は当時の呉服商の金融機関との関係や負債整理方法等興味深い事柄が記されているので、少々長くなるが『門司新報』からその状況を見ておく。

牛津田中丸破綻影響
佐賀県牛津の雑貨呉服商田中丸治右衛門氏の破綻に就き当地支店の取引者間には多少の影響を及ぼしたるが当地に於る取引銀行は鴻池、北浜、浪花等にて各行とも貸金には相当の担保品あれば損害を蒙ることなきも同業者間には多少の損害あるべし目下債権者間に於て同店の再興に就き協議中なり[23]

大阪田中丸呉服店の整理
佐賀県牛津町田中丸治右衛門氏経営に係る大阪呉服店取引上に関し債権者の間に生じたる事件に付一時破綻云々を伝へたるも其後債権者と同店との間に負債償却談好都合に運び数日内に解決することに進行せし由因に大阪の同店は市内及下関の呉服店主田中丸元三氏とは別経営に係るも呉服物取引等は密接の関係を有するに依り過日来元三氏も上坂整理談に努力しつゝあり四五日内に帰門する筈なりと云ふ(24)

大阪田中丸商店の整理
大阪に於ける田中丸治右衛門氏負債総額六十九万五千余円の内、五十一万六千余円は銀行会社等十ケ所に対する担保付負債にして、残り十七万九千余円は全部売買より生じたる信用債務なりしが、債権者一同も集会に集会を重ね、慎重に評議を凝らしたる結果、債権者中より委員を選定し、滝廣三郎、伊藤久七郎、浜村六郎、吉田忠三郎、安井元七、沢田直七の六氏当選し推薦の結果滝廣三郎氏委員長となり弁護士井上廣克氏は総債権者の顧問となり債権者会は十数日に亘り議を凝らし容易に纏る可き模様なかりしが遂に一、今に於て債務者を破産せしむるは京阪経済界を紊乱せしむるの端緒にして、災禍蓋し恐る可きものあらん、二、仮令破産せしむるも法律上の手続上多額の経費と年月とを要し実際債務者が受く可き配当は殆んど皆無ならん、三、之に於てか営業を継続せしめ、徐々且つ完全に債権を回収するの優れたるに如かざる可しとの決議に到着し委員は債務者と更らに交渉を重ねし結果、兼て債務者の親族友人より営業継続を条件として五万円を支出せんとの提議もありしかば、先づ之によりて三万六千円を提供せしめ、残額を四ケ年間十二回に分割弁済すること、なれりといふ尚ほ此債権者団体に加入せざる者三四ありと雖ども何れ委員の斡旋によりて共同の運びとなる可く全部の落着を見るはこゝ数日を出でざる可しと(25)

以上から、まず、治右衛門は特定の銀行との取引には特化していないこと、田中丸治右衛門、同元三は立町ファミリーであるがそれぞれ別経営の営業を行っていること、営業継続を条件とした救済方法が採られていること、危機に対して「親族友人」の支援を得ていることなどが分かる。

ただし、これらの営業が田中丸一族とどのような関係にあったのか、すなわち「グループ」として一個の経営体のごとく動いていたのか、あるいは全く個別の経営によるものなのかは不明である。

また、治右衛門は約七十万円という負債額もさることながら、「勿驚借金たった七〇万円而かも綽々として余裕あり[26]」と新聞広告を出し大売り出しを行っている。この時期、巨額な負債額を逆手にとりアピールをした広告は珍しいのではないかと思うが、この負債の影響で、明治四十年十二月に元三は下関出張所を閉鎖した。

### （2） 福博呉服商人との比較——納税額を中心に——

さて、明治期の善蔵の経営活動は店舗展開が中心であり、同じころに福博でみられた、福博の企業家のごとく多岐にわたる投資活動や他企業の役員就任という点と比較すると様相が異なる[27]。

ここで、佐賀県、福岡県での呉服商の比較を通して、田中丸家の地位を見ておく。

最初に白崎五郎七・白崎敬之助『日本全国商工人名録』により明治二十五（一八九二）年頃の福岡県と佐賀県における所得金高一、〇〇〇円以上の呉服商を見てみれば、福岡県では渡辺与三郎、吉田又吉など計九名、佐賀県で松永弥三郎、田中丸善蔵、田中丸治右衛門など計八名があげられ[28]、一、〇〇〇円以上の所得金高の規模をもつ呉服商は両県ほぼ同数で、この時点で福博の有力商人とほぼ同じ富裕度であることが知れよう。

次に、鈴木喜八・関伊太郎編『日本全国商工人名録』により明治三十一年の状況についてみれば、佐賀県におい

**表8－1**　福岡市，佐賀県の営業税額上位5位呉服商（明治31年）

| | 氏　名 | 住　所 | 営業税（円） | 所得税（円） |
|---|---|---|---|---|
| 福岡市 | 中尾卯兵衛 | 橋口町 | 216.348 | 43.530 |
| | 吉田又吉 | 網場町 | 161.344 | 64.440 |
| | 奥村利助 | 糀屋町 | 145.602 | 62.054 |
| | 中牟田喜兵衛 | 糀屋町 | 141.318 | 32.714 |
| | 渡辺与三郎 | 上西町 | 124.918 | 50.160 |
| 佐賀県 | 田中丸善蔵 | 小城郡牛津町 | 130.942 | 52.604 |
| | 山口卯助 | 西松浦郡伊万里町 | 62.850 | 40.650 |
| | 小島光之助 | 杵島郡武雄町 | 28.816 | 6.480 |
| | 辻千代太郎 | 東松浦郡唐津町 | 28.310 | 21.220 |
| | 内田勇三郎 | 佐賀市向山町 | 27.720 | 26.232 |
| | 田中丸治右衛門 | 小城郡牛津町 | 21.942 | 30.524 |
| | 田中丸久右衛門 | 小城郡牛津町 | 24.434 | 8.020 |

出典：鈴木喜八・関伊太郎編「日本全国商工人名録」第2版（明治31年）（渋谷隆一編『都道府県別資産家地主総覧』福岡編3，及び同書佐賀編・長崎編，日本図書センター，平成11年）による。
備考：(1) 田中丸久右衛門のみは清酒醸造業である。
(2) 本表は『日本全国商工人名録』（明治31年）における職業が「呉服太物商」（福岡），「呉服反物商」（佐賀）の欄に記載されている者の中から抽出したものである。なお，福岡市は明治31年6月現在，佐賀市は同年9月現在である。

て同年九月現在で掲載されている商工業者数は一八〇名である。その内呉服反物商は四三名であり、佐賀市で一三名、唐津町で九名、他の町は二～四名であった。[29]

一方、福岡県の内、福岡市だけで商工業者数は二七六名、呉服商は三三名である。

表8－1は同年における福岡市、佐賀県の営業納税額上位五位以内の呉服商を取り上げ参考までに所得税を付記したものである（ただし、六位以下で田中丸家のみ一族の名前が見られる者も含む）。

同表により、佐賀県においては営業税の一位は田中丸善蔵で一三〇円である。二位は山口卯助（伊万里町）の六二円であり、他は二八円以下と、大きく引き離しており、この時期、善蔵の営業状況は積極的で県内では群を抜いている。

所得税を基準とした順位表はここでは示していないが同資料から見ておくと、佐賀県では一位が松永弥三郎（佐賀市）の六八円、二位は善蔵の五二円である（同治右衛門は三〇円、同久右衛門は八円）。

これを福岡市の呉服商と比較しても、善蔵の営業税、所得税はともに上位に位置し、福博の商人と比較しても決して遜色のないことが確認できよう。

明治三十四年の所得金額では田中丸善蔵は佐賀県下で第二位であり[30]、明治四十五年には多額納税者として県下で五位にランクされていることからして[31]、明治期を通して、善蔵の資産状況はかなり良好であったと考えられる。

ところで、『日本全国諸会社役員録』で見る限り、善蔵は明治期には会社役員として就任している姿は見あたらない。また、一族で見ても、治右衛門が唐津興業鉄道（明治二十九年二月設立）に監査役（明治二十九～三十四年）、第九十七国立銀行取締役（明治三十二年）として就任している程度である[32]。また、所有株については明治二十九年七月末現在で久留米紡績の株を善蔵は二四株所有している状況もみられるが[33]、少なくとも明治期では田中丸家は家業の呉服経営に終始していたと思われる。

『日本全国商工人名録』[34]によれば、明治四十年、明治四十四年の田中丸善蔵商店の営業税、所得税の推移はそれぞれ三一三円、八五九円から九四五円、二、九七〇円になり、佐世保支店のそれは八一円（所得税は不明）から二七七円、所得税五五四円になっている。営業税、所得税の推移からして、同家の経営は順調に推移していたと思われる。

明治四十四年の福博商人と比較すれば、営業税のトップは渡辺与三郎の七一九円（支店は四六七円）、所得税のトップは中牟田喜兵衛の七二七円であるから[35]、善蔵の営業規模はかなりのものであったと言えよう。

### （3）　合名会社設立

明治四十四（一九一一）年七月、初代善蔵は隠退するが、その際に組織改革を行い、一族協議の上、資本金五〇万円の田中丸合名会社を設立し、(代表社員は田中丸善吉、田中丸重蔵)[36]佐世保市松浦町及び同市港町に支店を設置した。

合名会社への組織転換の理由については定かではないが、おそらく事業規模の拡大に対応するためであろう。翌四十五年四月、初代善蔵歿後、長男善吉が二代目善蔵を襲名した。二代目善蔵は「大きな体と微笑を常に含んだその顔は、我々に無限のしたしみを感ぜしめ、何とはなしに道に行き交ふ度に話かけて見たい衝動にかられる」[37]ような人物であったという。しかしながら、「あの巨体に面白い過去が秘められて居るか、胸中に如何なる意図を抱いてゐるやら語り得る人は少い」[38]というように、自ら多くを語るような人物ではなかったようである。

その二代目善蔵も、一五歳の時に中学を辞し実地にあらゆる事務を練習し、また初代に従い原産地における商品の仕入れなどを研究したという[39]。この店員と共に諸般の雑務に当たったことは「深く君をして店員生活の実際を知悉する好機会を与へしものにて、君が店員を慈愛するの情は甚だ厚く」[40]和を重んじたという。

さて、二代目善蔵は明治三十六年に設置した久留米羽犬塚支店を廃止し、新たに久留米市の久留米絣卸問屋国武喜次郎と共同で合資会社田中丸呉服店を創設し、牛津本店の店長・吉岡伊八を支店長とし、さらに門司支店を開設した[41]。

上記の内容から、推測の域を出ないが、リーダーシップは当主が執るものの、一族の合議制が機能していたと考えられ、また、管理活動と販売活動が分離し始めていたと思われる。

二代目善蔵は大正期に入ると呉服や日用品取り扱いのみでなく、投資活動を通して多角的経営に乗り出したり、他企業の役員に就任したりしているが、これについては後にふれる。

また、合名会社への組織変更は二代目善蔵のリーダーシップを確立し、第一次世界大戦を契機とする新たなる活

表8－2　田中丸合名会社貸借対照表（大正7年2月末現在）

単位：円

| 資産の部・科目 | 金　額 | 負債の部・科目 | 金　額 |
|---|---|---|---|
| 所有土地 | 6,812 | 出資金 | 700,000 |
| 所有家屋 | 36,496 | 前期繰越金 | 6,633 |
| 金銀 | 21,972 | 仮受 | 12,435 |
| 商品 | 357,478 | 当座預金 | 16,810 |
| 米穀 | 12,554 | 諸掛金 | 63 |
| 掛売 | 573,596 | 借入金 | 1,500 |
| 米穀掛売 | 7,813 | 店員信認金 | 200 |
| 店員貸借 | 72,302 | 仕入先 | 133,687 |
| 貸付金 | 46,992 | 米穀仕入先 | 31,679 |
| 営業地所家屋 | 19,950 | 得意先保証金 | 3,152 |
| 営業什器 | 5,707 | 未払運賃 | 371 |
| 公債 | 18,050 | 呉服券 | 1,873 |
| 勧業債券 | 152 | 諸預り金 | 15,571 |
| 諸株式 | 71,230 | 支払手形 | 479,916 |
| 戻税勘定 | 428 | 当期利益金 | 68,753 |
| 振替基本金 | 40 | | |
| 他店勘定 | 35,087 | | |
| 振替貯金 | 4,042 | | |
| 精米機械 | 1,187 | | |
| 酒商組合信認金 | 25 | | |
| 呉服組合信認金 | 100 | | |
| 受取手形 | 17,074 | | |
| 消耗品 | 2,193 | | |
| 山口銀行定期預金 | 51,693 | | |
| 監獄事業費 | 9,617 | | |
| 預り米勘定 | 28,309 | | |
| 仮払 | 71,737 | | |
| 合　計 | 1,472,648 | 合　計 | 1,472,648 |

出典：酒井旭川編『佐賀県銀行会社実勢』（佐賀県銀行会社，大正9年）63頁。
備考：資産の部の合計額は1,472,636円，負債の部の合計額は1,472,643円となるが，そのままとした。

動を展開させる要因になったと考えられる。

さて、この合名会社の財務内容についてであるが、残念ながら今のところ経営資料が見あたらないためその経営内容の把握は困難である。ただ、同社が大正七（一九一八）年十月に株式会社田中丸商店に組織変更を行う直前の営業成績（大正六年三月〜七年二月）が記されている資料を目にすることができる。[42] 表8－2、8－3は参考までにその貸借対照表及び損益計算書を示したものである。ただし、同社の勘定費目については若干の疑問がある。例えばB/S、P/Lの各勘定の合計額は、数字上は一致しているが、実際には一致しない、B/Sの負債の部に「当座預金」の科目が含まれている、などである。合計額の不一致はおそらく各勘定ごとの円未満の四捨五入等のためかと思われる。負債の部の当座預金は当座借し越しのような性質のものか、あるいは積立金のような性質のものとして考えることもできるが、他に補足すべき資料がないので、取り敢えず若干の解釈を加え、原資料のまま検討をすすめた。

まず、自己資本比率、総資本利益率及び売上債権回転率を示すと以下のごとくになっている。

○自己資本＝出資金＋前期繰越金＋当期利益金＝七七万五、三八六円

○自己資本比率＝（七七万五、三八六÷一四七万二、六四八）×一〇〇＝五二・六五％

○売上高＝米穀＋商品＝二一万三、九一四円

○資本回転率＝売上高÷総資本＝〇・一四五三回

○売上高利益率＝利益金÷売上高×一〇〇＝三二・一四％

○総資本利益率＝〇・一四五三×三二・一四＝四・六七％

○売上債権＝掛売り＋米穀掛売り＋受取手形＝五九万八、四八三円

○売上債権回転率＝二一万三、九一四÷五九万八、四八三＝〇・三五回

以上から、自己資本比率からみると、数値の表面上経営基盤は安

表８－３　田中丸合名会社損益計算書（大正７年２月末現在）

単位：円

| 損失の部・科目 | 金　額 | 利益の部・科目 | 金　額 |
|---|---|---|---|
| 営業費 | 106,346 | 利息 | 5,144 |
| 雑損金 | 6,012 | 公債利息 | 685 |
| 割引料 | 11,707 | 貸家料 | 2,047 |
| 所有家屋銷却 | 500 | 貸地料 | 41 |
| 売上割戻金 | 938 | 米穀 | 13,055 |
| 破産損失 | 31,150 | 配当金 | 3,506 |
| 当期利益金 | 68,753 | 古掛金 | 68 |
| | | 商品 | 200,859 |
| 合　計 | 225,408 | 合　計 | 225,408 |

出典：表８－２と同じ。
備考：損失の部の合計は 225,406 円, 利益の部の合計は 225,405 円であるが, そのままとした。

定しているとと言える。しかし、総資本利益率は一般的には悪くはないが、資本回転率の低さが問題となる。売上債権の総資本に占める割合は実に四〇・六三％に達している。

また、売上債権回転率の低さはそれだけ現金化が遅く資金繰りが苦しいということになり、その分掛売りや支払手形、借り入れが増すことになる。

問題はそのバランスであるが、そのため流動比率と当座比率を見ると以下のごとくになっている。

○固定資産＝所有土地＋所有家屋＋営業地所家屋＋営業什器＋精米機械＋酒商組合信認金＋呉服組合信認金＋監獄事業費＝七万九、八九四円

○流動資産＝総資産－固定資産＝一三九万二、七五四円

○流動負債＝六九万七、二五七円（仮受、当座預金（借し越しとして解釈）、諸掛金、借入金、店員信認金、仕入れ先未払い金、得意先保証金、未払い運賃、呉服券、諸預り金、支払手形とした）

○流動比率＝（一三九万二、七五四÷六九万七、二五七）×一〇〇＝一九九・七五％

○当座資産＝流動資産－棚卸資産（商品、米穀、消耗品、預り米勘定）＝九九万二、二二〇円

○当座比率＝（九九万二、二二〇÷六九万七、二五七）×一〇〇＝一四二・三〇三％

以上からすると、同社は資産・負債のバランスはそれほど悪くないと思われるが、問題はそれら資産の中身である。この表だけで、それを知ることはできないが、総じて営業活動は積極的で活力があるものの、若干水膨れの状態で財務体質のスリム化が求められるということが言えよう。

ただし、前記したごとく、この分析には勘定科目の解釈と単年度の財務諸表の制約があり、あくまで大枠の素描に過ぎないことを付記しておきたい。

また、同資料に記載されている「主たる株主」をみれば、同社の株主が一族で占められているのは言うまでもないが、筆頭株主は清次（一、二五〇株）、以下、善蔵、吉平、重蔵、善八、エキ、ユイ、タネなどが一、〇〇〇株と続き、一族以外にも、牛津本店の店長であった吉岡伊八（一五〇株）や富永乙吉（二〇〇株）、福島多吉（一〇〇株）などの名前も見られ、僅かながらも一族以外に株の分散がみられる。また、「利益処分」（合計七万五、三八六円）の内訳で「店員賞与金」（一万四、三六七円）、「店員永続勤務賞与金」（六八〇円）など、「家族的融合の下に店員の慰撫に怠らざる[43]」様子が見られる。この点については、先に触れたように、二代目善蔵が店員と混じって事務に携わり、家族的な雰囲気を大事にしたことのあらわれであろう。

## 三　大正期の活動

### (1)　概　観 ――投資と役員就任状況を中心に――

次に大正期に田中丸家が関係した企業について見ておこう。

#### ①　佐世保用達と魚市場

同社は大正二（一九一三）年、佐世保市栄町に設立された。同社の資本金は五万円で、社長に田中丸善蔵、副社長に岩村茂三郎、支配人に吉原米作が就任した[44]。さらに同年、当時県会議員と市会議員を兼ね備えていた田中規三や市会議員の原口徳太郎らと万津町魚市場（佐世保魚市場）を設立し初代社長に就任した。創設当時の資本金は一〇万円で、株主総数一〇名、二、〇〇〇株中、持ち株は田中丸善蔵が六五〇株で筆頭株主であった[45]。

② 合資会社田中丸呉服店

大正三年四月、久留米絣で有名な国武喜次郎と共同出資で設立したものである[46]。本店は久留米市三本松町に設置され、代表社員は田中丸善蔵で、社員は無限責任の善蔵、出資金は四万円及び有限責任の国武喜次郎、出資金は三万円であった[47]。

③ 南洋貿易

大正四年、善蔵は同社を訪れ、増資を引き受け、取締役社長に就任。同六年に同社は鳥羽港の二つの造船所を買収した。同社との関係については後述する。

④ 九州板紙

同社は大正六年、資本金五〇万円で設立され、本社を佐賀市に置いたが、その前身は博多製紙（明治四十四（一九一一）年設立、福岡市）と肥前板紙（大正五年、牛津町）が同年三月に合併したものである。さらに同七年肥前製紙（小城郡）を合併し、資本金を五五万円に増資し、製紙業の他に鉄工、窯業、石灰業等を兼営し、福岡市には鉄工部、板紙部、牛津町に原料部を置いた。

同社の取締役社長には牟田万次郎、常務取締役に渡辺龍次郎、富永忠一、取締役に福田慶四郎、古賀万次郎他計七名、監査役に田中丸重蔵、吉田久太郎他計五名が就任した。主たる株主の所有株は牟田万次郎が一、二六一株、渡辺龍次郎が一、二一〇株で以下は三一〇株と続き、田中丸家では善蔵が二〇〇株、重蔵が一〇〇株を所有し、他に古賀善兵衛二六三株、伊丹弥太郎二〇〇株、渡辺与三郎一〇〇株等がみられる。[48]このことから、同社は福岡、佐賀の有力な商工業者による経営がなされていたと言えよう。

### ⑤　西海製紙

同社は大正七年九月、資本金一五万円で牛津町に設立された。社長には中移大作（内外雑貨綿糸布卸商）が就任し、取締役に田中丸重蔵他五名、監査役に田中丸吉平他二名、相談役に田中丸善蔵が就任している。同社の株式三、〇〇〇株中五〇株以上を所有しているのは一六人で、中移大作一五〇株、田中丸善蔵一五〇株、田中丸重蔵一五〇株、田中丸吉平一五〇株というように、主たる株主の中でも田中丸家の占める割合は高かった。[49]

その他にも肥前肥料（大正四年十一月設立、東彼杵郡早岐村）の取締役に善蔵が、佐世保珪石（大正七年九月設立、東彼杵郡日宇村）の監査役に清次が、唐津火山灰（大正十年五月設立、東松浦郡打上村）の取締役に善八が、佐賀特許醬油（大正八年七月設立、佐賀郡神野村）の監査役に清次が就任するなど、[50]一族の他企業への関与が活発にみられる。以上の動きから、明治期に他企業への役員就任状況が少なかったことからすれば、大正期に入ると同家は呉服店経営のみに留まらず、投資を通じて他企業の経営に関与し始める動きを示していると言えよう。

ちなみに、大正五年頃の佐賀県では田中丸善蔵の資産額は八〇万円で四位、福岡県では渡辺与三郎が一〇〇万円で一二位であるが、呉服商としてはともにトップである。[51]

大正期の同家の株式所有状況を見てみれば、表8－4のごとくである。

「田中丸合資会社[52]」に善蔵、またはそのファミリーがどの程度関わっていたか、または別個の経営であったのか

表8－4　田中丸関係の所有株式一覧（大正8年）

単位：株

| | | |
|---|---|---|
| 田中丸合資会社 | 大阪株式 | 1,554 |
| | 鐘淵紡績 | 300 |
| | 九州電灯鉄道 | 303 |
| | 九州水電 | 380 |
| | 日本郵船 | 562 |
| | 大阪商船 | 425 |
| | 東洋汽船 | 60 |
| | 久原鉱業 | 800 |
| | 日魯漁業 | 100 |
| 田中丸善蔵 | 南洋貿易 | 3,918 |
| | 満州製粉 | 50 |
| 田中丸清次 | 南洋貿易 | 336 |
| 田中丸合名会社 | 山口銀行 | 200 |
| | 大阪電灯 | 100 |
| 田中丸治平 | 朝鮮銀行 | 50 |
| | 南満州鉄道 | 50 |
| | 日本製粉 | 50 |
| | 東京瓦電工 | 200 |
| | 秋田材木 | 100 |
| 田中丸元三 | 南洋貿易 | 322 |

出典：「全国株主要覧」（大正8年）（渋谷隆一編『大正昭和日本全国資産家地主資料集成Ⅵ』柏書房，昭和60年）による。

は不明であるが、同社の株所有企業はいずれも有力企業である。善蔵ファミリーの株所有の特徴は、役員就任している所有株を別にすればその種類は少なく、善蔵の南洋貿易への投資が大きいことが特徴である。親族に治右衛門という株取引に携わる者がいながら善蔵個人及びそのファミリーを含めて所有株式はそれほど多くはない。唯一積極的に投資していた南洋貿易への関与はおそらく当時の時勢に応じた社会的関心からのものであるかもしれない。ここで、その唯一多額の投資を行ってきた南洋貿易への関与について見ておきたい。

### （2）貿易業への進出

上述のように、二代目善蔵は南洋貿易には特に力を入れていたようである。

同社は明治二十六（一八九三）年十月、佐本常吉、小川貞行が中心となり、和歌山県日置村の素封家三本六右衛門の協力を得、組合事業（出資金八、〇〇〇円）として南洋貿易業を開始したのに始まる。翌二十七年に南洋貿易日置合資会社（資本金一万二、〇〇〇円）として和歌山県西牟婁郡日置村に設立され、同三十二年に株式会社に改組し南洋貿易日置株式会社（資本金一〇万円）となった。[53]役員は取締役三本六右衛門、同兼支配人船渡政助、取締役広本喜三郎、同佐本常吉、監査役広本松太郎、同増田兵右衛門であり、ポナペ、グアム、サイパンに支店を置いていた。[54]さらに、明治四十一年六月に横浜の南洋貿易村山合名会社と合併し南洋貿易株式会社（資本金一五万円）となり、大正三（一九一四）年に本社を和歌山から東京に移した。[55]同社の最大顧客は創業以来コプラを供給してきた横浜魚油であった。同年にはこの横浜魚油と合併の話が進んでいたようであったが、[56]「時機未ダ可ナラザルモノアリ双方合意ノ上無期延期」[57]となった。

創業以来、営業は比較的順調にいっていたようであるが、「第十六期営業報告書」によれば、約二一、九五九円の欠損を出している。[58]ただし、この欠損はコプラを満載した社船「日東丸」が暴風のため行方不明となったことが大きな原因で（損失額約一万八、三〇二円）、経営不振とは言えない。[59]そして、時局の変遷に対応すべく「従来営業ノ方法ヲ更メ現時使用ノ帆船ヲ支店ノ所属ニ移シテ群島間ニ通商セシメ内地群島間ノ運輸ハ汽船ヲ以テ之ニ当ラシメ各支店ガ収集シタル物産ヲ輸入シ之ニ対スル国産ヲ輸出シ需供ノ調節ヲ計リ小ハ以テ会社ノ利益大ハ以テ国富ノ増進ニ資セントス」[60]として増資計画をたてた。ただ、実質的に一人で任に当たっていた同社の専務船渡政助は直接運営に携わる人物を欲していたという。[61]

このような時期、大正三年十月、田中丸善蔵は多数の店員を伴い南洋群島視察を行い十二月に帰国した。南洋貿易の増資計画を知った善蔵は、船渡政助を訪れ、増資計画及び「国家の発展に資するを第一義とし、営利を第二義とする方針」[62]を諒承し、増資分の全額三五万円を出資し、[63]資本金を五〇万円とし、取締役社長に就任した。

大正四年には「占領地の各地に多数の支店を有し貿易を為しつゝあるより総ての点に於て便宜頗る宜しければ」[64]として、同社の持つ船舶航路が海軍省から「命令航路」に指定され、年額一一二万八、〇〇〇円の補助金を得、[65]これにより同社は船舶部を設置した。[66]

翌五年には資本金は一〇〇万円、さらに翌六年には資本金三〇〇万円になり、コプラや高瀬貝を輸入し、衣服類、雑貨、食料品等を輸出していた。同年の重役には取締役社長田中丸善蔵、取締役石川又八、岩崎清七、佐藤適、監査役川崎肇、田中丸清次、相談役藤山雷太が就任した。この他、支配人（一人）や支店監督（三人）、船舶総監督（一人）等が置かれているが、田中丸元三が支店監督三人の内の一人で、かつラバウル支店長にも就任している。[67] ちなみに当時の支店はサイパン、トラック、ヤップ、パラオ、ポナペ、マーシャル、ギルバート、メナド、ラバウルで、その他分店がロタ分店など数十ヶ所あった。[68]

同年一月十五日現在の株ち主及び持ち株数をみれば、株主六〇名（二万株）中、一〇〇株以上の株主は三一名（一万九、二八〇株）である。この内、田中丸関係でみれば、善蔵七、五二二株、善八は一、〇〇〇株、重蔵五〇〇株、清次四〇〇株、元三は二〇〇株で計九、六二二株であり、田中丸家で約四八％を占めている。ちなみに、重役関係では岩崎清七は一、二七二株、石川又八は八〇〇株、佐藤適二〇〇株、川崎肇一、一五二株である。[69]

大正元年から三年に至る同社の輸出入の合計額は、輸出額二五万六一四円、輸入額五一万六、三四七円で、合計七六万六、九六一円である。善蔵就任後の大正四年は、輸出額二九万五、九七八円、輸入額七三万二、六四二円で、合計一〇二万八、六二〇円、翌五年は輸出額六〇万円、輸入額一三八万円で、合計一九八万円であり、急速に貿易高をあげている。[70]

また、同社は大正六年に三重県の江崎造船所、久住造船所を買収している。[71] さらに、同年十二月、日本恒信社（海陸物産貿易を目的とし、明治三十七年東京に設立）の営業権全部と同社所有の補助帆船五隻を買収した。[72] 翌年九月三十日現在では所有船舶は汽船二隻、帆船二〇隻、その他小蒸気船及びボートに至っている。

大正七年十一月、さらに三〇〇万円増資し、資本金を六〇〇万円とした。五〇〇株以上の持ち株状況をみれば（表8－5参照）、六万株中、善蔵一万六七二株、田中丸合名会社一、〇〇〇株、清次九一〇株、元三は七七〇株、重蔵六二〇株となっており、五〇〇株以下でみると善八は三〇〇株、種一三〇株、政六は一〇〇株、チエ子五〇株、

**表8－5**　南洋貿易株式会社株主一覧表（大正7年4月1日～9月30日）

| 氏　　名 | 住所 | 株数（新・旧合計） |
|---|---|---|
| 田中丸善蔵 | 佐賀 | 10,672 |
| (資)川崎銀行（頭取・川崎八右衛門） | 東京 | 4,887 |
| 茂木七郎右衛門 | 千葉 | 2,900 |
| 岩崎清七 | 東京 | 2,904 |
| 日本火災保険(株)（取社・川崎肇） | 東京 | 1,800 |
| (株)川崎貯蓄銀行（取社・川崎八右衛門） | 東京 | 1,790 |
| 石川又八 | 佐賀 | 1,600 |
| 井出復次郎 | 東京 | 1,550 |
| 田中丸(名)（社・田中丸善蔵） | 佐賀 | 1,000 |
| 田中丸清次 | 佐賀 | 910 |
| 寺村庄三郎 | 大阪 | 900 |
| 田中丸元三 | 東京 | 770 |
| 伊藤伝右衛門 | 福岡 | 700 |
| 田中丸重蔵 | 佐賀 | 620 |
| 斎藤福之助 | 東京 | 600 |
| 佐藤適 | 東京 | 564 |
| 富永乙吉 | 佐世保 | 560 |
| 戸田実 | 神戸 | 500 |
| 中村伍作 | 東京 | 500 |
| 川崎肇 | 東京 | 500 |
| 中村精七郎 | 神戸 | 500 |
| 伊藤忠三 | 大阪 | 500 |
| 菊池吉蔵 | 神戸 | 500 |
| 他合計527名 | | 60,000 |
| 田中丸善八 | 佐賀 | 300 |
| 田中丸種 | 東京 | 130 |
| 田中丸政六 | 佐賀 | 100 |
| 田中丸チエ子 | 門司 | 50 |
| 田中丸久右衛門 | 佐賀 | 40 |

出典：『第弐拾弐期営業報告書』による。
備考：取締役社長は取社，社長は社，株式会社は（株），合名会社は（名），合資会社は（資）と略す。

久右衛門四〇株である。地域分布でみれば、株主五二七名中、東京が一八〇名、佐賀六五名、佐世保二五名、大阪一九名、その他となっており、東京・佐賀で約四六％を占めている。

ところで、同社に田中丸善蔵が社長として指揮を執っていた時期の経営内容を示す資料は少ないが、『株式年鑑』(大正七年度)に大正六年九月末の同社の貸借対照表と利益分配が、僅かにみられる。

そこで、経営状態の推移が見られるものではないが、大正六年は資本金一〇〇万円から一挙に二〇〇万円を増資し、三〇〇万円とした時期でもあるので、参考までに

**表8－6**　南洋貿易株式会社財務内容
(大正6年9月末現在)

単位：千円

| 資　　産 | 金額 | 負　　債 | 金額 |
|---|---|---|---|
| 未払込株金 | 1,500 | 資本金 | 3,000 |
| 支店資本金 | 1,000 | 法定積立金 | 85 |
| 土地建物 | 20 | 諸積立金 | 315 |
| 船舶 | 3,171 | 他店勘定 | 1 |
| 有価証券 | 29 | 支払手形 | 323 |
| 什器 | 11 | 借入金 | 2,685 |
| 島産物 | 452 | 仮受金 | 171 |
| 商品 | 129 | 人名勘定 | 164 |
| 預金現金 | 814 | 未済勘定 | 303 |
| 支店勘定 | 730 | 前期繰越金 | 60 |
| 保証金 | 37 | プレミアム | 510 |
| 仮払金 | 446 | 当期利益金 | 731 |
| 航海準備金 | 7 | | |
| 合　計 | 8,351 | 合　計 | 8,351 |

出典：『株式年鑑』(大正7年度)(復刻，芳文閣，昭和61年) による。

当時の経営状態の一端を見ておくという意味で取り上げておこう。

表8－6は財務内容を示したものである。ここで、若干の注意と解釈をしておく。第一に資産・負債勘定の合計額は、数字上は一致しているが、実際にはそれぞれ八三四万六、〇〇〇円、八三四万八、〇〇〇円となるため分析にはその金額を用い[73]、総資本は帳簿上の八三五万一、〇〇〇円とすること、第二に資産項目の航海準備金は金額が少額であり、特別な保証金のようなものではないかと思われ、ここではとりあえず保証金の一種として扱っておく。

さて、同表から自己資本、流動負債、固定資産、流動資産、当座資産を整理し、自己資本率、流動比率、当座比率を見ておく。

○自己資本＝出資金＋法定積立金＋諸積立金＋前期繰越金＋プレミアム＋当期利益金＝四七〇万一、〇〇〇円
○自己資本率＝四七〇万一、〇〇〇÷八三五万一、〇〇〇×一〇〇＝五六・二九％
○流動負債＝他店勘定＋支払手形＋借入金＋仮受金＋人名勘定＋未済勘定＝三六四万七、〇〇〇円
○固定資産＝土地建物＋船舶＋什器＋保証金＋航海準備金（ここでは保証金の性質として捉えておく）＝三二四万六、〇〇〇円
○流動資産＝総資産－固定資産＝五一〇万円
○当座資産＝流動資産－棚卸し資産（島産物＋商品）＝四五一万九、〇〇〇円
○流動比率＝流動資産÷流動負債×一〇〇＝一三九・八四％
○当座比率＝当座資産÷流動負債×一〇〇＝一二三・九一％
○固定費率＝固定資産÷自己資本×一〇〇＝六九・〇五％

以上の内容から察するに、自己資本比率は表面上は安定を保っていると言えようが、未払込株金の払い込みでより自己資本の充実が必要であろうと思われる。また当座比率と流動比率からすると比較的良好であり、同社は経営については安定していると言えるであろう。

しかし、大正七年十一月、第一次世界大戦が終結すると不況に巻き込まれ、翌八年九月、同社は減資整理を行い、資本金を二〇〇万円とし、善蔵は社長の座を退き専務取締役に、田中丸清次は監査役を辞任[74]、同十年には善蔵も同社を退任した。これを機に、善蔵は百貨店経営へ力を注ぐことになる。ちなみに、同八年の田中丸一族の持ち株数は善蔵三、九一三株、清次三三六株、元三は三二一株、善八は一〇〇株、種四三株、チエ子一六株とその比率を下げ[75]、翌九年には善蔵の同社持ち株は五七二株、善八は一〇〇株、元三は六六株まで下げた[76]。しかし、同社が不況に

巻き込まれる直前には株式会社田中丸商店を組織しており、貿易業だけに勢力を注いでいたわけではない。

## 四　百貨店設立

まず、大正七（一八七四）年十月三十日、善蔵は田中丸合名会社（資本金七〇万円）、佐世保用達（資本金五万円）、合資会社田中丸呉服店（資本金一〇万円、久留米）、田中丸呉服店（牛津、善蔵の弟で吉平の個人経営）を統一して資本金一〇〇万円の株式会社田中丸商店を組織した。また、同店を組織した際には「一層其結束を堅ふする」[77]ため新たに店員の一部を株主に加えた。

取締役には田中丸善蔵（代表）、田中丸吉平（代表）、田中丸清次（代表）、田中丸重蔵、田中丸善八、田中丸善十、田中丸政六、監査役に福島多吉、田中丸治右衛門、田中丸久右衛門がそれぞれ就任している。[78]

同社の本社（小城郡）の事業は呉服部、諸品販売部、酒保用達部の三部からなっている。

呉服部は卸部を牛津本店に置き、久留米市、門司市、佐世保市（松浦町、港町、栄町）、牛津町の四ヶ所に小売店を設置[79]、大阪出張所は主として呉服部の仕入れを業務としていた。諸品販売部は日用品部と海軍用達部を合わせ、酒保用達部は佐世保用達合資会社の事業を継承したものである。[80]

なお、開設時期は不明であるが、大正九年頃には博多出張所を置いていたようである。[81]

また、このとき、田中丸呉服店佐世保支店（佐世保玉屋）を設立し、佐世保市松浦町の呉服店、港町の日用品部、栄町の海軍用達部、駅構内の精米所を統合して栄町五一番地へ移し、百貨店開業の準備を開始した。[82]

大正九年三月に佐世保玉屋が竣工したが、翌十年には福岡に進出した。進出するにあたり、組織変更を行っている。

株式会社田中丸商店ハ大正十年六月十日臨時株主総会ニ於テ小倉市魚町四丁目百十一番地ノ支店ヲ廃止シタリ

右大正十年六月二十三日登記(83)

株式会社田中丸商店ハ大正十年六月十日臨時総会ニ於テ取締役及監査役ノ全部ヲ解任シ左記取締役及会社ヲ代表スル取締役並ニ監査役ヲ選任シタリ

一取締役佐賀県小城郡牛津町牛津八百十六番地田中丸重蔵、仝所七百四十番地仝田中丸清次、仝所仝番地仝田中丸善八、仝所仝番地田中丸政六、仝所仝番地田中丸善重、仝所仝番地田中丸善蔵

一会社ヲ代表スル取締役田中丸善蔵

一監査役佐賀県小城郡牛津町牛津八百十六番地田中丸久右衛門、仝所百八十一番地田中丸治左(右)衛門、佐世保市萬津町六番地福島多吉

右大正十年六月二十三日登記(84)

大正九年以降になると、経済界の不況に伴い、九州各地の織物卸問屋における商品が不足しがちになり、得意先である小売業者に満足を与えることができず、しかも、取引の大部分は京阪に奪われ、遠隔地取引を行わざるを得ない小売業者の不便さが漂っていた(85)。

この「絶好の時期に際し九州織物界の変態なる商取引を革新すべく(86)」大正十年八月、織物卸問屋を目的として、

福岡市行町に株式会社田中丸商店の卸部と伊藤長商店（丸紅商店の福岡出張所）の営業権を譲り受け、資本金五〇万円で田中丸株式会社を設立した[87]。

同社は社長に善蔵、常務取締役に善蔵の姉婿の重蔵が就任し、「両店ノ遺風ヲ遵守シ新ニ新鋭ノ努力ヲ以テ奮励[88]」すべく九月一日に開業したのである。

役員は取締役・田中丸善蔵、同重蔵、富永乙吉（佐賀県）、大串政七（佐賀県）、徳島次郎（佐賀県）、監査役・寺村庄三郎（大阪市）、吉富儀七（佐賀県）、田中丸久右衛門が就任した[89]。

翌十一年一月には有価証券売買業を目的に田中丸商事株式会社を資本金五〇万円で福岡市下鰮町に設立した[90]。

さらに大正十四年、東中洲繁華街の一角にあった元十七銀行東中洲支店の建物を買収改築し、博多土居町にあった老舗紙与呉服店の全商品と従業員の多数を引き受け[91]、九月二十九日、資本金一〇〇万円の株式会社玉屋呉服店を設立し、十月四日から営業を開始した。ここに、福岡市唯一の「期待せられたデパートメント・ストア[92]」が開店したのである。建物は地下を含めて六階建てでエレベーターを備え、地下は食料品、理髪店、一階は化粧品、洋品、靴・鞄、下駄、銘茶、二階は絹布、綿布、既製品、三階は洋服、小児服、玩具、文房具、貴金属、髪飾り、袋物、ショール、四階は家具、喫茶、五階は食堂、小鳥・小動物、写真撮影という売り場構成で、屋上には庭園、遊技場があった[93]。

開店当時の役員は取締役社長・善蔵、専務取締役・清次（善蔵の妹婿）、常務取締役・善八、監査役・福島多吉、石川又八であった。

大正十五年の主要呉服店の営業税額を一覧すれば、福岡市の老舗呉服店である紙与呉服店は一、五二九円、松屋呉服店は二、三〇五円、松葉屋呉服店は七一三円、後に百貨店「岩田屋」を設立する中牟田喜兵衛は九五〇円等に対し、株式会社玉屋呉服店のそれは五、九二四円であった[94]。

なお、善蔵はさらに事業拡大をめざし、昭和六（一九三一）年の頃、末弟の善重に東京進出を決心したと語ったが[95]、翌七年、京都にて病に倒れ永眠した。しかし、善蔵の志は同家にその後も引き継がれ、東京進出こそならなかったが、先に触れたように昭和五年に八幡、同八年に佐賀、同十二年に小倉（創業当初は菊屋百貨店の名で営業）に「玉屋」を開店していくのである。

その店舗展開は建物や呉服店、百貨店の買収策で行われている。博多のケースと同様に、小倉の場合も「小倉の白崎百貨店を買収し近く大建築に着手しつゝ」あり、さらに「宮崎市の常磐館にも巨手を伸ばしてチェーン経営網をオール九州に拡大強化せんとする」[96]という戦略や、佐賀の場合は昭和八年八月に「佐賀市丸木屋呉服店跡を買収し大改築を加え、同年十二月竣工、佐賀玉屋を開店」したものである[97]。

なお、株式会社田中丸商店は昭和六年に株式会社玉屋に改称し、以後博多に総本部の本店機能を備え、管理していくことになる。

## おわりに

多くの事例にみられるように、玉屋もその前身は呉服店であった。発展の契機は佐世保海軍が職工の購買品を低価格で供給できる「犠牲的精神を有した商人」を探していた時であり[98]、これに応ずる形でビジネスチャンスを見出した。また、このことをきっかけとする食料品や日用品雑貨等多種類の商品の取り扱い、さらに魚市場開設などは、後に百貨店経営に関しての仕入れや販売等の点でかなりメリットがあったと思われる。したがって、同家の場合、単に呉服のみから百貨店へ移行し百貨を取り扱うのでなく、すでに百貨店的な経験を積んでの百貨店開設であった。また、明治期から大正期にかけて門司、久留米、小倉など軍と関係の深い地に店舗を構えていることも特徴であろう。

初代善蔵がスタンスとしては家業を中心とする経営を行っていたのに対し、二代目善蔵の時代になると、善蔵を始め一族の役員就任や投資など、他企業への関与が比較的多くみられた。ただし、福博に進出する時期は意外と遅く感じられるが、博多商人との競合を避けたのか、出店に際して土地あるいは建物の買収についてなどなんらかの不都合なことがあったのかなど、その理由は不明である。

二代目善蔵は貿易業にも携わったり、東京進出を決心するなど、地方の呉服商からの脱皮を意図したものかどうかは別として、その視野には多角的経営や中央志向が映し出されていたようにも思える。

(1) 社史については田付茉莉子「百貨店・スーパーの会社史」(経営史学会『日本会社史研究総覧』文眞堂、平成八年)三六〇~三六六頁を参照。また、商人資本研究については多々あるが、家業が呉服で後に松坂屋を設立する伊藤家は「地方財閥」としてその分析がなされている(森川英正『地方財閥』日本経済新聞社、昭和六十年)。呉服商から百貨店への転化過程の視点を踏まえた研究として前田和利「日本における百貨店の一系譜――近世呉服商経営とその転化をめぐって――」(『駒大経営研究』第二巻第三・四号、昭和四十六年)、藤岡里圭「高島屋における百貨店化の過程」(大阪市立大学『経営研究』第五一巻第一号、平成十二年)、末田智樹「大正・昭和期における伝統呉服商の百貨店化――大丸の経営動向と企業家活動に着目して――」(『岡山大学大学院文化科学研究科紀要』第一八号、平成十六年)などがある。

(2) 福岡市においては、惜しくも平成十一年七月十五日に福岡玉屋は「流通戦争」に巻き込まれ百貨店を閉鎖するが、この時博多の伝統行事である博多山笠の「中洲流」の舁き山がお目見えし「祝いめでた」が唄われ、さらに博多松囃子振興会から「博多のシンボルでした」と「特別口上」を受けたことからみても(『朝日新聞』平成十一年七月十六日)、玉屋はまさしく博多に受け入れられていたと言えよう。

なお、田中丸は純粋な博多商人ではない。しかし、福岡・博多の社会経済を見渡す場合、同家は近代的な大規模小売店舗を最初に本格的に展開した商人であり、その過程を見ておくことは無意味ではないと考える。松葉屋を設立した松居家は近江国神埼郡出身であるし、松屋を設立した宮村家は滋賀県出身であり、創設者の宮村吉蔵は松居博多織工場に従事していた。彼らは早くから博多に居を構え、博多商人と称されるが、その彼らでさえその後は経営規模の縮小や閉鎖（松屋は昭和十八年軍需会社に転換）、また、後に岩田屋を設立する中牟田家でさえ、当初は呉服業からの脱皮をはかることには躊躇していた（岩田屋二十年史編纂委員会『株式会社岩田屋二十年史』岩田屋、昭和三十六年、七六五～七六六頁）。したがって、田中丸一族の経営動向をみておくことは、福岡・博多の地域に他県出身の商人がどのように根付いていくのかという問題や、あるいは、博多商人との比較を通しその特質についてなど、なんらかの解明の一助になると考える。

なお、以下では福岡・博多を福博と称す。

（3）本章は筆者が先に発表した「地方百貨店成立前史――（株）玉屋を例として――」（第一経済大学『第一経大論集』第三一巻第二号、平成十三年）を基に、新資料を加え、その構成を再考し加筆、修正したものであることをお断りしておきたい。

田中丸家の活動について記したものに、『佐世保玉屋五十年のあゆみ』（佐世保玉屋、昭和四十二年）、伊東祐治『牛津町史』（牛津町役場、昭和三十三年）、牛津町町史編さん事務局編集『牛津町史』（牛津町史編さん委員会、平成二年）、酒井旭川編『佐賀県銀行会社実勢』（佐賀県銀行会社、大正九年）、酒井福松・村川嘉一編『佐賀県の事業と人物』（佐賀県の事業と人物社、大正十三年）、古賀説一編「九州の呉服王」『葉隠之雫』（天明堂、大正九年）、『福岡市史　第二巻　大正編』（福岡市役所、昭和三十八年）、『福岡市史　第四巻　昭和前編（下）』（福岡市役所、昭和四十一年）等がある。

（4）以上、北九州市産業史・公害対策史・土木史編集委員会産業史部会編『北九州市産業史』（北九州市、平成十年）、前掲『株式会社岩田屋二十年史』、『福岡県統計書』各年次等による。なお、『株式会社岩田屋二十年史』によれば松葉屋は大正十年に火災で全焼し（同書の本文では同年、五七頁の年表では大正十一年になっている）、不二屋は一年を経ずして閉鎖した（同書、七六頁）。

（5）このことからすれば、治右衛門は、理由は不明であるが他家から入ってきたと思われる。

（6）前掲『佐世保玉屋五十年のあゆみ』（同書には頁が記されていない）。前掲伊東祐治『牛律町史』二三七頁。ただし、元三の名前で呉服営業をその後も行っていたことは『福岡県統計書』や新聞広告等で確認することができる。

（7）前掲『佐世保玉屋五十年のあゆみ』による。

（8）作図出典の『田中丸家系譜』は平成二年八月二十七日に博多城山ホテルで開催されたファミリー会での配付資料であり、平成九年に筆者が当時の小倉玉屋取締役社長室長兼総務統括部長の福島英昭氏よりコピーを頂いたものである。
（9）前掲牛津町町史編さん事務局編集『牛津町史』、六〇五・一〇三四頁、佐賀近代史研究会編『佐賀新聞に見る佐賀近代史年表明治篇（上）』（佐賀新聞社、昭和六十三年）一〇一頁による。
（10）同前『牛津町史』（原典は『佐賀県災異誌』）六〇五頁。この場合も注（6）と同様、他の資料によれば久右衛門の営業はこれ以降もみられる。
（11）「田中丸善蔵君」（堂屋敷竹次郎『佐賀県商工名鑑』すいらい新聞社、明治四十年）九八〜九九・一〇一頁。
（12）前掲『佐世保玉屋五十年のあゆみ』による。
（13）前掲牛津町町史編さん事務局編集『牛津町史』六〇三頁。
（14）前掲『佐賀県商工名鑑』九九頁。
（15）前掲牛津町町史編さん事務局編集『牛津町史』六〇三頁。もっとも、この「店是」がいつの時点で定められたかは不明である。なお、呉服販売では越後屋（現三越）の「呉服現物銀安売無掛値」による販売方法を始めとし、後定価販売が実施されつつあったが、それでも、たとえば福岡市では「正札ヲ利用シテ自己ノ利益ヲ図ラン為往々不正ノ正札ヲ付シ内引等ヲナシ販売スル店」（『福岡日日新聞』明治二十九年二月十九日）もあり、この是正のため福博の有力呉服商は「正商組」という組織をつくり「正直確実ナル正札ヲ以テ販売」（同前）するため団結したという。これからすると、明治後期に至っても正札販売の実施はまちまちであったと言えるかもしれないが、おそらく田中丸も明治期には正札販売を実施していたと思われる。
（16）『佐世保市史　産業経済篇』（佐世保市役所、昭和三十一年）一〇七頁。
（17）明治時代の佐世保の特徴として、海軍御用達の文字が加わると大きな信用を得ると言われたが、「田中丸善蔵等々も、みな、この頃からの海軍御用達又は海軍をバックとしての活躍による所産である」といわれた（前掲『佐世保市史』一〇四頁）。
（18）前掲『佐世保玉屋五十年のあゆみ』。
（19）向山中将とは向山慎吉（安政三〜明治四十三年、海軍中将、男爵）のことではないかと思われる。向山は英国公使館付武官、佐世保鎮守府工廠長等の経歴がある（下中邦彦編集『日本人名大事典』復刻版、平凡社、昭和五十四年、一六〇頁）。
（20）長野民次郎『奮闘秘話事業卜人Ⅰ』（福岡時事社、昭和四年）一一八頁。
（21）前掲『佐賀県商工名鑑』九九頁、及び前掲牛津町町史編さん事務局編集『牛津町史』、六〇五頁。
（22）『門司新報』明治四十年十月十一日。この時の店内の様子は、入り口に花嫁、姑、花嫁の妹に見立てた三体の大人形を置き、二階に高級商品、見切り物、つるし切とそのコーナーを分け陳列し、茶と茶菓子を出す休憩所を設け、出口はさらに奥から入り口とは別の階段を使って一階の中庭を迂回するように設け出入りの混雑をさけるようにしてあったという（同前）。こうしてみると、同店舗は比較的規模は大きく、また顧客サービスについても気配りがされていたといえるであろう。

(23)　同前、明治四十年十二月五日。

(24)　同前、明治四十年十二月十五日。

(25)　同前、明治四十年十二月二十三日。なお、滝廣三郎は木綿太物商（滝定合名会社社長）、伊藤久七郎は洋反物卸商、浜村六郎は洋反物小売商である。

(26)　同前、明治四十年十二月二十一日。

(27)　福岡における商工業者の活動については岡本幸雄『地方紡績企業の成立と展開――明治期九州地方紡績の経営史的研究――』（九州大学出版会、平成五年）、東定宣昌「明治中期九州地方の電気業――電灯会社・水電会社の設立過程を中心として――」（九州大学『経済学論集』第四一巻一号、昭和五十年）、永江眞夫「明治中期における地方商工業者と企業経営――福岡市における概観――」（福岡大学『経済学論叢』第四二巻第四号、平成十年）、加藤要一「明治中後期福岡県における企業家集団」（九州産業大学『エコノミクス』第五巻第四号、平成十三年）、迎由理男「近代博多商人の企業活動」（北九州大学『商経論集』第三七巻第一号、平成十三年）、合力理可夫「地方商工業者に関する一考察――明治期の博多における呉服太物商を中心に――」（第一経済大学『第一経大論集』第三二巻第三号、平成十四年）、永江眞夫「明治・大正期における地方都市商業者の家業経営と企業者活動――河内糸店と河内卯兵衛の事例――」（福岡大学『経済学論叢』第四九巻第三・四号、平成十七年）等を参照。

(28)　白崎五郎七・白崎敬之助『日本全国商工人名録』（日本全国商工人名録発行所、明治二十五年）より抽出。参考までに名前をあげれば次のようになっている。福岡市（渡辺与三郎、吉田又吉、中尾卯兵衛）、久留米市（高崎新兵衛、飯田甚吉、塚本安次）、小倉町（守永久吉、神崎徳蔵、藤本利三郎）、佐賀市（松永弥三郎、山下喜六、八谷栄次）、伊万里町（一番ケ瀬国助、山口卯助）、呼子村（柴田甚三郎）、牛津村（田中丸善蔵、田中丸治右衛門）。

(29)　鈴木喜八・関伊太郎編「日本全国商工人名録」第二版（明治三十一年）（渋谷隆一編『都道府県別資産家地主総覧』福岡編3、及び同書佐賀編・長崎編、日本図書センター、平成十一年）による。なお、この人数は卸、小売りの区別なく、呉服関係を一括して拾い上げた数字である。

(30)　『佐賀県富豪家一覧表』（九州名誉発表会、明治三十五年）三二頁。所得金高等級表では二等級で一万一、五〇〇円となる。ちなみに治右衛門五三位、久右衛門一〇八位である（同前）。

(31) 上野雅夫編「九州多額納税者名簿」(『九州紳士録』(大正五年))(渋谷隆一編『都道府県別資産家地主総覧』九州編、平成十一年)。
(32) 由井常彦・浅野俊光編『日本全国諸会社役員録』(柏書房、昭和六十四年)の各年度、『日本会社銀行録』(国之礎社、明治三十二年)による。
(33) 「第拾回事業報告」(「渡辺文書」一八八七、福岡市総合図書館蔵)。
(34) 商工社編『日本全国商工人名録』第四版(商工社、明治四十四年)。
(35) 同前。
(36) 由井常彦・浅野俊光編『日本全国諸会社役員録』(明治四十五年)(柏書房、昭和六十四年)。ただし、同書によれば、田中丸合名会社の設立は明治四十四年三月、資本金四〇万円、営業の目的は「呉服太物雑貨食料品販売精米業」となっている。
(37) 前掲『事業と人』一一六頁。
(38) 同前。
(39) 「田中丸善吉君」(堂屋敷竹次郎『佐世保人物史伝』すいらい新聞社、明治四十一年)六二一~六二三頁。
(40) 同前、六四頁。
(41) 以上、前掲『佐世保玉屋五十年のあゆみ』、前掲牛津町町史編さん事務局編集『牛津町史』、前掲『佐賀県商工名鑑』などによる。
(42) この時期の経営分析については前掲「地方百貨店成立前史」を参照。
(43) 前掲『佐賀県銀行会社実勢』六三頁。
(44) 室田惣三郎・吉沢雅次編「日本全国商工人名録」第五版(大正三年)(前掲『都道府県別資産家地主総覧』佐賀・長崎編)。
(45) 前掲『佐世保市史』四〇三~四〇四頁。
(46) 久留米では明治三十年頃までは「勧工場」は「集産場」という名称が用いられていたが、このころ第三集産場まで開業された。その内、第一集産場は三本松町中ノ丁に明治十八年八月開業されたが、出店側と場主側が衝突し、出店していた二一名が明治三十三年八月に同町上ノ丁に新たに「勧工場」を開業した。「集産場」はその後荒甚呉服店の店舗となり、大正三年に田中丸呉服店へと移ったものである(権藤猛『久留米商工史』久留米商工会議所、昭和四十九年、一七九~一八〇・三〇二~三〇三頁)。
(47) 『福岡日日新聞』大正三年四月三十日。
(48) 以上、九州板紙については前掲『佐賀県銀行会社実勢』八九~九〇頁による。

(49) 以上、西海製紙については同前、八〇〜八一頁による。
(50) 以上、牧野元良『日本全国諸会社役員録』(商業興信所) 各年次により抜粋。
(51) 時事新報社「全国五十万円以上資産家表」(渋谷隆一編『大正昭和日本全国資産家地主資料集成Ⅰ』柏書房、昭和六十年) による。
(52) 前掲『日本全国諸会社役員録』によれば、「田中丸合資会社」は明治四十一年、資本金一五万円で大阪に設立され、門司に支店を設置し、営業の目的は「呉服太物洋服地雑貨販売帽子靴被服ノ付属雑貨ノ受負」となっており、無限責任社員は田中丸治右衛門である。しかし、明治四十三年五月十四日には田中丸合資会社門司支店を田中丸合資会社に改組し、田中丸静乃が有限責任社員として入社している (「商業登記公告」『九州日報』明治四十三年六月八日)。また、『福岡県統計書』によれば、「田中丸合資会社」は大正期には営業目的を「有価証券販売問屋業」としており、同社についてはその経緯が不明である (この点については前掲「地方百貨店成立前史」を参照)。
(53) 郷隆『南洋貿易五拾年史』(南洋貿易株式会社、昭和十七年) 二五頁。
(54) 由井常彦・浅野俊光編『日本全国諸会社役員録』(明治三十三年)(柏書房、昭和六十三年) による。
(55) 前掲『南洋貿易五拾年史』四六・七二頁。
(56) 同前、六七頁。
(57) 同前、六六頁。
(58) 同前、七四頁。
(59) 同前、六五・七五頁。
(60) 同前、七九頁。
(61) 同前、八三頁。
(62) 同前、八四〜八五頁。
(63) 同前、七九頁、及び前掲『佐世保玉屋五十年のあゆみ』による。しかし、三五万円の増資金額については『株式年鑑』に記載されている金額 (三〇万円) と異なり、この点については不明である。
(64) 「南洋定期航路」『九州日報』大正四年十月十六日。
(65) 伊東祐輝編輯兼発行『南洋貿易株式会社の現在将来』(大正六年) 七頁。なお、補助金額について、前掲『南洋貿易五拾年史』では月額四万二、〇〇〇円 (八六頁)、『福岡日日新聞』大正五年五月一日付では五一万一、〇〇〇円と報告されている。この命令航路は大正六年九月三十日をもって辞退した（前掲『南洋貿易五拾年史』八六頁）。
(66) 前掲『南洋貿易株式会社の現在将来』六頁。
(67) 同前、三頁。
(68) 同前、二〜三頁。なお、南洋貿易株式会社『第弐拾弐期営業報告書』（大正七年四月一日〜同年九月三十日）によれば、大正七年九月三十日現在で分店は四八ヶ所になっている。
(69) 以上、株数については前掲『南洋貿易株式会社の現在将来』一七〜一八頁による。
(70) 同前、四〜五頁。
(71) 『株式年鑑』（大正七年度）（復刻、芳文閣、昭和六十一年）による。
(72) 前掲『南洋貿易五拾年史』八九頁。
(73) 負債の部にある「他店勘定」は決算期によっては「資産」の部や「負債」の部で扱われており、その内容は不明である。
(74) 南洋貿易株式会社『第弐拾四期営業報告書』。
(75) 「株主一覧表」（同前）。ちなみに、本文中の表8－4では善蔵の南洋貿易の持ち株数は三、九一八株となっており、この点「株主一覧表」でみられる三、九一三株と整合性がないが、理由は不明である。
(76) 「株主一覧表」（南洋貿易株式会社『第弐拾五期営業報告書』）。
(77) 前掲『佐賀県銀行会社実勢』六三頁。
(78) 『九州日報』大正七年十一月二十七日。
(79) 開設時期は不明であるが、大正九年には行町に博多出張所を開いている（長田義彦編輯『福岡市商工人名録』博多商業会議所、大正十一年、四四頁）。さらに、大正十年六月十日に小倉（魚町）の支店を閉鎖した記録があることから（『門司新報』大正十年七月四日）、小倉にも支店を置いていたことが判明する。
(80) 以上、株式会社田中丸商店については前掲『佐賀県銀行会社実勢』六二〜六三頁による。なお、同書では、吉平は妹婿となっているが（六三頁）、これは誤りと思われるので本文では善蔵の弟と訂正をして記述した。
(81) 前掲『福岡市商工人名録』には大正九年度の商工業者営業税が記されており、これに「株式会社田中丸商店博多出張所」の名前が見られる。
(82) 前掲『佐世保玉屋五十年のあゆみ』の本文及び同書収録の「佐世保玉屋年表」による。
(83) 『門司新報』大正十年七月四日。

(84) 同前。
(85) 前掲『佐賀県の事業と人物』一一八頁。
(86) 同前。
(87) 同社についても経営資料は見当たらないが、大正十二年九月から大正十三年二月までのB/Sが記されている資料がある。それについては前掲拙稿「地方百貨店成立前史」を参照。
(88) 『福岡日日新聞』大正十年八月二十七日。なお、同紙には以下のような広告を載せている。
　開店御披露
　時下残暑之候益御隆盛之段奉賀候今回当会社創立成リ株式会社田中丸商店卸部並ニ株式会社丸紅商店博多出張所ノ営業権其他ヲ譲受左ノ通リ開業致候就テハ今後ハ前記両店ノ遺風ヲ遵守シ新ニ新鋭ノ努力ヲ以テ奮励可致候間何卒倍奮之御眷顧偏ニ御願申上候　敬具
　九月一日開業
　福岡市行町
　呉服反物洋反物　田中丸株式会社
(89) 『九州日報』大正十年九月十三日。
(90) 長田義彦編輯『福岡市商工人名録』(博多商業会議所、大正十三年)二一六頁。取締役代表に中島勝次(福岡県八女郡)、吉原米作(福岡市)、取締役に田中丸治右衛門、治平、塚原与作、監査役に中島美樹(大牟田)が就任している(阿部直躬『日本全国諸会社役員録』商業興信所、大正十四年による)。
(91) 前掲伊東祐治『牛津町史』二四二頁。
(92) 『九州日報』大正十四年十月四日。さらに昭和四年六月には門司支店を開設している(『営業経歴書』福岡玉屋、平成八年二月二十九日)。
(93) 同前、同年九月三十日、十月四日。なお、参考までに大正十四年末における呉服太物関係の主な商店としては、紙与綿糸部(呉服反物商、上西町)、奥村利助本店(綿糸綿布商、麹屋町)、篠原呉服店(呉服商、綱場町)、木梨久太郎商店(呉服商、蔵本町)、岩田屋呉服店(呉服商、大工町)、松屋呉服店(呉服商、橋口町)などがあった(前掲『福岡市史　第二巻　大正編』六五三～六五四頁)。
(94) 長田義彦編輯『福岡市商工人名録』(博多商業会議所、昭和二年)による。

（95）前掲牛津町町史編さん事務局編集『牛津町史』一〇三九頁。
（96）隈部紫明『福岡市人物大鑑』（福岡出版協会、昭和十一年）一二一〇頁。
（97）前掲伊東祐治『牛津町史』二四三頁。なお、丸木屋呉服店は大正九年、資本金一〇〇万円で設立され、大正十五年には福岡の代表的呉服商である中牟田喜兵衛が取締役の一人として就任していたが（二代目喜兵衛は丸木屋呉服店として佐賀で有力な呉服商であった山下卯助の二男で、長兄が百貨店を創設）、昭和二年頃から営業停止していた。買収費は五、六万円くらいであったという（吉富伸之・西村寛編集『佐賀経済のあゆみ』佐賀商工会議所、昭和四十一年、二六〇頁）。ところで、このような動きの中で、昭和四年に開設された門司支店と翌五年に開設された八幡店についてはその内容が不明である。門司支店については注（92）の資料で、八幡支店については『八幡商工会議所所報』第八号（八幡商工会議所、昭和五年三月）で実存したことは確認できるが、その経緯については不明である（前掲『地方百貨店成立前史』の注（65）を参照）。
（98）前掲『奮闘秘話事業ト人Ⅰ』一一八頁。

# あとがき

本書は、近代の福岡市を中心とする企業者史の研究会に参加した研究者による論文集である。この研究会は、平成八年八月に武野要子氏の呼びかけに応えて「近代博多商人研究会」として発足し、その後、九年三月に「近代福博企業者研究会」と名を変え、会長に岡本幸雄氏を選出して再出発した。その後同研究会は、名称を「福博企業者史研究会」として継続され、今日に至っている。したがって、研究会結成から本書の刊行までに一〇年余の歳月を要したこととなる。研究会そのものは、メンバーの異動をみながらも、およそ月に一回の研究会を開催するという、極めて地味な活動を中断することもなく続けてきた。とはいえ、参加者の何人かは『福岡県史』の編集や執筆に参加しており、さらに、大学での役職に就いたりと、様々な理由で研究会活動に全力を注ぐことができない状態であった。しかし、そのようななかでも研究会における研究成果は、参加者各自が個別論文に纏めたり、あるいは、学会の地方部会で報告したりという形で発表されてきた。

また、「福博企業者史研究会」は、朝日新聞西部版に「続はかた学」の一部として「福博の企業家」（一）〜（一八）を平成十二年七月から十三年三月にかけて連載した。その時の担当は、概観が迎由理男、紡績業が岡本幸雄、鉄道業が永江眞夫、炭鉱業が東定宣昌、捕鯨業が鳥巣京一、百貨店業が原康記・合力理可夫の七名であって、その内の六名が本書の執筆に参加したということになる。本書執筆者による「続はかた学」の執筆は以上にとどまらず、平成九年十一月から十二月には岡本が士族授産を担当し、十年四月から九月にかけては迎が銀行業について連載をしている。

このように、研究会発足から本書の刊行まで一〇年余の月日を要してはいるものの、その間、我々の研究成果は細々ながらも発表されてきたわけである。しかし、研究成果を一書に纏めるのに一〇年という月日を要したということは、それ自体決して誉められことではあるまい。その責任の大半は、研究会の幹事役を引き受けた迎と永江にあるだろう。本書の執筆に参加した方や研究会に参加した方々に、あらためてお詫びする次第である。

また、出版事情が厳しいなかで本書のような書物の出版と編集を引き受けて下さった九州大学出版会及び永山俊二編集部長、とりわけ編集事務に従事し、実に丁寧な仕事をして下さった尾石理恵さんに深く感謝の意を表しておきたい。

最後になったが、以下の諸機関や個人の方には資料の閲覧、複写等に関して大変お世話になった。ここに記して謝意を表する次第である。

国立公文書館、福岡県立図書館、福岡市立総合図書館、北九州市立中央図書館、九州大学附属図書館付設記録資料館産業経済部門（旧九州大学石炭研究資料センター）、九州大学経済学部図書室、九州産業大学図書館、福岡大学図書館、福岡県地域史研究所、㈱福岡玉屋、㈱小倉玉屋、㈱福岡銀行、福島英昭氏

平成十九年九月

永江眞夫

# 企業・団体索引


**あ行**

朝倉軌道　201
荒甚呉服店　294
荒津会社　115
荒津商事　159
荒津商店　115
荒津殖産　115,246
石蔵屋　16
井筒屋　264
伊藤長商店　288
岩田屋　264,288,291
岩田屋呉服店→岩田屋　297
宇美軌道　100-102,106
宇美軽便鉄道　102
宇美参宮軽便鉄道　101,104-106
浦山炭鉱　101
雨龍炭鉱　236
江崎造船所　282
越後屋（三越）　292
近江銀行　201
大分電気工業　171
大蔵実業　259
大阪海上火災保険　184
大阪株式取引所　201
太田商事　115,233,237,245,258
太田屋（合資会社）　159
岡山紡績　193-197,208

**か行**

海軍炭鉱　136,138
鹿児島紡績所　43
香椎海面埋築　235
粕屋炭鉱　136
勝田炭鉱（坑）100,107,109,115,122,132,
134,135
鐘淵紡績　60,66-71,198
かね安　264
紙与呉服店　288
亀崎銀行　251,254
亀山炭鉱　107,114,133,135
唐津火山灰　279
唐津興業鉄道　272
勧業会社（九州勧業）　126
関門製氷　164,166
菊屋百貨店　289
北九州鉄道　237,256
北浜銀行　268
北門銀行　237,256
吉備紡績　196
九勧会社（九州勧業）　144
九州板紙　278,294
九州勧業　117,235,237,245,258
九州商業銀行　233
九州水力電気　101,106,107,200,224
九州生命保険　229
九州製油　202,233
九州鉄道　23,97,199
九州鉄道（第二代）　97
九州百貨店　264
九州紡績　67,198
共同漁業　167,168,171,174,184-187
共同漁業（旧）　163,168
共同製氷　159,161,164,166,167
京和銀行　243
久住造船所　282
倉敷紡績　193,194,196,197,208
久留米紡績　43,44,52,194,198,272
京釜鉄道　200
絹糸紡績　199
興泰号（商会）62,63,69

鴻池銀行　268
神戸瓦斯　202
神戸製鋼所播磨造船所　180
許斐銀行　21
許斐工業　171
古渡組　207

**さ行**

西海漁業　159,163
西海製紙　279,295
斎藤製工場　77
堺紡績所　43
佐賀製氷所　167
佐賀特許醬油　279
佐世保魚市場→万町魚市場　277
佐世保珪石　279
佐世保用達　277,286
山陽鉄道　199
品川電灯会社　82
篠原呉服店　297
十七銀行　81,83,89,116,126,143,145,
　201,229,240,244,245,248,249,288
小豆島紡績　198
白崎百貨店　289
住友銀行　201
石油共同販売所　202
釧勝興業　109,113,117
船舶相互保険団　184

**た行**

第一徴兵保険（徴兵保険）　117
大海トロール漁業合資会社　184
第九十七国立銀行　272
第十銀行　255
第十七国立銀行　18,34
大日本水産会　157
大日本徴兵保険　250
第八十七国立銀行　34
台湾塩業　236
田川採炭会社　28,210,233
田川石炭鉱業会社　28
滝ノ川紡績　43
拓殖貯金銀行　236
田富炭鉱（坑）　136,138
田中丸株式会社　288,297
田中丸合資会社　279,295
田中丸合名会社　273,283,286,294
田中丸呉服店　286
田中丸呉服店（合資会社）　273,278,286,
　294
田中丸呉服店（大阪）　268,269
田中丸呉服店（門司）268
田中丸商事　288
田中丸商店　264-266
田中丸商店（株式会社）274,286-289,296,
　297
田中丸善蔵商店　267,272
玉島紡績　52,133,193,194,197,208
玉屋（佐賀）　289
玉屋（佐世保）　286,287
玉屋（株式会社）→田中丸商店（株式会
　社）　289
玉屋呉服店　265
玉屋呉服店（株式会社）　288,289
田村汽船漁業部　167,168
筑参（筑前参宮鉄道）　126,140,142-145
筑紫銀行　19,34,77,88,89,233,243
筑紫電気軌道　101
筑前鉱業　28,210,225
筑前参宮鉄道　97-103,105-107,109,113,
　114,116,118,121,122,126,134,136,
　138,139,141-143,145,146,171,256
筑粕軌道　102
筑豊鉱業会社　28
筑豊興業銀行　20
筑豊興業鉄道　23,97
徴兵保険　115,117,126,127,250-258
丁酉銀行　255
月隈炭鉱　103
鶴見埋築　（東京湾埋立）　236

帝国汽船　178
帝国徴兵保険　250
東京海上火災保険　184
東京瓦斯　202
東京起業会社　259
東京銀行集会所　69
東京鉄道　199
東京電灯会社　81
東京湾埋立（鶴見埋築）　236,256
東京湾土地　236,256
東筑軌道　98,99
東邦炭礦　114
東北水産　171
東洋製氷　164,166,167
東洋電気工業　98
東洋麦酒　202
常盤館（福岡）　69
常盤館（宮崎）　289
土佐銀行　255
戸畑冷蔵会社　171

**な行**

長崎海運　184
長崎製氷　166
中津紡績　67,198
浪速銀行　268
南海鉄道　200
南北石油　202
南洋貿易　278,280,281
南洋貿易日置株式会社　281
南洋貿易日置合資会社　280
南洋貿易村山合名会社　281
西日本鉄道　97
日鮮汽（機）船漁業合名会社　159
日本共立火災保険　236,256
日本魚網船具会社　171
日本興業銀行　56,201
日本鋼管　236,256
日本恒信社　282
日本水産　167,188
日本澱粉　236
日本トロール　184
農工銀行（福岡農工銀行）　20

**は行**

博多魚市場　171
博多遠洋漁業　98,119,162,164-167
博多海陸運輸　159
博多瓦斯　202
博多汽船漁業　159,161-163,170-172
博多漁業組合　168
博多魚類商組合　159
覇台銀行　20
博多絹綿紡績　43-73
博多絹綿紡績大阪出張所　54
博多興業　116
博多工作所　98,113,117,159
博多国技館　98
博多米商会所　212
博多商業会議所　87-89,161,169,229
博多製紙　278
博多製氷　167
博多相互貯金会社　159
博多築港　201
博多通送　246
博多電気軌道　200,224
博多電業所　98
博多電灯会社　87,90,92,224
博多土居銀行　21,34,171
博多トロール　167,168,171,172,174,175,180,181,184-186,246
博多馬車軌道　200
博多米穀取引所　88,89
博多湾築港　98,113,122
博多湾鉄道汽船　136,171,237
博多湾鉄道　97,102,113,136-139,145,199,256
博鉄会社　102
肥前板紙　278
肥前漁業　163

肥前製紙　278
肥前肥料　279
百三十銀行　201
兵庫屋商店　264
福岡監獄所　195
福岡銀行　114,126,171,229,240-249
福岡くらぶ　77,78
福岡県農工銀行　20
福岡市商業組合　171
福岡商工会　83
福岡商法会議所　79,83
福岡貯蓄銀行　19,229,240-249
福岡電灯会社　81,83,84,91
福岡肥料　171
福博遠洋漁業　159,161-163,170-172
福博電気軌道　97
福博電灯　85,86,92
不二屋　264,291
不動貯金銀行　243
舟石炭鉱　27,207-209
船越鉄道　25,200,216
豊州鉄道　24,97
報徳銀行　243
蓬莱生命保険　126,237,262
北海道拓殖　237

**ま行**

松尾鉄工場　175
松坂屋　290
松葉屋　264,291
松葉屋呉服店　288
松屋　264
松屋呉服店　288,297
丸木屋呉服店　289,298
丸紅商店（博多出張所）　288,297
三池銀行　245
三池紡績　43,44,198
三井電気軌道　119
三井物産　82
三越　263
三苫写真館　78
南満州鉄道　200
席田軌道　100,103,105,106
安田信託　236,256

**や行**

八幡製鉄所　204
山叶商会　259
山口徴兵保険　250
横浜魚油　281
横浜正金銀行　201
吉田遠洋漁業部　161
万町魚市場　277

**ら行・わ行**

留萌鉄道　236
渡辺一統共有財産組合　192,213,216

# 人名索引


**あ行**

青沼源之助　46
赤司重太　121,141
秋枝正四郎　221
秋山松次郎　194
浅田儀七　191,193,220-223
麻田農夫也　126
浅野俊光　294,295
朝吹英二　41,70
麻生太吉　107,238,239
阿部準輔　81
阿部武司　37
阿部直躬　297
阿部暢太郎　74
天埜伊佐衛門　251
荒津長七　115,118,159,164,170,171,239
有田漸　76,78
有吉七郎　93
飯田甚吉　293
池田定次郎　218
石井寛治　37
石井清七　46
石川又八　282,288
石蔵利助　21
石蔵利平　41
石野寛平　25
石橋徳次郎　223
石橋勇三郎　93
石村虎吉　26,161
和泉邦彦　251
磯野七平　16,21,24,26,28,31,36,45,76,77,84,87,89,90,207,225
伊丹弥太郎　279
一番ケ瀬国助　293
伊藤久七郎　269
伊藤伝右衛門　239
伊東祐輝　295
伊東祐治　264,291,297,298
伊藤六右衛門（釘屋六右衛門）　18
稲富与四郎　105
猪野三郎　187
井上寿一　264
井上準之助　248
井上仁市郎　218
井上友次郎　207
井上廣克　269
井上正美　117,119,121,122,141,145
井上政助　194
井上和三次　221
井原正六　21
今井直城　171
今村茂平　61
伊牟田敏充　2,42
入江寿紀　2
入佐清静　20
岩倉音熊　116
岩崎元次郎　168
岩崎清七　282
岩下清周　66,82
岩瀬延次郎　61
岩村茂三郎　277
上野雅夫　294
上羽勝衛　233
上原徳四郎　18
内田タネ　116
内田盈　107,114
浦田勇太郎　235
遠藤甚蔵　19
遠藤正男　26
大久保小平　221

大串政七　25,288
大倉喜八郎　41, 210
太田勘太郎　228,235
太田儀平　228,235
太田圭助　228,249
太田新吉　126,229
太田清蔵（四代目）31,36,45,46,62,64,69,70,81,89,90,93,106,109,113-115,118,122,126,144,145,159,161,168-170,172,180,186,193,228,238
太田大次郎　159,163,228
大塚弥七　221
大野清敬　250
大野徳太郎　118,119
大薮房次郎　237
大山与四郎　26,28,207,225
岡茂平　46,194
岡田治衛武　250
岡橋治助　25
岡部覚　18
岡松太助　220,221
岡本幸雄　2,147,293
岡本則録　251
小川小三次　34
小川貞行　280
奥村利助　19,28,31,45,46,61,62,193,225,297
奥村利平　19,28
小河久四郎　79,81,90,240
小沢武雄　251

**か行**

関運七　19
貝島栄四郎　239
貝島太市　239
加藤要一　2,293
門田与七郎　116
金子辰三郎　28
蒲瀬滝千　79
上川芳美　2
川上佐七郎　24
川口潤造　209
川崎肇　282
河内卯兵衛　19,31,45,46,61-66,98,103,106,109,113,114,116-119,139,142,161,193
瓦田甚三郎　207
瓦田卓太　207
神吉秀成　76,78
神崎岩蔵　21
神崎徳蔵　293
岸田恒太郎　122,171
岸田七次郎　221
木島武司　113
岸良俊介　78
喜多恵　146
北崎久之丞　202
木梨久太郎　297
木村利太郎　209
絹川太一　72
久世庸夫　143
国武喜次郎　11,45,46,61,72,194,273,278
久原房之助　167
隈部紫明　298
黒田長成　48
幸田次平　19
古賀幾太郎　27,207
古賀説一　291
古賀善兵衛　279
古賀万次郎　278
郷隆　295
合力理可夫　293
許斐儀七　21,31,61,93,238
許斐儀平　21,28,31
許斐友次郎　264,170,171
小早川洋一　2
小林作五郎　20,106,107,116,118,122
小林吉太郎　46
古林与六　20

駒井宇一郎　82
米谷安次郎　264
是松右三郎　41,45,48,61-64,87,90,229
権藤猛　294

## さ行

斎藤一　76,77,80,87
斎藤美知彦　24
斉藤康彦　37
三枝守富　251
酒井旭川　291
酒井福松　291
酒見恒蔵　20
崎山克治　103
桜井英夫　115,116
佐藤適　282
佐野佐平　18
佐野弥平　18
佐本常吉　280,281
沢田直七　269
重三司　86
篠崎仁三郎　170
柴田甚三郎　293
渋沢栄一　25,28,41,210
渋谷嘉助　251
渋谷隆一　294
島田浅太郎　235
清水利貞　107,109
下沢善右衛門　19,24,26,31,36,89,207,225,229
下沢善四郎　19,24,28,31,36,79
下沢善平　24,36
下中邦彦　292
社家間善次郎　206
白石友吉　159
白崎敬之助　270,293
白崎五郎七　270,293
神武健一郎　118
陣山新太郎　237
末田智樹　290
末永國紀　2,37
末松政右衛門　18
杉崎静夫　235
鈴木喜八　270,293
鈴木小太郎　105,107,118,119
鈴木恒夫　2
住岡由太郎　264
関伊太郎　270,293
関忠次　104
瀬戸惣太郎（惣右衛門）　18
園田熊太郎　28

## た行

高井善四郎　221
高崎新兵衛　293
高嶋雅明　37
滝廣三郎　269
竹内小二郎　116
武末富次郎　103,105,107,118
多田勇　20
田附政次郎　68
田付茉莉子　290
立石善平　90
田中市兵衛　24
田中規三　277
田中丸エキ　277
田中丸勘七　265
田中丸吉平（後吉兵衛）　264,265
田中丸吉平（二代目善蔵弟）　277,279,286,296
田中丸久右衛門　265,271,286-288,292,293
田中丸元三　265,268-270,282,283,285,286,291
田中丸治右衛門　265,268-272,286,287,291,293,295,297
田中丸静乃　295
田中丸治平　297
田中丸重助　264
田中丸重蔵　265,273,277-279,282,283,

286-288
田中丸清次　265,277,279,282,283,285-288
田中丸政六　283,286,287
田中丸善吉（業祖）　264,265
田中丸善吉→田中丸善蔵（二代目）　273,294
田中丸善十（重）　286,287,289
田中丸善蔵（初代）　264-266,270-273,290,292,293
田中丸善蔵（二代目）　273,277-290
田中丸善八　277,279,282,283,285-288
田中丸タネ（種）　277,283,285
田中丸チエ子　283,285
田中丸ユイ　277
田辺為三郎　46,209
田辺貞吉　25
田村市郎　167
田村啓三　186
谷彦一　20
谷川達海　209
谷本雅之　2,37,42
種田誠一　28
団琢磨　41
丹増良　76,77,87
塚原与作　297
塚本安次　293
津田幾次郎　159,164,170,172
津田延次郎　164
津田利夫　79,81,82,87,90,93
津田孫右衛門　159,170,172,186
堤荘蔵　79
鶴田多門　103,105
寺村庄三郎　288
土居道夫　25
土斐崎三右衛門　237,238
藤金作　28
東条正　23,146
東定宣昌　2,293
堂屋敷竹次郎　292,294
徳島次郎　288
富永乙吉　277,288
富永忠一　278
富安猪三郎　114
富安重行　20,114,122

**な行**

中移大作　279
永江眞夫　2,293
中尾伊作　28,31
中尾卯兵衛　19,26,28,29,31,36,45,79,87,90,207,225,229,293
中島昭　2,146
中島勝次　297
中島勝義　20
中島美樹　297
長田義彦　296,297
中野徳次郎　106,107,118,119
長野嘉平　24,31,87
長野民次郎　292
永野民次郎　225
永松仙之助　20
中牟田喜兵衛　35,264,272,288,298
中村五平　18
中村定三郎　109,113,115,117
中村尚史　23,146
中山高市　116
楢崎次郎吉　190
難波次郎三郎　198
難波麗次　209
新島藤吉　35
新島藤七　20
西頭宗太郎　161,164,172
西原蓮三　229
西村寛　298
野瀬源太郎　115,119
野瀬省吾　115
野村久一郎　19,31,82,87,104
野村久次　19,31,238
野村祐雄　93

**は行**

橋詰武生　216
波多江嘉平　28, 36
八谷栄次　293
花村幸吉　220, 221
浜地八郎　251
浜村六郎　269
林寛一郎　79
林芳太郎　23
林斧助　40
林田春次郎　237
林田則友　86
原三信　102
原六郎　25
原口徳太郎　277
原田都美治　264
針貝虎太郎　161, 164, 170, 172
伴志賀太郎　103, 105
半田大軒　105-107, 117, 118
樋口吉次　19
久田全　210, 225
秀村選三　38
日幡一任　45, 46
平岡浩太郎　238
平岡則孝　28
広沢三平　79
広本喜三郎　281
広本松太郎　281
深沢伊三郎　28
福島多吉　277, 286-288
福島英昭　292
福島良助　28, 29
福田慶四郎　278
藤井五平　19, 31, 45, 46, 61
藤岡里佳　290
藤正太郎　122
藤田伝三郎　24
藤野権太郎　118
藤本隆　14
藤本利三郎　293
藤山雷太　282
船渡政助　281
古川嘉平　26
古川保平　194, 221
星野末吉　139
星野錫　163
堀三太郎　107
堀川団吉　102

**ま行**

前田和利　290
牧野元良　295
正富照冶　235
増井六郎　171
益田孝　25
増田兵右衛門　281
松居元右衛門　35, 264
松居豊三郎　264
松崎寿三　174
松永弥三郎　270, 271, 293
松永安左ヱ門　93
松元剛吉　251
松本重太郎　25
三浦覚一　170, 171
三井養之助　69
三谷有信　20
三本六右衛門　280, 281
光安国松　104, 105, 118
三苫寛一郎　161
三苫利三郎　76, 78
三苫和吉　221
南川正雄　86
簑原宗七　40
宮城坎一　79
宮崎林太郎　86
宮原義輔　116
宮村吉蔵　264, 291
宮本又次　2, 37, 38
三好大蔵　103, 105
迎由理男　152, 293

向山慎吉　267,292
虫明一太郎　209
牟田万次郎　93,207,278
牟田口宗七　61,194,221
武藤山治　66,68
村川嘉一　291
室田惣三郎　294
本村庄平　194
森友助　221
森川英正　259,290
森崎欣太郎　114
守永勝助　20
守永久吉　293
門司軌　28,79,82,87

**や行**

安井元七　269
安川敬一郎　41,233,238
安河内茂一郎　140
安田善次郎　240
安増宝太郎　170
矢野卯兵衛　172
八尋利八郎　63
山口卯助　271,293
山口八左右　68
山崎春英　207
山崎藤四郎　79,84,223
山下卯助　298
山下喜六　293
山田藤七　221,223
山田豊七　209,221
山田秀　40,146
山中立木　79,251
山本豊吉　35,238
山本与志介　19
由井常彦　294,295
結城豊太郎　248
横大路善七　220
吉岡伊八　273,277
吉沢雅次　294
吉田久太郎　278
吉田秀一　187
吉田忠三郎　269
吉田増太郎　161,164,168
吉田又吉　19,31,45,46,87,90,270,293
吉武吉之進　20
吉富儀七　288
吉富伸之　298
吉原米作　277,297
吉村理一郎　237

**わ行**

和田一夫　2
渡辺伊助　45,61,213,218,219
渡辺勘次郎　27,31,191,207,209,213,218,219
渡辺清　78
渡辺治平（次平）　19,24,31,207,219
渡辺綱三郎　161,213,218,219
渡辺常太　213,218
渡辺藤助（藤吉）　31,190,217,219
渡辺渡三郎　24,31,45,46,61,62,195,213,218,219
渡辺与一（二代目与助、与三郎）　19,24,36,45,46,190,203,206,211,212,215,217,222
渡辺与三郎　24,27,28,31,36,270,272,279,293
渡辺与助　190
渡辺与八郎（三代目与三郎）　36,45,46,61-63,161,192,194,203-205,211,213,222
渡辺龍次郎　24,31,170,213,218,219,278,279

**執筆者紹介**（執筆順）

迎《むかい》　由《ゆ》理《り》男《お》　北九州市立大学経済学部教授
岡《おか》本《もと》幸《ゆき》雄《お》　西南学院大学名誉教授
東《とう》定《じょう》宣《のぶ》昌《まさ》　九州大学名誉教授
永《なが》江《え》眞《まさ》夫《お》　福岡大学経済学部教授
原《はら》　康《やす》記《のり》　九州産業大学商学部准教授
合《ごう》力《りき》理《り》可《か》夫《お》　福岡経済大学経済学部准教授

近《きん》代《だい》福《ふく》岡《おか》博《はか》多《た》の企《き》業《ぎょう》者《しゃ》活《かつ》動《どう》

2007年11月15日　初版発行

編著者　迎　由理男
　　　　永江眞夫

発行者　谷　隆一郎

発行所　㈶九州大学出版会
〒812-0053 福岡市東区箱崎7-1-146
九州大学構内
電話 092-641-0515(直通)
振替 01710-6-3677
印刷／城島印刷㈱　製本／篠原製本㈱

© 2007 Printed in Japan ISBN978-4-87378-954-5

**士族授産と経営**
―― 福岡における士族授産の経営史的考察 ――
岡本幸雄 著　A５判・324頁・**6,500円**

**明治期紡績関係史料**
岡本幸雄 編　A５判・426頁・**8,500円**

**明治期紡績技術関係史**
―― 日本の工業化問題への接近 ――
岡本幸雄 著　A５判・240頁・**3,400円**

**明治期紡績労働関係史**
―― 日本的雇用・労使関係形成への接近 ――
岡本幸雄 著　A５判・272頁・**3,500円**

**地方紡績企業の成立と展開**
―― 明治期九州地方紡績の経営史的研究 ――
岡本幸雄 著　A５判・364頁・**6,200円**

**西海捕鯨の史的研究**
鳥巣京一 著　A５判・462頁・**8,500円**

**九州における近代産業の発展**
小島恒久 編　A５判・308頁・**2,800円**

（表示価格は本体価格）　九州大学出版会